DSCG 6

Épreuve orale d'économie se déroulant partiellement en anglais

MANUEL

EXPERT SUP

L'expérience de l'expertise

Les manuels DSCG

DSCG 1 • *Gestion juridique, fiscale et sociale*, Manuel
Jean-Michel Do Carmo Silva, Laurent Grosclaude

DSCG 2 • *Finance*, Manuel
Pascal Barneto, Georges Grégorio
• *Finance*, Corrigés du manuel
Pascal Barneto, Georges Grégorio

DSCG 3 • *Management et contrôle de gestion*, Manuel
Sabine Sépari, Florian Bonnet, Morgane Le Breton, Pascal Fabre

DSCG 4 • *Comptabilité et audit*, Manuel
Robert Obert, Marie-Pierre Mairesse, Arnaud Desenfans
• *Comptabilité et audit*, Corrigés du manuel
Robert Obert, Marie-Pierre Mairesse, Arnaud Desenfans

DSCG 5 • *Management des systèmes d'information*, Manuel
Michelle Gillet, Patrick Gillet

DSCG 6 • *Épreuve orale d'économie se déroulant partiellement en anglais*, Manuel
Sébastien Castaing, François Coulomb, Pascal Vanhove, Jean Longatte, Anne-Marie Schwartz, Catherine Van Renterghem

La collection Expert Sup propose tous les outils de la réussite

- Les **Manuels** clairs, complets et régulièrement actualisés, présentent de nombreuses rubriques d'exemples, de définition, d'illustration ainsi que des énoncés d'application.
- Les **Corrigés** sont disponibles en fin d'ouvrage ou dans un ouvrage publié à part.
- Les **Études de cas** proposent de s'entraîner avec des cas de synthèse se complétant pour couvrir l'ensemble du programme.

DSCG 6

Épreuve orale d'économie se déroulant partiellement en anglais

MANUEL

Corrigés inclus

4e édition

Sébastien CASTAING
Ancien élève de l'ENS Cachan
Docteur en sciences de gestion
Professeur agrégé d'économie et gestion

François COULOMB
Agrégé d'économie et gestion
Docteur en sciences économiques
Professeur en classes préparatoires

Pascal VANHOVE
Professeur de chaire supérieure
en économie gestion

Jean LONGATTE
Professeur de chaire supérieure
en économie gestion

Anne-Marie SCHWARTZ
Professeur en classes préparatoires

Catherine Van RENTERGHEM
Agrégée d'Anglais
Professeur en classes préparatoires

Avec la collaboration de
de Raymond Perrez
et de Richard Shieldhouse

EDITIONS
FRANCIS LEFEBVRE

DUNOD

Les auteurs tiennent à remercier
Richard Shieldhouse, diplômé
de l'université d'Harvard,
pour sa relecture attentive

Maquette de couverture :
Studio Piaude

Maquette intérieure :
Caroline Joubert
(Atelier du Livre)

11 rue Paul Bert, 92240 Malakoff
www.dunod.com

ISBN 978-2-10-076908-7
ISSN 1269-8792

Sommaire

Pour réussir le DCG et le DSCG

Le cursus des études conduisant à l'expertise comptable est un cursus d'excellence, pluridisciplinaire, vers lequel se dirigent, à raison, de plus en plus d'étudiants.

Dunod dispose depuis de très nombreuses années d'une expérience confirmée dans la préparation de ces études et offre aux étudiants comme aux enseignants une gamme complète d'ouvrages de cours, d'entraînement et de révision qui font référence.

Ces ouvrages sont entièrement adaptés aux épreuves, à leur esprit comme à leur programme, avec une qualité toujours constante. Ils sont tous régulièrement actualisés pour correspondre le plus exactement possible aux exigences des disciplines traitées.

La collection Expert Sup propose aujourd'hui :

- des manuels complets mais concis, strictement conformes aux programmes, comportant des exemples permettant l'acquisition immédiate des notions exposées, complétés d'un choix d'applications permettant l'entraînement et la synthèse ;
- des ouvrages d'entraînement originaux, avec la série « Tout-en-Un », spécialement conçue pour la mise en pratique et la maîtrise du programme du DCG, et la série « Études de cas », qui propose des sujets originaux dont l'ensemble permet de travailler la totalité du programme du DSCG.

Elle est complétée d'un ensemble d'outils pratiques de révision, avec la collection Express DCG, ou de mémorisation et de synthèse avec les « Petits » (*Petit fiscal, Petit social, Petit Compta, Petit Droit des sociétés...*).

Ces ouvrages ont été conçus par des enseignants confirmés ayant une expérience reconnue dans la préparation des examens de l'expertise comptable.

Ils espèrent mettre ainsi à la disposition des étudiants les meilleurs outils pour aborder leurs études et leur assurer une pleine réussite.

Jacques Saraf
Directeur de collection

Programme de l'épreuve n° 6, DSCG Épreuve orale d'économie se déroulant partiellement en anglais

DURÉE DE L'ENSEIGNEMENT	NATURE DE L'ÉPREUVE	DURÉE	COEFFICIENT
(à titre indicatif) 120 heures 15 crédits européens	Cette épreuve comporte une préparation de deux heures sans autres documents que ceux qui sont fournis avec le sujet. Les documents sont en anglais. La question à traiter est rédigée en français. Dans un premier temps, le candidat doit présenter en français l'exposé qu'il a préparé. Dans un second temps, un entretien est mené successivement en français et en anglais : il porte sur le sujet et, le cas échéant, sur d'autres parties du programme de l'épreuve.	1 heure maximum : • Exposé : 20 min maximum • Entretien en français : 20 min maximum • Entretien en anglais : 20 min maximum	1

Cette unité d'enseignement conduit à préparer une épreuve ayant pour but de montrer la capacité du candidat à structurer un raisonnement dans un délai imparti et à le présenter de façon convaincante aux membres du jury, en langue française d'une part et en langue anglaise d'autre part.

Pour permettre de tester de façon pertinente les aptitudes recherchées, le sujet proposé au candidat sera tiré de l'un des thèmes socio-économiques précisés infra.

Les aptitudes évaluées sont les suivantes :

- dégager une problématique à partir d'un sujet donné ;
- construire un exposé structuré ;
- s'exprimer de façon rigoureuse en français et en anglais ;
- défendre de façon argumentée ses positions ;
- mobiliser ses connaissances avec pertinence ;
- intégrer à bon escient dans le discours les faits d'actualité.

LES GRANDS DÉBATS CONTEMPORAINS
1. Organisation et régulation de l'économie 1.1 Évolution des modes d'organisation de l'activité économique : les différents types de capitalisme 1.2 Régulation des crises économiques par l'intervention des pouvoirs publics aux plans national et international 1.3 Place et rôles des entreprises dans les économies contemporaines
2. Croissance, changement technologique et emploi 2.1 Le changement technologique : déterminants et effets sur les branches, l'emploi et les qualifications 2.2 Les acteurs face au changement technologique : les stratégies d'entreprise et le rôle régulateur et d'impulsion des pouvoirs publics
3. Économie de la connaissance et de l'immatériel 3.1 L'essor de l'économie de la connaissance 3.2 Les enjeux économiques et sociaux de l'économie de la connaissance 3.3 Les acteurs de l'économie de la connaissance : l'État, les organismes de recherche et d'enseignement, les entreprises
4. Réseaux, territoires, pôles de compétitivité 4.1 Nouvelles formes d'organisation 4.2 Synergies de compétitivité
5. Les déséquilibres spatiaux, sociaux et environnementaux 5.1 Croissance, crise et déséquilibres dans une économie mondialisée (déséquilibres entre les États) 5.2 Croissance, crise et déséquilibres sociaux internes 5.3 Croissance, crise et déséquilibres environnementaux
6. Marché et économie non marchande 6.1 La place du secteur non marchand 6.2 Le non-marchand : un modèle définitivement spécifique?
7. Protection sociale et solidarité 7.1 Les crises de l'État providence 7.2 Quel avenir pour les retraites et l'assurance maladie?

CHAPITRE 1

Organisation et régulation de l'économie

INTRODUCTION

Les évolutions économiques contemporaines semblent consacrer le capitalisme comme seul système économique viable à long terme : disparition de l'URSS et des économies socialistes planifiées en Europe de l'Est, développement du libre-échange entre les pays, globalisation de la finance de marché. Les règles de fonctionnement des économies de marché sembleraient donc être l'horizon commun des économies ouvertes aux échanges internationaux de biens et services, mais aussi des capitaux.

Néanmoins, cette convergence historique des systèmes économiques vers le capitalisme n'empêche pas l'existence de différentes formes de capitalismes au sein desquels des « îlots non marchands » subsistent. Aussi, le capitalisme n'a jamais conduit à la disparition de l'interventionnisme public en économie mais plutôt à une perpétuelle évolution et redéfinition de celui-ci. De même, certains pays accordent une place plus ou moins élevée à la sphère publique qui peut se substituer à la sphère marchande mais qui peut lui être aussi complémentaire.

La variété des institutions, c'est-à-dire des règles formelles ou informelles, qui régissent le capitalisme explique sa propre diversité (titre A). La convergence des économies vers un système privilégiant les mécanismes de coordination marchande dans la production de biens et services n'empêche pas une évolution historique (titre B) et une diversité contemporaine (titre C) du capitalisme du fait de cette variété institutionnelle.

Aussi, la mondialisation économique remet en question la pertinence des régulations publiques au niveau des États. En l'absence d'un gouvernement mondial, des instances de gouvernance globale semblent nécessaires pour réguler les problèmes collectifs posés aux pays de la planète (titre D).

A NATURE ET INSTITUTIONS DU CAPITALISME

Le capitalisme est un système économique qui se caractérise notamment par le rôle fondamental de la propriété privée et du profit dans la production de richesses. Si plusieurs dimensions du capitalisme peuvent être mises en avant (titre 1), ce système prend des formes différentes selon les époques et les territoires (nationaux ou continentaux) du fait de la diversité des institutions qui le composent (titre 2).

1 Définitions et caractéristiques du capitalisme

1.1 Origine du terme «capitalisme»

Le mot capitalisme apparut pour la première fois en Allemagne au commencement du XXe siècle sous la plume des sociologues allemands tels Werner Sombart (1863-1941) dans *Le capitalisme moderne* (1902) ou Max Weber (1864-1920) dans *L'Éthique protestante et l'esprit du capitalisme* (1904-1905).

L'apparition du terme est postérieure à l'émergence des mots « capital » ou « capitaliste » largement utilisés par les économistes des XVIIIe et XIXe siècle, d'Adam Smith à Karl Marx. Cependant, le système économique capitaliste fondé sur l'accumulation des moyens de production, la liberté des échanges marchands et la quête du profit, caractérise bien le fonctionnement des sociétés européennes, notamment, depuis au moins le XVIe siècle.

1.2 Les dimensions du capitalisme selon Schumpeter (1911)

En 1911, dans la *Théorie de l'évolution économique*, l'économiste autrichien J.A. Schumpeter (1883-1950) définit le capitalisme comme un régime économique fondé sur :

– la propriété privée des moyens de production ;
– la coordination des échanges par le marché ;
– les innovations technologiques et organisationnelles ;
– l'accumulation des capitaux, dont le moteur est le profit, grâce aux crédits accordés par les institutions financières.

La propriété privée des moyens de production

Les outils de production n'appartiennent pas à l'État mais à des personnes ou des regroupements de personnes de droit privé. L'une des conséquences de ce droit de détention privé des moyens de production est que les propriétaires poursuivent les objectifs économiques qu'ils ont eux-mêmes choisis, dans leur propre intérêt, tout en respectant un cadre législatif et réglementaire donné.

La coordination des échanges par le marché

Les quantités de biens et services produites par les entreprises sont vendues pour être achetées par des clients. Le prix de vente(1) et les quantités vendues(2) sont déterminés à partir de l'offre des entreprises et de la demande des clients.

• Par exemple, si l'offre de biens est abondante et la demande atone, le prix de marché aura tendance à diminuer face aux volumes échangés ; en retour, cette diminution des prix permet de stimuler la demande et de réduire l'offre afin d'obtenir un équilibre de marché.

• *A contrario*, si l'offre de biens est rare et la demande forte, le prix de marché aura tendance à augmenter face aux faibles volumes échangés ; en retour, cette hausse des prix permet de limiter la demande et de stimuler l'offre afin d'obtenir un équilibre de marché.

(1) C'est-à-dire le coût d'achat du point de vue des clients.
(2) Ou achetées par les clients.

Chaque agent poursuit ses propres intérêts dans le cadre d'une coordination marchande :

– améliorer son revenu, c'est-à-dire son profit, pour une entreprise ;
– améliorer sa satisfaction obtenue grâce à la consommation des biens et services pour les clients.

Les innovations technologiques et organisationnelles

Cette dimension est caractéristique de la pensée schumpétérienne. La dynamique économique du capitalisme est fondée sur la concurrence. Or, celle-ci pousse les entreprises à innover pour retrouver des profits érodés par la concurrence et bénéficier d'une **rente d'innovation**. Les entreprises innovent afin d'obtenir des revenus grâce aux opportunités de profit qu'un nouveau produit ou que l'utilisation d'un nouveau procédé de production génèrent.

Cependant, la rente ainsi dégagée diminuera au fur et à mesure que les innovations se diffuseront chez les concurrents et qu'elles déclasseront les produits ou procédés. Afin de dégager de nouveaux revenus, de nouvelles innovations seront nécessaires à l'origine d'une nouvelle rente pour les entreprises les maîtrisant ; ce revenu obtenu grâce à l'innovation est temporaire puisqu'il sera à nouveau « grignoté » par les concurrents du fait de la diffusion du progrès technique et ainsi de suite.

L'accumulation des capitaux

L'investissement des entreprises à capitaux privés n'est pas guidé par la satisfaction des besoins sociaux d'une collectivité humaine mais par l'opportunité d'augmenter le profit. Les établissements bancaires et financiers permettent alors aux entreprises de financer ces investissements à crédit sur la base d'un profit anticipé qui permettra leur remboursement.

1.3 Les autres spécificités du capitalisme

Plus récemment, les sociologues français Luc Boltanski et Ève Chiapello insisteront sur l'importance du profit dans le *Nouvel esprit du capitalisme* (1999). Selon ces auteurs, la quête incessante de profits fonde une accumulation sans fin du capital.

Une dernière dimension, sur laquelle Karl Marx (1818-1883) insistera dans son œuvre *Le capital* (1867, tome 1) pour analyser le mode de production capitaliste est le **régime du salariat**. Le capitalisme est un régime économique où les personnes qui utilisent les outils de production n'en sont pas les propriétaires ; ils louent donc leur force de travail aux « capitalistes » qui possèdent ces outils. Le contrat de travail passé entre l'employeur et le salarié fixe alors les conditions de travail et le niveau de salaire.

Dans une perspective libérale, le salariat est l'expression de la liberté des contractants dans une économie de marché. Pour le philosophe et homme politique français Alexis de Tocqueville (1805-1859), le pouvoir hiérarchique qu'induit la relation de travail entre un salarié et son employeur est librement accepté par les deux parties dans le cadre du contrat et dans leur intérêt supposé commun. En dehors de cette relation hiérarchique, le salarié et l'employeur redeviennent des citoyens égaux dans une démocratie sans aucune distinction de pouvoir.

Dans une optique d'inspiration marxiste, le salariat constitue le rapport social fondamental du mode de production capitaliste. À la différence de la perspective libérale précédente, le rapport salarial est un rapport d'aliénation qui va au-delà du simple « contrat » de travail. Le salarié crée ainsi une richesse, à savoir la **plus-value**, captée par les capitalistes au seul titre qu'ils détiennent les moyens de production bien qu'ils n'aient pas créée cette **survaleur**.

De plus, l'inégalité aliénante entre les employeurs détenteurs des capitaux et les salariés contraints de louer leur force de travail dépasse la seule relation d'emploi et façonne toutes les relations sociales dans un rapport de domination de la classe des capitalistes sur la classe des prolétaires.

1.4 Synthèse des principales dimensions du capitalisme

De façon synthétique, les principales caractéristiques du capitalisme sont les suivantes :

– la **propriété privée des moyens de production** conduisant leurs propriétaires à en faire un libre usage dans un cadre législatif et réglementaire donné ;

– l'**accumulation du capital**, sous sa forme matérielle (bâtiments, machines-outils), immatérielle (brevets) ou monétaire et financière (placements financiers) fondée principalement sur la maximisation du profit privé ;

– le régime du **salariat** fondé sur la distinction entre les détenteurs de capitaux dont ils perçoivent une rémunération et les salariés ; ces derniers louent leur force de travail en échange de sa rémunération, le salaire ;

– la **coordination marchande** : la production et l'échange de biens et services se fait dans le cadre d'une économie de marché dans laquelle l'offre des entreprises et la demande des consommateurs déterminent les volumes échangés et leur prix. L'ajustement des prix et des quantités échangées révèlent les évolutions de la demande et/ou de l'offre des agents en fonction de leurs propres intérêts. Cependant les marchés cohabitent avec des interventions publiques plus ou moins importantes qui viennent les créer(1), les soutenir(2) ou les corriger(3) ;

– la **dynamique concurrentielle** : qu'elle soit attribuable aux innovations technologiques, à la lutte contre la rareté ou à la quête du prestige et de la puissance, la rivalité entre les agents économiques dans l'obtention d'une ressource rare (une part de marché, une technologie, une ressource naturelle, etc.) fonde l'incessante dynamique du capitalisme.

1.5 Distinction entre capitalisme et économie de marché

Néanmoins, si le terme d'économie de marché tend à se substituer à celui de capitalisme, il convient de les distinguer à la fois factuellement mais aussi théoriquement.

D'un point de vue factuel, le marché est une forme économique et sociale antérieure au capitalisme. De même, la propriété privée des outils de production précède le capitalisme. Selon l'historien français Fernand Braudel (1902-1985) dans la *Dynamique du capitalisme* (1985), les économies villageoises et agricoles caractéristiques du Moyen Âge en Europe, et tout particulièrement en France, sont des économies de marché mais non capitalistes. En effet,

(1) Comme dans le cas des marchés de droit à polluer par exemple qui sont des créations *ex nihilo* par les pouvoirs publics pour tenter de réduire au mieux certaines pollutions.

(2) Les pouvoirs publics peuvent soutenir certains marchés grâce à la commande publique, à l'octroi de subventions publiques par exemple.

(3) Les marchés peuvent être défaillants et ne pas allouer de façon optimale les ressources. Les pouvoirs publics peuvent alors intervenir pour corriger certaines défaillances.

elles fonctionnent essentiellement sur la base d'échanges entre producteurs indépendants, sans salarié, afin d'obtenir un revenu suffisant pour leur permettre de vivre dignement.

Au contraire, le capitalisme serait caractérisé par la recherche du profit, en tant que tel[1], et par son accumulation entraînant des échanges de marchandises et de capitaux au-delà des frontières nationales.

Selon l'historienne américaine Ellen Meikins Wood (1942-2016) dans *l'Origine du capitalisme. Une étude approfondie* (2009), le capitalisme n'est pas réductible au marché. Il s'agit d'un système économique dont les impératifs étaient absents des économies marchandes pré-capitalistes les plus abouties.

Ces impératifs capitalistes correspondent à la concurrence, à la maximisation du profit, à l'incessante accumulation du capital. L'obéissance à ces principes ne relève pas du choix ou de la cupidité des capitalistes, ils correspondent aux mécanismes de base du capitalisme.

2 Les institutions au cœur de la variété des capitalismes

2.1 Définitions de la notion d'institution en économie

Si le capitalisme peut être défini par un certain nombre de dimensions historiquement et géographiquement communes et universelles, il n'en demeure par moins qu'il prit différentes formes dans le temps et dans l'espace.

En d'autres termes, le capitalisme s'est transformé dans le temps, permettant d'en distinguer différentes formes historiques. Par ailleurs, bien que la mondialisation et globalisation financière tendent à uniformiser les systèmes économiques, ces derniers peuvent être fondés sur des organisations structurelles suffisamment différentes pour considérer qu'il existe une variété géographique des capitalismes.

Il semblerait que cette diversité historique et géographique des capitalismes s'explique par la variété des **institutions** qui fondent l'organisation économique d'une époque et d'un lieu.

FOCUS . . . FOCUS . . . FOCUS . . . FOCUS . . . FOCUS . . . FOCUS . . .

Les institutions du capitalisme libéral (États-Unis, Royaume-Uni) et du capitalisme rhénan (Allemagne, Japon)

Il est généralement admis que le modèle économique nord-américain accorde une grande importance à l'obtention de profits à court terme exigés par les actionnaires d'entreprises et les acteurs des marchés financiers. Au contraire, d'autres systèmes économiques existent privilégiant des relations de long terme entre les banques et les entreprises industrielles comme en Allemagne ou au Japon. Ces relations banques/entreprises permettraient alors la mise en œuvre de stratégies industrielles à long terme financées par du capital « patient ». Ces explications ont souvent été mises en avant pour justifier de la meilleure santé industrielle de l'Allemagne ou du Japon par rapport aux États-Unis jusqu'à la fin des années 1980.

Au contraire, depuis les années 1990, loin d'être un exemple de stagnation économique et de désinvestissement, les États-Unis étaient considérés comme l'exemple type du dynamisme économique, de l'innovation et de la capacité d'adaptation au nouveau contexte économique et technologique.

(1) Le profit serait moins un moyen d'amélioration du niveau de vie qu'un but en soi.

En général, la « nouvelle économie » « fondée sur la connaissance » – on entend par là que la création et la diffusion de connaissances jouent un rôle plus important que par le passé pour déterminer la compétitivité et la croissance – a semblé se développer dans des environnements institutionnels favorables au marché. Et, au contraire, elle a semblé dépérir dans les environnements « sur-régulés ».

Les institutions de l'Europe ou du Japon ont sans doute été parfaitement appropriées pour rattraper les États-Unis au cours de la période de forte croissance de l'après-guerre. Cependant, elles seraient devenues inadéquates dans une nouvelle période de croissance où l'innovation et l'adaptabilité sont des éléments cruciaux.

Plus précisément, il semblerait que les institutions et leurs complémentarités aient des effets notables sur les performances économiques, notamment la croissance du revenu par habitant, des pays.

En effet, des historiens économiques, comme Douglass North (1990, prix Nobel en 1993)[1], ont explicitement lié les performances économiques, en termes de croissance de la production, à la structure institutionnelle de l'économie.

Ils expliquent comment les institutions, notamment juridiques en matière de définition et de garantie des droits de propriété, orientent la trajectoire de croissance des nations par le biais de leur influence sur le comportement des agents.

Douglass North (1993, discours du prix Nobel) définit les institutions comme « les contraintes imaginées par l'Homme pour structurer l'interaction entre les hommes. Elles comprennent des contraintes formelles (règles, lois, constitutions) et informelles (normes de comportement, conventions, codes de conduite que l'on s'impose), ainsi que les caractéristiques de leur mise en œuvre. Elles définissent ensemble la structure des incitations d'une société et, plus spécifiquement, d'une économie ».

Plus généralement, les **institutions** sont des règles formelles et informelles, relativement pérennes et connues de tous les agents économiques, qui structurent, orientent leurs comportements économiques d'une façon particulière. En effet, les institutions déterminent les incitations et contraintes qui conduisent les agents à prendre certains types de décisions économiques.

FOCUS . . . FOCUS . . . FOCUS . . . FOCUS . . . FOCUS . . . FOCUS . . .

Les institutions et le développement des pays d'Amérique du Nord et du Sud selon Douglass North

Selon Douglass North, si l'Amérique du Nord a bénéficié d'un développement économique plus favorable que celui d'Amérique du Sud, c'est notamment grâce aux institutions coloniales dont ont hérité ces deux continents.

« Jusqu'à la fin de la guerre de Sept Ans en 1763, le rôle britannique en Amérique du Nord s'est limité aux biens publics communs à tout l'empire, en particulier la sécurité et le commerce international. Les assemblées coloniales, en collaboration avec le gouverneur britannique,

(1) North D. (1990), *Institutions, Institutional change and Economic Performance,* Cambridge, Cambridge University Press.

détenaient une large autorité sur les biens publics locaux, les droits de propriété, la liberté religieuse et la mise en application des contrats, sous réserve de quelques contraintes imposées par la loi britannique. Les institutions de l'empire limitaient considérablement le rôle britannique dans les différentes colonies d'Amérique. Elles avaient créé un marché commun au sein de l'empire, empêchant les colonies de faire obstacle aux échanges. [....]

L'héritage des institutions britanniques a créé un milieu favorable au développement des institutions d'échange impersonnel qui ont été le fondement de la longue période de croissance de l'économie américaine. »

D. North (trad. M. Le Séac'h), *Le processus du développement économique*, 2005, Éditions d'Organisation, p. 143, 144 et 147.

« La structure mercantiliste[1] espagnole visait à assurer le mouvement des métaux précieux vers l'Espagne et non à promouvoir le développement de l'Amérique latine. Ce schéma d'implantation et ces politiques économiques extractives ont eu de profondes conséquences pour l'Amérique latine après l'indépendance. [....]

Faute d'un héritage d'auto-administration coloniale et de droits de propriété clairs, l'indépendance a tourné aux conflits violents entre groupes concurrents pour le contrôle du régime politique et de l'économie. [....]

Établir l'ordre est devenu un but en soi, ce qui a abouti à la création et à la perpétuation de régimes autoritaires : le phénomène du « caudillismo » s'est généralisé. [...]

L'auto-administration était complètement inexistante. Les échanges politiques et économiques étaient dominés par des liens personnels. [....] »

Ib., p. 148.

« Les États-Unis conservent un système solide de fédéralisme, de démocratie, de gouvernement limité et de marché prospères. Une grande partie de l'Amérique latine reste caractérisée par un développement en dents de scie, des institutions démocratiques fragiles, des droits des citoyens aux bases incertaines, des échanges personnels et des marchés monopolistiques. Une partie de leur écart est explicable par l'analyse habituelle de l'économie néo-classique sur les richesses naturelles [...].

Mais à l'argument des richesses on doit absolument ajouter les conséquences considérables de la dépendance de sentier, à savoir l'héritage colonial, l'esclavage et le système de « l'encomienda[2] » ainsi que les évolutions institutionnelles divergentes intervenues en deux siècles du fait de cet amalgame de forces économiques et institutionnelles. »

Ib. p. 150.

(1) Le mercantilisme est une doctrine économique active entre le XVIe et XVIIIe siècle selon laquelle la prospérité d'un royaume dépend de la détention de métaux précieux (or, argent, cuivre). Pour encourager les rentrées de métaux précieux dans le royaume et décourager leur sorties, deux options ont été envisagées : une option « militaire » qui consistera à partir à la conquête du monde et à prendre avec force et violence ces métaux précieux là où ils se trouvent ; une option « industrielle » qui consiste à promouvoir la création de manufactures sur un territoire (comme en France au XVIIe siècle par exemple) afin d'encourager les exportations de marchandises (donc les rentrées de métaux précieux) et décourager les importations (donc les sorties de métaux précieux).

(2) Système mise en place par les colons espagnols en Amérique latine visant à obliger les indigènes à se regrouper pour travailler dans les mines et les champs sans aucune rémunération (*note de l'auteur*).

Ainsi, par exemple, les caractéristiques des systèmes d'éducation générale et de formation professionnelle, les niveaux de négociation des salaires, la place et le rôle des banques auprès des entreprises sont des exemples d'institutions affectant les décisions économiques des individus et les dynamiques de croissance qu'elles impulsent.

2.2 La complémentarité institutionnelle comme facteur décisif des effets des institutions sur les dynamiques économiques

Les institutions propres à un espace et à une époque donnés ont des effets les unes sur les autres. Ces interactions agissent sur des indicateurs de performance économiques (croissance économique, niveau d'emploi, stabilité des prix, etc.).

Autrement dit, certaines institutions peuvent favoriser directement certains indicateurs de performance économique mais, plus encore, c'est de leur **interaction particulière** que proviendraient leurs bénéfices.

Par exemple, l'économiste japonais Masaiko Aoki (1994)[1] montre qu'au Japon, le mécanisme de contrôle *ex post* des firmes, au sein duquel la « banque principale » assure la direction d'une entreprise lorsqu'elle subit des difficultés financières, est complémentaire au mode de production en équipe caractéristique de la firme japonaise.

Autrement dit, le système financier du Japon est une forme institutionnelle complémentaire avec le mode d'organisation du travail.

En revanche, le système économique nord-américain associe des incitations individuelles financières très puissantes à l'absence, relative, de travail en équipe. La préférence est donnée à l'individualisation de la performance et des gains qui y sont associés. C'est là une complémentarité institutionnelle particulière entre un système financier fondé sur la rentabilité financière pour l'actionnaire, et une organisation du travail centrée sur la performance individuelle.

Ainsi, les interactions des institutions entre elles produisent des effets sur l'économie. Deux institutions sont complémentaires quand la présence de l'une augmente significativement l'efficacité de l'autre. Dans ce cas, ce sont moins les institutions que leur complémentarité qui impacte les indicateurs de performance économique. Cette complémentarité des institutions est donc source de **cohérence institutionnelle**.

Par exemple, des marchés du travail flexibles peuvent être plus efficaces quand les marchés financiers permettent une mobilisation rapide des ressources et la création de nouvelles entreprises qui, en retour, soutiennent la demande de travail.

FOCUS . . . FOCUS . . . FOCUS . . . FOCUS . . . FOCUS . . . FOCUS . . .

La cohérence institutionnelle de l'économie du Danemark : la flexisécurité

La « flexicurité » ou « flexisécurité » est la recherche d'un équilibre entre un faible degré de rigidité du travail (flexibilité) et la sécurisation des parcours au travers de la formation continue et de la politique active de l'emploi (sécurité). Le « modèle social danois » repose sur le triptyque suivant :

– une forte flexibilité de la relation d'emploi pour les entreprises : protection modérée de l'emploi, diversification des statuts par diffusion du temps partiel, de l'intérim et des salariés travaillant sur appel ⇒ **marché du travail flexible** ;

(1) Aoki M. (1994) « The contingent governance of teams : analysis of institutional complementarity », *International Economic Review*, vol.35, p.657-676.

- une prise en charge généreuse par la collectivité du risque de licenciement ⇒ **allocations de chômage élevées**;
- une politique active massive de formation et d'aide à la réinsertion. La flexibilité de la relation d'emploi a pour contrepartie une politique collectivement coûteuse de sécurisation des parcours professionnels. La rotation des emplois est épaulée par d'importants dispositifs de politique active[(1)] ⇒ **politiques actives de l'emploi.**

Ces formes institutionnelles du marché du travail, cohérentes entre elles, le sont aussi avec d'autres institutions de l'économie danoise : droits à la formation attachés à l'individu et pris en charge par la collectivité, système de finance de marché privilégiant une forte rentabilité du capital et nécessitant la maîtrise de solides compétences chez les salariés, un système de négociation social coordonné entre de puissants syndicats d'employeurs et de salariés représentatifs ainsi que l'État.

La grille de lecture fondée la diversité institutionnelle et la cohérence des institutions permet, entre autres, de comprendre la variété historique et géographique des capitalismes.

B LA DIVERSITÉ HISTORIQUE DES FORMES DU CAPITALISME

Depuis sa naissance à la fin du XVe siècle, le capitalisme a suivi quatre grandes étapes jusqu'à nos jours. Il fut d'abord fondé sur le commerce international de matières premières et de marchandises (titre 1), puis il s'organisa sur la base de la production industrielle, d'abord au sein d'entreprises familiales (titre 2), puis de groupes industriels dirigés par des managers professionnels (titre 3), avant de se diffuser, grâce à l'intensification des échanges internationaux et à la globalisation financière, sur tous les continents (titre 4).

1 Le capitalisme commercial ou capitalisme marchand

Le capitalisme commercial commence à la Renaissance, vers la fin du XVe siècle et le début du XVIe siècle. Il est caractérisé par l'enrichissement de certains groupes sociaux en Europe grâce à leurs activités commerciales au sein de « villes carrefour » comme Florence (en Italie) ou de ports maritimes (Anvers, Amsterdam, Gênes, Venise).

Cet enrichissement était notamment fondé sur le commerce des épices, coton et autres marchandises importées du Nouveau Monde et d'Asie. En effet, grâce à la suprématie militaire des pays européens sur les mers, des entreprises commerciales comme la Compagnie orientale des Indes néerlandaises purent établir un vaste réseau de comptoirs commerciaux. Se sont alors constitués des monopoles commerciaux générant de colossaux bénéfices à l'origine de l'émergence du capitalisme en Europe.

La caractéristique principale de ce capitalisme est donc le développement du commerce international; c'est un **capitalisme « d'échange »** plutôt que de « production ». En effet, les transactions économiques, notamment internationales, portaient en priorité sur des ressources naturelles exploitées mais peu modifiées.

(1) Les politiques « actives » de l'emploi visent à faire diminuer le chômage (par la création d'emplois, la formation et la réinsertion des chômeurs), alors que les politiques « passives » portent sur les droits associés au statut de chômeur (indemnisation notamment).

2 Le capitalisme industriel

2.1 L'émergence d'un capitalisme de production

Le capitalisme industriel, qui court de la fin du XVIIIe siècle jusqu'au début du XXe siècle, se caractérise par une accumulation des richesses, non plus importées comme dans le capitalisme commercial mais créées sur place par l'industrie naissante. Les pays européens comme le Royaume-Uni, la France ou l'Allemagne notamment entrent alors dans la phase d'un « **capitalisme de production** ».

Cette nouvelle forme de capitalisme est la conséquence de la révolution industrielle du XVIIIe siècle qui apparut en Angleterre avant de se répandre dans le reste de l'Europe au XIXe siècle et de l'apparition des entreprises qui s'en suivit.

Jusque-là les structures économiques reposaient sur un « *domestic system* » dans lequel la production, notamment dans le domaine textile, était réalisée en milieu rural par les paysans et leurs familles en fonction de leurs disponibilités. La souplesse et la liberté qu'offrait cette organisation aux différentes parties prenantes correspondaient parfaitement à des fabrications en petits volumes.

FOCUS . . . FOCUS . . . FOCUS . . . FOCUS . . . FOCUS . . . FOCUS . . .

«*Domestic system*» et «proto-industrialisation»

L'industrie textile s'est développée sous l'impulsion de la consommation des bourgeois mais également par l'essor de la demande industrielle et notamment de la construction navale (voile, cordage). Pour répondre à cette demande croissante, l'offre, à travers le « *domestic system* », accomplit un effort quantitatif considérable. Le « *domestic system* » consiste à faire réaliser à la campagne le filage et le tissage notamment par les femmes et les enfants des paysans ; ces derniers pouvaient toutefois participer également lorsque les travaux des champs le leur permettaient. Le fait que les travaux pour l'industrie textile soient ainsi des travaux à temps partiel et que la rémunération obtenue constitue donc un salaire d'appoint, induit que l'ouvrier paysan est moins exigeant que l'ouvrier urbain. Dans ce système, le « marchand-fabricant » joue un rôle essentiel ; il fournit la matière première et l'outillage, passe commande, fixe les délais, récupère le produit fini pour le vendre sur le marché. On peut même considérer que ces « marchands-fabricants » vont être un des rouages essentiels dans l'émergence du capitalisme. Franklin Mendels[(1)] considère la « proto-industrialisation », c'est-à-dire les développements des activités industrielles en milieu rural, comme un élément prépondérant du décollage de l'industrie.

En effet, pour les « marchands-fabricants », le coût d'investissement est faible car les équipements nécessaires à la production (outils, bâtiment du lieu de production) sont fournis par le « paysan-ouvrier » et sont suffisants pour de faibles volumes fabriqués.

À partir de l'instant où de nouvelles machines plus performantes vont apparaître et nécessiter le travail de plusieurs ouvriers, une nouvelle étape va être franchie dans l'industrialisation des processus de fabrication de biens manufacturés. En effet, le regroupement de salariés sur un même lieu, à savoir le « *factory system* », améliore l'efficacité productive ainsi que le contrôle du travail effectué.

(1) *"Industrialization and Population Pressure in XVIIIth Century Flanders", 1969.*

2.2 Libéralismes économique et politique

Ce changement fondamental du régime d'accumulation des richesses, qui passe par le développement de l'entreprise industrielle, va induire sur les plans politique et idéologique des changements profonds. Ces évolutions vont notamment se traduire, en France, par la Révolution de 1789 puis par le développement consécutif, tout au long du XIXe siècle, du **libéralisme économique**.

L'idéologie libérale, au sens politique du terme, va de pair avec le capitalisme industriel. Celui-ci pouvait difficilement se développer un autre contexte que celui qui annonçait le Nouveau Régime caractérisé, notamment, par la Révolution française de 1789.

En effet, sous l'Ancien Régime, les réglementations corporatives imposaient des limites strictes à la quantité de main-d'œuvre disponible, au nombre de compagnons que pouvait employer un même maître. Ces réglementations limitaient alors le développement économique.

La Révolution française, à travers plusieurs lois (comme la loi de Le Chapelier(1)) et en prononçant la dissolution des liens personnels qui unissaient les compagnons à leurs maîtres, a permis de « libéraliser le marché du travail » en abolissant les réglementations corporatives remplacées par le **régime du salariat**. Le travailleur devenu salarié peut mettre sa force de travail à disposition de n'importe quel employeur et à un salaire librement établi avec l'employeur.

2.3 Un capitalisme familial et patrimonial

Ce capitalisme industriel, qui se développe pleinement en Europe au XIXe siècle, est avant tout **familial** et **patrimonial**.(2)

- Le **capitalisme familial** est un type de capitalisme dans lequel le pouvoir de décision au sein des entreprises est détenu par les propriétaires du capital appartenant à la même famille, celle des fondateurs(2).
- Le **capitalisme patrimonial** est un type de capitalisme dans lequel la préoccupation principale est la maximisation du patrimoine et des revenus des propriétaires du capital.

Comment expliquer le décollage industriel du XIXe siècle ? Les profits réalisés dans les activités agricoles et artisanales ont été en partie placés dans le financement du décollage industriel au XIXe siècle.

Les profits engendrés dans l'agriculture et l'artisanat ont pu financer l'application industrielle des inventions et des nouvelles technologies issues de la révolution industrielle ainsi que l'accumulation du capital technique.

L'avènement de nouvelles formes de financement, comme les **bourses de valeurs,** accompagne le développement du capitalisme industriel au XIXe siècle. Les marchés financiers permettent la rencontre directe entre l'offre et la demande de capitaux et vont favoriser notamment le financement d'infrastructures fondamentales comme les compagnies de chemin de fer.

(1) Loi du 14 juin 1791 qui interdisait toute association entre gens de même métier et toute coalition.

(2) Les noms de De Wendel, Michelin, Peugeot et Schneider en France, de Krupp en Allemagne, d'Agnelli en Italie etc. illustrent ce type de capitalisme.

Le terme **bourse de valeur**, ou bourse, désigne le marché organisé sur lequel se négocient les valeurs mobilières. Ces dernières correspondent à des titres financiers négociables, interchangeables et liquides qui peuvent être côtés (en bourse) comme par exemple les actions ou obligations.

Cependant, le développement des bourses de valeur ne remettra pas en cause le capitalisme patrimonial et familial. En effet, les fondateurs des entreprises ne choisissent pas toujours la forme juridique de la société anonyme[1] pour se développer et veillent à conserver la majorité des titres de propriété.

Les besoins croissants des capitaux des entreprises vont être satisfaits aussi par le **développement des banques** et leur activité de crédit.

2.4 Un capitalisme accompagné par un État investiseur, protecteur et régulateur

Le capitalisme industriel est souvent analysé comme un capitalisme **libéral**, idée qu'il convient de nuancer si elle s'assimile à une « absence d'État ».

Dans de nombreux pays, lors de la première phase de la révolution industrielle, les États ont été présents pour accompagner les initiatives privées, notamment dans le domaine financier et dans le domaine social pour améliorer les conditions de travail et de vie des prolétaires (loi Waldeck-Rousseau de 1884 sur la légalisation des syndicats).

Tout au long du XIXe siècle, la puissance publique intervient pour mettre en place les infrastructures indispensables au développement industriel. Le montant élevé des investissements nécessaires, comme dans le cas de la construction des chemins de fer, explique notamment que la puissance financière de l'État soit mobilisée.

La puissance publique ne se limite pas à participer aux financements et investissements dans les infrastructures en réseaux (chemins de fer, réseaux d'assainissement). Elle veille également, dans certains pays comme en France, à l'accroissement du niveau de qualification de la main-d'œuvre : loi du 22 février 1851 rendant le contrat d'apprentissage obligatoire, instauration de l'enseignement secondaire technique par Victor Duruy le 2 octobre 1863 dans le cas français par exemple.

Par ailleurs, si l'État vient, dans les premières phases du développement industriel, en aide aux investissements privés, voire se substitue à eux, il intervient aussi pour corriger les dysfonctionnements économiques du capitalisme libéral[2].

Les phénomènes de concentration perturbent le jeu concurrentiel et doivent alors être combattus. Ainsi, aux États-Unis, le *Sherman Antitrust Act* du 2 juillet 1890 est une loi interdisant toute forme de monopole ou d'entente ayant pour objet de restreindre la liberté du commerce entre les États ou avec l'étranger.

(1) La société anonyme est une société de capitaux. Les sociétés de capitaux sont des sociétés constituées par apport de capitaux. Dans le cas des sociétés de capitaux, la personnalité des apporteurs est un élément secondaire de la constitution de la société. Leur capital est divisé en « actions » (et non en « parts sociales », comme c'est le cas dans les autres types de sociétés). Les actions sont des titres négociables, cessibles à des tiers. Dans les sociétés anonymes, le capital est réparti entre les actionnaires, dont la responsabilité est limitée aux apports, et dont les titres sont librement négociables. Les décisions y sont prises à la majorité.

(2) La Loi de Le Chapelier de 1791 sera aborgée par la loi du 21 mars 1884 de Waldeck-Rousseau qui légalise les syndicats en France.

Cette loi a abouti au démantèlement de la Standard Oil, l'une des sociétés pétrolières les plus importantes des États-Unis (fondée en 1870 par l'industriel John D. Rockefeller). Cette loi sera complétée par le *Clayton Antitrust Act* du 15 octobre 1914 qui vise à contrôler la concentration des entreprises dans un secteur donné. Ces deux lois marquent la naissance du **droit à la concurrence** aux États-Unis.

FOCUS . . . FOCUS . . . FOCUS . . . FOCUS . . . FOCUS . . . FOCUS . . .

Les premiers phénomènes de concentration

Le développement des systèmes financiers facilite la croissance des entreprises. L'augmentation de la taille des entreprises se traduit par des phénomènes de concentration de plus ou moins grande envergure selon les pays. En Allemagne, Krupps et Thyssen dominent l'industrie sidérurgique avec un développement vertical de l'extraction jusqu'à la distribution. Dans la chimie, les effectifs de BASF passent de 7 000 en 1870, à 70 000 en 1882. Au Japon, se forment les « *zaibatsu* », grands groupes qui s'articulent autour de trois pôles : un pôle industriel, un pôle commercial et un pôle financier (Mitsui, Mitsubishi, Sumitomo, Yasuda…).

Aux États-Unis après la guerre de Sécession, les grandes firmes (les *trusts*) dominent les marchés. C'est le cas de la Standard Oil de Rockfeller qui se développe tout au long de la filière pétrolière. L'effet taille permet à cette firme de baisser ses coûts à un niveau tel que Rockfeller finit par éliminer la concurrence et dominer, en 1882, 80 % du marché du raffinage et 90 % du transport.

3 Le capitalisme managérial

La première forme industrielle du capitalisme qui se développera au XIXe siècle est déjà caractérisée des entreprises de grande taille œuvrant sur des marchés oligopolistiques, voire monopolistiques.

- Un **oligopole** correspond à une situation de marché dans laquelle un petit nombre d'entreprises est confronté à un grand nombre de clients.
- Un **monopole** correspond à une situation de marché dans laquelle une seule entreprise est confrontée à un grand nombre de clients.

Cette course au gigantisme des entreprises se renforcera à partir des années 1930 aux États-Unis et après la Seconde guerre mondiale en Europe. Elle a pour conséquence une évolution des rapports de pouvoir entre les propriétaires de l'entreprise et ses dirigeants.

Selon la théorie des coûts de transaction de l'économiste américain Ronald Coase[1] (1910-2013), l'apparition des firmes se justifierait lorsque les **coûts de coordination** (nécessité de coordonner le travail des différentes équipes et des individus au sein d'une usine) qu'elles génèrent sont inférieurs aux **coûts de transaction** ; ces derniers correspondent au

(1) « *The Nature of the Firm* », 1937 ; traduction française : « *la nature de la firme* », Revue française d'économie, vol. II/1, 1987.

coût du recours au marché comme le coût du temps passé à chercher le meilleur prestataire ou celui passé à négocier les termes d'un contrat commercial par exemple.

Par ailleurs, beaucoup d'activités industrielles (sidérurgie, électricité) génèrent des **rendements d'échelle croissants** du fait de l'importance des coûts fixes. Ces derniers sont indépendants du volume de production. Dans ce cas, une hausse du volume de production entraîne une diminution du coût moyen de production. L'importance des coûts fixes conduit à un seuil de rentabilité très élevé ; le niveau minimal de production nécessaire pour que l'activité soit profitable, c'est-à-dire que les revenus des ventes[1] couvrent l'ensemble des coûts, implique parfois qu'il y ait peu d'entreprises présentes sur le marché, voire une seule. L'existence de rendements d'échelle croissants conduit à des structures de marché en oligopole, voire en monopole, avec des entreprises de grande taille.

La croissance de la taille des entreprises ainsi que le développement de groupes industriels constitués d'entités ou de filiales spécialisées dans des domaines d'activité différents entraînent une nécessaire professionnalisation de la direction d'une entreprise.

Dans ce contexte, il devient alors nécessaire de faire appel à des **managers professionnels** qui vont agir au nom des propriétaires de l'entreprise.

De plus, les besoins en capitaux financiers augmentent afin de financer des investissements matériels et immatériels (développement ou acquisition de brevets par exemple) toujours plus coûteux à l'origine des coûts fixes. Cette évolution conduit à l'ouverture du capital des sociétés et à la dilution relative de l'actionnariat historique des entreprises familiales.

Cette forme de capitalisme là peut alors être qualifiée de capitalisme managérial.

Le **capitalisme managérial** est un type de capitalisme caractérisé par la scission entre la propriété de l'entreprise et sa direction ; le pouvoir de décision et de direction est alors détenu par des **managers professionnels** (cadres dirigeants), souvent salariés, recrutés en fonction de leurs compétences et non de leur participation au capital de la société.

Les économistes américains Adolf A. Berle et Gardiner C. Means montrent dans leur ouvrage *The modern Corporation and private property* (1932) que l'ouverture du capital des sociétés aboutit à une dispersion de l'actionnariat. Le pouvoir du dirigeant s'en trouve alors renforcé, aucun actionnaire n'étant assez puissant pour lui imposer ses desiderata.

Le capitalisme familial devient alors capitalisme managérial. Cette distinction entre propriété/direction de la société pose le problème de la non-congruence des intérêts entre les actionnaires et le(s) dirigeant(s).

Les premiers souhaitent généralement percevoir des dividendes élevés, les seconds recherchent plutôt la croissance de l'entreprise, de son chiffre d'affaires, de ses parts de marché, car ils permettent aux managers de négocier des niveaux de rémunération plus élevés. Cette opposition d'intérêt se manifeste autour de l'enjeu de la répartition de la **capacité d'autofinancement** (CAF) de l'entreprise : quelle part attribuer à l'autofinancement des investissements ? quelle part attribuer à la distribution du bénéfice ?

Le problème de la divergence d'intérêts entre actionnaires et dirigeants est au cœur de la **théorie de l'agence** développée par les économistes américains Michael C. Jensen et

(1) C'est-à-dire le chiffre d'affaires.

William H. Meckling dans *Theory of the firm : managerial behavior, agency costs and ownership structure* (1976). Ces deux auteurs définissent ainsi une relation d'agence :

> Une **relation d'agence** est un contrat par lequel une personne, appelée le principal ou mandant, engage un autre individu, appelé l'agent ou mandataire, pour exécuter en son nom une tâche quelconque qui implique une délégation d'un certain pouvoir de décision du principal à l'agent.

L'essor du capitalisme managérial conduit à un affaiblissement du pouvoir actionnarial relatif à celui de la direction de l'entreprise et donc à un « relâchement » de la relation d'agence défavorable au principal.

Pour l'économiste J.K. Galbraith (1908-2006) dans *Le Nouvel État industriel* (1969), les détenteurs de capitaux ne sont plus les décideurs dans l'entreprise ; ils ont laissé la place à une nouvelle catégorie d'individus qui se distinguent par leurs compétences managériales. Ces nouveaux acteurs forment ce que Galbraith appelle la **technostructure**.

> La **technostructure** désigne l'équipe de managers ou cadres dirigeants disposant du véritable pouvoir dans la grande entreprise.

Pour cet auteur, l'action de la technostructure aboutit à une augmentation considérable de la taille des entreprises ce qui leur donne le pouvoir d'orienter les mécanismes de marché à leur avantage.

En conséquence, les très grandes firmes peuvent imposer aux consommateurs des prix plus élevés que ceux qui résulteraient de la rencontre « naturelle » de l'offre et de la demande. Cette pression exercée par les entreprises amène Galbraith à parler de « **filière inversée** » pour exprimer l'idée que c'est l'offre qui impose ses conditions à la demande et non pas l'inverse[1]

> La **filière inversée** désigne la capacité de la grande entreprise à « exercer une action sur les prix auxquels elle vend et auxquels elle achète » et à « manœuvrer le consommateur pour qu'il achète aux prix dont elle est maîtresse ». Selon Galbraith, la maîtrise des prix et le conditionnement du consommateur sont indispensables à la planification de la production dans l'intérêt de la technostructure.

Ainsi, le développement du capitalisme managérial à partir des années 1930 correspond à un affaiblissement du capitalisme familial mais non à sa disparition.

4 Le capitalisme financier globalisé

Le début des années 1980 fut marqué par une véritable extension des mécanismes caractéristiques des économies de marché à de nombreux pays, sauf ceux de l'URSS. Cependant, même certains pays de l'URSS n'étaient pas totalement exempts d'éléments marchands comme en atteste le rôle du profit dans l'affectation de certaines ressources à certains moments, bien qu'il fût très modeste.

(1) Comme cela est attendu dans le fonctionnement d'un marché : les consommateurs solvables émettent des désirs, les entreprises proposent des biens et services pour les satisfaire.

Trois dimensions distinctes, mais complémentaires, caractérisent cette nouvelle phase du capitalisme :

– la globalisation financière ;
– la libéralisation internationale des marchés de biens et services ;
– le développement des technologies de l'information et de la communication relatives, entre autres, à l'informatique et au numérique.

S'ouvre alors la décennie des années 1980 marquée par un renforcement de la libéralisation financière et commerciale au niveau international. Cette évolution fut soutenue par d'incroyables progrès techniques, dans le domaine informatique principalement, qui faciliteront le transfert international de flux monétaires, financiers et de marchandises. Sur le plan de la politique économique, un consensus, dit « consensus de Washington », semble alors se former autour de recommandations à la fois libérales et monétaristes pour soutenir la croissance économique, notamment dans les pays en développement.

FOCUS . . . FOCUS . . . FOCUS . . . FOCUS . . . FOCUS . . . FOCUS . . .

Le consensus de Washington

Le « consensus de Washington » est une expression de l'économiste américain John Williamson en 1989.

Il correspond aux analyses communes qui fondent les recommandations économiques émises par les institutions économiques internationales comme le Fonds monétaire international (FMI) et la Banque mondiale, soutenues par le département du Trésor Américain et qui siègent dans la capitale administrative des États-Unis.

Ces recommandations d'inspiration libérale et monétariste visaient alors à trouver les solutions pour surmonter le problème de la dette du tiers-monde à partir de 1982.

Les principales recommandations d'**inspiration libérale** sont les suivantes :

– désengagement de l'État permettant une diminution des impôts et de la dépense publique favorable au dynamisme économique des entreprises du secteur marchand ;
– régulation marchande en laissant jouer la loi de l'offre et de la demande ;
– ouverture internationale des marchés et spécialisation productive des pays sur la base de l'avantage comparatif favorables au commerce entre les nations.

Les principales recommandations d'**inspiration monétariste** concourent à la réduction de l'inflation :

– recherche de l'équilibre budgétaire des administrations publiques ;
– autonomie croissante des banques centrales par rapport à l'État ;
– incitation au financement des entreprises et des États par les marchés financiers plutôt que par le crédit bancaire fondé sur la création monétaire.

Une caractéristique fondamentale de cette nouvelle phase du capitalisme est l'importance prise par les marchés financiers dans le financement des entreprises et des États. Comment s'explique-t-elle ?

Au cours des années 1980, la plupart des pays développés à économie de marché (PDEM), comme les pays d'Europe de l'Ouest ou les États-Unis, appliquent des politiques économiques visant à réduire drastiquement l'inflation qui n'avait cessé de se renforcer depuis le milieu des années 1970.

Les États ont alors adopté des politiques monétaires restrictives conduisant à une hausse des taux d'intérêt réels[1]. Une telle hausse du loyer de l'argent conduisit les grandes entreprises comme les États à diminuer leur financement bancaire dont le coût avait alors considérablement augmenté.

Pour leur permettre d'accéder à des ressources financières moins coûteuses, les États ont alors promu le développement des marchés financiers, notamment obligataires, grâce à des mesures fiscales avantageuses pour les placements financiers des épargnants.

Ainsi, le développement des marchés financiers est fondé notamment sur la volonté de drainer une épargne des ménages vers les entreprises et les États. Ce mode de **financement de marché** est supposé vertueux car non inflationniste contrairement au **financement bancaire** traditionnel fondé sur la création monétaire[2].

L'importance des marchés financiers et des flux d'épargne qui l'irriguaient a conduit à l'émergence et au renforcement d'acteurs financiers particuliers que sont les investisseurs institutionnels.

> Les **investisseurs institutionnels** sont des institutions financières qui collectent l'épargne des ménages et font des placements financiers contribuant à satisfaire les besoins de financement des entreprises et de l'État. Les organisations de placement collectif de valeurs mobilières, c'est-à-dire les fonds mutuels (OPCVM), les fonds de pension, les compagnies d'assurance etc., sont des investisseurs institutionnels. Une épargne placée par l'intermédiaire des investisseurs institutionnels plutôt que directement gérée par l'épargnant lui-même serait une stratégie moins risquée pour celui-ci.
>
> Les investisseurs institutionnels gèrent des capitaux importants ce qui leur permet de diversifier les risques, de collecter de l'information et de recruter des experts ; ils réalisent donc des économies d'échelle. En toute rigueur, l'emploi du terme « investisseurs » (bien que consacré par l'usage) est impropre, les institutions financières concernées ne réalisent pas des investissements mais des placements financiers.

Au sein des assemblées générales d'actionnaires, ces investisseurs institutionnels peuvent jouer un rôle décisif du fait de leur poids dans l'actionnariat. Leur montée en puissance constitue une contrainte forte pour les dirigeants dont les marges de liberté se réduisent. Ce nouveau « **capitalisme actionnarial** » redonne le pouvoir aux actionnaires qu'ils avaient perdu dans la forme **managériale** du capitalisme.

En effet, ce type de capitalisme actionnarial ou patrimonial s'est ainsi développé à partir des années 1980 sur la base d'une critique du capitalisme managérial.

Les actionnaires souhaitèrent reprendre le pouvoir de contrôle dont ils avaient été privés dans la forme managériale du capitalisme. Dans ce cadre-là, les propriétaires, par la voie des

(1) Pour approfondir ces points historiques, le lecteur est invité à consulter le chapitre 3 du Manuel *Economie DCG 5* dans la même collection chez Dunod. Ce chapitre traite de l'histoire des faits économiques depuis la fin de la Deuxième Guerre mondiale.

(2) C'est-à-dire la « planche à billets ».

investisseurs institutionnels, assignent alors une seule mission aux dirigeants : celle de **créer de la valeur pour l'actionnaire**.

Le **capitalisme actionnarial** est un type de capitalisme dans lequel le pouvoir de décision au sein des sociétés par actions, bien souvent les plus grandes entreprises, est détenu par les propriétaires du capital, c'est-à-dire les **actionnaires**.

Il est aussi qualifié de **capitalisme patrimonial** car la logique de création de valeur actionnariale, qui fonde cette forme de capitalisme, vise à revaloriser le patrimoine, c'est-à-dire la richesse, des propriétaires des entreprises.

La création de valeur actionnariale suppose à la fois le versement de dividendes suffisants et la mise en œuvre d'une stratégie conduisant à une hausse du cours des actions en bourse. Des mécanismes de contrôle des actionnaires sur les dirigeants s'assurent alors que ceux-ci œuvrent bien dans l'intérêt de ceux-là.

Le concept de **gouvernance d'entreprise** exprime cette volonté d'exercer un contrôle plus fort des mandants (les actionnaires) sur leurs mandataires (les dirigeants de l'entreprise).

La **gouvernance d'entreprise** (*corporate governance* en anglais) consiste en un ensemble de règles et procédures de fonctionnement appliquées en priorité aux sociétés anonymes dont les actions sont cotées sur le marché boursier. Ces règles tendent à ce que les décisions prises par les dirigeants de l'entreprise soient favorables à ses actionnaires et concernent principalement la fiabilité et la transparence de l'information communiquée, la protection des droits des actionnaires en particulier minoritaires, le fonctionnement du conseil d'administration et sa séparation nette de la direction de l'entreprise, l'alignement des intérêts des managers sur ceux des actionnaires par des mécanismes incitatifs de rémunération comme les options d'achat d'actions à prix préférentiel (*stocks-options* en anglais).

Ainsi, sous l'angle de la théorie de l'agence, la gouvernance d'entreprise renforce la relation d'agence entre les actionnaires-mandants et les managers-mandataires au bénéfice des premiers.

Cependant, si le capitalisme financier ou mondialisé rend caduc les régulations économiques des États Nations, il n'a pas conduit à la disparition de l'interventionnisme public, notamment en France où la sphère publique reste importante en matière de service public et de redistribution.

Ainsi, la diversité historique du capitalisme relève en partie de l'évolution de la structure du pouvoir de décision dans les entreprises.

Une approche d'inspiration marxiste apporte un éclairage complémentaire sur l'évolution historique du capitalisme. Selon Karl Marx, l'extension du salariat industriel avait ouvert une nouvelle phase par rapport au capitalisme marchand. Le passage du capitalisme marchand au capitalisme industriel a changé la nature des moyens de production. En effet, désormais, ceux qui travaillaient n'étaient plus propriétaires de leurs moyens de production.

Le passage du capitalisme industriel à un capitalisme financier reposerait sur une plus grande déconnexion entre le capital technique et les titres financiers qui devraient les financer fragilisant alors le premier au bénéfice du second.

Cependant, un second axe d'analyse de la diversité du capitalisme concerne les aspects territoriaux contemporains. Autrement dit, l'unité d'un capitalisme dit financier et mondialisé n'empêche pas que certains territoires organisent leurs institutions économiques de façon idiosyncrasique.

C LA DIVERSITÉ CONTEMPORAINE DES CAPITALISMES

Si le capitalisme est un système économique diffusé dans d'innombrables territoires, il existe cependant des modèles d'organisation capitaliste caractéristiques de certains pays ou de certains continents.

L'existence de « modèles nationaux du capitalisme » s'explique notamment par la spécificité de certaines formes institutionnelles (titre 1) permettant de distinguer deux modèles de capitalisme selon le type de coordination (titre 2) et d'avancer d'autres typologies fécondes (titre 3).

1 Les formes institutionnelles dans la théorie de la régulation

La théorie de la régulation[(1)] s'intéresse à la dynamique de croissance en lien avec l'ensemble des formes institutionnelles. Ces dernières constituent le cadre ou l'environnement institutionnel dans lequel s'appliquent les comportements économiques des agents.

1.1 Les principaux concepts de la théorie de la régulation

Une **forme institutionnelle**, ou forme structurelle, est définie dans la théorie de la régulation comme « toute codification d'un ou plusieurs rapports sociaux fondamentaux » (Boyer, 1986[(2)]). Un rapport social fondamental se ramène à un ensemble d'éléments économiques donnés (comme la monnaie ou la concurrence par exemple) qui prennent une forme particulière, historiquement datée, et fonde une orientation idiosyncrasique à la dynamique capitaliste.

La combinaison particulière de ces formes institutionnelles participe à la constitution d'un mode de régulation **historiquement daté** et **géographiquement situé**.

Un **mode de régulation** est défini dans la théorie de la régulation comme l'articulation entre un régime de croissance économique particulier et des formes institutionnelles.

Dans le cadre de la théorie de la régulation, une analyse du capitalisme et de ses transformations a été proposée autour de trois « formes institutionnelles » fondamentales :

- **la monnaie** : forme institutionnelle sans doute la plus englobante car elle définit un mode de connexion entre unités économiques ;
- **le rapport salarial** : essentiel puisqu'il caractérise un type particulier d'appropriation du surplus ;

(1) Approche dévelopée principalement par des économistes français comme Michel Aglietta, Robert Boyer, Alain Lipietz dans les années 1970.

(2) *La théorie de la régulation, une analyse critique* de Robert Boyer, La Découverte, 1986.

– **les formes de la concurrence** : elle décrit les modalités de mise en rapport des « foyers d'accumulation »

Ainsi, la théorie de la régulation s'est constituée pour rendre compte de la variabilité dans le temps et l'espace des formes de capitalismes. Dans ce cadre, il existerait une multiplicité des régimes d'accumulation du capital en fonction du résultat des conflits politiques et des processus d'institutionnalisation qui émergent des grandes crises structurelles en particulier (Boyer, 1986).

1.2 Diversité des rapports marchands et capital-travail

Un des points de départ de la théorie de la régulation est l'approche marxiste des modes de production. Un mode de production capitaliste particulier se définit par la conjonction de deux principes d'organisation économique :

– **un rapport marchand** de type horizontal organise les relations d'échanges entre agents économiques ;

– **un rapport capital-travail**, de type vertical, codifie une relation de travail et de pouvoir entre les salariés et leur employeur.

Aussi, il existerait plusieurs façons d'organiser ces deux rapports fondamentaux induisant ainsi une différenciation historique et géographique du capitalisme.

La première source de différenciation des capitalismes correspond à l'**extension** et à **la nature des rapports marchands.** Les relations marchandes peuvent porter sur des biens et services de consommation privés ou, au contraire, s'étendre aux facteurs de production, au crédit ou à la connaissance par exemple. Aussi, la concurrence peut être de nature atomistique, c'est-à-dire s'opérer entre de nombreux producteurs, ou, au contraire, de nature oligopolistique conduisant à la domination d'un marché par un faible nombre d'entreprise.

La seconde source de différenciation des capitalismes a trait à la **diversité des rapports capital-travail**. La diversité des principes de division du travail (monde d'ouvriers professionnels, division taylorienne des tâches, ou encore marché interne propre à la grande entreprise, etc.) et des modalités de rémunération des salariés (fixée sur des marchés locaux, des marchés professionnels ou à l'issue de négociations collectives à divers niveaux, sectoriels comme nationaux, reconnaissance plus ou moins complète de droits collectifs à travers la couverture sociale, etc.) participe à l'identification d'un mode de production capitaliste particulier.

Aussi, l'institutionnalisation d'une forme de rapport marchand et d'un type de rapport salarial ne résulterait pas de la seule sélection en fonction de critères d'efficience économique.

Ce processus interviendrait en réaction à des crises structurelles d'un régime antérieur et mobiliserait de façon essentielle les luttes politiques.

Ainsi, les guerres auraient souvent joué un rôle important dans la cohérence et la légitimation des changements institutionnels apportés à un ordre économique antérieurement supposé immuable.

Ces raisons expliquent qu'il est légitime de distinguer des **capitalismes nationaux** puisque le processus d'institutionnalisation est très marqué par une chronique des luttes sociales et politiques propres à chaque pays.

2 Les typologies classiques et duales du capitalisme

2.1 Modèle libéral nord-américain *versus* modèle rhénan allemand

Dans son livre *Capitalisme contre capitalisme* (1991), Michel Albert soulignait les différences entre deux types principaux d'économies capitalistes :

– le **modèle libéral américain** des États-Unis : un accent mis sur la performance individuelle, l'importance des bénéfices à court terme, la réversibilité et la flexibilité des engagements ;

– le **modèle régulé rhénan** incarné par l'Allemagne : engagements de long terme, performances collectives et consensus.

2.2 Économie libérale de marché versus économie coordonnées de marché

Plus récemment, Hall et Soskice (2001)[1] identifient deux types d'économies capitalistes, les économies libérales de marché (ELM) et les économies coordonnées de marché (ECM).

Cette dichotomie s'appuie sur la prise en compte d'une dimension fondamentale, la coordination.

• Dans une ELM, la coordination est fondée sur les mécanismes de marché favorisant l'investissement dans des actifs transférables.

• Dans une ECM, elle est principalement réalisée par des mécanismes hors marché – ce qui constitue la « coordination stratégique » – favorisant l'investissement dans des actifs spécifiques.

Les États-Unis sont un exemple presque parfait d'une ELM et l'Allemagne personnifie l'ECM pour Hall et Soskice par exemple, rejoignant la typologie proposée dix ans auparavant par Michel Albert.

2.3 Les principales typologies des institutions capitalistes

De façon explicite ou implicite, la pertinence de ces approches repose notamment sur la mesure de typologies institutionnelles permettant d'identifier un mode de production capitaliste particulier.

Quelles sont alors les principales typologies institutionnelles ? À ce stade, trois typologies[2] peuvent être distinguées :

– la typologie des **systèmes financiers** la plus commune distingue un système reposant sur les banques d'un système fondé sur les marchés financiers.

Cette distinction ne s'applique pas tant aux différences dans les sources de financement des entreprises qu'au type de relations entre la firme et ses financiers. Les relations proches peuvent être proches dans le cas d'intermédiaires bancaires comme au Japon : les grands groupes industriels sont assurés d'avoir un accès aisé et peu coûteux aux crédits de trésorerie

(1) Hall P. et Soskice D. (2001) *Varieties of Capitalism : the institutional foundations of comparative advantage*, Oxford, Oxford University Press.

(2) La liste de ces typologies n'est pas exhaustive mais celles-ci sont certainement les plus communes pour distinguer les différentes formes de capitalisme. D'autres typologies sont présentées plus loin dans le chapitre.

d'une banque réduisant le risque de faillite mais, en contrepartie, celle-ci intervient dans la stratégie industrielle de ces groupes. Les relations peuvent être plus distantes lorsqu'il s'agit de marchés financiers ;

- une typologie habituelle liée à la nature du **contrôle des firmes** distingue les systèmes dits *outsiders,* dans lesquels il existe un problème potentiel d'agence entre les dirigeants de la firme et un actionnariat largement dispersé, des systèmes dits *insiders,* où le conflit potentiel se situe entre les actionnaires contrôlant effectivement la firme et les actionnaires minoritaires ;
- les systèmes de **protection sociale** sont souvent utilisés pour analyser une forme particulière de capitalisme. Une des typologies les plus usuelles est celle d'Esping-Andersen (1990)[1] qui distingue trois modèles de protection sociale : le modèle libéral, le modèle social-démocrate et le modèle conservateur.

Systèmes de protection sociale : typologie d'Esping-Andersen (1990)

Le modèle libéral	• Faible protection sociale conditionnée aux revenus. • Incitations à rechercher une source de revenu dans le travail du fait de transferts plafonnés. • Sécurité sociale sensiblement limitée.
Le modèle social démocrate	• Système de protection sociale de type universel, fondé sur la citoyenneté, favorable à l'égalité sociale. • Démarchandisation et défamilialisation des prestations. Les individus peuvent atteindre un niveau de vie raisonnablement haut sans participation au marché et indépendamment d'un appui de la famille ; financement par impôts élevé.
Le modèle conservateur	• Préservation du statut, solidarité au sein des groupes sociaux plutôt qu'entre ces groupes (corporatisme). • Système moins redistributif que le modèle social-démocrate. • Prestations sociales liées à la participation au marché du travail et au type d'activité exercée. • Régime caractérisé par une démarchandisation et une familialisation modérée.

Ainsi, les modèles régulés rhénans (Albert, 1991) ou coordonnés (Hall et Soskice, 2001) seraient plutôt identifiés par :

- un système de protection sociale plutôt conservateur ;
- un système financier reposant sur le rôle de partenariat stratégique des banques ;
- un contrôle des firmes plutôt de type *outsiders.*

À l'inverse, le modèle libéral serait plutôt caractérisé par :

- un système de protection sociale plutôt libéral ;
- un système financier fondé sur les marchés financiers ;
- un contrôle des firmes plutôt *insiders* du fait du poids des investisseurs institutionnels.

(1) Esping-Andersen G. (1990), *The three worlds of welfare capitalism,* Princeton, NJ, Princeton University Press.

FOCUS . . . FOCUS . . . FOCUS . . . FOCUS . . . FOCUS . . . FOCUS . . .

Le Japon et l'Allemagne : des formes de capitalisme originales

L'Allemagne et le Japon ont développé des formes de capitalisme qui se distinguent du modèle anglo-saxon. Même si chaque pays a ses propres spécificités, on peut considérer que le capitalisme allemand et le capitalisme japonais se rejoignent au moins sur trois caractéristiques : le mode concurrentiel, les sources de financement et l'approche consensuelle des relations sociales.

Depuis la fin du XIXe siècle, le développement économique dans les deux pays s'est construit sur les performances de grands groupes industriels : *konzern* en Allemagne, *zaibatsu* puis *keiretsu* au Japon. Au-delà de la structure oligopolistique des marchés, l'existence de ces très grandes firmes induit des relations privilégiées avec les banques (bien souvent intégrées au groupe). En conséquence, le rôle joué par les marchés financiers est de plus faible importance qu'il ne l'est dans les pays anglo-saxons. Sur le plan financier, le Japon et l'Allemagne sont restés pendant longtemps des pays relativement fermés. Les relations privilégiées entre banques et grandes entreprises et le climat de confiance qui en résulte permet de privilégier une véritable vision à long terme en matière d'investissement ce qui explique certainement les remarquables performances commerciales des deux pays.

Le capitalisme allemand et japonais s'appuie également sur une approche consensuelle des relations sociales. Les relations entre les organismes d'État et les grandes entreprises notamment contribuent, en règle générale, à des évolutions économiques, sources de performances (on peut citer le rôle joué par le MITI, ministère de l'Industrie et du Commerce extérieur au Japon, ou bien encore l'idée de capitalisme d'État en Allemagne). L'approche consensuelle est également vérifiée aussi dans les relations entre salariés et patronat. Les conflits du travail sont abordés sous l'angle de la négociation et non de la recherche de l'opposition frontale (négociations bisannuelles au Japon). La participation active des salariés au management de l'entreprise (cogestion en Allemagne par exemple) facilite la mise en place de relations apaisées. De plus, cette participation, certes différente dans chacun des deux pays, est elle-même rendue possible par des systèmes de formation (initiale ou continue) orientée marché du travail.

Les crises économiques semblent mettre à mal les spécificités de ces modèles. En effet, les besoins de financement qu'elles génèrent contraignent à l'ouverture des systèmes financiers et à celle du capital des entreprises nationales.

3 Une typologie des capitalismes contemporains

Dans le sillage de travaux inspirés, entre autres, de la théorie de la régulation, une typologie récente et plus fine que les précédentes fut proposée par l'économiste français Bruno Amable en 2005[1].

(1) *Les cinq capitalismes : diversité des systèmes économiques et sociaux dans la mondialisation,* Coll. « Economie humaine », Ed. du Seuil, 2005

Pour identifier les différentes formes de capitalisme, Amable analyse cinq formes institutionnelles fondamentales :

– l'intensité **concurrentielle sur les marchés de produits** : ces derniers peuvent faire l'objet d'une vive concurrence ou, *a contrario*, celle-ci peut être encadrée et contenue (existence d'une réglementation détaillée et stricte, peu de nouveaux concurrents, normes techniques, etc.) ;

– le **rapport salarial** et les **institutions du marché du travail** : centralisation ou décentralisation des relations salariales, individualisation ou « collectivisation » des relations de travail ;

– le type d'**intermédiation financière** : les entreprises nouent des relations de long terme, fondées sur des partenariats stratégiques et industriels avec des établissements financiers ou, *a contrario*, les acteurs financiers sont de simples pourvoyeurs de fonds aux entreprises intéressés prioritairement par le rendement financier de leurs placements ;

– la **protection sociale** : leurs formes sont fondées sur la typologie d'Esping-Andersen (1990) ;

– le **secteur éducatif** : il peut être sélectif, financé en grande partie directement par les étudiants (ou leurs parents, ou à crédit) orienté vers le développement de connaissances professionnelles rapidement opérationnelles et lucratives ; au contraire, il peut être en grande partie financé par les pouvoirs publics, orienté vers le développement de connaissances générales et fondamentales.

Bruno Amable propose alors l'existence de cinq types de capitalisme caractérisés par des formes institutionnelles spécifiques et des complémentarités institutionnelles particulières :

– le modèle fondé sur le marché ;

– le modèle social-démocrate ;

– le modèle européen continental ;

– le modèle méditerranéen ;

– le modèle asiatique.

3.1 Le capitalisme libéral de marché

La **concurrence sur les marchés de produits** est un élément important du modèle fondé sur le marché. Les ajustements de marché en quantité et en prix sont fondamentaux dans le fonctionnement de ce capitalisme ; la compétitivité des firmes repose alors en partie sur la flexibilité de l'emploi et des salaires.

La pression concurrentielle du marché exige que les entreprises réagissent rapidement aux conditions changeantes et adaptent leurs stratégies en conséquence. Ces changements sont rendus possibles grâce aux marchés financiers, qui favorisent des restructurations rapides, elles-mêmes facilitées par des marchés du travail flexibles.

Le développement des marchés financiers permet alors aux firmes de s'adapter à un environnement concurrentiel en évolution quasi continue. Ils apportent aussi aux agents économiques, notamment les ménages, une large gamme d'instruments de diversification du risque. Ces derniers répondent à une demande importante du fait de l'absence d'un système de protection sociale développé.

Ce capitalisme favorise l'ajustement rapide et le changement structurel. Il entraîne donc un haut degré de risque pour les investissements spécifiques[1].

Des **marchés financiers** sophistiqués garantissent une diversification des risques pour les investissements financiers, mais les investissements spécifiques en formation sont particulièrement fragilisés dans ce modèle puisque la protection sociale est sous-développée.

Autrement dit, les incitations à investir dans des compétences professionnelles spécifiques sont faibles pour les salariés puisqu'elles ne seraient protégées, ni par la protection sociale, ni par la sécurité de l'emploi, et qu'un changement structurel rapide contribuerait à les dévaluer.

La concurrence s'étend au **système d'éducation**. Un système d'éducation secondaire souvent non homogénéisé rend plus cruciale la concurrence entre les universités pour attirer les meilleurs étudiants et entre les étudiants pour entrer dans les meilleures universités.

Des pays comme l'Australie, le Canada, le Royaume-Uni et les États-Unis sont caractérisés par un tel système économique.

3.2 Le capitalisme social-démocrate

Le capitalisme social-démocrate est organisé selon des complémentarités institutionnelles très différentes du modèle libéral selon l'analyse de Bruno Amable (2005).

Souvent mis en place dans des pays dont l'ouverture au commerce international est forte, une forte pression de la concurrence extérieure exige une certaine flexibilité de la main-d'œuvre. Mais celle-ci n'est pas simplement réalisée au moyen de licenciements et d'ajustements de marché.

La formation permanente d'une main-d'œuvre fortement qualifiée joue un rôle crucial dans l'adaptabilité des employés. La protection des investissements spécifiques des employés est réalisée par un mélange de protection modérée de l'emploi, par un haut niveau de protection sociale et par un accès facile à la formation grâce à des politiques actives sur le marché du travail.

Un système de négociations salariales coordonnées permet une fixation du salaire fondée sur la solidarité qui favorise l'innovation et la recherche de productivité. Par ailleurs, un système financier centralisé permet aux firmes de développer des stratégies à long terme.

Le Danemark, la Finlande et la Suède ont des systèmes économiques plutôt sociaux-démocrates.

3.3 Le capitalisme européen continental

Le capitalisme européen continental possède quelques caractéristiques communes avec le modèle social-démocrate. Il est fondé sur un degré plus élevé de protection de l'emploi et une protection sociale moins développée. Un système financier centralisé facilite l'élaboration de stratégies de long terme pour les entreprises et n'oblige pas les firmes à respecter les contraintes de bénéfice à court terme. Les négociations salariales sont coordonnées et une politique des salaires fondée sur la solidarité est développée, mais à un degré moindre que dans le modèle social-démocrate.

(1) C'est-à-dire dont le degré de spécialisation est très élevé.

La formation professionnelle de la main-d'œuvre n'est pas aussi poussée que dans le modèle social-démocrate, ce qui limite les possibilités de mise en œuvre d'une flexibilité offensive sur le marché du travail. Cela limite alors la restructuration rapide des industries.

Les gains de productivité sont obtenus par des stratégies d'ajustement de l'emploi à la baisse, stratégies rendues possibles par la protection sociale dont bénéficient les salariés, par exemple avec les mesures de mise en préretraite.

La Suisse, les Pays-Bas, l'Irlande, la Belgique, l'Allemagne, la France et l'Autriche illustrent, malgré leurs spécificités, un tel capitalisme.

3.4 Le capitalisme méditerranéen

Le capitalisme méditerranéen est fondé sur plus de protection de l'emploi et moins de protection sociale que le modèle européen continental.

La protection sociale est rendue possible par un niveau relativement faible de la concurrence sur les marchés des produits et l'absence de contraintes de profit à court terme en raison de la centralisation du système financier.

Cependant, une main-d'œuvre avec des compétences relativement limitées et un niveau d'éducation relativement faible ne permet pas la mise en œuvre d'une stratégie industrielle reposant sur des hauts salaires et de fortes compétences.

Une hausse de la concurrence sur les marchés de produits peut faire pression pour une augmentation de la flexibilité du marché du travail, par exemple par un dualisme marqué de la main-d'œuvre.

Les employés des grandes sociétés profiteraient toujours de la sécurité de l'emploi tandis que les jeunes salariés, ou les employés de petites firmes, auraient des contrats de travail plus flexibles.

La Grèce, l'Italie, le Portugal et l'Espagne illustreraient, avec leurs différences, ce type de capitalisme.

3.5 Le capitalisme asiatique

Le capitalisme asiatique dépend fortement des stratégies industrielles des grandes firmes, établies en collaboration avec l'État, et d'un système financier centralisé qui permet le développement de stratégies industrielles de long terme.

Les investissements spécifiques des employés sont protégés par une protection, de fait, de l'emploi, par les possibilités de formation professionnelle et par la poursuite d'une carrière dans les groupes industriels.

L'absence d'une forte protection sociale et le manque de marchés financiers sophistiqués rendent la diversification du risque difficile et font de la stabilité fournie par la grande firme un élément crucial de la cohérence du modèle.

Le Japon et la Corée du Sud illustrent ce type de modèle.

3.6 Les formes de capitalisme, des «idéaux types»

Aucune économie développée industrielle n'est exactement décrite par un de ces cinq modèles de capitalisme qu'on pourrait comparer à des idéaux types[1].

Les économies peuvent posséder des caractéristiques qui les rapprochent d'un modèle ou d'un autre, sans être entièrement identifiables au modèle lui-même. Il est néanmoins utile de maintenir la référence à ces idéaux types pour comprendre les mécanismes institutionnels sur lesquels la cohérence des diverses économies développées est fondée.

De plus, les modèles de capitalisme permettent d'aller au-delà des dissemblances apparentes entre deux économies et d'identifier leurs traits structurels communs.

FOCUS . . . FOCUS . . . FOCUS . . . FOCUS . . . FOCUS . . . FOCUS . . .

Diversité des capitalismes et variété de la gouvernance d'entreprise

• Selon la dichotomie de E. Berglöf (1990)[2], il existerait deux grands modèles généraux de gouvernance d'entreprise : celui « orienté banques » et celui « orienté marchés ».

Le **système des banques** induit une relation stratégique de long terme entre une banque ou un pool de banques et une entreprise ou un groupe industriel. Dans un tel système, le financement des entreprises par la dette bancaire est souvent fort, l'actionnariat est relativement concentré notamment sur les banques qui détiennent, aussi, des actions du groupe industriel.

Le **système des marchés** est caractérisé par un financement prioritairement alimenté par le marché et par une dispersion importante du capital. La séparation des fonctions de décision (du ressort quasi exclusif de l'équipe dirigeante) et de propriété (ressort dévolu aux investisseurs) est nette. La sanction des équipes managériales sous-performantes, par le biais de prises de contrôle ou par celui du marché du travail, exerce un redoutable contrôle externe.

• La typologie de J. Franks et C. Mayer (1992)[3] oppose les **systèmes ouverts** (pays anglo-saxons) aux **systèmes fermés** (Japon et Europe continentale). Les premiers sont caractérisés par un actionnariat dispersé ainsi qu'une forte fréquence et fluidité des transactions. Les seconds sont caractérisés par une grande concentration de l'actionnariat et une fréquence sensiblement plus faible des transactions financières.

• L'analyse de P. Moerland (1995)[4] distingue les **systèmes orientés marchés** et les **systèmes orientés réseaux**. Les premiers, en vigueur dans les pays anglo-saxons, sont caractérisés par des marchés financiers développés, une dispersion de l'actionnariat, un marché des prises de contrôle actif et des conflits d'agence engendrés par la séparation des fonctions de propriété et de décision. Les seconds, en vigueur dans les pays latins (bien que P. Moerland les considère comme hybrides), l'Allemagne et le Japon, sont caractérisés par l'appartenance des entreprises à de gros blocs d'investisseurs jouant un rôle crucial dans les mécanismes de contrôle. Les seconds apparaissent, selon P. Moerland, comme plus solides mais moins souples que les premiers, notamment en cas de crise.

(1) L'idéal type est une représentation abstraite s'inspirant de tendances effectivement observées mais qui les schématise pour en faire un instrument de connaissance et d'investigation du réel (Max Weber)

(2) Berglöf E. *Capital structure as a mechanism of control : a comparison of financial systems.* in Aoki M., Gustafsson B. et Williamson O.E. *The firm as a nexus of treaties.* London, Sage, 1990, p. 237-262.

(3) Franks J. et Mayer C. *A synthesis of the international evidence.* London Business School Working Paper, 1992.

(4) Moerland P.W. *Alternative disciplinary mechanisms in different corporate systems.* Journal of Economic Behavior and Organization, 1995, Vol. 26, N° 1, p. 17-34

• Selon certains auteurs, l'opposition traditionnelle entre les deux archétypes représentatifs des modèles de gouvernance présentés ci-avant apparaît comme dépassée (P. Geoffron, 1999[(1)] ; D. Plihon, J.-D. Ponssars et P. Zarkowski, 2001[(2)] ; M. Becht, 2004[(3)]). Les dichotomies précédentes pourraient évoluer sous l'effet de facteurs légaux, réglementaires ou culturels. Prowse (1994)[(4)] remarque, au Japon comme en Allemagne, un relâchement des liens entre les banques et les entreprises au profit de l'autofinancement. Dans les pays anglo-saxons, les règles contraignant les droits des actionnaires et la participation des banques dans le capital des entreprises se sont assouplies.

3.7 Spécialisations et performances économiques des capitalismes contemporains

a) Spécialisations industrielles selon les modèles de capitalismes

L'approche consistant à distinguer les différentes formes de capitalisme ne se veut pas seulement descriptive. Elle vise aussi à mettre en lumière une liaison forte entre la structure institutionnelle des pays et le type d'activités économiques dans lesquelles ils se spécialisent.

En effet, les institutions définissent des incitations à investir dans certains actifs, qui sont à l'origine d'avantages compétitifs dans des activités particulières.

Les travaux de Bruno Amable (2005) confirment ces attentes.

Par exemple, les **économies libérales de marché**, comme celle des États-Unis, sont spécialisées dans des activités où l'adaptation rapide et la qualité des liens entre le système d'enseignement supérieur et l'industrie ont de l'importance : biotechnologies, informatique ou électronique.

Les économies libérales de marché sont caractérisées par une forte production et une large diffusion des TIC. Le système financier semble jouer un rôle majeur dans ce positionnement technologique de l'économie nord-américaine et permet le financement de petites entreprises intensives en technologie.

Celles-ci ont un grand besoin de diplômés de l'enseignement supérieur et de scientifiques. Celui-ci, fortement concurrentiel, abrite des départements de recherche financés par de puissantes agences nationales pour travailler sur des projets de recherche spécifiques et rapidement opérationnels.

Les États-Unis peuvent donc exceller dans la production de marchandises où l'innovation radicale est à la racine de la compétitivité des firmes, comme les ordinateurs ou la biotechnologie.

Ainsi, les résultats qu'obtient Bruno Amable (2005) montrent que les États-Unis, l'Australie, le Royaume-Uni et le Canada ont un avantage comparatif dans les activités technologiquement dynamiques comme l'informatique et la biologie et des faiblesses dans l'industrie mécanique. Celle-ci fait partie de secteurs plus matures où l'accumulation patiente de compétences exige la mise en œuvre de stratégies coopératives à long terme.

(1) Geoffron P. *Quelles limites à la convergence des modèles de corporate governance?*, Revue d'économie industrielle, 1999, Vol. 90, N° 4, p. 77-92

(2) Plihon D., J.-D. Ponssard et P. Zarkowski. *Quel scénario pour le gouvernement d'entreprise? Une hypothèse de double convergence.* Revue d'économie financière, 2001, Vol. 63, N° 3, p. 35-51.

(3) Becht M. *Current issues in european corporate governance.* in *La grande Europe.* Bruxelles, éditions de l'Université de Bruxelles, 2004, p. 185-197.

(4) Prowse S. *Corporate governance : comparaison internationale.* Revue d'Économie Financière, 1994, N° 31, p. 109-118.

Les pays du **modèle social-démocrate** bénéficient d'une spécialisation scientifique et technologique orientée vers la santé et l'électronique ainsi qu'une spécialisation industrielle reposant sur les ressources naturelles en bois.

Les économies sociales-démocrates possèdent un mode particulier de diffusion des TIC à l'œuvre dans le secteur éducatif, dans la santé et dans la communication, entre la population et les administrations locales. C'est là un modèle largement compatible avec les particularités principales du système social-démocrate centré sur l'éducation, la protection sociale et la démocratie participative. La bonne performance du modèle social-démocrate en termes « d'inventivité » est compatible avec le haut niveau d'éducation de sa main-d'œuvre.

b) Performance économique et diversité institutionnelle des capitalismes

En matière de performance économique, et surtout d'innovation, deux voies permettraient d'obtenir une haute performance innovatrice. La première est la **voie libérale de marché**, avec la déréglementation des marchés des produits combinée à la flexibilité du travail.

L'autre voie combinerait la coordination avec la réglementation du marché des biens en présence d'un système financier centralisé afin de garantir le financement à long terme. Ce modèle se rapprocherait du modèle **social-démocrate** idéal typique, mais aussi de certaines particularités du modèle européen continental.

Une des conclusions des approches en termes de complémentarités institutionnelles est qu'il n'existe pas de modèle optimal unique menant à des performances économiques supérieures.

D L'ÉVOLUTION DES MODES DE RÉGULATION DANS UN CAPITALISME GLOBALISÉ

Du fait d'une intensification des échanges internationaux et de la mise en œuvre de politiques libérales et monétaristes dans la plupart des pays développés à économie de marché, le début des années 1980 est marqué par un recul de l'interventionnisme public[1] en économie (titre 1). Les firmes multinationales sont des acteurs fondamentaux de cette mondialisation qui, du fait des problèmes globaux qui la caractérisent, appelle à la mise en place d'instances de gouvernance et de régulation mondiale (titre 2).

1 Déclin de l'interventionnisme public, libéralisation croissante des économies et mondialisation à partir des années 1980

1.1 Fonctions économiques des pouvoirs publics selon Richard Musgrave (1959)

Parmi les principaux thèmes d'étude des économistes, on trouve traditionnellement celui de la légitimité du rôle des pouvoirs publics dans le fonctionnement d'une économie.

En d'autres termes, « comment, jusqu'où, dans quels domaines économiques l'État doit-il intervenir ? » sont des questionnements traditionnels chez les économistes. La question centrale est alors celle de la légitimité du rôle économique de l'État et de ses politiques économiques.

(1) À des degrés divers selon les pays.

La **politique économique** peut être définie comme les décisions prises par des pouvoirs publics (administrations publiques d'État ou territoriales, autorités administratives indépendantes, banques centrales entre autres) de nature très diverse afin de modifier, pour l'améliorer, la situation économique existante.

L'économiste américain Richard Musgrave (1910-2007) distingua trois fonctions économiques de l'État en 1959 :

- la **fonction d'allocation** : l'État peut chercher à infléchir l'allocation des ressources productives réalisée par le marché. Les services publics, la commande publique, le financement de biens collectifs mais aussi les normes et réglementations relatives à certains marchés ou produits assurent notamment cette fonction ;
- la **fonction de régulation** : l'État peut chercher à réguler, c'est-à-dire à soutenir ou au contraire à contenir, l'activité économique. Les politiques budgétaire ou monétaire d'impulsion à la production de biens et services ou au contraire de lutte contre l'inflation illustrent cette fonction ;
- la **fonction de répartition** : l'État peut intervenir dans l'économie pour modifier la répartition des revenus issus directement de la participation des agents aux activités de production[(1)] qu'il juge trop inégalitaire et injuste afin de redistribuer les revenus par le jeu des prélèvements obligatoires et versements d'allocations diverses[(2)].

1.2 Stagflation des années 1970 et politiques libérales et monétaristes des années 1980

Si, dans les années qui suivirent la fin de la Deuxième Guerre mondiale, les États sont intervenus dans les pays développés à économie de marché (PDEM) d'Europe de l'Ouest et des États-Unis, à la faveur notamment des idées keynésiennes, le début des années 1980 marqua un tournant libéral et monétariste induisant un désengagement de l'État de la sphère économique.

C'est particulièrement vrai dans les pays anglo-saxons (États-Unis, Angleterre) et dans une moindre mesure en France[(3)]. Cet élan libéral et monétariste fut impulsé notamment par des vagues de déréglementation visant à redonner sa place au marché dans l'espoir de quitter cette situation de stagflation.

• La **stagflation** correspond à la contraction des termes de stagnation et d'inflation. Cette situation macroéconomique est caractérisée à la fois par un niveau élevé d'inflation et une faible croissance économique généralement associée à un chômage élevé. L'économie française fut dans une telle situation entre 1974 et 1983.

• La **déréglementation** est une démarche économique visant à (re)donner plus de place à l'initiative individuelle à aux mécanismes de marché (flexibilité des prix pour assurer l'équilibre de marché) en supprimant des dispositions réglementaires supposées nuire à l'efficience des marchés. Cette dernière notion traduit l'idée selon laquelle les marchés concurrentiels utilisent au mieux les ressources productives.

(1) Ce qu'on appelle la répartition primaire des revenus.
(2) Ce qu'on appelle la répartition secondaire des revenus.
(3) Avec le « tournant de la rigueur » de 1983 se traduisant pour une politique budgétaire et monétaire restrictive afin de lutter contre l'inflation et les déséquilibres commercial (déficit commercial) et budgétaire (déficit budgétaire).

La déréglementation qui doit donner plus de liberté aux entreprises et stimuler la concurrence passe bien souvent par le démantèlement des monopoles, par un assouplissement du droit du travail et plus largement une réduction de règlements pesant sur les entreprises. Ce mouvement se traduit par des programmes de privatisations qui s'expliquent par :

– la recherche d'une plus grande efficacité ;
– l'apport de ressources grâce à la cession des titres de propriété des entreprises publiques.

FOCUS . . . FOCUS . . . FOCUS . . . FOCUS . . . FOCUS . . . FOCUS . . .

Le programme de privatisations en Angleterre

La première entreprise privatisée est British Aerospace en 1981 qui sera suivie de 65 autres : Jaguar, British Steel, British Gas, Rolls Royce, British Airways, British Petroleum…

Les privatisations s'accompagnent d'une déréglementation. British Telecom est ainsi privatisée mettant fin au monopole dans ce secteur. Un Bureau des Télécommunications est mis en place pour instaurer une concurrence sous la forme d'un duopole entre l'ancien monopole British Telecom et la nouvelle société Mercury.

En 1989, l'Electricity Act introduit la concurrence dans la production et la commercialisation de l'énergie électrique. Ici aussi, le monopole est dissous et laisse place à un marché où évoluent trois producteurs sachant que le réseau de distribution est constitué de 12 compagnies régionales.

En 1992, c'est au tour des entreprises spécialisées dans l'assainissement et la distribution de l'eau d'être intégrées dans le programme de privatisation. La même année, la privatisation du transport ferroviaire aboutit au démantèlement de British Rail en plusieurs sociétés.

Aussi, la construction européenne s'accompagne de la mise en œuvre d'une politique de démantèlement des monopoles publics lorsqu'ils constituent une entrave au libre jeu de la concurrence sur le grand marché. Partout dans le monde, on assiste à un retour du capitalisme libéral au cours des années 1980. La décennie suivante sera d'ailleurs marquée par le basculement des économies socialistes dans le monde capitaliste.[1]

1.3 Le capitalisme chinois au cœur de la mondialisation

Ces évolutions vont de pair avec l'intensification ces échanges internationaux de biens et services mais aussi de capitaux.

Dans ce contexte de mondialisation des échanges, la Chine devient un acteur incontournable. Par son histoire et la place qu'elle occupe aujourd'hui dans l'économie mondiale, la Chine constitue un cas très original de diffusion du capitalisme.

C'est en décembre 1978, avec l'arrivée de Deng Xiaoping (1904-1997), que la Chine communiste se lance dans une série de réformes qui vont lui permettre de réaliser l'incroyable développement économique que l'on connaît aujourd'hui.

À partir de la deuxième moitié des années 1980, les prix sont libéralisés, une autonomie plus grande est donnée aux entreprises sans qu'il y ait abandon d'une planification socialiste.

(1) Pour approfondir ce point, voir le chapitre 3 du manuel d'*Economie DCG 5* publié dans la même collection chez Dunod Editeur (2017).

Cependant, la libéralisation tarifaire est mal maîtrisée, la spéculation et la corruption se développent à l'origine notamment des manifestations et de la sanglante répression de la place Tian'anmen en 1989 mettant un frein aux réformes économiques.

Elles reprendront trois ans plus tard avec la libéralisation des prix, la diversification des formes de propriété, la formation d'un système bancaire avec un pouvoir accru pour la banque centrale, la constitution d'un système fiscal annonçant une vague de privatisations d'entreprises d'État au cours des années 1990.

Les capitaux étrangers massivement placés en Chine ont participé de cet essor du « capitalisme chinois ». Celui-ci fait cohabiter un secteur public encore très important, visant à répondre à une demande domestique, avec un secteur exportateur de marchandises vers le reste du monde dans lequel les capitaux étrangers sont très présents.

Débutée dès 1978, l'ouverture aux capitaux étrangers s'est poursuivie tout au long des décennies suivantes. La volonté des autorités chinoises était alors de concentrer ces investissements étrangers dans des sociétés à capitaux mixtes, nationaux et étrangers, dans le cadre d'une politique de développement visant à soutenir certains secteurs et certaines régions.

FOCUS . . . FOCUS . . . FOCUS . . . FOCUS . . . FOCUS . . . FOCUS . . .

Les spécificités du capitalisme en Chine

« Un phénomène unique en son genre se déroule sous nos yeux depuis les années 1980 : la transformation de l'économie dirigée chinoise en modèle de développement ayant pour force motrice la concurrence. Le nom de ce modèle dans la terminologie officielle du parti communiste – « économie socialiste de marché » – ne nous mène pas bien loin en matière d'analyse. Plusieurs traits typiques du capitalisme – la pulsion d'accumulation, la visée de croissance sans limite quantitative ni temporelle, la concurrence, la rationalité utilitariste, plus toute une gamme d'antagonismes sociaux – font désormais de l'économie chinoise un des centres du capitalisme mondial. [....]

L'économie politique chinoise actuelle peut s'interpréter comme une variété de capitalisme hétérogène, à imprégnation étatique et mue par la concurrence : l'État intervient massivement mais toujours dans une perspective, typiquement entrepreneuriale, de compétition. Il s'agit pour les dirigeants du pays de pousser sa montée en puissance simultanément sur les fronts économique et politique. La société chinoise se distingue par des liens étroits entre l'appareil d'État (à différents niveaux administratifs) et les entreprises, héritage de l'économie dirigée bureaucratique, du rôle dirigeant du parti communiste et d'un développement industriel tardif. Or, parallèlement, le capitalisme chinois est profondément intégré dans l'économie mondiale et dépend fortement des grands marchés de l'OCDE et de l'investissement direct étranger. [...]

Le besoin systémique, propre au capitalisme, d'accumulation et d'innovation ininterrompues en vue d'un profit maximum s'est imposé dans le contexte d'une évolution du contrôle de l'État sur les entreprises. Au niveau central, la grande entreprise d'État (sous une forme nouvelle, orientée vers le profit) domine toujours, mais les entreprises privées et les régimes mixtes jouent maintenant un rôle plus significatif dans le développement, principalement aux niveaux local et régional. Les relations quasi symbiotiques entre le parti, l'État et les entreprises n'ont nullement pâti de ce processus, et l'économie chinoise s'est intégrée, en tant qu'« atelier du monde », dans les marchés et les réseaux de production transnationale. Cette dynamique a eu pour résultat une série de « sorties » stratégiques à visée concurrentielle : du côté des entreprises, des efforts pour s'assurer une part d'influence dans les chaînes d'approvisionnement dominées par les sociétés occidentales, une offensive généralisée sur les marchés d'exportation et des déplacements de capitaux d'un point à l'autre de la planète ; et du côté de l'État, un soutien politique aux activités internationales des entreprises et des actions visant à leur garantir une alimentation régulière en matières premières et en investissements directs. Le système politique de la Chine continentale se caractérise par la double structure des appareils du parti et de l'État, dont l'intervention, à des degrés et sous des formes variables, est omniprésente. Or l'idéologie et la pratique de ce système de « parti État » se sont renouvelées au cours des dernières décennies, notamment, et surtout, le sens du mot « socialisme », qui renvoie aujourd'hui à la réussite de la modernisation économique et à un pragmatisme ouvert à l'expérimentation. [...]

En République populaire, ni l'intervention de l'État ni sa qualité de propriétaire ne sont dans une relation d'antinomie avec les rapports capitalistes. « Économie » et « politique » sont tissées ensemble ».[...]

T. ten Brik (trad. R. Bouyssou), « L'ascension du capitalisme chinois : l'interdépendance n'empêche pas les tensions », *Critique internationale*, Presse de Sciences Po, 2014.

Ainsi, le capitalisme semble être l'horizon commun de long terme des économies ouvertes aux échanges internationaux (de marchandises, de services, de capitaux notamment) malgré l'existence de modèles économiques nationaux ou continentaux particuliers.

Cependant, les politiques d'inspiration libérale et monétariste des années 1980, l'intégration de la Chine dans la mondialisation semblent avoir entraîné un retrait relatif de l'interventionnisme public au niveau des États nations. Si le capitalisme, sur le plan historique, n'a jamais vécu sans une puissance publique qui le soutenait, la mondialisation et la puissance des multinationales impliquent une redéfinition des modalités d'intervention publique.

2 Maîtriser la puissance des firmes multinationales (FMN)

2.1 Les FMN au cœur des transferts mondialisés de biens et services et de capitaux

a) Définitions des FMN

Les FMN sont les acteurs incontournables de la mondialisation contemporaine.

La **mondialisation** est « l'interdépendance économique croissante de l'ensemble des pays du monde, provoquée par l'augmentation du volume et de la variété des transactions transfrontalières de biens et de services, ainsi que des flux internationaux de capitaux et [...] la diffusion accélérée et généralisée des technologies » selon le Fonds monétaire international (FMI).

Les FMN sont au cœur des échanges de biens et services finaux (à destination des consommateurs finaux) ou intermédiaires (à destination d'autres entreprises ou d'autres filiales d'un groupe industriel). Elles captent aussi une grande partie des flux de capitaux financiers qui circulent par-delà les frontières nationales afin de financer des investissements directs à l'étranger (IDE).

Une **firme multinationale** (FMN) est une entreprise possédant au moins une unité de production, c'est-à-dire une filiale de production, dans un autre pays. Autrement dit, une firme multinationale dispose au moins de deux établissements de production[1] dans deux pays distincts. À la tête d'une firme multinationale se trouve la société mère dont dépendent les filiales implantées dans différents pays. Des liens de propriété unissent la société mère à ses filiales, ainsi que des transactions internes de biens et services entre elles et entre les filiales.

Certains auteurs parlent aussi de firmes transnationales ou de firmes globales.

Les **firmes globales** désignent les entreprises dont la stratégie est mondiale. De telles entités s'affranchissent des frontières nationales en exploitant les avantages comparatifs des différents pays à travers un réseau de filiales spécialisées dans la production d'une partie des produits vendus. La gamme des produits est elle-même conçue dans une perspective mondiale.

b) La mise en œuvre de la division internationale des processus de production par les FMN

De telles firmes participent pleinement à la division (ou décomposition) internationale des processus productifs (ou de production), soit la DIPP, notion mise en lumière par l'économiste français Bernard Lassudrie-Duchêne (1982)[2].

• La **DIPP** correspond au fait que les firmes répartissent certaines activités productives, c'est-à-dire certains segments de la chaîne de valeur entre différents pays. Cette répartition de différentes activités productives concourant à la production d'un bien donné peut entraîner une exportation préalable de composants, fournitures ou matières premières et à des importations de produits finals. Ces opérations s'effectuent, soit par le biais d'investissements directs à l'étranger (création d'une filiale à l'étranger), soit par le biais de la sous-traitance internationale dans le cadre d'une externalisation de ces activités.

• L'investissement direct à l'étranger (IDE) est une opération par laquelle un agent économique résidant dans un pays (pays d'origine) acquiert un actif basé dans un autre pays (pays de destination) avec l'intention de le faire fructifier et d'en tirer des revenus. Cette opération peut prendre trois formes distinctes : participation au capital d'une société basée dans un pays étranger à un niveau suffisant pour en exercer le contrôle[3], réinvestissement sur place des bénéfices d'une filiale implantée à l'étranger, prêts de la société mère à sa filiale établie à l'étranger.

Les cent premières entreprises multinationales comptent en moyenne plus de 500 filiales chacune dans plus de cinquante pays selon le rapport sur l'investissement dans le monde de la CNUCED de 2016.

(1) La logique « productive » prime ici pour identifier une FMN. En effet, une entreprise peut disposer de filiales commerciales qui assurent la distribution de ses produits à l'étranger. Cependant, l'entreprise est considérée comme une multinationale seulement si elle réalise une partie de sa production à l'extérieur de son territoire national (celui de la maison mère).

(2) Lassudrie-Duchene B. (1982), « Décomposition internationale des processus productifs et autonomie nationale », in Bourguinat H. (ed), *Internationalisation et autonomie de décision*, Economica, Paris, p. 45-56.

(3) Le seuil de contrôle est habituellement fixé à 10 %. Le FMI considère qu'il y a investissement direct lorsque l'investisseur contrôle 10 % ou plus du capital de l'entreprise dont il a acquis les actions.

Les capitalisations boursières d'Apple, d'Alphabet[1] et de Microsoft s'élevaient respectivement à 604 milliards de dollars, 518 milliards de dollars et 437 milliards de dollars au 31 mars 2016[2], soit au total 1 559 milliards de dollars.

À titre de comparaison, la Banque Mondiale évaluait le PIB de la France (en dollars courants en 2015) à hauteur de 2 418,8 milliards de dollars. Autrement dit, la valeur financière de ces seules trois entreprises nord-américaines en 2016 équivaut à environ 65 % de la richesse produite en France en 2015[3].

2.2 L'inefficacité relative des pouvoirs publics nationaux dans la mondialisation

La mondialisation des échanges et la place de ces FMN dans les processus de production mondiaux rendent les régulations publiques, organisées traditionnellement au niveau des État nations, vaines pour différentes raisons.

a) Le besoin de coordination des politiques économiques nationales

L'ouverture d'une économie au commerce international peut amoindrir l'efficacité d'une politique économique menée par le gouvernement d'un pays ; au contraire, ce dernier peut bénéficier des effets d'une politique économique menée dans un pays tiers.

Par exemple, une politique budgétaire expansionniste menée par le gouvernement d'un pays visant à améliorer le revenu disponible des ménages (baisse des impôts et/ou hausse d'allocations diverses financées par un déficit budgétaire) afin de soutenir leur consommation et relancer la production de ce pays sera moins efficace dans une économie ouverte aux échanges internationaux que dans une économie fermée.

En effet, le supplément de revenus obtenu par les ménages grâce à cette politique sera en partie dépensé dans des biens de consommation importés et n'aura donc pas d'effet sur la production intérieure. Néanmoins, les pays exportateurs verront leur production augmenter grâce à la politique menée dans ce pays.

L'ouverture internationale aux échanges de biens et services, nécessite une coordination croissante de certaines politiques économiques menées entre les États afin d'éviter le phénomène de **passager clandestin** : les agents économiques d'un pays bénéficieraient des avantages d'une politique économique menée dans un autre pays sans en avoir subi les coûts comme dans notre exemple précédent.

b) Puissance économique des FMN et risque de *dumpings* fiscal, social et environnemental

Ensuite, la puissance financière des FMN et leur impact sur les variables économiques d'un pays dans lequel elles seraient présentes, comme l'emploi ou les impôts qu'elles y versent, combinées à la mobilité internationale du capital, peuvent conduire à une mise en concurrence fiscale des États.

(1) Conglomérat d'entreprises détenues par Google.

(2) Selon le classement de PwC « Global Top 100 Companies by market capitalisation », 5 juillet 2016.

(3) Attention, de telles comparaisons doivent être interprétées avec prudence. En effet, la capitalisation boursière représente la valeur des titres de propriété en bourse. C'est une valeur de **niveau à une date donnée** qui apparaîtrait au passif du bilan de l'entreprise. Le PIB correspond à la variation de la richesse et représente donc une valeur de **flux sur une période donnée**. Cependant, le fait que la richesse (évaluée en bourse) de seulement trois entreprises équivaut à 65 % de la richesse créée en un an sur le territoire français permet de donner une « idée » de l'importance de la puissance financière d'entités privées par rapport à des pays industralisés.

Cette concurrence pourrait éventuellement conduire certains États à générer des gains de productivité pour éventuellement réduire les impôts sans détériorer leurs services. La concurrence fiscale serait alors vertueuse dans ce cas-là : elle conduirait à améliorer le processus de production de services publics sans nuire à leur qualité par exemple.

Dans les faits, elle conduit souvent les États à pratiquer un *dumping* fiscal au détriment de services à rendre à la population et d'investissements publics de long terme (modernisation d'infrastructures par exemple) ou à augmenter leur endettement public pouvant s'avérer difficilement maîtrisable à long terme. Dans ce cas, la coopération entre États semble indispensable pour éviter ces stratégies de *dumping* fiscal qui peuvent nuire à la qualité des services et infrastructures publics. Au-delà des seuls aspects liés à la fiscalité des entreprises, les États doivent aussi s'accorder en termes de réglementation, de normes à fixer aux entreprises pour éviter un « *dumping* réglementaire » en matière sociale (conditions de travail) ou environnementale (lutte contre la pollution).

3 Biens publics mondiaux et gouvernance mondiale

L'intensification d'échanges internationaux de biens et services, mais aussi de capitaux, et des idées conduit à une connexion croissante des sociétés industrialisées.

De fait, les défis posés par la résolution de problèmes liés au réchauffement climatique par exemple ou aux crises financières appellent une réponse globale.

En l'absence d'un « État monde » qui viendrait se substituer aux États nations, des instances de gouvernances mondiales sont nécessaires pour gérer les biens publics mondiaux.

3.1 Ressources communes et biens collectifs

Les biens publics mondiaux, ou biens mondiaux collectifs, sont, avant tout, des biens collectifs. Ainsi, ils renvoient à la typologie traditionnelle des biens proposée dans un cadre microéconomique pour identifier les régulations les plus efficaces quant à leur production. Cette typologie repose sur l'utilisation de deux critères croisés permettant de distinguer quatre types de bien.

a) Critères de classification des biens en microéconomie : rivalité et exclusion tarifaire des biens

Le premier critère est celui de la **rivalité** d'un bien. Un bien est dit **rival** lorsqu'il ne peut pas être consommé simultanément par plusieurs individus. Par exemple, un vélo est un bien rival : deux personnes ne peuvent pas utiliser un même vélo en même temps. Ce critère implique qu'il doit y avoir autant d'unités produites qu'il y a de consommateurs. Au contraire, un bien est dit **non rival** lorsqu'il peut être consommé simultanément par plusieurs agents, comme un concert par exemple.

Le second critère est celui de l'**exclusion par les prix** ou exclusion tarifaire. Un bien est dit **exclusif** lorsque sa consommation est réservée à l'agent qui en a payé le prix pour y accéder. Les agents qui n'ont pas effectué le paiement pour accéder à ce bien (en l'achetant) sont donc exclus de la consommation d'un tel bien.

Cependant, certains biens sont dits **non exclusifs**. Cela signifie qu'il est « difficile », voire « impossible » de distinguer, parmi les utilisateurs d'un bien, ceux qui ont payé des autres.

• Cette difficulté ou impossibilité peut être plutôt technique ; de fait, la défense nationale d'un territoire par une infrastructure et du personnel militaire est une activité qu'il est impossible de réserver aux seuls agents du territoire qui en auraient volontairement payé le prix.

• Cette difficulté peut être de nature économique ; empêcher les agents qui n'en paient pas le prix d'accéder à un bien serait extrêmement coûteux. Nous pouvons penser aux ressources halieutiques : il serait extrêmement coûteux d'empêcher toutes les personnes de prélever des ressources de la mer. Cependant, ce coût pourrait évoluer, et diminuer, en fonction du progrès technique. S'il est *a priori* impossible de mettre des barrières dans les océans pour empêcher des agents de prélever certaines catégories de poissons, des dispositifs techniques (balises, satellites) sont des moyens qui pourraient s'y substituer.

La combinaison de ces deux critères conduit à distinguer traditionnellement quatre types de biens :

Typologie microéconomique des biens

	Bien rival	Bien non rival
Bien exclusif	Biens privés	Bien de club
Bien non exclusif	Ressources communes	Biens collectifs (ou publics)

b) Production et financement des biens économiques

Dans le cadre de l'analyse microéconomique, l'organisation de la production et du financement de ces biens est relativement bien identifiée.

Les biens privés comme les biens de club peuvent être efficacement produits et utilisés au sein de marchés concurrentiels par des entreprises privées mues par la maximisation du profit.

Au contraire, de tels marchés peuvent être nuisibles dans le cas de la production des ressources communes ou celui des biens collectifs. En effet, dans le cadre de ressources communes, le libre accès à celles-ci peut conduire à leur surexploitation et à leur disparition ; c'est ce qu'il est usuel d'appeler la **tragédie des communs** mise en lumière par G. Hardin en 1968. Une telle situation appelle une intervention de l'État pour mettre en place une réglementation visant à restreindre l'accès à la ressource notamment.

Dans le cas de biens collectifs, ces derniers sont sujets au problème du **passager clandestin** : l'agent rationnel sait qu'il peut accéder à ce bien sans en payer le prix puisque, par définition, il est non exclusif. Chaque agent économique supposé rationnel ne paiera pas le prix du bien. De tels biens ne peuvent donc pas être vendus car ils ne généreront aucun revenu. Aucune entreprise ne se lancera donc la production d'un tel bien car elle ne générera aucun profit. Le phénomène de passager clandestin conduit à la disparition du marché, ce qui peut être problématique si le bien est perçu comme essentiel. Dans ce cas, seul l'**État** peut produire ce bien en obligeant les usagers à le **financer par l'impôt.**

Ainsi, l'existence de ressources communes ou de biens collectifs est représentative d'une défaillance de marché.

Une **défaillance de marché** est une situation dans laquelle la mise en place d'un marché concurrentiel n'assure pas une allocation optimale des ressources

3.2 Quelles régulations pour les biens publics mondiaux?

a) Définitions et présentation des principaux biens publics mondiaux

Les biens collectifs mondiaux, ou biens publics mondiaux (BPM), sont des biens collectifs dont la gestion ou la régulation dépassent le cadre national. Ils sont aussi soumis à la « malédiction » du passager clandestin : chaque pays peut profiter d'un BPM sans en avoir à subir le coût. Les BPM peuvent être de nature très diverse. Ils ont en commun de représenter une solution globale, faisant intervenir plusieurs États, à des problèmes communs qui les concernent.

Parmi les principaux BPM, nous pouvons citer : la santé, la lutte contre la criminalité et le terrorisme, l'éducation, le respect de la dignité des personnes humaines face aux famines, les manipulations génétiques, l'exploitation dans le travail.

Parmi les BPM qui intéressent particulièrement la question des activités économiques, de leurs modes de production et de financement, nous pouvons distinguer :

- la **politique climatique** visant à réduire les effets négatifs des activités économiques sur le climat ;
- la **stabilité financière** visant à lutter contre les crises financières.

b) Régulations des BPM et gouvernance mondiale

La régulation de tels biens appelle à la mise en place d'instances de gouvernance mondiale.

> Le terme « **régulation** » désigne l'ensemble des mécanismes qui permettent d'ajuster les différentes grandeurs et relations macroéconomiques. La régulation peut être spontanée, si elle résulte des mécanismes autorégulateurs du marché, ou volontaire, dans le cadre de décisions prises par des pouvoirs publics.

Selon Pascal Lamy (2004), ancien directeur général de l'Organisation mondiale du commerce entre 2005 et 2013, la gouvernance est « l'ensemble des transactions par lesquelles des règles collectives sont élaborées, décidées, légitimées, mises en œuvre et contrôlées[1] ».

> La **gouvernance mondiale** correspond aux règles, normes et institutions mises en œuvre à l'échelle mondiale afin d'assurer une gestion collective à des questions d'intérêt commun.

Selon Z. Laïdi et Pascal Lamy, la gouvernance mondiale est définie comme l'ensemble des « processus par lesquels les sociétés politique, économique et civile négocient les modalités et les formes d'arrangements sociaux planétaires sur la base du principe de coopération conflictuelle[2] ».

Les problèmes sont globaux alors que les instances productrices de normes (lois, règlements) sont les États. Face à tous ces problèmes collectifs mondiaux, des actions non coordonnées des États ne peuvent qu'être inefficaces ou inefficientes.

Deux conceptions générales de la gouvernance mondiale peuvent être distinguées :

- l'une d'inspiration libérale qui viserait à fixer des règles générales permettant d'offrir un cadre stable aux actions des États et des agents privés. Les traités commerciaux sont un exemple de ce type d'approche ;

(1) *La démocratie-monde, pour une autre gouvernance globale,* coll. « La République des idées », Ed. du Seuil, 2004.

(2) « La gouvernance mondiale ou comment donner sens à la globalisation », in *Gouvernance Mondiale,* rapport du Conseil d'Analyse Economique, 2002.

– l'autre d'inspiration plus interventionniste : la gouvernance consiste à adopter des objectifs communs aux États. Des organisations multilatérales visent à la bonne application de ceux-ci.

Cependant, l'idée de gouvernance mondiale est parfois contestée : la légitimité démocratique des décisions n'aurait de sens que dans le cadre de l'État nation, la souveraineté nationale serait le seul cadre légal de prise de décision publique.

c) Les principaux modèles de gouvernance mondiale

Plusieurs modèles de gouvernance mondiale, substituables mais aussi complémentaires, peuvent être distingués.

• D'une part, la gouvernance globale peut prendre la forme **d'une coopération institutionnalisée entre États** fondée sur la recherche de consensus. Les conférences sur le climat ou les conférences du G7 ou du G20 illustrent ce type de régulation publique par exemple.

Aussi cette logique peut être renforcée en établissant une **institution internationale** à laquelle adhèrent des États mais qui a sa propre logique de fonctionnement pour réguler certains problèmes économiques mondiaux.

L'Organisation des Nations Unies (ONU) qui œuvre pour la paix, l'Organisation mondiale du commerce (l'OMC) visant à assurer un fonctionnement équitable et mutuellement bénéfique du commerce international et plus largement des échanges internationaux, le Fonds monétaire international afin de promouvoir la coopération monétaire internationale et la stabilité financière, en sont des illustrations.

• D'autre part, la régulation de certains problèmes mondiaux peut s'exercer par l**a mise en place de réseaux d'autorités indépendantes** agissant sur la base de compétences techniques par délégation des États.

Par exemple, le Conseil de la stabilité financière (CSF) fut créé lors du sommet du G20 à Londres en 2009. Il a pour objectif d'identifier les vulnérabilités du système financier, de favoriser la coordination et l'échange d'informations entre les autorités financières afin de renforcer les règles prudentielles et de veiller à la solvabilité des institutions financières et la stabilité des marchés financiers. Cet organisme de coopération regroupe les banques centrales et certaines institutions financières.

FOCUS . . . FOCUS . . . FOCUS . . . FOCUS . . . FOCUS . . . FOCUS . . .

La régulation financière internationale et les ratios bancaires prudentiels

La régulation financière internationale (RFI) peut être définie comme la mise en place à l'échelle mondiale d'instruments et d'institutions destinés à lutter contre les désordres financiers occasionnés par les crises financières. Leur objectif est de s'attaquer aux causes des crises en limitant les prises de risque excessives par les acteurs financiers ainsi que de réduire leurs conséquences néfastes.

L'amélioration de la **qualité de l'information** (avec des indicateurs avancés de vulnérabilité des banques et des systèmes financiers, la mise en place de *stress tests*), la **protection des usagers** et la surveillance des acteurs financiers, la généralisation des mécanismes d'**assurance de dépôts**, garantissant aux déposants le remboursement de leurs avoirs bancaires sont des exemples d'outils visant à atteindre ces objectifs.

Cette RFI passe aussi par la mise en place de **règles prudentielles normalisées** destinées à obliger les établissements bancaires à se protéger contre les risques d'insolvabilité.

Ces règles passent par le respect de ratios prudentiels pour les banques comme le **ratio « Cooke »** ou ratio de solvabilité internationale (comité de Bâle, 1988) : les banques devaient disposer depuis 1992 d'un montant de fonds propres au mois égal à 8 % des en-cours de crédits (pondérés par le risque de non-recouvrement des créances).

Or, ce ratio prudentiel s'appliquait pour l'essentiel aux banques mais pas aux établissements financiers non bancaires comme les compagnies d'assurance ou les fonds de pension (les investisseurs institutionnels).

Par ailleurs, il était inopérant pour lutter contre les risques liés aux opérations sur produits dérivés qui sont enregistrées hors-bilan. Une réforme fut mise en application en 2007 et a abouti à l'élaboration d'un nouveau ratio prudentiel, le ratio McDonough ou « Bâle II » qui repose sur trois piliers :

– définition des exigences minimales de fonds propres avec une différenciation des risques plus grandes que ne le prévoit le ratio Cooke ;
– obligation qu'ont les banques de se doter d'un dispositif de « contrôle interne » afin de mesurer elles-mêmes leurs propres risques et évaluer leurs besoins en fonds propres ;
– obligation des banques à communiquer un minimum d'informations aux autorités (reporting) et aux opérateurs de marché.

Ensuite, une autre forme de gouvernance mondiale peut être à l'œuvre à travers la « **production de droit sans État** ». Il s'agit de faire émerger, grâce à la jurisprudence, des principes et des règles de droit qui servent de fondement à l'organisation des relations entre agents privés et/ou États. Par exemple, l'organe de règlement des différends (ORD) de l'OMC[1] ou les tribunaux internationaux participent de cette logique.

Enfin, **l'autorégulation privée** est une autre forme de gouvernance mondiale. Elle consiste à laisser libre jeu aux accords mutuels entre les agents privés. La mise en œuvre de ces accords repose sur des procédures arbitrales et sur la réputation des organismes qui produisent les normes ou négocient les accords. L'instauration de normes comptables internationales illustre cette approche.

FOCUS . . . FOCUS . . . FOCUS . . . FOCUS . . . FOCUS . . . FOCUS . . .

La mise en place de normes comptables internationales

L'International Accounting Standard Commitee (IASC), Comité international de normalisation comptable, est un organisme privé, créé en 1973 regroupant les représentants des principales organisations comptables de près de 100 pays.

Le Comité exécutif (IASB) de l'IASC fut fondé en 2001. La mission de l'IASB est d'élaborer des normes comptables internationales dites « normes d'informations financières internationales (IFRS) ». Depuis le 19 juillet 2002, les sociétés cotées en bourse dans l'UE doivent établir leurs comptes en adoptant ces normes.

(1) Organisation mondiale du commerce.

L'essentiel/Summary

Comme beaucoup de notions en économie, le capitalisme est à la fois un concept unique et pluridimensionnel. Fondé notamment sur la recherche du profit qui détermine les décisions d'investissements des entreprises, la mise en place d'une régulation marchande et concurrentielle pour assurer la production et l'échange de richesses entre acteurs privés, il prit aussi différentes formes dans le temps et dans l'espace.

La spécificité historique ou géographique du capitalisme s'explique principalement par la diversité des institutions qui le composent. Les règles, formelles ou informelles, qui guident le comportement économique des agents peuvent évoluer dans le temps et dans l'espace. Par ailleurs, la complémentarité institutionnelle particulière à certains lieux ou certaines époques permet de comprendre la réussite de certains « modèles de capitalisme » et l'échec d'autres.

La période contemporaine est caractérisée par une libéralisation et une internationalisation croissante des activités économiques. La mondialisation des échanges de biens et services, mais aussi de capitaux financiers et des idées (scientifiques, commerciales, culturelles, etc.) est mise en œuvre en partie au sein de firmes globales, disposant de filiales dans des différents pays, dont la puissance financière rivalise parfois avec celle de certains États.

Aussi, ces derniers exercent leurs prérogatives dans un cadre national qui n'est pas toujours le plus pertinent pour répondre à des problèmes globaux. Face à l'absence d'un gouvernement mondial démocratique, des instances de gouvernance mondiale doivent être mises en place pour gérer les biens collectifs mondiaux et encadrer le comportement de puissantes firmes globales.

Like many notions in economics, capitalism is both a unique and pluridimensional concept. Particularly based on the search for profit which determines the investment decisions of companies, the setting up of a competitive market regulation to guarantee the production and exchange of wealth between private actors, it also took different forms in time and space.

The historical or geographical specificity of capitalism can be explained principally by the diverse institutions that shape it. The rules, whether formal or informal, that guide the economic behaviour of contributors can evolve with time and space. Besides, the institutional complementarity inherent to some places or eras enables one to understand the success of some « models of capitalism » and the failure of others.

The current period is characterised by a liberalisation and a growing globalisation of economic activities. The globalisation of exchanges of goods and services, but also of financial capitals and ideas (scientific, commercial, cultural ones etc.) is partly set up within global firms, with subsidiaries in different countries, whose financial power sometimes competes with that of some states.

Indeed, the latter exercise their prerogatives within a national framework which is not always the most relevant to cope with global issues. Confronted to the lack of a global democratic government, global governing bodies must be put in place to manage collective goods and regulate the behaviour of superstar firms.

RÉFÉRENCES CLÉS

MOTS CLÉS

En français	En anglais
Capital financier	Financial capital
Action(s)	Share(s), stock(s)
Actionnaire	Shareholder
Biens d'équipement/de production	Capital goods
Bourse	Stock exchange, stock market
Capital technique	Technical capital
Capitalisme de compères	Crony capitalism
Capitalisme d'État	State capitalism
Capitalisme financier	Shareholder capitalism
Capitalisme libéral	Free-market capitalism, liberal capitalism
Capitalisme managérial	Managerial capitalism
Capitalisme mondial(isé)	Global(ised) capitalism
Capitalisme patrimonial	Patrimonial/proprietary capitalism
Capital, capitaux	Capital (invariable)
Classe ouvrière	Working class
Concurrence	Competition
Commerce équitable	Fair trade
Commerce mondial	World trade
Consensus de Washington	Washington consensus
Décroissance	Negative growth
Délocalisation	Relocation
Déréglementation	Deregulation
Développement durable	Sustainable development
Dirigeant, cadre	Manager
Économie de marché	Market economy
Économie mixte	Mixed economy
Économie planifiée	Planned economy

☞

☞

En français	En anglais
Économie socialiste de marché	Socialist market economy
État Providence	Welfare state
FMI	International Monetary Fund (IMF)
Gains de productivité	Productivity gains
Gouvernance d'entreprise	Corporate governance
Investisseurs institutionnels	Institutional investors
Intervention de l'État	State intervention
Marchés financiers	Financial markets
Mécanismes de marché	Market mechanisms
Moyens de production	Means of production
Mondialisation	Globalisation
Nationalisation	Nationalisation
NEP (Nouvelle politique économique)	New Economic Policy
OMC	World Trade Organisation (WTO)
Plan quinquennal	Five-year plan
Planification impérative	Imperative planning
Planification indicative	Indicative planning
Privatisation	Privatisation
Le progrès	Progress
Les progrès (scientifiques, techniques, etc.)	Advances
Propriétaire	Owner
Propriété privée	Private property / ownership
Protection sociale	Social protection
Réglementation	Regulation
Syndicat / syndicalisme	Trade union / trade unionism
Technostructure	Technostructure

RÉFÉRENCES CLÉS

DATES CLÉS

- Fin XVe siècle – début XVIe siècle : début du capitalisme commercial
- Fin du XVIIIe siècle : naissance du capitalisme industriel en Angleterre
- XIXe siècle : expansion et développement du capitalisme industriel familial au Royaume-Uni, en France, en Allemagne
- 1789 : Révolution française, révolution libérale sur les plans politique et économique
- Loi du 22 février 1851 : contrat d'apprentissage obligatoire pour les élèves apprentis (France)
- Loi du 2 octobre 1863 : instauration de l'enseignement secondaire technique (France)
- Loi du 2 juillet 1890 *Sherman Antitrust Act* (États-Unis) et loi du 15 octobre 1914 *Clayton Antitrust Act* contre les monopoles et la concentration industriels
- Début des années 1930 aux États-Unis et début des années 1950 en France : avènement du capitalisme industriel managérial
- Début des années 1980 : développement du capitalisme financier globalisé
- 1989 : consensus de Washington (expression de John Williamson)
- 1974-1983 : période de stagflation en France
- 1978 : premières vagues de réformes de libéralisation de l'économie chinoise par Deng Xiapoing

RÉFÉRENCES BIBLIOGRAPHIQUES

- B. Amable, *Les cinq capitalismes : diversité des systèmes économiques et sociaux dans la mondialisation*, coll. « Économie humaine », Le Seuil, 2005.
- L. Boltanski et E. Chiapello, *Le nouvel esprit du capitalisme*, Gallimard, 2011.
- R. Boyer, *Économie politique des capitalismes*, coll. « Manuel repères », la Découverte, 2015.
- F. Braudel, *La dynamique du capitalisme*, coll. « Champs Histoire », Flammarion, 2014.
- M. Friedman, *Capitalisme et liberté*, coll. « Champs Essais », Flammarion, 2016.
- C. Jessua, *Le capitalisme*, coll. « Que sais-je ? », n°315, Presses Universitaires de France, 2016.
- P. Jaquet, J. Pisani-Ferry et L. Tubiana, *Gouvenance mondiale*, Rapport du Conseil d'Analyse Économique, 2002.
- I. Wallerstein, *Le capitalisme historique*, coll. « Repères », la Découverte, 2002.

APPLIQUER LE COURS

Application

Thèmes et questions de réflexion

1. Quelles sont les différentes caractéristiques du capitalisme ?
   What are the different characteristics of capitalism ?
2. Le capitalisme aujourd'hui retrouve-t-il sa forme originelle ou s'en éloigne-t-il ?
   Is today's capitalism getting back to its original form or is it straying from it ?
3. Le capitalisme est-il source d'inégalités ?
   Is capitalism a source of inequalities ?
4. La décroissance remet-elle en cause le capitalisme libéral ?
   Does negative growth call into question free-market capitalism ?
5. Quelles sont les différentes formes que peut prendre le capitalisme d'État ?
   What are the different forms of state capitalism ?
6. Quelle est l'importance de la dimension nationale dans les formes que peut prendre le capitalisme ?
   How important is the national dimension in the different forms of capitalism ?
7. L'économie de la connaissance remet-elle en cause le capitalisme ?
   Does the knowledge-based economy call into question capitalism ?
8. Si l'État intervient dans l'économie, peut-on encore parler de système capitaliste ?
   If the State intervenes in the economy, can we still talk about a capitalistic system ?
9. Quel rôle donner aux actionnaires aujourd'hui ?
   What role should be given to shareholders today ?
10. Le capitalisme fordiste a-t-il encore un sens aujourd'hui ?
    Does Fordism still make sense today ?

Une réponse succincte aux cinq premières questions est proposée en fin d'ouvrage.

SE PRÉPARER À L'EXAMEN

Cas Étude de document

Regulating the internet giants: The world's most valuable resource is no longer oil, but data

For antitrust regulators, concerns are being raised by the giants that deal in data, the oil of the digital era. These titans—Alphabet, Amazon, Apple, Facebook and Microsoft—look unstoppable. They are the five most valuable listed firms in the world. Their profits are surging : they collectively racked up over $25bn in net profit in the first quarter of 2017. Amazon captures half of all dollars spent online in America. Google and Facebook accounted for almost all the revenue growth in digital advertising in America last year.

Such dominance has prompted calls for the tech giants to be broken up, as Standard Oil was in the early 20th century. Yet, the giants' success has benefited consumers. Few want to live without Google's search engine or Amazon's one-day delivery. Nor do these firms raise the alarm when standard antitrust tests are applied. Many of their services are free (users pay, in effect, by handing over yet more data).

But there is cause for concern. Internet companies' control of data gives them enormous power. Old ways of thinking about competition, devised in the era of oil, look outdated in what has come to be called the "data economy". A new approach is needed.

What has changed? Smartphones and the internet have made data abundant, ubiquitous and far more valuable. Whether you are going for a run, watching TV or even just sitting in traffic, virtually every activity creates a digital trace—more raw material for the data distilleries. As devices from watches to cars connect to the internet, the volume is increasing : some estimate that a self-driving car will generate 100 gigabytes per second. Meanwhile, artificial-intelligence (AI) techniques such as machine learning extract more value from data. Algorithms can predict when a customer is ready to buy, a jet-engine needs servicing or a person is at risk of a disease.

This abundance of data changes the nature of competition. Technology giants have always benefited from network effects : the more users Facebook signs up, the more attractive signing up becomes for others. With data there are extra network effects. By collecting more data, a firm has more scope to improve its products, which attracts more users, generating even more data, and so on.

Access to data also protects companies from rivals in another way. The giants' surveillance systems span the entire economy. They have a "God's eye view" of activities in their own markets and beyond. They can see when a new product or service gains traction, allowing them to copy it or simply buy the upstart before it becomes too great a threat. Data can stifle competition.

The nature of data makes the antitrust remedies of the past less useful. Breaking up a firm like Google into five Googlets would not stop network effects from reasserting themselves: in time, one of them would become dominant again. A radical rethink is required.

Antitrust authorities need to move from the industrial era into the 21st century. When considering a merger, for example, they have traditionally used size to determine when to intervene. They now need to take into account the extent of firms' data assets when assessing the impact of deals. Trustbusters must also become more data-savvy in their analysis of market dynamics.

The second principle is to loosen the grip that providers of online services have over data and give more control to those who supply them. More transparency would help : companies could be forced to reveal to consumers what information they hold and how much money they make from it.

Rebooting antitrust for the information age will not be easy. But if governments don't want a data economy dominated by a few giants, they will need to act soon.

Adapted from *The Economist*, May 6th 2017.

1) Questions de compréhension

Retrouvez les mots correspondant aux synonymes suivants dans l'ordre chronologique du texte et traduire :

	Mots du texte	Traduction
Exemple : Quoted	listed	coté en bourse
Shyrocketing		
Earn		
Collect		
Rivalry		
Foretell		
Extense		
Spread over		
Eliminate		
Ingenious		
Evaluate		
Reset		

Complétez le texte ci-dessous avec les mots suivants :

Competitive edge, update, superstar companies, take over,
regulate, rivals, powerful, oil, monopoly, applied, A.I., broken up, ruling

Nowadays data are replacing................ as the essential source of revenue for.......................... These firms have become extremely................................. thanks to the internet and................. They are almost in a state of............................ The use of data gives them a... over their........... which they...................... or copy when they become dangerous for their business.

The question arises whether they should be.............................. Yet old methods cannot be........................ to these giants. Anti-trust regulators must.............. their knowledge of the new economy in order to................. the new titans, so that they don't end up.................... the global economy.

2) Questions grammaticales

Les modaux

Rappel : Les modaux sont des auxiliaires à forme unique qui expriment le point de vue du locuteur sur l'action, par exemple : incertitude, obligation, interdiction, etc. Lorsque l'on ne peut pas utiliser un modal (temps composés, infinitif...) on utilise son équivalent.

Complétez les phrases suivantes avec un modal ou son équivalent parmi la liste suivante : should, could, may, must, (not)have to, be able to, be allowed to.

a) Capitalism.................. disappear with the decline of western supremacy

b) Anti-globalists think that a nicer system.................... be substituted to capitalism

c) Negative growth means that individuals...................... change their habits

d) Even though sustainability.................... be difficult to enforce, it............ be taken into account in the future.

e) Ingenious capitalists........................ invent new technologies to replace the old polluting ones.

f) Will green activists.................. save the planet?

g) Even if democracy is predominant in the world, yet not everybody................ express their views freely.

Les faux amis

Exemple dans le texte : "they collectively racked up over $25bn in net **profit** in the first quarter of 2017" ≠ the giants' success has **benefited** consumers

Choisissez entre les deux mots proposés en faisant attention au sens :

a) Profit / benefit

- This job is worth taking, it includes a lot of...........
- The company made a lot of.......... this year, it's very encouraging.

b) Customer / client

- The lawyer defended his............... in court
- The grocer doesn't have many............... left, they all go to Walmart

c) Deception / disappointment

- These copies are very similar to the original, the............... is difficult to identify
- Much to my................. Mary couldn't come to the party with us.

d) Achieve / complete

- I have............. my homework in no time at all, it was too easy.
- What a great project to..................! You must be proud.

e) Politics/policy

- The..................... of the government in favour of undocumented immigrants is strict
- I don't like.................... or politicians, they're all rotten.

f) Advertising / publicity

- The.................................... around this film is enormous, everyone has seen it.
- The.................................... agency has just launched a campaign to promote a new product.

g) Safety / security

- They were many..................... guards around the prime minister.
- For your own................... you must tighten your seat belt.

h) Complain about/ comply with

- Don't....................................... your job, at least it's well paid
- If you don't.................................... the rules you are dismissed.

3) Questions économiques

1. Quelles sont les caractéristiques des entreprises d'internet ? Comment ont-elles prospéré au point d'être à la tête de quasi-monopoles ?

   What are the specificities of internet firms ? How can they have thriven to the point of almost becoming monopolies ?

2. Pourquoi les pratiques du droit de la concurrence doivent-elles s'adapter aux spécificités des entreprises de la net économie ?

   Why should the rules of law and competition adapt to the specificities of e-commerce firms ?

3. Est-il judicieux de laisser ces firmes grandir et développer une puissance financière équivalente à certains États ?

   Is it wise to let these firms grow and develop a financial power that is similar to that of some states ?

4) Thème de réflexion

À partir du texte et de vos connaissances, vous présenterez une réponse structurée au sujet suivant : « L'universalité du capitalisme libéral ».

CHAPITRE

2

Croissance, changement technologique et emploi

Croissance, changement technologique (assimilé au progrès technique) et emploi sont trois enjeux majeurs : chacun d'eux constitue en effet un indicateur important de la santé et des performances d'une économie ; chacune de ces variables est liée aux deux autres, même si la nature voire le sens de ces liens fait débat chez les économistes.

L'objet central du chapitre est l'effet des technologies sur l'économie que l'on aborde à la fois aux plans macroéconomique en faisant le lien avec les questions fondamentales de la croissance et de l'emploi et microéconomique en traitant du comportement des acteurs : entreprises et pouvoirs publics.

La présentation de **statistiques générales sur la croissance**, **l'emploi** et **le chômage** permet de préciser dans un premier temps le cadre général dans lequel se nouent les enjeux du changement technologique (titre A). Le titre B porte sur **l'analyse des facteurs explicatifs de la croissance** et conduit à l'identification du rôle grandissant dévolu au **progrès technique dans les théories de la croissance**. Le **progrès technique** agit par conséquent directement sur l'emploi et les qualifications ; même si les effets sont nombreux, diversifiés et quelquefois contradictoires (titre C). Les deux dernières sections concernent plus directement **les stratégies des acteurs** avec, d'une part, l'engagement des **entreprises** dans des stratégies technologiques (titre D) et, d'autre part, les mesures prises par les **pouvoirs publics** pour accompagner les entreprises dans cette démarche tout en recherchant des solutions au problème du chômage notamment d'origine technologique (titre E). Compte tenu de l'importance du champ balayé par ce thème et des intersections évidentes avec d'autres thèmes, le lecteur est renvoyé à différentes reprises vers d'autres chapitres de cet ouvrage (ainsi qu'à l'ouvrage conçu pour le niveau DCG[1]).

(1) S. Castaing, F. Coulomb, J. Longatte et P. Vanhove, *Économie, DCG 5*, Manuel et Applications, Dunod Éd., 6e éd. 2017.

A CROISSANCE, EMPLOI ET CHÔMAGE : DES LIENS ÉTROITS MAIS NON SYSTÉMATIQUES

Après un rappel du caractère séculaire de la croissance, on rend compte de la diversité contemporaine des situations en matière tant de croissance que d'emploi au sein des grands pays industrialisés. Le rapprochement des deux variables permet de faire apparaître la corrélation générale existant entre croissance et évolution de l'emploi tant en France qu'à l'étranger. Le caractère non systématique de la corrélation ainsi que l'existence d'un chômage durable et important conduisent à souligner quelques enjeux essentiels attachés à la question de la croissance et par voie de conséquence du progrès technique.

1 Le caractère séculaire de la croissance

La prise en compte des données de croissance tant pour le monde en général que pour la France en particulier rappelle ce caractère durable et quasi ininterrompu de la croissance malgré les fluctuations enregistrées.

La **croissance** assimilée traditionnellement à l'accroissement quantitatif de la production peut être mesurée à l'aide de différents indicateurs (*cf.* chapitre 5) et en premier lieu par le produit intérieur brut (PIB).

Les travaux statistiques de l'historien de la croissance A. Maddison attestent de l'existence d'une croissance mondiale ininterrompue depuis maintenant deux siècles.

La croissance mondiale en chiffres

Périodes	Taux de croissance annuel moyen en %		
	PIB	Population	PIB/habitant
1820-1870	1,0	0,3	0,6
1870-1913	2,1	0,8	1,3
1913-1950	1,9	0,9	0,9
1950-1973	4,9	1,9	2,9
1973-1998	3,0	1,7	1,2

Source : A. Maddison, L'économie mondiale, 2001.

Ces chiffres révèlent en même temps certaines irrégularités (fluctuations et cycles) particulièrement observables dans la période 1913-1950 troublée par deux conflits mondiaux et la crise de 1929, puis, plus près de nous, lors de la crise de 2008-2009.

La croissance au XXe siècle et surtout pendant les 30 Glorieuses a été exceptionnellement importante, au point que certains économistes, tel l'américain Robert Gordon, considèrent cette période comme « une parenthèse » dans l'histoire.

Cette question divise les économistes français; certains, tels Philippe Aghion ou encore Gilbert Cette, réfutent cependant la thèse de « la grande stagnation » en considérant que l'appareil statistique sous-estime les gains de productivité actuels et que des gains de productivité importants devraient accompagner la révolution industrielle en cours.

2 Des taux de croissance et de chômage très contrastés au sein des pays industrialisés

La saisie des données contemporaines de croissance et de chômage permet à la fois d'approcher quelques grands débats économiques contemporains et de relever certaines particularités renvoyant aux spécificités nationales et à l'existence de différents types de capitalisme (*cf.* chapitre 1).

L'analyse est ici restreinte aux trois grands blocs constitutifs de la Triade : l'Amérique du Nord (avec les États-Unis), l'Europe occidentale (avec le Royaume-Uni, l'Allemagne et la France) et enfin le Japon.

Taux de croissance et de chômage de quelques grands pays industrialisés (en pourcentage)

	1996-2000		2001-2005		2014		2015	
	Croissance	Chômage	Croissance	Chômage	Croissance	Chômage	Croissance	Chômage
É-U.	4,1	4,6	2,4	5,4	2,4	6,2	2,4	5,3
R.U.	3,2	6,6	2,5	5,0	3,1	6,1	2,2	5,3
Japon	1,3	4,1	1,5	5,0	0	3,6	0,5	3,4
Allemagne	1,9	8,7	0,6	8,3	1,6	5,0	1,7	4,6
France	2,8	10,8	1,5	9,2	0,6	10,3	1,3	10,4

Source : d'après données Eurostat – OCDE – Alternatives économiques, 2016.

L'importance de la crise mondiale observée en 2008 et 2009 conduit à distinguer deux périodes : celle des années « d'avant crise » (1991-2007) et celle des années postérieures (2008-2016).

a) La croissance sur la période (1990-2007)

FOCUS . . . FOCUS . . . FOCUS . . . FOCUS . . . FOCUS . . . FOCUS . . .

Croissance et chômage dans les pays de la triade sur la période (1990-2007)

D'une façon générale, les États-Unis se caractérisent par des taux de croissance globalement élevés depuis les années 1980 avec une pointe dans la période 1996-2000 (âge d'or de la « nouvelle économie ») et un taux de chômage en net recul du début des années 1980 à la fin des années 1990. Depuis lors, ce taux de chômage évolue dans une fourchette comprise entre 4,5 % et 6,5 %.

Le Japon connaît de son côté des taux de croissance en recul sensible et globalement très faibles du début des années 1990 à 2002 avant de connaître ensuite un mouvement de reprise.

En parallèle, le taux de chômage, traditionnellement faible dans ce pays, n'a cessé de croître jusqu'en 2002 dépassant alors les 5 %.

Les pays européens bénéficient pour bon nombre d'entre eux d'une croissance relativement soutenue jusqu'à la fin des années 1990 bien qu'à un niveau inférieur à la croissance observée aux États-Unis, puis une baisse sensible, plus marquée en France qu'au Royaume-Uni. La situation allemande se singularise par des performances particulièrement mauvaises, liées notamment à la charge de la réunification des deux États allemands. Les taux de chômage de l'Allemagne et de la France restent enfin très élevés et proches des 10 %.

La **nouvelle économie** désigne un nouvel état et un nouveau fonctionnement de l'économie mondiale datant de la deuxième moitié des années 1990 dans le cadre duquel le secteur des technologies de l'information et de la communication (TIC) joue un rôle majeur.

b) Une sortie de crise difficile depuis la chute de Lehman Brothers

Le déclenchement de la **crise des subprimes** fin 2007, puis l'ouverture d'une violente crise bancaire et financière en 2008 (avec la faillite retentissante de la banque d'investissement américaine Lehman Brothers) plongent les pays développés dans une crise économique profonde. Ils enregistrent alors un effondrement de la croissance et même une baisse en valeur absolue significative du PIB en volume dans la quasi-totalité des pays industrialisés, en 2009. Dans le même temps, ces pays enregistrent un accroissement très sensible du taux de chômage particulièrement aux États-Unis.

La **crise des subprimes** rend compte de l'effondrement de la valeur des créances titrisées représentatives de prêts hypothécaires (à taux variable) accordés à des ménages américains à faibles revenus désireux d'acheter leur logement fin 2007 et 2008 dans un contexte de remontée forte des taux d'intérêt et de chute de la valeur de l'immobilier. La diffusion de ces créances douteuses (risquées sinon irrécouvrables) a atteint de plein fouet tout le système bancaire et financier, provoquant une grave crise financière.

Si la situation des États-Unis s'améliore ensuite renouant avec des taux de croissance de l'ordre de 2 %, la situation des pays européens et notamment ceux de la zone Euro est, elle, durablement affectée sous l'effet de la **crise de la dette souveraine** survenue en 2010. Les taux de chômage des pays de la zone Euro, notamment ceux d'Europe du Sud, atteignent des niveaux record en 2013.

La **crise de la dette souveraine** désigne les difficultés croissantes rencontrées par de nombreux pays industrialisés, dont notamment plusieurs pays membres de la zone Euro, à refinancer la dette de l'État à partir de 2010, dans un contexte de baisse des recettes fiscales et de montée des dépenses publiques (aide au système bancaire, soutien de l'économie défaillante). Cette crise se traduit par la difficulté nouvelle à trouver des prêteurs (jusque-là, les titres d'État avaient la qualité d'actif sans risque) et par l'augmentation brutale des taux d'intérêts exigés des pays débiteurs.

La croissance européenne redémarre cependant, elle aussi, à partir de 2014 et surtout 2015, mais de façon hétérogène d'un pays à un autre. Cette reprise tient pour une bonne part aux politiques économiques accommodantes, notamment au plan monétaire, sans oublier l'effet favorable d'un prix du baril très bas.

La croissance japonaise est, elle, à nouveau « au point mort » ; les résultats des Abenomics et de leur stratégie combinant largesses budgétaires et politique monétaire très accommodante, tardent à donner les résultats espérés. La reprise des pays industrialisés reste finalement fragile.

Il est bon enfin de remarquer que la crise économique est restée localisée dans les grands pays industrialisés, notamment européens, alors que les pays émergents et en développement ont continué dans leur ensemble à connaître une forte croissance. La « géographie » de la croissance a changé !

Ce rapide commentaire des statistiques contemporaines de croissance et de chômage permet d'appréhender deux faits importants : les liens attendus entre taux de croissance et taux de chômage (qui de façon sommaire, évoluent globalement en sens inverse l'un de l'autre) et l'existence de dynamiques de croissance (et de chômage) singulièrement différentes voire non convergentes au plan spatio-géographique et ce malgré le phénomène dominant de la mondialisation (et accessoirement de l'intégration européenne).

3 Une corrélation significative entre croissance et emplois

Les statistiques de croissance et d'emploi permettent de vérifier une évolution globalement convergente entre croissance et évolution de l'emploi ; un constat qui est attendu dans la mesure où la **croissance** (accroissement de la production) suppose toujours d'une façon ou d'une autre le recours à plus de facteurs de production (dont le facteur « travail »).

Le constat d'une corrélation des deux variables vaut aussi, bien entendu, pour la France : l'observation des courbes dans le temps fait bien apparaître dans l'ensemble des évolutions de sens identique aussi bien d'ailleurs quand le PIB s'accroît que quand il se contracte (année 2009). L'ampleur comme la synchronie des évolutions sont cependant loin d'être parfaites.

Ces écarts parfois significatifs et ces décalages temporels (« retards » d'une variable par rapport à une autre) font référence à une autre problématique majeure : celle des **effets de la croissance en général** et du **progrès technique**, **en particulier** sur l'**emploi** (titre C).

Évolution du PIB et de l'emploi en France (base 100 correspondant au 1er semestre 2008)

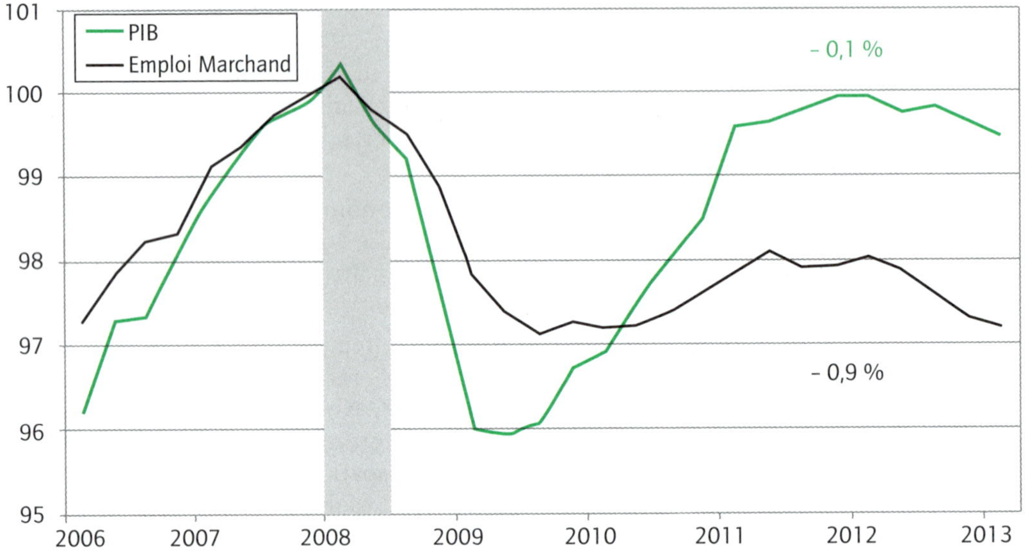

Source : P. Waechter Natixis.

4 La croissance, condition nécessaire mais non suffisante de la résorption du chômage

En tout état de cause, les liens croissance-emploi même imparfaits restent très étroits : l'évolution favorable de la production conduit à l'augmentation des emplois créés.

La relation entre croissance et chômage est d'un ordre différent :

– en premier lieu, le taux de croissance est un taux de variation d'une grandeur économique, la production, alors que le taux de chômage représente le poids relatif d'une catégorie (celle des chômeurs) dans une autre grandeur économique (la population active) ;

– en second lieu, la relation est de sens inverse : l'amélioration de la croissance est supposée faire baisser le taux de chômage (et vice versa : l'augmentation du taux de chômage fait baisser la croissance). On vérifie d'ailleurs, dans la plupart des pays, une relation empirique entre le taux de croissance du PIB et la variation du taux de chômage. Cette relation est connue sous le nom de « **loi d'Okun** », du nom de l'économiste américain qui l'a énoncée le premier dans les années 1960 ;

Selon la **loi d'Okun**, il existe une relation linéaire entre le taux de croissance du PIB d'un pays et l'évolution de son taux de chômage, ce qui conduit au constat suivant : en dessous d'un certain seuil de croissance le chômage augmente, au-dessus de ce seuil il diminue.

Cependant, cette relation n'est ni nécessairement stable, ni universelle ; elle peut varier significativement dans le temps puisqu'elle dépend de différents facteurs (l'évolution de la productivité, la proportion d'emplois à temps partiel, l'évolution de la démographie, etc.).

– enfin l'augmentation du PIB ne se traduit jamais mécaniquement et immédiatement par une baisse du taux de chômage de même ampleur, car d'autres facteurs interfèrent dans cette relation : l'évolution des gains de productivité et celle de la population active. Le taux de chômage ne baissera qu'à partir du moment où le taux de croissance dépasse la somme de l'augmentation de la productivité et de celle de la population active.

Le taux de croissance « critique » au-delà duquel le taux de chômage commencerait à baisser est situé en France autour de 1,5 à 2 %.

Ce seuil a d'ailleurs bien diminué sur les 3 dernières décennies avec le ralentissement des gains de productivité, traduisant « un **enrichissement de la croissance en emploi** ».

La croissance, condition nécessaire de la baisse du chômage, n'est donc pas une condition suffisante. Ce constat renvoie à l'intervention de d'autres facteurs : évolution de la productivité du travail, dynamique démographique, politique migratoire, flexibilité du marché du travail etc.

Ces **caractéristiques structurelles des économies** (chapitre 1), justifient l'engagement des pouvoirs publics dans les politiques d'emploi particulièrement en temps de crise.

La croissance, condition nécessaire de la baisse du chômage, n'est pas une condition suffisante particulièrement dans le cas français. Ce constat qui renvoie, entre autres, aux **caractéristiques structurelles des économies** (chapitre 1), justifie l'engagement des pouvoirs publics dans les politiques d'emploi particulièrement en temps de crise. Les politiques économiques (générales) comme les politiques d'emploi ne peuvent cependant suffire à atteindre l'objectif de plein-emploi ; la prise en compte des enjeux technologiques par les pouvoirs publics s'affirme alors comme une nécessité (titre E).

B LE PROGRÈS TECHNIQUE, FACTEUR DÉTERMINANT DE LA CROISSANCE

Les premières observations sur les relations croissance/emploi/chômage ont montré la complexité de relations pourtant simples à première vue, si l'on se réfère à l'idée que plus de croissance favorise l'emploi et contribue de ce fait à la résorption du chômage. Pour clarifier cette question, il semble opportun de faire un retour sur le phénomène de la croissance, en reprenant un questionnement traditionnel des économistes, celui des facteurs explicatifs de la croissance et de sa modélisation. Les enseignements tirés de « cette comptabilité de la croissance » conduisent ensuite à préciser quelques changements majeurs en matière de théories de la croissance avec notamment l'affirmation de la contribution du progrès technique à la croissance.

1 La recherche des facteurs explicatifs de la croissance

Après un rappel relatif aux facteurs explicatifs traditionnels de la croissance, on rend compte des travaux fondateurs de Carré, Dubois et Malinvaud[1] qui font émerger implicitement le rôle décisif d'autres sources de croissance, notamment le progrès technique. Dans un dernier point, on présente les travaux de référence actuels en termes de « comptabilité de la croissance » et de calcul de la productivité globale des facteurs.

(1) J.J. Carré, P. Dubois et E. Malinvaud, *La croissance française*, Le Seuil, 1972.

1.1 Une recherche basée sur l'évaluation de la contribution des grands facteurs de production

Traditionnellement, trois grands types de facteurs de production peuvent être pris en considération pour expliquer la croissance : les ressources naturelles, le travail et le capital.

• Des trois facteurs précédents, les **ressources naturelles** sont considérées comme les plus exogènes, c'est-à-dire déterminées par « l'extérieur ». Par ailleurs, les ressources naturelles – d'un mot, « la terre » – sont un donné ; c'est pourquoi elles ont été longtemps exclues des modèles explicatifs de la croissance. Les problèmes soulevés par l'épuisement possible de certaines ressources naturelles comme les effets potentiellement négatifs de la croissance sur l'environnement et sur les ressources naturelles redonnent cependant à ce facteur un rôle significatif dans les questionnements relatifs à la croissance (*cf.* chapitre 5).

• Le facteur **travail** constitue l'un des deux facteurs clés de toute explication courante de la croissance. Il intervient d'abord sur le plan **quantitatif** avec l'importance de population active, directement liée à des phénomènes démographiques, mais également sur le plan de la durée du travail. Le facteur travail agit également sur la croissance à travers ses dimensions plus **qualitatives** (accroissement des compétences et des qualifications), liées elles-mêmes aux progrès du système d'éducation et de formation.

• Le facteur **capital,** qui – au passage – pose d'importants problèmes de définition et d'appréhension statistique et comptable, comporte également des dimensions quantitatives (notion de stock de capital) et qualitatives (modernisation des équipements, incorporation de progrès technique).

Les facteurs travail et capital constituent les deux variables explicatives fondamentales des modèles traditionnels d'analyse des facteurs de la croissance.

La représentation suivante formalise les différentes contributions attendues des facteurs de production à la croissance.

Contributions quantitatives et qualitatives des facteurs à la croissance

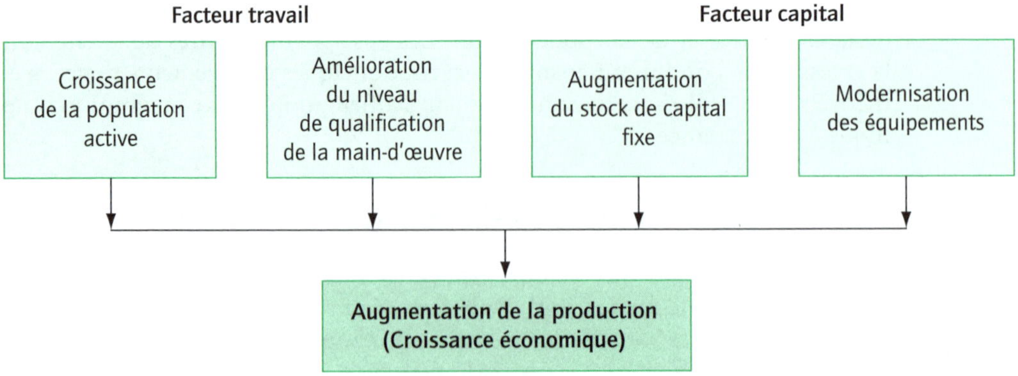

1.2 L'analyse économétrique de la croissance : importance des facteurs qualitatifs et de la croissance «non expliquée»

Plusieurs travaux conduits dans les années 1960-1970 et portant sur les économies américaine et française ont permis de tester la portée explicative des facteurs de production et d'apprécier leurs contributions suivant leurs dimensions respectivement quantitatives et qualitatives. Ces travaux partent tous d'une modélisation de la production reposant sur des fonctions de production particulières appelées « fonctions de Cobb-Douglas » et utilisées très tôt par l'économiste américain Solow.

FOCUS . . . FOCUS . . . FOCUS . . . FOCUS . . . FOCUS . . . FOCUS . . .

L'utilisation des fonctions de production pour expliquer la croissance

Conformément à la vision des économistes néoclassiques, l'économie est assimilée à une « macro-entreprise » combinant capital et travail.

La relation entre les quantités de facteurs (K et L) et les quantités produites (Q) est construite sous la forme d'une fonction de production $Q = f(K, L)$ de type fonction Cobb-Douglas.

La quantité produite présente la forme suivante : $Q = A . L^{\alpha} . K^{(1-\alpha)}$, où α et $(1-\alpha)$ représentent la contribution de chaque facteur de production au produit et où A désigne un progrès technique considéré comme autonome.

Parmi les nombreuses propriétés de cette fonction figurent notamment le caractère pleinement substituable des facteurs de production et l'hypothèse de rendements d'échelle constants.

Plusieurs raffinements de la fonction ont été testés en visant par exemple à intégrer partiellement le progrès technique dans les facteurs de production (modèles dits à « génération de facteurs »).

Parmi les travaux les plus importants figure celui de trois économistes statisticiens français : Carré, Dubois et Malinvaud[1] qui ont évalué le pouvoir explicatif des deux grands facteurs de production : le travail (L) et le capital (K) sur la croissance, pour la France et sur la période 1951-1969.

Les résultats obtenus dans le cas de la France attestent du rôle significatif joué par les dimensions qualitatives à côté des aspects purement quantitatifs et par l'importance du résidu, en d'autres termes de la croissance non expliquée.

Les facteurs de la croissance française (1951-1969) (en pourcentage par an)

Croissance du PIB (1)	**5,0**
Facteurs explicatifs :	
Emplois dans les branches	0,0
Durée du travail	– 0,1

☞

(1) *Id.*

Qualité du travail	0,4
Migrations professionnelles	0,6
Volume net de capital	1,1
Rajeunissement du capital	0,4
Intensité de la demande	0,1
Part de la croissance expliquée (2)	**2,5**
Résidu = (1) - (2)	**2,5**

Attribué généralement au progrès technique (insuffisamment saisi à travers les dimensions qualitatives des facteurs), cet important résidu traduit les limites de l'hypothèse de rendements d'échelle. Le résidu manifeste les multiples formes prises par le progrès technique en général, qu'il s'agisse de possibilités offertes par les nouveaux produits, de nouvelles méthodes d'organisation du travail et de management ou encore de l'utilisation de nouvelles sources de matières premières.

Sur un autre plan, l'importance des dimensions qualitatives des facteurs de production dans l'explication de la croissance (en particulier pour le facteur travail) ouvre la voie à la distinction de deux grands modes de croissance d'une économie.

On parle de **croissance extensive** lorsque l'augmentation de la production résulte de l'accroissement des quantités de facteurs de production utilisés.

Et on parle de **croissance intensive** lorsque la croissance provient surtout d'une meilleure utilisation des facteurs de production, génératrice de gains de productivité.

1.3 Comptabilité de la croissance et productivité globale des facteurs de production

Les travaux contemporains sur la croissance, qualifiés d'approche de « **comptabilité de la croissance** », s'inscrivent dans la filiation précédente (construction de fonctions de production) et se concentrent sur le suivi dans le temps et l'interprétation du résidu, appelé « productivité globale des facteurs », noté PGF et assimilé au **progrès technique**. La PGF devient l'un des pivots essentiels de l'analyse.

a) Calcul de la PGF

La première étape de l'analyse consiste schématiquement à évaluer la PGF.

Le calcul de la **productivité globale des facteurs (PGF)**, appelée aussi « productivité multifactorielle », permet d'obtenir la part de l'accroissement de la production qui n'est pas directement liée à l'augmentation du **volume** des facteurs de production.

FOCUS . . . FOCUS . . . FOCUS . . . FOCUS . . . FOCUS . . . FOCUS . . .

Calcul de la productivité globale des facteurs (PGF)

$PGF = g - (S_K . G_K) - (S_L . G_L)$

où : g est le taux de croissance de la production

S_K la part du facteur capital dans le PIB

G_K le taux de croissance du facteur capital

S_L la part du facteur travail dans le PIB

G_L le taux de croissance du facteur travail

En d'autres termes, la PGF est donnée par la différence entre le taux de croissance de la production et celui de la somme du travail et du capital pondérés par la part de chaque facteur dans la production.

C'est aussi la moyenne pondérée des taux de croissance de la productivité du capital et de la productivité du travail.

Elle constitue la notion de productivité à la fois la plus large et la plus proche du concept de progrès technique. C'est une productivité multifactorielle : elle rend compte de l'efficience en rapportant la production à l'ensemble des facteurs utilisés.

b) Confrontation de la PGF, de la productivité du travail et de l'intensité capitalistique

Dans une deuxième étape, il s'agit d'interpréter la croissance en rapprochant le taux de croissance de trois grands indicateurs de l'économie : la **PGF**, la **productivité du travail** et **l'intensité capitalistique** (dépense en capital par unité de travail), en s'appuyant entre autre, sur la relation qui les unit :

Productivité du travail (par emploi) = **Intensité capitalistique (par emploi)** + **PGF** + **Durée du travail**

La **productivité du travail** exprime le rapport entre la production et le travail qui a permis cette production.

L'**intensité capitalistique** est donnée par le rapport entre les quantités de capital et de travail utilisées dans la production.

FOCUS . . . FOCUS . . . FOCUS . . . FOCUS . . . FOCUS . . . FOCUS . . .

La productivité du travail : terminologie et indicateurs

Elle peut être exprimée en quantité physique (ou en volume), il s'agit alors du rapport : Production obtenue/Volume de travail nécessaire, soit P/Q_L.

Le volume de travail peut être apprécié en comptabilisant l'effectif engagé ou mieux encore, le nombre d'heures travaillées.

La productivité du travail peut être également calculée en valeur en formant le rapport entre la valeur ajoutée et la masse salariale correspondante ($VA/Q_L . P_L$).

L'Insee qualifie cette productivité (unifactorielle) de « productivité apparente du travail » car, si elle mesure à première vue l'efficacité du facteur travail, elle résulte aussi pour partie de l'intervention de l'autre grand facteur de production, le facteur capital, sous la forme de la quantité de capital utilisée par travailleur. Cet indicateur reflète en définitive l'influence conjointe de plusieurs facteurs.

Les **gains de productivité** désignent l'augmentation de la valeur ajoutée consécutive à la croissance de la productivité entre deux périodes consécutives.

c) Le temps de l'interprétation

Dans un troisième temps, l'analyse consiste à interpréter l'évolution du résidu dans le temps en le confrontant à différents indicateurs, par exemple d'avancement technologique (taux d'équipement en ordinateurs, nombre de connexions à internet, etc.).

1.4 Le chiffrage de l'évolution de la contribution du progrès technique à la croissance

La comptabilité de la croissance permet d'interpréter les transformations de la croissance dans le temps et dans l'espace et de fournir une évaluation de la contribution du progrès technique. On rend compte maintenant de deux grands types de résultats concernant d'abord une comparaison des croissances américaine et européenne, puis l'analyse du cas français.

a) Comparaison des cas américain et européen

On peut illustrer le propos en comparant les croissances américaine et européenne sur la période 1990-2004.

Sources de la croissance aux états-unis et dans l'union européenne (données en taux de croissance annuels)

	États-Unis			Union européenne à 15			Écart		
	1990-1995	1995-2000	2000-2004	1990-1995	1995-2000	2000-2004	1990-1995	1995-2000	2000-2004
PIB	2,5	4,2	2,4	1,6	2,7	1,5	0,9	1,5	0,9
Heures travaillées dont :	1,3	1,9	– 0,4	– 0,9	0,9	0,4	2,2	1,0	– 0,8
• Emploi	1,1	1,7	0,4	– 0,5	1,4	0,7	1,6	0,3	– 0,3
• Durée du travail	0,2	0,2	– 0,8	– 0,4	– 0,5	– 0,3	0,6	0,7	– 0,5
Productivité horaire dont :	1,2	2,3	2,8	2,5	1,8	1,1	– 1,3	0,5	1,7

☞

	États-Unis			Union européenne à 15			Écart		
	1990-1995	1995-2000	2000-2004	1990-1995	1995-2000	2000-2004	1990-1995	1995-2000	2000-2004
• Intensité capitalistique	0,7	1,2	1,1	1,3	0,9	0,7	– 0,6	0,3	0,4
• *PGF*	*0,5*	*1,1*	*1,7*	*1,2*	*0,9*	*0,4*	*– 0,7*	*0,2*	*1,3*

Source : A. Bénassy-Quéré et alii, Politique économique, éd. De Boeck, 3e éd., 2012, p. 495.

De façon ramassée, on peut relever le niveau systématiquement plus élevé de la croissance américaine par rapport à celle de l'Europe sur toute la période (1990-2004), l'écart étant de l'ordre de 0,9 à 1,5 % en moyenne.

La forte croissance américaine est tirée fondamentalement par le surcroît de productivité horaire lié à la fois à l'accroissement de la PGF (essor des TIC, réorganisation des entreprises, etc.) et à l'augmentation de l'intensité capitalistique (substitution de capital au travail à la suite des investissements massifs du début des années 1990).

Dans le cas de l'Union européenne, la croissance réplique globalement la tendance américaine mais avec un écart persistant à l'avantage des États-Unis. La croissance européenne est tirée par des facteurs bien différents du cas américain : ici l'évolution de la croissance tient pour l'essentiel à la reprise de l'emploi, particulièrement nette entre 1995 et 2000 et ce malgré un ralentissement tant de l'intensité capitalistique que de la PGF.

En d'autres termes, les États-Unis semblent avoir mis l'accent sur l'investissement et les gains de productivité quand les Européens privilégiaient le recours à l'emploi. L'évolution particulièrement favorable de la PGF durant la période de la « nouvelle économie » peut être bien sûr rapprochée de la diffusion accélérée, outre-Atlantique, des **technologies de l'information et de la communication** (TIC) durant cette période.

b) L'analyse du cas français

FOCUS . . . FOCUS . . . FOCUS . . . FOCUS . . . FOCUS . . . FOCUS . . .

Les résultats concernant le cas français

Des études similaires ont été menées concernant le cas français sur une période longue (1983-2002). Les principaux résultats sont les suivants :

– un ralentissement depuis 20 ans de la productivité par tête ;
– un moindre ralentissement de la productivité horaire (lié sans doute à la réduction sensible du temps de travail) ;
– une contribution significative, mais en baisse, de l'intensité capitalistique à la productivité horaire (liée sans doute à « l'enrichissement de la croissance en emplois » qui a pu conduire à substituer du travail peu qualifié à du capital) ;
– une contribution dynamique de la PGF à la croissance de la productivité horaire à partir du milieu des années 1990.

Source : « L'Économie française », *Comptes et dossiers (2004-2005)*, Insee, 2004.

Cette identification de plus en plus nette de la contribution du **progrès technique** à la croissance trouve son prolongement dans l'évolution des théories de la croissance.

2 De la croissance exogène à la théorie de la croissance endogène

Les théories traditionnelles de la croissance font peu de cas du progrès technique ou le tiennent à distance du champ économique ; la théorie de la croissance endogène est de ce point de vue une révolution en faisant des différentes facettes du progrès technique le levier de la croissance.

2.1 Les théories traditionnelles de la croissance et le faible rôle dévolu au progrès technique

La présentation de ces théories dites « traditionnelles » est ici volontairement très succincte car elle dépasse le cadre de notre propos (la relation croissance-technologie-emploi) et fait l'objet de développements dans d'autres chapitres (*cf.* chapitre 5), notamment au sujet de la question majeure du caractère équilibré ou non de la croissance. On se borne ici à souligner les insuffisances de ces théories quant à la pérennité de la croissance et à la sous-estimation voire l'omission du progrès technique dans la dynamique de croissance.

a) Les économistes classiques et l'état stationnaire

Les économistes classiques (Smith, Ricardo, Malthus, etc.) ont une vision globalement pessimiste de la croissance reposant sur différentes hypothèses (loi des rendements décroissants de la terre, croissance exponentielle de la population, etc.) conduisant à terme les économies à une situation d'**état stationnaire**.

Ricardo place au cœur de sa vision pessimiste de la croissance l'évolution de la répartition du revenu consécutive à l'accumulation des facteurs de production qui prive progressivement les capitalistes de moyens d'investir.

Le progrès technique n'est pas totalement absent de l'analyse des classiques (*cf.* la division du travail chez A. Smith, et l'exemple célèbre de la manufacture d'épingles) mais il occupe une position périphérique… et la machine est conçue comme destructrice d'emplois (substitution de capital au travail) et non comme source de gains de productivité (*cf.* le regard de Ricardo sur le machinisme).

b) Le modèle de Harrod et Domar et l'absence des enjeux technologiques

Le modèle de croissance proposé par les keynésiens Harrod et Domar dans les années 1940 (*cf.* chapitre 5) aboutit à l'idée que la croissance est par nature déséquilibrée. Elle a peu de chances d'être durable et de permettre le plein-emploi. Globalement, la question des enjeux technologiques est absente de ces travaux. Le progrès technique considéré comme exogène est « **neutralisé** ».

c) Les néoclassiques et le progrès technique exogène

Les économistes néoclassiques avec Solow (1956)[1], classé généralement comme keynésien, projettent une vision de long terme de la croissance en faisant dépendre le taux de croissance à long terme de l'économie du taux de croissance démographique et du taux de croissance de la productivité du travail. Conservant l'hypothèse de rendements d'échelle décroissants du capital, leur vision évite cependant la perspective de l'état stationnaire (peu crédible au vu de l'histoire économique et de l'accroissement tendanciel des richesses) en intégrant l'idée d'un progrès technique… exogène, qui contrecarre cette tendance aux rendements décroissants.

Cette analyse qui marque un pas significatif en direction de l'intégration du progrès technique dans l'analyse économique (avec la perception des facteurs qualitatifs de la croissance) s'arrête cependant en chemin en cantonnant encore celui-ci en dehors de la mécanique de la croissance ; son origine est considérée comme fondamentalement **extra-économique**.

2.2 La théorie de la croissance endogène et la centralité du progrès technique

Dans les années 1980, plusieurs économistes (P. Romer, R. Lucas et R. Barro notamment) façonnent de nouvelles théories de la croissance couramment réunies sous le qualificatif de « croissance endogène ».

Ce courant réfute différentes hypothèses et résultats du modèle néoclassique de référence (le modèle de Solow) : l'exogénéité du progrès technique, l'absence de prise en compte des externalités de l'éducation et de la recherche, l'ignorance de rendements d'échelle croissants sans parler d'un parti pris largement défavorable à toute intervention des pouvoirs publics (nocivité *a priori* de la dépense publique), etc.

Le socle de la théorie de la croissance endogène (à la sphère économique) est l'abandon de l'hypothèse d'exogénéité du progrès technique. Le progrès technique est traité comme une variable interne au modèle de croissance… qui se nourrit de la croissance et qui l'alimente par des processus d'accumulation et d'apprentissage. Le progrès technique est **endogénéisé**.

Une variable est dite **endogène** dès lors qu'elle prend naissance à l'intérieur du système. C'est le cas du progrès technique dans le cadre de la théorie dite de la croissance endogène.

En allant plus loin, la théorie de la croissance endogène envisage un grand nombre de sources différentes de la croissance (capital humain, technologies, etc.) qui étaient jusque-là incluses dans une même enveloppe et non distinguées : le progrès technique exogène. Chacune de ces sources est désormais autonomisée, considérée comme endogène et susceptible de produire des externalités.

(1) R.M. Solow, « A Contribution to the Theory of Economic Growth », *Quaterly Journal of Economics*, février 1956.

Les sources endogènes de la croissance

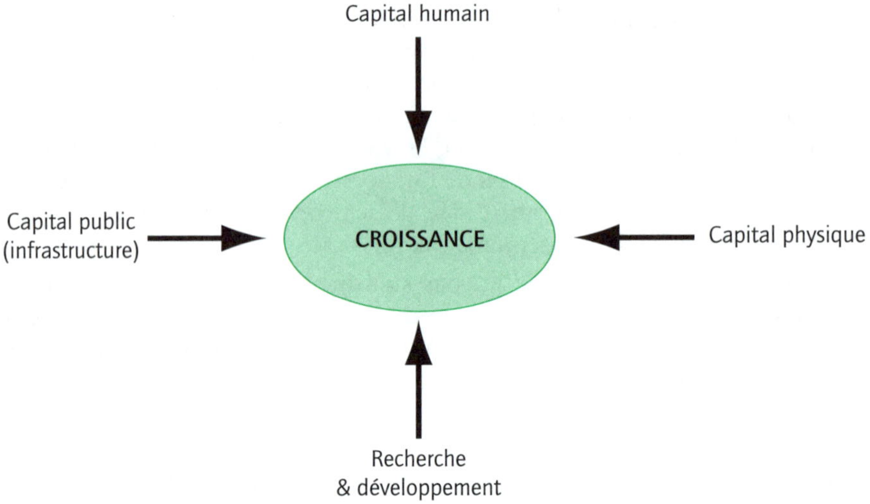

FOCUS . . . FOCUS . . . FOCUS . . . FOCUS . . . FOCUS . . . FOCUS . . .

Les sources endogènes, leurs effets et leurs implications pour l'action des pouvoirs publics

Le capital physique est le seul facteur de croissance pris en compte dans le modèle néoclassique de Solow ; dans le cadre de la croissance endogène son rôle est décuplé du fait des externalités entre firmes : l'investissement en capital d'une firme profite aussi aux autres firmes (diffusion de progrès technologique, amélioration des compétences des travailleurs, etc.).

Le capital humain est un concept très large incluant le niveau d'éducation, de formation mais aussi l'état de santé et l'hygiène des individus. R. Lucas donne à ce facteur un rôle clé dans la croissance grâce aux investissements individuels et collectifs (dépenses publiques). L'importance de l'accumulation en capital humain est considérée comme l'une des raisons majeures du différentiel de croissance observé entre les nations. Le rôle positif de l'État en faveur de l'éducation est souligné.

Les théoriciens de la croissance endogène, notamment R. Barro, soulignent le rôle important joué par les infrastructures publiques (moyens de communication, transports en commun…) dans la croissance. Puisqu'il s'agit de biens collectifs, l'État doit investir dans ces infrastructures qui, ce faisant, assureront un meilleur rendement du facteur capital (privé). Le capital public valorise ainsi quantitativement et qualitativement le capital physique (privé).

La recherche & développement (P. Romer) est considérée également comme un pivot important de la croissance. Elle suppose bien sûr l'engagement des agents économiques dans des activités d'innovation mais également le soutien de l'État pour « gérer » les externalités produites par les activités de recherche. Son action dépend cependant du type d'externalité : soutien financier dans le cas de recherche fondamentale, protection des inventions (par brevet) et incitation à la coopération entre firmes s'il s'agit de recherche appliquée.

En définitive, la théorie de la croissance endogène met l'accent sur les différentes composantes du progrès technique qui sont autant de sources endogènes de la croissance : R & D, accumulation de capital humain (connaissances), etc. Les caractéristiques économiques de plusieurs d'entre elles (bien collectif, création d'externalités…) justifient à plusieurs titres l'intervention de l'État et le recours à la dépense publique.

Après avoir vu la façon dont le progrès technique a été intégré puis décomposé pour expliquer le processus de la croissance, il convient maintenant d'en saisir plus précisément les implications en matière d'emploi et de qualifications.

C LE PROGRÈS TECHNIQUE : DES EFFETS DIVERSIFIÉS SUR L'EMPLOI, LES BRANCHES ET LES QUALIFICATIONS

L'appréciation des effets contradictoires et diversifiés du progrès technique sur l'économie peut être utilement abordée en faisant référence aux travaux de Schumpeter et aux effets de l'innovation sur les cycles économiques. Il convient ensuite de multiplier les angles d'analyse en appréciant la variété des impacts du progrès technique (branches, emplois et qualifications) et en prenant en considération les effets directs et indirects sur les grandeurs économiques précédentes. Ce tour d'horizon des effets du progrès technique s'achève sur l'analyse des effets des technologies de l'information et de la communication et plus largement de la digitalisation de l'économie sur l'emploi.

1 Cycles économiques, changement technologique et innovations

Après quelques précisions terminologiques, on rend compte de l'analyse schumpétérienne qui ouvre la voie à une vision moderne du changement technologique et des effets des innovations.

1.1 Les mots du progrès technique

Plusieurs termes concurrents ou complémentaires sont couramment utilisés pour rendre compte de cette notion : « progrès technique », « technologie », « techniques » ou encore « innovation (technologique) ». On précise ci-dessous la signification de ces différents termes.

FOCUS . . . FOCUS . . . FOCUS . . . FOCUS . . . FOCUS . . . FOCUS . . .

Points de repère terminologiques en matière de progrès technique

Le **progrès technique** est sans doute la notion la plus générale : elle est particulièrement utilisée par les économistes et les historiens. Elle renvoie à une vision *a priori* positive des changements affectant les techniques de production utilisées par l'homme (notion de progrès). La notion reste d'autant plus générale qu'elle comporte de très nombreuses dimensions (changement de technologie, accumulation des connaissances…) et comporte des effets pour partie négatifs (suppressions d'emplois, coût élevé, etc.)

Le terme de **technologie** a deux acceptions : initialement l'étude des techniques et, de plus en plus, la notion d'ensemble de techniques et de procédés qui sont utilisés dans un domaine d'application donné… et qui caractérisent un secteur d'activité (telles les biotechnologies), une époque (avec, par exemple, « les nouvelles technologies » de l'information et de la communication ou NTIC, devenues TIC).

Les **techniques** constituent des éléments constitutifs des technologies avec un spectre d'application plus réduit que celui des technologies. La technique en principe renvoie à l'application d'un procédé de travail à la production d'un bien ou d'un service.

Les termes de changement technique et changement technologique traduisent la dimension dynamique des technologies et des techniques dans le temps. Ils ont peut-être l'avantage peut-être de ne pas connoter *a priori* la représentation symbolique de ce changement.

Enfin, il y a les notions d'**invention** et d'**innovation** ; la première traduit le passage d'une découverte à la mise au point d'un produit ou d'un procédé de production, la seconde correspond au développement et à l'exploitation effective de la première (technique appliquée et commercialisée).

1.2 Cycles de Kondratieff et analyse schumpétérienne

L'économiste russe N. Kondratieff[1] a observé des cycles économiques avec alternance de baisses et de hausses de l'activité économique de très longue durée (deux phases de 25 ans environ chacune), interprétés ensuite par le grand économiste autrichien Joseph Schumpeter (1883-1980) en termes de séquences d'innovations.

L'intensité des innovations clés (machine à vapeur, chemin de fer, etc.) constituerait le ressort fondamental de ces cycles longs. Dans cette perspective, on peut distinguer une première phase ascendante – qui correspond à une vague d'innovations majeures (innovations dites « en grappe ») et à l'essor de branches motrices – suivie d'une phase de déclin symétrique qui traduit à la fois l'arrivée à maturité de ces innovations, le tassement des profits et la disparition des occasions d'investissement.

Les historiens repèrent ainsi différents cycles longs attribuables à ces innovations majeures, cela aussi bien au XIXe qu'au XXe siècle.

Cycles longs, innovations et branches motrices

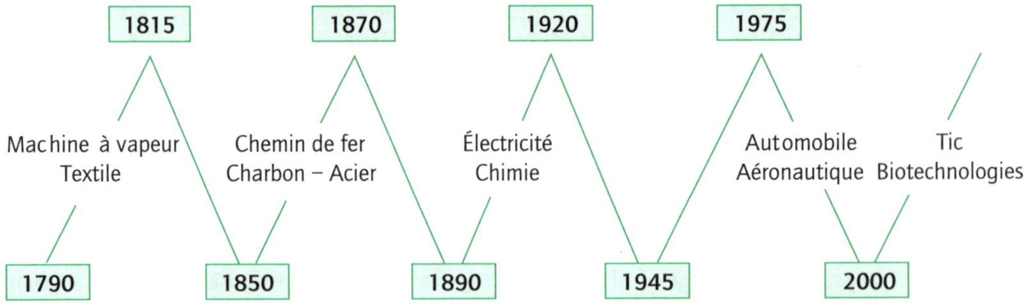

L'analyse schumpétérienne fournit quelques clés essentielles et durables à l'analyse du progrès technique : existences de cycles d'innovation, phénomènes de croissance en grappe

(1) N. Kondratieff, *Les grands cycles de la conjoncture*, Édition présentée par L. Fontvieille, Economica, 1992.

d'innovations (par diffusion et interaction dans le processus d'invention), concept de « **destruction créatrice** » selon lequel la montée en puissance des nouvelles inventions commence par chasser les anciennes ; les nouvelles branches industrielles poussent sur les décombres des anciennes…

Cette analyse diffusée dans deux ouvrages majeurs datant respectivement de 1911 et de 1939 comporte ainsi plusieurs traits caractéristiques du progrès technique et de ses effets diversifiés sur la croissance et l'emploi. Les nouvelles théories de la croissance apparaissent d'ailleurs comme une formalisation des idées schumpétériennes.

2 Analyse de quelques points d'impacts du changement technologique : branches, structure des marchés, emplois & qualifications

Après une présentation de différents points d'impact du changement technologique et un passage en revue rapide de quelques effets en la matière, on procède à une analyse plus approfondie de la relation **progrès technique/emploi** en combinant représentations théoriques et investigations empiriques.

2.1 Différentes implications économiques du changement technologique

Le changement technologique exerce de multiples influences sur les différentes grandeurs économiques : consommation, production, échanges commerciaux, emplois, hiérarchie des pays au plan économique, nature des branches, taille et nombre d'entreprises, effectifs employés, qualifications, temps de travail, etc.

On mesure à l'énumération (qui n'a rien d'exhaustif) l'importance de ce facteur, ses actions aux plans respectivement quantitatif et qualitatif, ses effets souvent contradictoires (notamment sur la nature, le nombre et la taille des entreprises, le nombre et la nature des emplois, etc.).

Donnons ici un aperçu de quelques implications bien connues des technologies.

- La **nature et le rythme de croissance des branches** sont directement affectés par le progrès technique consécutivement à l'émergence de nouveaux produits et services… et à la mise en œuvre de nouveaux procédés de production.

Cela signifie l'effacement de certaines branches, l'émergence et la consolidation de branches plus récentes, le rapprochement et la fusion de certaines branches ou au contraire l'éclatement d'une branche homogène en sous-branches.

Pour prendre l'exemple de la révolution industrielle en cours, la hiérarchie des branches industrielles s'en trouve bouleversée avec un ralentissement marqué de la croissance des branches motrices de l'après-guerre (chimie, automobile, etc.) et la montée en puissance de branches de pointe (construction aéronautique, informatique, pharmacie, etc.).

Dans la définition même des branches, on relève le rapprochement et l'imbrication des secteurs de l'assurance et de la banque ou encore de l'informatique, des télécommunications…, voire des médias. Dans ce dernier cas, l'importance du processus de convergence technologique est évidente.

• L'**effectif et la taille des entreprises** sont également touchés directement par l'intensité du progrès technique ; l'alourdissement en capital de certaines branches et l'intensité de la concurrence conduisent de nombreuses branches à la concentration et à une structure oligopolistique..., tandis que d'autres, frappées par un phénomène de banalisation des technologies, voient les entreprises disparaître et/ou se délocaliser massivement. Le tissu industriel de certaines branches a ainsi progressivement disparu au bénéfice de pays en développement et émergents.

Dans d'autres secteurs plus jeunes, le nombre d'entreprises à l'inverse progresse rapidement...

Ces tendances s'apprécient en termes d'évolution de la concentration mais l'imputation des tendances au seul progrès technique serait une erreur, compte tenu des différents niveaux de concentration envisageables (technique, économique ou financier) et de la variété des facteurs en cause (intensité capitalistique, degré de concurrence, réglementation concurrentielle) sans parler de la porosité croissante des frontières des entreprises (phénomènes d'alliances et de coopération).

• La **hiérarchie économique des nations** est directement affectée par les mutations technologiques. Traditionnellement, on oppose les pays les plus industrialisés spécialisés dans les hautes technologies aux pays en développement (PED) positionnés sur des technologies plus banalisées à fort contenu en main-d'œuvre.

Les mutations en cours montrent cependant que la diffusion du progrès technique conduit à un rattrapage technologique accéléré pour différentes zones économiques émergentes ou déjà significativement industrialisées (NPI d'Asie du Sud-est, Chine, Inde, etc.).

• Les **qualifications des salariés** sont elles-mêmes directement déterminées par le changement technologique ; des métiers et des qualifications disparaissent ou régressent (métier de dactylo), d'autres émergent (cadres) ou se transforment.
D'une façon générale, les statistiques attestent en longue période d'une tendance à l'augmentation des qualifications demandées par les employeurs ; ainsi en France entre 1990 et 2000, le nombre d'ouvriers non qualifiés a baissé de 5,8 % tandis que les professions intermédiaires progressaient de 9,6 % et les cadres de 17,7 %, le corollaire étant d'ailleurs un taux de chômage des ouvriers trois fois plus important que celui des cadres. Les économistes parlent de **progrès technique biaisé** en faveur du travail qualifié.

Cependant, la tendance n'est pas à sens unique, d'autant qu'historiquement le taylorisme puis le fordisme et leur extension plus tard au secteur tertiaire ont généralisé le travail à la chaîne et « déqualifié » les ouvriers ; de même, l'essor des robots et des machines à commande numérique s'est accompagné d'une substitution d'ouvriers et d'employés en charge de la surveillance de ces équipements en lieu et place des cadres. Enfin, le toyotisme ne manifeste pas toujours, malgré ses promesses initiales, une progression évidente des qualifications requises (compte tenu de l'importance du travail prescrit, de la répétitivité des tâches, etc.). Ce constat explique sans doute l'image bien ancrée d'un progrès technique déqualifiant.

2.2 Progrès technique et incidences sur l'emploi

L'analyse des effets du progrès technique sur l'emploi est traitée à part compte tenu de son importance pour l'objet de ce chapitre.

a) Une relation progrès technique/emploi perçue souvent négativement

Le progrès technique est souvent considéré comme éminemment défavorable à l'emploi en raison d'effets négatifs directs et locaux facilement et immédiatement observables ; le facteur capital est considéré comme un concurrent du facteur travail avec les conséquences que cela implique. Du reste, on distingue souvent un chômage lié au progrès technologique, qualifié de « chômage technologique ».

Le chômage **technologique** est le chômage qui découle directement du progrès technique.

FOCUS . . . FOCUS . . . FOCUS . . . FOCUS . . . FOCUS . . . FOCUS . . .

Technophobie d'hier et d'aujourd'hui

L'histoire comporte d'innombrables exemples de rejets du progrès technique, des machines comme des inventeurs au point d'ailleurs que cette attitude souvent défavorable au progrès technique a son vocable, le luddisme, du nom d'un ouvrier anglais, Ludd, qui aurait détruit deux métiers à tisser en 1780 et qui fit école dans l'Angleterre du XIXe. Ce mouvement se diffuse ensuite dans toute l'Europe et la France aura ainsi ses « saboteurs » qui mettaient leurs sabots… dans les machines. Les exemples sont légion : depuis les canuts lyonnais jusqu'aux nombreux rapports et études critiques sur l'impact de l'informatisation et de la robotisation à partir des années 1970-1980. Cette vision du progrès technique a inspiré et inspire toujours des travaux économiques et sociologiques annonçant « la fin du travail ». On pense aux publications d'économistes et sociologues contemporains (J. Rifkin, V. Forrester ou encore D. Méda[1]).

b) Les implications multiples et contradictoires du progrès technique sur l'emploi[1]

D'une façon générale, le progrès technique conduit à la fois à des suppressions et des créations d'emplois mais les effets diffèrent suivant les branches, les qualifications, l'espace géographique et l'horizon temporel (court ou long termes) considérés. Suppressions et créations d'emplois trouvent des points d'application différents dans l'espace et dans le temps.

Pour analyser les ressorts des effets du progrès technique sur l'emploi, on assimile ici le progrès technique à la progression de la productivité du travail (le progrès technique se traduit en longue période par la hausse de la productivité du travail) et on s'intéresse à la façon dont les gains de productivité peuvent être répartis dans l'économie.

La figure qui suit fournit une représentation schématique des effets du progrès technique assimilé à la productivité du travail… sur l'ensemble de l'économie en général et sur l'emploi en particulier.

(1) J. Rifkin, *La fin du travail*, La Découverte, 1996. V. Forrester, *L'horreur économique*, Fayard, 1996. D. Méda, *Le travail, une valeur en voie de disparition*, Aubier, 1995.

Comme le schéma le montre, les gains de productivité du travail supposés résulter du progrès technique peuvent être **affectés** de multiples façons : augmentation de salaires, diminution du temps de travail, accroissement des revenus du capital et versement de dividendes accrus aux actionnaires… En d'autres termes, la résultante des gains de productivité dépendra des effets respectifs des **suppressions d'emplois (immédiates et directes)** et des **créations d'emplois (indirectes et différées)**. Les créations d'emplois résultent de l'accroissement de la production liée aussi bien aux gains de pouvoir d'achat des ménages qu'à l'amélioration de la compétitivité-prix et des conditions de profit des entreprises.

Cette vision reposant sur une analyse en termes de circuit économique fait référence à la théorie du déversement de l'emploi.

Effets directs et indirects de la productivité sur l'emploi

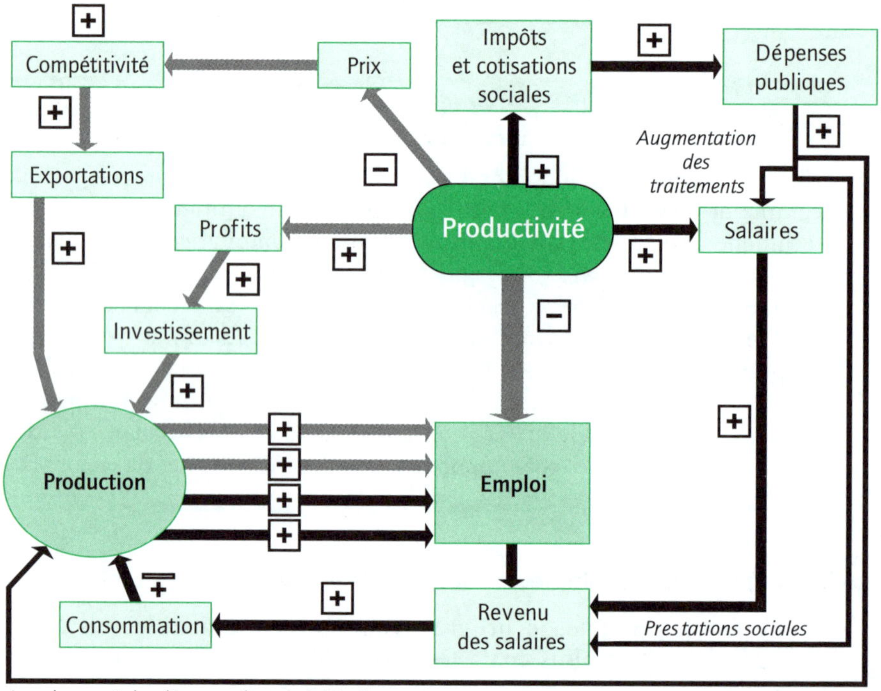

Source : J. Albertini et A. Silem, ***Comprendre les théories économiques***, coll. Points, Seuil.

c) La thèse du déversement d'emploi et les effets différentiels sur les branches

Cette thèse a été formulée par l'économiste et démographe français Alfred Sauvy[1].

Suivant la thèse du **déversement d'emploi**, le progrès technique, malgré ses effets immédiats destructeurs d'emplois, est en définitive créateur d'emplois dans d'autres secteurs (notion de déversement), par l'effet revenu qu'il suscite (création de richesse supplémentaire).

(1) A. Sauvy, *La machine et le chômage*, Dunod, 1980.

L'accroissement de la productivité du travail dans un secteur donné induit la création d'emplois de compensation dans d'autres secteurs.

Cette théorie du « déversement d'emplois » conduit à envisager la création d'emplois dans les **secteurs limitrophes** (par exemple des « fournisseurs ») du secteur atteint par le progrès technique, mais aussi dans **le secteur lui-même** (la baisse des prix induite par l'amélioration de la productivité du travail est source de baisse des prix relatifs et donc d'un accroissement de la demande et de la production) et plus généralement dans de nouvelles activités (le travail « libéré » par le progrès technique rend possible la satisfaction de nouveaux besoins – on retrouve ici les lois d'Engel)(1).

Cette thèse peut être grossièrement illustrée par les mutations d'emplois suivant les activités économiques ; en reprenant la décomposition en trois secteurs de Jean Fourastié(2), on peut aisément vérifier un déversement des emplois agricoles vers l'industrie puis vers les services et au-delà une augmentation absolue du nombre d'emplois. Le phénomène est permanent comme le montrent des statistiques contemporaines.

Emploi par branche entre 1978 et 2012 (en millions d'emplois)

	1978	2003	2014	Gains et pertes d'emplois entre 1978 et 2014
Agriculture	2,2	1,1	0,7	- 1,5
Industrie	5,5	3,7	3,6	- 1,9
Construction	2,1	1,7	1,7	- 0,3
Services marchands	7,6	11,4	11,8	4,2
Services administrés	4,6	6,7	8	3,4
Ensemble	22,0	24,6	25,8	3,8

Source : d'après données Insee.

On peut relever en particulier le transfert massif des emplois industriels vers les services au cours des vingt dernières années en raison d'importants gains de productivité (les pertes d'emplois industriels vont de pair avec le maintien de la part de l'industrie dans la valeur ajoutée).

Cette vision optimiste des retombées du progrès technique peut être relativisée au moins dans le court terme en raison des nombreuses conditions nécessaires résumées dans le schéma suivant.

(1) Voir dans le manuel d'Économie DCG 5 le chapitre sur la consommation et l'épargne.
(2) J. Fourastié, *Les Trentes Glorieuses ou la révolution invisible de 1946 à 1975*, Fayard, 1979.

Les incertitudes attachées à la théorie du déversement

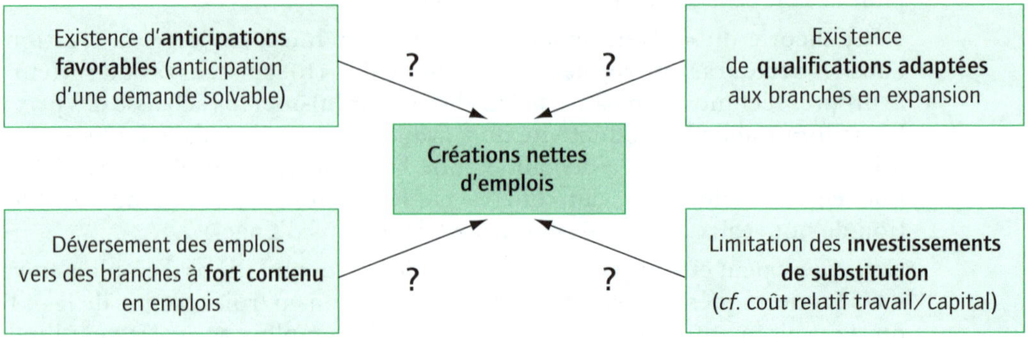

Ainsi, les gains de productivité seront d'autant plus créateurs d'emplois :

- que les branches correspondantes prendront les décisions d'investissement correspondantes (sur la base donc d'anticipations favorables) ;
- qu'ils bénéficieront à des branches à fort contenu en emplois (or la demande se porte fréquemment vers les biens dont les prix relatifs diminuent et à forts gains de productivité) ;
- que ces investissements seront bien des investissements de capacité et ne viseront pas prioritairement la substitution de capital au travail ;
- enfin que les entreprises correspondantes pourront trouver les travailleurs ayant les « nouvelles » qualifications requises.

d) Cycle de productivité et effets retardés

Les incertitudes quant à la transformation effective et rapide des gains de productivité en emplois et l'identification en tout état de cause de délais peuvent être utilement éclairées par la notion de **cycle de productivité**.

> Le **cycle de productivité** rend compte des délais fréquents séparant la variation (à la hausse ou à la baisse) de la production et l'ajustement (à la baisse ou à la hausse) des effectifs employés. La variation de la productivité apparaît alors plus comme une **conséquence** (qu'une cause) de la croissance.

Représentation du cycle de productivité

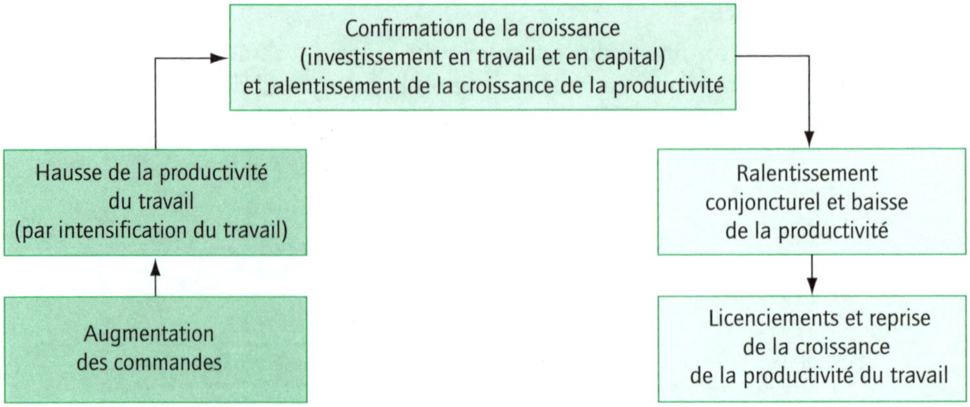

Concrètement, en période de retournement conjoncturel et d'amorce d'un phénomène de croissance, les entreprises commencent par accroître la production à effectifs inchangés faisant monter mécaniquement la productivité du travail puis, au fur et à mesure que la reprise s'installe et se confirme, l'embauche prend le relais… *A contrario*, lorsque l'activité se contracte, les entreprises tendent à différer l'ajustement à la baisse des effectifs en adoptant une pratique de **thésaurisation** de la main-d'œuvre.

L'existence de cycles de productivité traduisant le fait de pouvoir à court terme augmenter la production à effectif inchangé (en particulier par l'intensification du travail) montre clairement le risque de blocage et de parasitage au moins temporaire des effets du progrès technique : les suppressions d'emplois enregistrées dans une branche du fait du progrès technique induisent la croissance dans d'autres branches, mais sans effet immédiat sur l'emploi lui-même.

En définitive, l'analyse de la productivité et l'interprétation de ses effets sur l'emploi sont connus même s'ils gardent leur complexité. L'approche des effets du progrès technique sur la croissance via les gains de productivité montre bien que le passage de la croissance à la création d'emplois reste un processus long et incertain dans lequel les phénomènes d'anticipation des agents (confiance ou non dans l'amélioration durable de la conjoncture) et d'environnement réglementaire (dispositions en matière de création d'emplois et de licenciement, de temps de travail, etc.) sont d'une grande importance.

3 Les enseignements tirés des TIC en matière de productivité et d'emploi

Au carrefour de la comptabilité de la croissance et des nouvelles théories de la croissance, l'essor des TIC est riche d'enseignements sur les effets et la perception économique du progrès technique. Il met en jeu les représentations des économistes et fournit en même temps des clés pour caractériser et affiner les caractéristiques des technologies contemporaines.

3.1 Le champ des TIC

Les technologies de l'information et de la communication (TIC), qualifiées encore de NTIC à la fin des années 1990 forment un ensemble de technologies relevant de plusieurs secteurs économiques.

Selon la définition de l'OCDE, les TIC rassemblent les secteurs suivants :

Secteur des TIC

- Secteurs producteurs de TIC (fabrication d'ordinateurs et de matériel informatique, de TV, de postes de radio, etc.)
- Secteurs distributeurs de TIC (commerce de gros de matériel informatique…)
- Secteurs de services de TIC (télécommunications, services informatiques, services audiovisuels…)

3.2 Les effets positifs tardivement reconnus des TIC sur la croissance

L'essor des TIC est déjà ancien aux États-Unis ; pourtant, les effets sur la croissance et la productivité du travail ont mis du temps à être reconnus, d'où le fameux paradoxe de Solow.

> Le **paradoxe de Solow** désigne la stagnation de la productivité observée aux États-Unis malgré les investissements informatiques massifs des années 1970-1980 ; il a été formulé de la façon suivante par Solow en 1987 : « on voit les ordinateurs partout, sauf dans les statistiques ».

Depuis lors, ce paradoxe a été levé en deux temps : avec le constat d'abord d'un gain significatif de croissance apporté spécifiquement par les secteurs caractéristiques de la nouvelle économie dans la période 1995-2000, puis l'observation de gains de productivité (et donc de croissance) au sein même des secteurs économiques traditionnels (ceux dits de « **l'ancienne économie** »).

En allant plus loin, la croissance soutenue que les États-Unis connaissent à partir de la deuxième moitié des années 1990 est généralement interprétée comme une conséquence de la forte croissance de la productivité du travail, elle-même liée aux investissements massifs en TIC et à la diffusion de leurs effets dans le reste de l'économie. Les moindres performances européennes en général et françaises en particulier sont *a contrario* rapprochées d'un retard en matière de TIC et surtout de R & D.

Ces TIC agissent en profondeur sur l'ensemble des activités économiques en soumettant les autres secteurs à deux types d'effets largement contradictoires : un effet de « **cannibalisation** » avec la destruction de pans entiers de l'économie (commerces, etc.) et un effet de « **pollinisation** » en révolutionnant les modes de production et d'organisation des entreprises. Elles ouvrent ce faisant la voie à un nouveau type d'économie, fondée sur « **la connaissance** » (*cf.* chapitre 3).

3.3 La révolution numérique et la question des emplois

Avec les années 2010, l'ampleur des changements consécutifs aux TIC conduit à parler en termes de **révolution numérique**, également **d'économie numérique** (ou digitale), autant de signes attestant de la diffusion rapide des TIC à l'ensemble de l'économie.

a) Les origines et le contenu de la révolution numérique

> La **révolution numérique** désigne le bouleversement en profondeur des sociétés provoqué à la fin du XXe siècle par l'essor des techniques numériques, principalement l'informatique et internet.
> On lui attribue quelquefois quatre piliers (les 4 D) : la digitalisation, la démonétisation, la dématérialisation et la disruption.

- La révolution numérique résulte de l'addition et de la capitalisation d'un ensemble d'innovations technologiques avec entre autre la généralisation de l'ordinateur personnel au cours des années 1980, la diffusion de l'internet dans les années 1990 et l'apparition puis la généralisation accélérée des *smartphones* à partir des années 2000.

• Avec les années 2010 et suivantes, la **numérisation de l'économie** est portée par toute une série d'innovations en grappe : internet des objets, *big data*, diffusion de nouvelles générations de robots (les cobots), utilisation croissante des imprimantes 3 D, essor d'une économie de plates-formes, etc.

b) Le périmètre de l'économie numérique

Dans la statistique publique, l'économie numérique est assimilée aux technologies de l'information et de la communication (TIC), et en particulier aux secteurs producteurs.

Toutefois, en réalité, l'économie numérique déborde largement le secteur des TIC puisqu'elle recouvre tant les secteurs producteurs de TIC que les secteurs utilisateurs, ou encore les secteurs à fort contenu numérique.

La composition de l'économie numérique

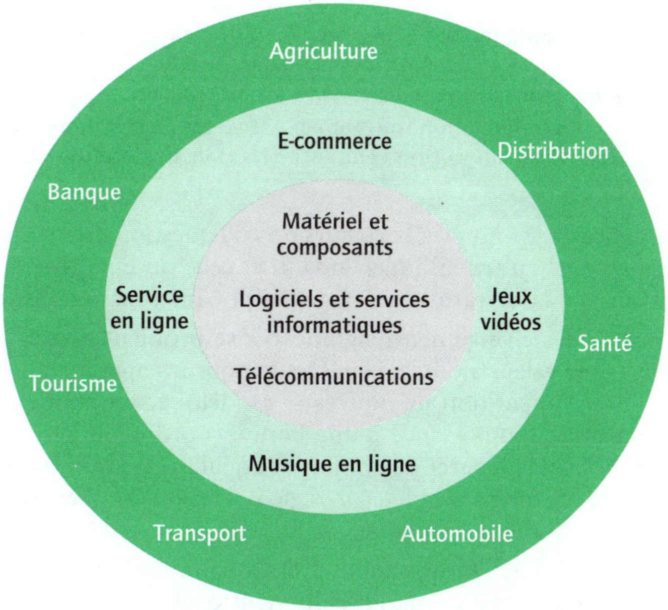

Source : « L'impact de l'économie numérique », revue *Sociétal*, n° 71 – 2011.

c) Les effets possibles de l'automatisation et de la digitalisation sur l'emploi

• L'un des enjeux majeurs de la révolution numérique concerne ses effets sur l'emploi, notamment du fait de l'**automatisation** à venir de nombreuses tâches et processus, d'autant que certaines études « alarmistes » ont évoqué des risques de suppressions massives d'emploi ; une étude très médiatisée de deux chercheurs américains de 2013 estimait que 47 % des emplois américains présentaient un risque important d'informatisation d'ici 10 à 20 ans.

• En fait, d'autres études datant de 2016 (OCDE, France Stratégie) prévoient des effets sensiblement moindres ; selon l'OCDE, « seuls » 9 % des emplois français présentent un risque élevé d'automatisation (les pourcentages concernant le Royaume-Uni ou encore les États-Unis sont d'ailleurs très proches).

• Ces études peu concordantes montrent les grandes incertitudes entourant les effets de la révolution numérique sur l'emploi : incertitudes sur les gains de productivité à venir, incertitudes aussi sur la répartition de ces gains de productivité, incertitudes enfin sur le rythme et les modalités de déploiement des robots et automates (les questions de l'acceptabilité sociale et de la rentabilité économique jouent ici un grand rôle). Il convient aussi d'intégrer, dans l'analyse et le chiffrage de l'emploi, les créations d'emplois à venir, y compris dans l'industrie, notamment dans la R&D, la conception, la production ou encore la maintenance.

d) Les conséquences visibles de l'ubérisation de l'économie

Un autre enjeu de la digitalisation de l'économie touchant à l'emploi est lié au développement d'une **économie de plateformes** et d'une économie dite « **collaborative** », phénomènes conduisant à une « **ubérisation** de l'économie ».

> L'**ubérisation**, du nom de l'entreprise Uber, désigne un nouveau modèle économique reposant sur une plate-forme en ligne permettant à des sociétés à but lucratif de mettre en contact des particuliers ou des travailleurs indépendants avec des clients.
>
> Ce terme a une connotation souvent péjorative car il est synonyme de précarité pour les travailleurs indépendants qui y offrent leurs services et de fragilisation de leur couverture sociale.

L'émergence de ces nouveaux acteurs pose la question du maintien du salariat avec l'extension du recours au travail indépendant, et celle du dualisme du marché du travail avec le recours massif à des travailleurs peu qualifiés, interchangeables et rémunérés à la tâche.

Finalement, des changements significatifs se profilent avec la disparition progressive des postes à faible valeur ajoutée, la nécessité pour les opérateurs d'acquérir de nouvelles qualifications et l'apparition de nouveaux modèles économiques de type Uber. Ces constats montrent toute l'importance d'une bonne coordination entre les acteurs pour anticiper ces évolutions, et préparer l'élévation des qualifications nécessaires. Est posée également la question de repenser/compléter la réglementation au plan fiscal et social dans le contexte d'une ubérisation de l'économie.

Les technologies de l'information et de la communication et par extension le développement d'une économie numérique donnent dans ces conditions un rôle majeur aux différents agents économiques qu'il s'agisse des firmes (voir titre D) ou des pouvoirs publics (voir titre E) dans l'acceptation et la préparation des travailleurs à ces mutations.

D LES STRATÉGIES DES FIRMES EN MATIÈRE TECHNOLOGIQUE

Traiter des stratégies des firmes en matière technologique est ambitieux compte tenu du nombre infini de variantes stratégiques des firmes sans parler du flou caractérisant souvent le contenu de ce que l'on entend par « stratégie technologique ». Néanmoins, on se propose ici de voir en premier lieu la reconnaissance de la technologie comme variable stratégique par les entreprises et la présentation des termes clés du management de la technologie, avant d'indiquer quelques grandes orientations stratégiques des entreprises contemporaines en sachant que ces questions sont abordées plus en détail dans les chapitres 3 et 4 consacrés respectivement à l'économie de la connaissance et aux pôles de compétitivité.

1 La reconnaissance de la place de la technologie comme variable stratégique

La technologie a mis du temps à être considérée comme une variable stratégique clé. Depuis lors, a été élaboré tout un ensemble de concepts relevant du management de la technologie… mis plus tard au service de stratégies technologiques.

1.1 La reconnaissance de la technologie comme variable stratégique

Longtemps la technologie a été considérée comme une variable exogène s'imposant à l'entreprise et apparaissant comme « un bien partagé » porteur d'un progrès technique commun aux entreprises d'un même secteur et non susceptible de produire des performances différenciées entre les entreprises d'un même secteur. On retrouve ici l'empreinte des économistes néoclassiques sur la gestion d'entreprise.

FOCUS . . . FOCUS . . . FOCUS . . . FOCUS . . . FOCUS . . . FOCUS . . .

Technologie, innovation & management

L'intégration de la technologie à la stratégie d'entreprise a sans doute comme point de départ les enjeux de l'innovation (rappelons que le concept d'innovation technologique apparaît chez Schumpeter dans les années 1930).

Ce n'est cependant qu'à partir des années 1970 que la **technologie émerge comme une variable stratégique** avec son intégration dans la gestion des portefeuilles d'activités et des positionnements stratégiques correspondants dans le cadre des **matrices stratégiques** mises au point par les grands cabinets de consultants américains. En particulier, le degré de maturité des technologies utilisées par une entreprise devient un déterminant important en matière de stratégie.

Une étape est encore franchie dans les années 1980 avec le passage à « **une gestion permanente du patrimoine technologique** » de l'entreprise, qualifiée de « **management des ressources technologiques** » (MRT). Cette période correspond au moment où l'analyse stratégique met l'accent sur « **les ressources internes** » et les « **compétences spécifiques** » des entreprises où la révolution technologique en cours (avec le mouvement d'informatisation) fait de la **technologie** et du savoir-faire technologique **la ressource stratégique** des entreprises.

Plus tard, les ressources financières (dans les années 1990), puis les ressources humaines (dans les années 2000) prendront partiellement le relais.

1.2 Inventaire de quelques concepts clés de l'analyse technologique

La conscience de l'importance de la technologie comme enjeu stratégique a conduit à la définition d'un certain nombre de concepts clés de l'analyse technologique, préalable à tout management technologique.

Il s'agit notamment des typologies en matière d'innovation, de la notion de cycle de vie d'une technologie, de la schématisation du calendrier de changement de technologie (courbe en S) ainsi que des concepts fondamentaux de « patrimoine technologique » et « d'espace de compétences ».

Le **patrimoine technologique** d'une entreprise est constitué de toutes les technologies mises en œuvre par une entreprise du point de vue de la conception des produits, des *process* de fabrication, de la gestion, etc.

C'est un élément essentiel pour une entreprise nécessitant une évaluation fine en termes de **maîtrise** (faible à forte), de **maturité** (naissante à obsolète) mais également de **différenciation** (spécificité par rapport aux concurrents) des technologies.

L'**espace de compétences** est constitué par l'ensemble des marchés et technologies maîtrisés par une entreprise ainsi que le potentiel de progrès.

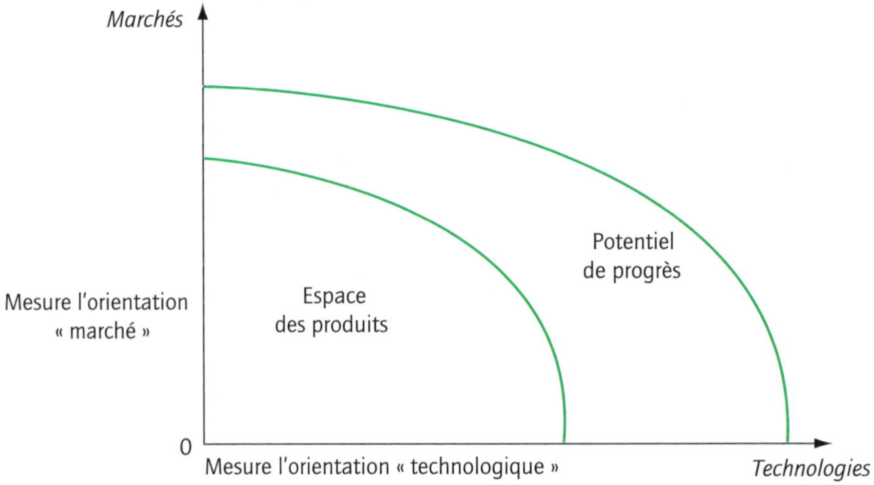

À partir de là, les axes de développement stratégique possibles peuvent être déduits : extension des technologies actuelles vers de nouveaux marchés, développement de nouvelles technologies sur les marchés existants, etc.

1.3 De l'analyse technologique au management technologique

Le management technologique peut être assimilé à la gestion d'un patrimoine (thèse défendue par J. Morin dans *L'excellence technologique*, 1985) dont il est possible de préciser les grandes lignes.

Les fonctions du management technologique

Management technologique	
	• Surveillance des évolutions technologiques (« veille technologique »)
	• Développement de la recherche et de l'innovation
	• Protection des innovations
	• Optimisation des ressources technologiques (mobilisation des potentiels, croisement des savoir-faire, formation de personnels...)
	• Gestion des transferts de technologie
	• Gestion du risque technologique

2 Les axes de développement des stratégies technologiques

La première observation est que l'attitude des entreprises face au changement technologique évolue toujours entre deux extrêmes allant de la totale passivité à l'anticipation. D'une façon générale, la tendance est à épouser de plus en plus rapidement le changement technologique et pour un grand nombre à l'anticiper. Ainsi, la technologie est devenue un pivot de la stratégie des entreprises au point que certains manuels de gestion évoquent quelquefois « des stratégies technologiques » même si le contenu n'est pas toujours défini de façon précise.

Les caractéristiques de la révolution industrielle en cours ainsi que les manœuvres repérables permettent ensuite de mettre l'accent sur quelques enjeux stratégiques contemporains essentiels.

2.1 Les alternatives stratégiques en matière de technologie

Il n'existe pas de typologies de stratégies technologiques usuelles comme il en existe en matière de choix de domaines d'activités, de modalités de la croissance ou encore de modes de croissance. Dès lors, la distinction des stratégies technologiques se fait souvent par référence à des typologies classiques non spécifiques à la technologie.

Typologies courantes en matière d'alternatives stratégiques

Stratégies de domaines	Stratégies suivant les modalités de la croissance	Stratégies suivant l'avantage concurrentiel recherché
Nature du domaine • Spécialisation • Intégration • Diversification **Dimension du domaine**	• Croissance interne • Croissance externe • Croissance contractuelle (alliances)	• Domination par les coûts • Différenciation

☞

☞

Stratégies de domaines	Stratégies suivant les modalités de la croissance	Stratégies suivant l'avantage concurrentiel recherché
• Développement national • Internationalisation		• Focalisation

Les stratégies technologiques ont comme dénominateur commun de reposer fondamentalement sur l'**innovation** ; innovation qui peut prendre plusieurs formes (produit, *process*, technique de gestion) et qui constitue en règle générale un avantage concurrentiel fondamental.

Parmi les stratégies courantes faisant intervenir l'innovation et les choix faits spécifiquement en matière de technologie, il est possible de distinguer :

– les stratégies de **leadership** (choix d'être le premier à lancer l'innovation) ou bien de **suiveur** ou d'**imitateur** (introduction de l'innovation en second) pour limiter coûts et risques ;

– les stratégies de **spécialisation technologique** (maîtrise d'une monotechnologie sur un créneau précis) ou des stratégies dites de « **portefeuille de technologies** » (gestion de plusieurs technologies à des stades différents) ;

– les stratégies visant à **exploiter en propre** les innovations (respectivement à les **vendre**) ; à les développer de bout en bout en gardant **la maîtrise exclusive** (respectivement à les codévelopper par le biais d'**alliances technologiques**), etc.

Enfin, nombre de stratégies technologiques visent avant tout un avantage en termes de **coût et de volume** en recherchant une baisse de coûts et en s'appuyant sur l'effet d'expérience.

2.2 Quelques stratégies technologiques caractéristiques de la période contemporaine

Les caractéristiques de la révolution en cours permettent de repérer quelques tendances fréquentes en matière de stratégies technologiques.

a) Les caractéristiques de la révolution industrielle en cours

La révolution industrielle actuelle face aux précédentes

Précédentes	Actuelle
Énergétiques	Technologies actuelles moins consommatrices d'énergie.
Productivistes	Technologies visant souvent à produire mieux (ou sur mesure).
Capitalistiques	Révolution « plus qualitative » et « intellectuelle ». (Accumulation du savoir et du savoir-faire... plus que du capital technique).
Globale	Révolution plus globale encore, s'appuyant sur des **technologies à usage** multiple (*General Purpose Technology)* : les nouvelles technologies du vivant et de l'information ont vocation à s'insérer dans la totalité des secteurs (dans les usines comme dans les bureaux, chez les ménages comme dans les entreprises, dans le domaine de la production comme de la gestion...).

Source : D'après J.-L. Charron et S. Sépari, Organisation et Gestion de l'entreprise, 1998.

Le trait le plus saillant est sans doute l'importance croissante que prennent les questions du savoir dans les dynamiques nationales et d'entreprise ; d'où le terme « d'économie de la connaissance ».

L'**économie de la connaissance** désigne un nouveau mode de fonctionnement et de développement des économies dans lequel les connaissances et l'organisation des savoirs prennent une importance capitale au point d'être appréhendés comme un nouveau facteur de production.

Dans cette perspective, les stratégies des entreprises comme des États sont commandées de plus en plus par la priorité donnée à la production, l'accumulation, la diffusion, mais aussi la protection de ces savoirs et à leur transformation en innovations.

b) Aperçu de quelques stratégies caractéristiques

Sans prétendre à l'exhaustivité, il est possible de repérer un certain nombre de tendances communes à un grand nombre d'entreprises aujourd'hui.

Origine et nature de quelques stratégies dominantes au plan technologique

Caractéristiques des stratégies technologiques	Motifs et avantages attendus
Stratégies **relationnelles** en matière technologique : – alliances, accord de recherche, etc. – fonctionnement « en réseau »	• Partager les coûts et les risques • Bénéficier de savoir-faire externes • Accompagner la recomposition des branches industrielles (fusion ou scission d'activités), etc.
Stratégies de **regroupement** (en particulier les services de R & D) dans les mêmes zones économiques	• Obtention de synergies • Circulation du savoir-faire • Disposition sur place des multiples compétences propres aux **projets transversaux**, etc.
Stratégies d'**innovations systématiques** (avec raccourcissement de la durée de vie du produit...)	• Compétitivité • Obtention de positions de « monopole » • Réponse à la volatilité de la demande et des consommateurs, etc.
Stratégies **internationales** – entreprises mondialisées	• Réponse à la mondialisation des marchés et de la concurrence • Nature du facteur de production dominant (l'information et non le capital physique), etc.
Recentrage sur les **technologies complexes** et à forte valeur ajoutée (et externalisation de fonctions accessoires)	• Amélioration du positionnement concurrentiel, etc. • Maintien de la flexibilité, etc.

Le constat de ces orientations technologiques ne doit pas masquer le prix élevé en termes d'emplois et de chômage induit par l'accélération des politiques de recentrage, de délocalisation et multilocalisation, d'externalisation toutes constitutives peu ou prou de ces politiques technologiques. Cela implique à la fois de nouvelles exigences en matière de gestion des ressources humaines pour les entreprises (politiques de formation, de gestion prévisionnelle des emplois, etc.) mais aussi l'intervention de l'État pour accompagner les mutations technologiques et ses effets sur l'emploi (*cf.* titre E).

E Les pouvoirs publics et les politiques de la technologie et de l'emploi

Voici un vaste thème qui mériterait des développements approfondis puisque sont convoquées de nombreuses problématiques : celle de l'attitude générale de l'État face au principe même d'intervention, celle des arbitrages sur la place à donner aux politiques conjoncturelles et structurelles, les options face au changement technologique (le prendre en charge – le stimuler et accompagner les acteurs – en « soigner » les effets négatifs tels que le **chômage technologique**), etc.

Il est bien entendu impossible de traiter ici tous ces aspects dans le détail. On propose donc ici plutôt une réflexion générale, d'une part, sur l'évolution de l'interventionnisme de l'État pour créer les conditions de la croissance et l'émergence de politiques qualifiées parfois de « **technologiques** », d'autre part, sur les orientations en matière de **politique d'emploi** pour traiter la question du chômage, entre autres celui d'origine technologique. Le lecteur est renvoyé aux chapitres 3 et 4 pour un énoncé précis des politiques technologiques ainsi qu'à d'autres ouvrages pour l'exposition exhaustive des politiques d'emploi et de résorption du chômage[1].

1 L'orientation vers les politiques structurelles et les politiques d'environnement compétitif

L'évolution de la politique économique des Trente Glorieuses à nos jours est marquée d'un glissement progressif des politiques conjoncturelles vers les politiques structurelles. Les politiques structurelles elles-mêmes tendent à basculer d'une orientation interventionniste de type « politique industrielle » à des actions d'élargissement des mécanismes de marché ou encore à des politiques d'environnement qualifiées quelquefois de « politiques technologiques ».

1.1 Des politiques conjoncturelles aux politiques structurelles

Traditionnellement, on distingue au sein des politiques économiques : les **politiques** dites **conjoncturelles** qui visent à lisser les cycles et à amortir les chocs économiques sur le court terme et les **politiques structurelles** dont l'objet est d'agir sur les structures économiques et sociales afin de créer les conditions de la pérennité de la croissance dans le moyen et le long termes.

Les politiques dites « conjoncturelles » ont été progressivement abandonnées ou tout au moins réduites dans leur ampleur à partir de la fin des années 1970 en raison d'échecs économiques répétés (cas des relances conduites en 1975 et 1981 en France), des nombreuses critiques faites par les courants libéraux, enfin à la suite de changements institutionnels, notamment la création de l'UEM (avec une politique monétaire commune et des politiques budgétaires nationales contraintes). On peut noter cependant que l'année 2009 a vu le grand retour des politiques de relance keynésiennes en riposte à la récession profonde de l'économie mondiale, un retour de courte durée puisque deux ans plus tard les politiques

(1) Voir par exemple le manuel d'Économie, DCG 5, des mêmes auteurs, chapitre 17 « Marché du travail, emploi, chômage » (Dunod Éd.).

économiques, notamment européennes, s'orientent prioritairement vers la réduction des déficits publics dans un contexte (pourtant) de crise économique.

De façon générale, l'accent a été mis depuis les années 1980 sur les politiques structurelles qui visent à créer les conditions d'une croissance de long terme. Conduites depuis fort longtemps, elles ont toutefois changé fondamentalement de nature et d'orientation avec le temps.

1.2 Des politiques industrielles interventionnistes aux politiques d'environnement compétitif

Pendant les Trente Glorieuses, la politique structurelle a pris la forme d'une intervention massive de l'État avec la constitution d'un large secteur public, des concours financiers importants à l'industrie et la mise en place d'une planification indicative, tandis que l'Europe conduisait une politique de soutien massif à l'agriculture (la PAC).

Les années 1980 marquent un nouvel élan des politiques structurelles, mais cette fois-ci d'inspiration nettement libérale.

Typologie des politiques structurelles

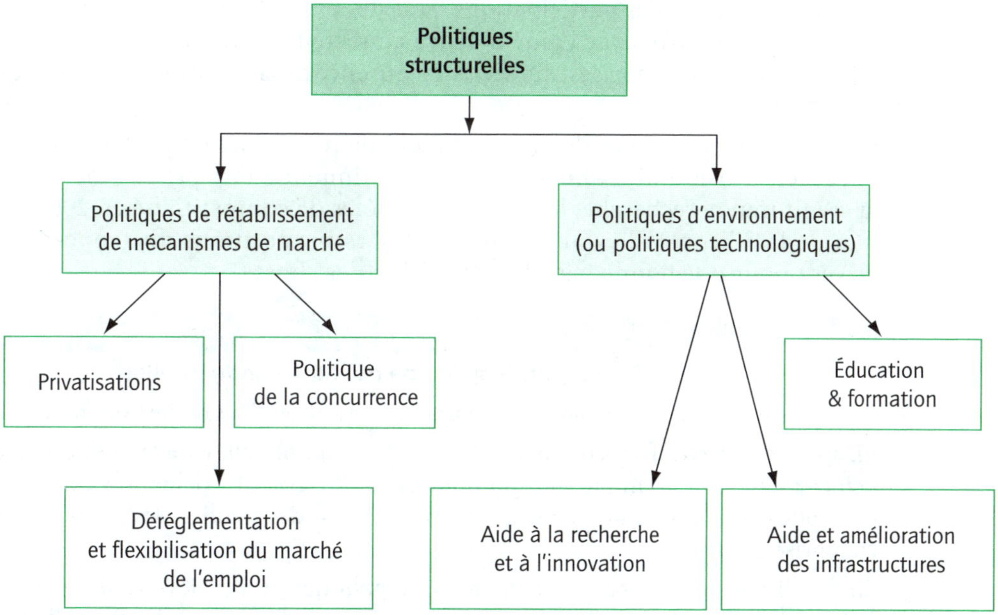

Ces politiques partent du principe que la croissance est fondamentalement une question d'**offre**. Les politiques structurelles visent à créer les conditions d'une offre compétitive en supprimant les réglementations de toute nature, source de rigidités pour les entreprises, en assouplissant les règles régissant le marché du travail, en ouvrant les marchés à la concurrence ou encore en abolissant les monopoles publics.

Sur un autre plan, les pouvoirs publics entendent également **améliorer l'environnement des entreprises** en agissant en amont des marchés par l'aide et le soutien à la recherche, à l'innovation, à la formation ; ces actions relèvent des politiques technologiques au sens strict du terme et traduisent au passage le succès de la théorie endogène de la croissance (*cf.* titre B).

Les « **politiques technologiques** » désignent en règle générale l'action des pouvoirs publics visant à favoriser la création d'externalités positives pour l'ensemble des branches d'activité.

Il s'agit donc fondamentalement de créer un environnement favorable à la croissance économique tout en choisissant les formes d'action les plus aptes à respecter les mécanismes de marché. L'État apporte ainsi les investissements nécessaires en infrastructures, en éducation, etc. ; il facilite les conditions de la recherche et de l'innovation par des dispositions fiscales, sociales, juridiques tout en laissant l'initiative et la gestion de ces activités à des structures privées de préférence. Les chapitres 3 et 4 détaillent les orientations actuelles prises en ce sens en liaison avec l'affirmation d'une **économie du savoir et de la connaissance**.

1.3 Vers un retour des politiques industrielles interventionnistes?

- Depuis le milieu des années 2000, on assiste au retour de politiques industrielles selon une approche interventionniste (dite « **verticale** ») avec le sauvetage par l'État de l'entreprise Alstom en 2003, la création du Fonds stratégique d'investissement qui a vocation à prendre des participations dans des entreprises en 2008, le retour des grands programmes en 2010 avec l'aide massive au secteur automobile (prime à la casse, prêts importants aux entreprises du secteur) ou encore la création de la Banque publique d'investissement en 2012.
- Dans la même période, des mesures répondant à une vision plus libérale de la politique industrielle (vision dite « **horizontale** ») continuent à être prises : montée en puissance du crédit impôt-recherche, lancement des pôles de compétitivité en 2004 (le modèle est celui de la Silicon Valley américaine) etc. Les propositions du rapport Gallois (2012) relèvent pour une bonne part de cette vision des choses

FOCUS . . . FOCUS . . . FOCUS . . . FOCUS . . . FOCUS . . . FOCUS . . .

Deux grands types de politiques industrielles

Il faut distinguer deux approches : l'approche verticale et l'approche horizontale

• **L'approche verticale** correspond à la vision « traditionnelle » de la politique industrielle en France : c'est une politique interventionniste et dirigiste. L'orientation générale est de piloter l'industrie, de définir des priorités sectorielles, de prendre des participations dans les entreprises…

En fait, il faut distinguer 3 sous-familles de politiques verticales : celles de « *l'État mécano-industriel* », qui agit directement sur les structures productives, celles de « *L'État brancardier* » qui apporte son aide aux secteurs en difficulté, enfin celles « *L'État stratège* » qui soutient directement les secteurs stratégiques pour le pays, au travers d'une aide aux grands projets industriels et du soutien à des « *champions* » nationaux ou européens (travaux du CAE).

• **L'approche horizontale** est, elle, d'inspiration plus libérale et conforme aux orientations de l'UE. Elle vise plutôt à prendre des mesures pour créer des conditions, des environnements économiques et des cadres réglementaires favorables à l'industrie.

Source : d'après *La politique industrielle* en France, 2013, BSI Economics.

Ainsi, avec les années 2000, on assiste à un retour à des politiques industrielles suivant des formes mouvantes plus ou moins dirigistes, plus ou moins sectorielles.

L'accent est mis en 2013 sur la mobilisation des moyens financiers importants (dans le cadre du crédit d'impôt pour la compétitivité et l'emploi, CICE, complété par le pacte de responsabilité en 2015), d'une part, et sur la définition de priorités (transition écologique et énergétique, économie du vivant, nouvelles technologies), d'autre part. Cette politique est prolongée en 2015 avec le lancement du projet « industrie du futur », plan reposant sur cinq piliers et neuf nouvelles solutions industrielles. Au cœur de la démarche, il y a la volonté de moderniser l'outil industriel et de transformer son modèle économique par le numérique.

Cet accent mis sur l'industrie s'explique par le phénomène massif de désindustrialisation qui affecte la France depuis maintenant des décennies.

FOCUS . . . FOCUS . . . FOCUS . . . FOCUS . . . FOCUS . . . FOCUS . . .

La désindustrialisation française

• Les grands indicateurs économiques de l'industrie montrent année après année la perte de substance de ce secteur d'activité essentiel que l'on raisonne en termes de valeur ajoutée, de parts de marché ou encore d'emplois. Cette situation est particulièrement marquée en France, au point que la part de l'industrie manufacturière dans la valeur ajoutée (divisée par deux en l'espace d'une génération) pèse moins aujourd'hui dans le PIB en France (10 %) qu'en Allemagne (où il est deux fois plus élevé), qu'en Italie ou encore qu'en Espagne.

• Les raisons avancées sont multiples : R&D insuffisante, problème de spécialisation, compétitivité prix dégradée, manque d'entreprises de taille intermédiaire (ETI)…, outre l'expansion naturelle des services et les opérations d'externalisation qui ont mécaniquement transféré des emplois et une partie de la valeur ajoutée vers le secteur des services.

• De nombreuses opérations de restructuration, de délocalisation et de passage sous pavillon étranger ont illustré, ces dernières années encore, les difficultés qui affectent jusqu'aux plus grands noms de l'industrie française.

Citons quelques exemples concernant les années 2015 et 2016 : la cession par Alstom de l'activité énergie à l'américain General Electric (en 2015), l'absorption de l'ancien acteur mondial de l'électronique grand public Alcatel par le finlandais Nokia (2015), la reprise du champion français du ciment Lafarge par son confrère suisse Holcim (2015), ou encore la fusion du leader national du secteur parapétrolier (Technip) avec l'américain FMC Technologies et leur installation à Londres (2016).

Globalement, on constatera donc que les mesures nombreuses successivement mises en œuvre n'ont pas réussi jusqu'ici à infléchir le grand mouvement de désindustrialisation.

2 Les politiques d'emploi face au «chômage technologique»

Il est difficile, sinon impossible, d'isoler de façon nette les mesures prises contre le chômage technologique dans la mesure où celui-ci comporte, non seulement des emplois supprimés (suite à des changements de technologies), mais résulte également d'emplois non créés en raison de l'usage de nouvelles technologies ou en raison de l'absence ou de l'insuffisance des actifs ayant les qualités requises pour de nouveaux postes intégrant de nouvelles technologies.

Dans ces conditions, on propose ici un tableau des principales politiques d'emploi avec leurs caractéristiques essentielles et leur lien éventuel avec les enjeux technologiques.

2.1 Des politiques passives aux politiques actives

Il existe plusieurs façons de classer les politiques d'emploi ; l'une des plus communes consiste à distinguer les **politiques** dites « **passives** » consistant à indemniser le chômage et subventionner le retrait de l'activité, des **politiques actives** visant à soutenir la création d'emplois.

Ces deux types de politique continuent à exister, mais la tendance depuis les années 1990 est aux politiques actives, suivant en cela d'ailleurs les orientations de l'UE (on parle d'**activation des dépenses**) ; signe des temps, la solution des départs en préretraite financés très largement par les pouvoirs publics est en principe révolue.

2.2 Les principales alternatives en matière de politique d'emploi

Type de politique	Avantages & inconvénients	Lien avec le changement technologique
Emplois aidés	Action rapide – grande efficacité Mais risque d'effet d'aubaine, problème du pilotage des dispositifs, etc.	
Allègement de charges	Efficacité pour les emplois peu qualifiés Mais phénomène de trappe à salaires, ralentissement de la productivité, coût élevé pour les finances publiques…	Le changement technologique tend globalement à favoriser les emplois qualifiés
Réduction du temps de travail (RTT)	Création de nombreux emplois Coût élevé pour les finances publiques, effet d'aubaine, stagnation des rémunérations, etc.	Le changement technologique peut être perçu comme conduisant à une raréfaction des emplois… qu'il convient alors de partager.
Réforme du marché du travail	Élimination de rigidités favorables Mais difficultés et opposition politique et sociale à la mise en œuvre de telles réformes Risque d'augmentation à court terme du chômage	Les nouvelles technologies fonctionnent dans un contexte de flexibilité accrue des organisations au plan international. Elles favorisent l'apparition de nouvelles formes d'emploi.

Toutes ces politiques sont utilisées tour à tour non sans résultats, mais toujours avec des incidences lourdes (du type coût élevé pour les finances publiques, dégradation de la productivité, construction de nouvelles rigidités suivant les cas). Ainsi, les politiques d'allègement de charges, comme la RTT, menées avec la volonté « d'enrichir la croissance en emplois », ont conduit à un ralentissement des gains de productivité du travail (dont on a vu l'importance pour la croissance).

Dans le courant des années 2000, l'une des orientations principales des pays européens en matière de politique d'emploi a consisté à réformer le marché du travail avec des modifications du droit du licenciement, des conditions d'indemnisation du chômage, etc., visant à faciliter les mouvements d'entrée/sortie sur le marché du travail. Ces mesures constituent une réponse à la demande d'une flexibilité accrue par les entreprises dans le contexte d'un changement technologique accéléré.

En France, d'importants débats ont porté sur l'opportunité et la manière de promouvoir le modèle dit de « **flexisécurité** » (ou modèle danois), toute la question étant de définir le bon dosage entre les mesures améliorant la flexibilité (des entreprises) et celles assurant une meilleure sécurité aux travailleurs (que ce soit en termes d'allocations chômage ou encore de capacité à retrouver un emploi). Tout un ensemble de mesures a été pris dans cette perspective dans le cadre des lois successives réformant le marché du travail en France.

FOCUS . . . FOCUS . . . FOCUS . . . FOCUS . . . FOCUS . . . FOCUS . . .

Les lois successives réformant le marché du travail français

Trois lois successives, en 2008, 2013 et 2016, ont réformé par pans entiers le marché du travail.

• En France, **la loi de 2008** dite de « **modernisation du marché du travail** » peut être considérée comme l'amorce d'une politique française de flexicurité (avec la création de la rupture conventionnelle, la définition d'un contrat de mission pour les ingénieurs et cadres, la mise en place d'une portabilité des droits, etc.).

• Elle a été complétée par **la loi de sécurisation du marché de l'emploi de 2013** (avec, du côté **sécurité**, la création de droits « rechargeables » à l'assurance chômage, la mise en place d'un compte de formation transférable, la généralisation des complémentaires santé, un meilleur encadrement du travail à temps partiel, etc., et, du côté **flexibilité**, une facilitation des mobilités forcées, une facilitation des accords de maintien dans l'emploi, une réduction des délais de prescription pour agir aux prud'hommes, etc.).

• Enfin, la **loi El Khomri de 2016,** dite **loi relative « au travail, à la modernisation du dialogue social et à la sécurisation des parcours professionnels »**, modifie elle aussi la législation du travail (avec la facilitation des accords d'entreprise notamment en matière de temps de travail, la création « d'accords de préservation ou de développement de l'emploi » facilitant la mise en place de nouvelles organisations du travail, la sécurisation juridique des licenciements économique pour les employeurs et la création du compte personnel d'activité).

Depuis 2012, l'accent a été mis aussi à nouveau sur les **emplois aidés**, une politique à laquelle ont recouru très largement les gouvernements français depuis les années 1980. Parmi les mesures prises, on peut citer la poursuite des contrats uniques d'insertion, la mise en place des emplois d'avenir et des contrats de génération.

Un **contrat aidé** est un contrat de travail dérogatoire au droit commun visant à diminuer les coûts d'embauche et/ou de formation pour l'employeur par des aides directes ou indirectes. Ces emplois aidés sont généralement accessibles à des « publics ciblés ».

Sur la même période, les pouvoirs publics ont largement fait appel à la politique de **baisse des charges** des entreprises à travers des dispositifs comme le CICE (2013) ou encore le pacte de responsabilité et de solidarité (2015).

L'essentiel/Summary

Croissance et emploi vont globalement de pair, même si la relation comporte certaines imperfections. Compte tenu de l'importance du chômage, il devient essentiel de bien identifier les ressorts de la croissance. Les travaux portant sur « la comptabilité de la croissance » apportent de ce point de vue un éclairage bien utile sur la contribution majeure du progrès technique à la croissance ; éclairage qui a conduit les économistes à proposer de nouvelles théories de la croissance faisant une large part au progrès technique. La contribution du progrès technique à l'emploi est cependant plus complexe à établir compte tenu de ses effets diversifiés ; ses effets à court terme restent d'ailleurs souvent indéterminés.

L'importance du progrès technique se mesure aussi à l'engagement important des acteurs économiques, tout particulièrement dans le contexte du développement d'une « économie de la connaissance ». La maîtrise du changement technologique est devenue ainsi un enjeu essentiel pour les entreprises tandis que l'État engage un redéploiement de ses missions vers des activités créatrices d'externalités positives (recherche, formation, etc.). Le changement technologique appelle également l'intervention de l'État dans une autre direction, celle de la résolution des problèmes d'emploi. Cette question est d'autant plus cruciale qu'aux effets du changement technologique sur l'emploi, peuvent s'ajouter les conséquences de la récession économique.

Growth and employment generally go hand in hand, even though it is an imperfect correlation in some respects. Given the high and persistent unemployment, identifying the factors of growth becomes a necessity. In this respect, the work carried out over the years on "growth accounting" sheds a useful light on the major contribution of technical progress to growth; and this new perspective has led economists to offer new theories of growth in which technical progress takes the lion's share. Yet, given the wide range of effects it produces, it is more complex to determine to what extent technical progress contributes to employment; in fact, its short-term effects often remain undetermined.

The growing involvement of economic players – particularly in connection to the development of a "knowledge-based economy" – is another measure of the major role played by technical progress. Mastering technological change has thus become a crucial stake for firms, while there has been a fundamental shift in the role of the State, towards externality-generating activities (such as promoting research, training etc.). Technological change also calls for state intervention in another direction, through the implementation of policies to encourage employment. This issue is all the more crucial as the consequences of the downturn may add up to the effects of technological change on employment.

RÉFÉRENCES CLÉS

MOTS CLÉS

En français	En anglais
Agence pour l'emploi	Employment agency
Allègement de charges (sociales)	Reduction of social benefits
Allocation chômage	Unemployment benefits, dole (BE)
Capital humain	Human capital
Capital physique	Physical capital
Changement technique	Technical change
Changement technologique	Technological change
Chômage (être au)	to be unemployed, to be on the dole (BE)
Chômage technologique	Technological unemployment
Chômeurs (les)	the unemployed, the jobless
Comptabilité de la croissance	Growth accounting
Contrat aidé	Subsidized contract
Création d'emploi	Job creation
Crise de la dette souveraine	sovereign debt crisis
Crise des subprimes	subprime crisis
Crise économique	Economic crisis, recession, downturn, slump
Croissance	Growth
Croissance endogène	Endogeneous growth
Croissance extensive	Extensive growth
Croissance intensive	Intensive growth
Cycle de productivité	Productivity cycle
Délocalisation	Relocation, offshoring
Destruction créatrice	Creative destruction
Déversement d'emploi	Job creation down the line ; spillover effect
Économie de la connaissance	Knowledge (– based) economy
Éducation (politique)	Education
Emplois aidés	Subsidised jobs (subsidized AE)

☞

RÉFÉRENCES CLÉS

☞

En français	En anglais
L'emploi	Employment (invariable, pas d'article)
Un emploi	A job (*pl.* : jobs)
Espace de compétence	Competence area
Externalisation	Outsourcing
Formation	Training
Gains de productivité	Productivity gains
Innovation	Innovation
Intensité capitalistique	Capital intensity
Invention	Invention
Licenciements	Layoffs
Licencier	Lay off
Licencié (être)	Be laid off, be made redundant (BE)
Nouvelle économie	New economy
Paradoxe de Solow	Solow's paradox *(pas d'article)*
Patrimoine technologique	Technological resources/patrimony
Pertes d'emplois	Job losses
Plan social	Redundancy scheme
Pôle de compétitivité	Technopole, industrial cluster
Politique active (de l'emploi)	Active (employment) policy
Politique conjoncturelle	*Ad hoc* policy
Politique industrielle	Industrial policy
Politique passive (de l'emploi)	Passive (employment) policy
Politique structurelle	Structural policy
Politique technologique	Technological policy
Productivité du travail	Labour productivity
Productivité globale des facteurs (PGF)	Total factor productivity
Progrès technique	Technological progress
Récession	Recession, downturn, slump

☞

En français	En anglais
Recherche et développement	Research and Development (R & D)
Résidu	Residue
Révolution industrielle	Industrial revolution
Révolution numérique	Digital revolution
Sous-traitance	Subcontracting
Sous-traitant	Subcontractor
Supprimer des emplois	Downsize, cut jobs, slash jobs
Sureffectif	Overstaffing
Techniques	Techniques, procedures
Technologie	Technology
Technologie de l'information et de la communication (TIC)	Information and Communication Technologies (ICT)
Ubérisation	Uberization

RÉFÉRENCES BIBLIOGRAPHIQUES

- P. Aghion et P. Howitt, *L'Économie de la croissance*, Economica, 2010.
- P. Artus et M. P. Viard, *Croissance zéro – Comment éviter le chaos ?*, Fayard, 2015.
- T. Bidet-Mayer et L. Toubal, *Travail industriel à l'ère du numérique*, La fabrique de l'industrie, 2016.
- P. N. Giraud et T. Weill, *L'industrie française décroche-t-elle*? La documentation française, 2013.
- D. Guellec et P. Ralle, *Les nouvelles théories de la croissance*, La Découverte, coll. Repères, 5e éd., 2003.
- D. Foray, *L'Économie de la connaissance*, La Découverte, coll. Repères, 2000.
- M. Montoussé, « La croissance », Cahiers français : Découverte de l'économie – concepts, mécanismes et théories économiques, La Documentation française, n° 345, 2008.
- « Chômage – Les solutions au banc d'essai », *Alternatives économiques* n° 333 mars 2014
- « Chômage : a-t-on vraiment tout essayé ? », *Alternatives économiques* n° 99, 1er trim 2014
- « Croissance et Innovation », *Cahiers français*, La Documentation française, n° 323, déc. 2004.
- Commissariat général au plan, *La France dans l'économie du savoir*, La Documentation française, 2002.
- « Productivité et temps de travail », *Problèmes économiques*, La Documentation française, n° 2870, mars 2005.
- « Productivité, croissance, emploi », *Futuribles*, mars-avril 2017.

RÉFÉRENCES CLÉS

SITES INTERNET

- www.insee.fr (données économiques sur la France)
- www.oecd.org (études et statistiques sur l'industrie, les technologies, l'innovation… dans les pays de l'OCDE)
- www.travail-emploi.gouv.fr (site du ministère du Travail, de l'Emploi et du dialogue social : études et statistiques sur l'emploi et le chômage)
- www.economie.gouv.fr (indication des différentes sources fournissant des statistiques industrielles et sectorielles en France et en Europe)
- http://europa.eu/index_fr.htm (accès aux statistiques européennes macroéconomiques, sectorielles, etc.)
- http://donnes.banquemondiale.org/theme/economie-et-croissance (site de la Banque mondiale sur lequel on peut trouver de très nombreuses statistiques).

APPLIQUER LE COURS

APPLICATION 1 Thèmes et questions de réflexion

1. La croissance va-t-elle de pair avec l'amélioration de l'emploi ?
   Does employment improve with growth ?
2. En quoi consiste la théorie de la croissance endogène ?
   What does the theory of endogenous growth consist in ?
3. Quels sont les effets du progrès technique sur les qualifications ?
   What are the effects of technical progress on skills ?
4. En quoi consistent « les stratégies technologiques » des entreprises ?
   What is meant by corporate technological strategies ?
5. En quoi consiste « la comptabilité de la croissance » ?
   What is "growth accounting" ?
6. Le progrès technique aggrave-t-il fondamentalement le chômage ?
   Does technical progress increase unemployment ?
7. Quelle place occupe le progrès technique dans les théories de la croissance ?
   What role does technical progress play in growth theories ?
8. Quels sont les différents comportements repérables chez les entreprises en matière d'innovation ?
   What are the various corporate behaviours that can be pointed out regarding innovation ?
9. De quelle façon les pouvoirs publics peuvent-ils contribuer à l'engagement des entreprises dans les nouvelles technologies ?
   How can governments contribute to firms' involvement in new technologies ?
10. Quelle réponse les pouvoirs publics peuvent-ils apporter au développement d'un chômage lié aux nouvelles technologies ?
    How can governments respond to increasing unemployment linked to new technologies ?

Une réponse succincte aux cinq premières questions est proposée en fin d'ouvrage.

SE PRÉPARER À L'EXAMEN

Cas 2 Extrait de texte en anglais

Growth hinges on technology but the fruits must be shared

The outcome of the US presidential election reflects profound dissatisfaction among Americans, many of whom no longer believe that their children will enjoy a standard of living superior to their own. While many economists also believe that the age of economic wonders is over, a more serious concern lies in politics.

Economic growth has always been uneven. The period from 1870 to 1970 was a golden age in economic history, when output per capita in the US grew at more than 2 per cent a year, much of that growth being due to the arrival of revolutionary technologies such as the internal combustion engine and electricity. Despite a revival of productivity growth in the mid-1990s, the computer revolution has yet to deliver growth on the scale seen during that golden age. Robert Gordon, an economist, has recently argued that winter is coming : contemporary advances in computing cannot match the great inventions of the past, and because approximately 80 per cent of the US economy is based on services, which have traditionally experienced sluggish productivity, a prolonged period of secular stagnation seems imminent. Yet the future of service productivity looks more promising.

Computing, however, is still in its infancy. The potential future benefits from computer technology are substantial : as a result of recent developments, 47 per cent of US jobs are susceptible to automation over the forthcoming decades, with a substantial share of these being in the services sector. Just as the industrial revolution transformed manufacturing, a "de-industrial revolution" is promising to revolutionise services. While this looks as if it will be good news for the future of growth, there is concern that technology is increasingly taking the form of capital that substitutes for workers.

Indeed, since the dawn of the computer revolution in the 1980s, US wages have been stagnant, the labour share of income has fallen and income disparities have widened. None of this is unprecedented. Contemporary trends closely resemble those of the industrial revolution in the late 18th and early 19th centuries. While advances in steam-powered machines were impressive, material standards and living conditions did not improve. Life expectancy at birth in major industrial cities was 15 years shorter than the national average, and workers received little compensation for the horrendous conditions in which they lived and worked. During the first four decades of the 19th century, average real wages in Britain stagnated, while the labour share of income declined and the rate of profit doubled.

The longer-term benefits of the industrial revolution cannot be overstated. However – relative to the factory workers of the early 19th century – even the poorest American today enjoys goods and services unimaginable to his or her ancestors. But it remains a matter of serious concern that many are not reaping the benefits of advances in computer technology. Even assuming a steady flow of new technologies, there is no assurance that future growth will be widely shared. And in modern democracies, the future of growth hinges upon popular acceptance of an economic system in which technological ingenuity is allowed to thrive. The rise of populist politics has many causes, but technology is one of them Avoiding further populist backlashes requires the benefits of technology to be more widely shared.

December 12, 2016, Carl Benedikt Frey, *Financial Times.*

1) Questions de compréhension

Find the translations of the words in the first column, among the jumbled words in the second column :

hinge	ralenti
share	inégal
outcome	horrible
wonder (noun)	exagérer
uneven	résultat
output	récolter
match	merveille
sluggish	reposer sur
steam-powered	prospérer
horrendous	rendement
overstate	à vapeur
reap	partager
thrive	correspondre
backlash	contrecoup, retour de bâton

Answer the following questions in your own words :

a) Why are Americans pessimistic nowadays? (think of the American dream and Trump's election)

b) Explain the following sentence taken from the text : "there is concern that technology is increasingly taking the form of capital that substitutes for workers"

c) What lessons can be drawn from the industrial revolution of the 19th century?

d) What link can be established between populism and technology?

2) Questions grammaticales

Numbers :

a) Observe the following expressions:

- Eighty million people
- Millions of workers
- 31m manufacturing jobs (thirty one million)

b) Now make sentences with the following words

- Thousand/yesterday/demonstrated/workers.
- Will reach/nine/in 2050/inhabitants/the world population/billion.
- Spectators/the concert/hundred/several/attended

- 800/jobs/lost/workers/million/their
- Were blocking/dozen/a few/access to the factory/protesters

Relative pronouns

Ex (in the text) : The outcome of the US presidential election reflects profound dissatisfaction among Americans, *many of whom* no longer believe that their children will enjoy a standard of living superior to their own.

Fill in the blanks with the appropriate relative pronouns :

a) I met a lot of people......... work in trade

b) The merger.......... was signed between the two companies didn't produce any profit

c) These questions are those........... need to be dealt with urgently

d) The employee,............ boss created a startup, is a friend of mine

e) The law........ the government has decided to implement doesn't satisfy the consumers

f) .... worries most Americans is the standard of living of their children in the future

g) Technology advances do not come with an increase in wages,.......... produces discontent

Find the nouns and verbs which are derived from the following adjectives and translate the verb (mind the spelling)

Adjectives	Nouns	Verbs	Translation
ex : wide	width	widen	élargir
deep			
long			
high			
worse			
red			
soft			
strong			

3) Questions économiques

1. Sur quels arguments se fonde l'économiste Robert Gordon pour prédire un ralentissement durable de la croissance ?

   What arguments does the economist Robert Gordon put forward to predict a lasting slowdown of growth ?
2. Cette thèse est-elle partagée par l'ensemble des économistes ?

   Is this theory shared by all the economists ?

3. Quelles sont les conséquences prévisibles de l'automatisation et de la digitalisation des processus de production sur les emplois ?

   What are the predictable consequences of automation and digitalization of production processes on jobs ?

4) Thème de réflexion

À partir du texte et de vos connaissances, vous vous interrogerez sur la pertinence de la thèse de Robert Gordon prédisant une croissance durablement ralentie dans les décennies à venir y compris pour l'Europe.

CHAPITRE 3

L'économie de la connaissance et de l'immatériel

Dans l'histoire économique, la connaissance a toujours été considérée comme un facteur clé synonyme d'innovation. Elle permettait alors la réalisation de progrès à la fois sur les produits et sur les processus. Cette connaissance de nature technique puis scientifique était détenue par une petite élite d'innovateurs et d'entrepreneurs. Pourquoi parler alors aujourd'hui d'économie de la connaissance?

Une première raison apparaît avec la montée en puissance de l'immatériel qui s'exprime notamment par la part croissante occupée par le secteur tertiaire. L'idée que nous serions entrés dans l'ère post-industrielle incite à penser que les choses de l'esprit vont occuper une place toujours accrue. L'économie de la connaissance amènerait à considérer que cette dernière est un bien, certes particulier, mais qui comme tout bien peut faire l'objet d'un échange. Toutefois, on se doit de constater que les savoirs sont à l'origine de phénomènes cumulatifs (la connaissance génère la connaissance) et qu'ils sont nécessaires au progrès économique, mais pour certains également indispensables pour le bien-être social (connaissances médicales par exemple).

Une deuxième série de raisons met en lumière le déplacement de la connaissance dans l'entreprise. Pendant longtemps figée dans les produits et les processus, elle émerge de tous les membres de l'entreprise et se diffuse dans toute l'organisation. Il s'agit alors pour les firmes de capter ces nouveaux savoirs, de les codifier s'ils sont tacites, de les transmettre et de les protéger. Au-delà de ces nouvelles stratégies d'entreprise, des débats plus traditionnels sont toujours d'actualité et prennent de nouvelles dimensions. On pense ici au rôle respectif du secteur public et du secteur privé dans la production et la protection des connaissances. Les pouvoirs publics se doivent d'être vigilants face au risque d'une trop grande privatisation des savoirs.

Enfin, face à de nouvelles formes de division du travail basées sur la connaissance, les États doivent trouver des stratégies pour stimuler la recherche-développement. C'est notamment dans ce sens que travaillent les autorités européennes depuis le sommet de Lisbonne en l'an 2000.

A DE NOUVELLES APPROCHES DE LA CONNAISSANCE EN ÉCONOMIE

À partir de la révolution industrielle, l'innovation devient le moteur essentiel du développement économique par la mise en valeur de nouvelles connaissances. Le savoir est donc depuis plusieurs siècles au cœur du raisonnement économique. Toutefois avec la part prépondérante qu'occupe aujourd'hui l'immatériel, de nombreux auteurs ont enrichi la réflexion sur ce que l'on appelle l'économie fondée sur la connaissance.

1 La connaissance à la base du développement économique

La révolution industrielle est l'événement historique qui donne naissance à de nouvelles formes de mécanismes économiques qui permettent à certains pays d'entrer dans l'ère du développement. Le développement économique est permis par les vagues d'innovations auxquelles on assiste au XVIIIe siècle en Angleterre puis au XIXe sur une plus grande échelle. Le progrès technique s'inscrit dans une logique productive et marchande. Les connaissances sont ainsi mises au service de l'économie et sont finalement à l'origine du développement. Quelques interrogations subsistent pour bien comprendre le processus d'accumulation continue des connaissances qui se déroule en Europe alors qu'en Chine et dans les empires musulmans au passé scientifique et technique comparable, on constate une très forte stagnation.

On peut trouver une première raison dans l'émergence des régimes politiques qui s'éloignent de l'absolutisme et autorisent une plus grande prise d'initiative des individus. Le déclin de la religion catholique comme force politique peu favorable à la recherche technique et scientifique expliquerait la mise en valeur de connaissances à des fins qui ne soient plus essentiellement spirituelles.

FOCUS . . . FOCUS . . . FOCUS . . . FOCUS . . . FOCUS . . . FOCUS . . .

Sur le rôle positif de l'Église en matière d'innovations

« L'Église joua un rôle important dans ce processus continu d'innovations en tant que gardienne du savoir et école de techniciens. On aurait pu s'attendre à tout autre chose, à voir la spiritualité organisée, avec son insistance sur la prière et la contemplation, se désintéressant de la technologie. L'Église, pour qui le travail était le châtiment de la faute originelle, ne chercherait sans doute pas à adoucir la sanction. Et cependant tout conspira en sens contraire : le désir de libérer les religieux des tâches bassement matérielles qui les accaparaient conduisit à l'adoption et à la diffusion de machines productrices d'énergie et les cisterciens n'hésitèrent pas à faire appel à une main-d'œuvre extérieure pour s'occuper des travaux ingrats. L'embauche d'individus entraîna à son tour un intérêt marqué pour le temps et la productivité. Tout cela amena le développement sur les terres monacales d'assemblages remarquables de machines mues par l'eau, de montages complexes qui visaient à tirer le meilleur parti de l'énergie disponible et à la distribuer au moyen d'une série d'opérations industrielles. »

David S. Landes, The Wealth and Poverty of Nations : Why some are so rich and some so Poor, 1998. Trad. française : *Richesse et pauvreté des Nations*, Albin Michel, 2000.

À partir du XVIIIe siècle, la recherche intellectuelle va s'intensifier en Europe stimulée notamment par les pouvoirs en place. Dans un premier temps, s'exprime une volonté de comprendre les phénomènes naturels. D'autre part, l'utilisation des mathématiques s'intensifie car elles permettent de décrire les observations et de formuler les résultats de façon précise. Se développe enfin l'expérimentation qui traduit l'ambition, par une attitude active, de provoquer les phénomènes pour mieux les comprendre.

Un fait important pour apprécier l'avance scientifique que va prendre l'Europe réside dans le morcellement du territoire en de nombreux États nations (contrairement aux empires chinois et musulman). De cette configuration géographique et politique va naître, en effet, une concurrence et une compétition favorables aux progrès techniques et scientifiques. Mais, s'il y a rivalité, celle-ci s'exerce dans le cadre d'une véritable communauté scientifique européenne dans laquelle les idées circulent et ce d'autant plus facilement qu'existe à l'époque une langue commune : le latin.

Mais la course au prestige et aux honneurs ne suffit pas à expliquer les progrès techniques et scientifiques qu'enregistre l'Europe au XVIIIe et au XIXe siècles. Les structures politiques, juridiques et sociales vont stimuler l'émergence de nouvelles connaissances car pour la première fois dans l'histoire l'inventeur, l'innovateur va pouvoir percevoir les fruits de ses découvertes. Le prélèvement d'un impôt fixe (forfaitaire) et non plus proportionnel pousse, par exemple, à la prise d'initiative en garantissant une rémunération plus intéressante à celui qui est à l'origine du progrès et aux financiers qui ont pu le soutenir dans son entreprise. De même, comme le mentionne le prix Nobel d'économie North (1993), l'apparition des brevets d'invention (dès le XVe siècle) est un élément déterminant dans le déclenchement de la révolution industrielle.

Il n'est donc pas étonnant que ce soit en Angleterre, pays où les mutations politiques ont peut-être été les plus importantes et les plus précoces, que les innovations se sont révélées les plus nombreuses et les plus spectaculaires.

FOCUS . . . FOCUS . . . FOCUS . . . FOCUS . . . FOCUS . . . FOCUS . . .

Les avancées techniques en Angleterre au cours du XVIIIe siècle

Au cours du XVIIe siècle, l'Angleterre est encore devancée dans le domaine des techniques par de nombreux pays. Le tournant a lieu à la fin de ce siècle grâce notamment aux transferts technologiques en provenance du continent qu'a permis l'arrivée de milliers de huguenots français. 30 % des faits techniques en Europe sont du fait des Anglais ce qui, ramené à la taille de la population, signifie que le rythme d'innovation est trois à quatre fois plus élevé en Angleterre que sur le continent.

Au cours du XVIIIe siècle, les choses vont aller en s'accélérant puisqu'au cours des quarante dernières années du siècle, plus de 50 % des innovations techniques sont anglaises.

Le lien entre économie et connaissance devient alors très net. Le développement économique contribue à la diffusion des connaissances, cette dernière participant un peu plus encore à la croissance économique. En effet, profit et accumulation du capital au cours de la révolution industrielle s'expliquent par l'amélioration continue de la qualité du stock de capital physique. Les machines utilisées dans les processus de production incorporaient de plus en plus de nouvelles techniques. C'est donc par la diffusion du progrès technique que la révolution industrielle a trouvé sa principale source de financement.

La connaissance se matérialise donc à travers les progrès techniques incorporés dans les machines. En revanche concernant les salariés, ces techniques nouvelles ne nécessitent pas l'appel à un personnel très qualifié. En 1830, l'Angleterre compte plus de 40 % d'illettrés, et on aboutit à des chiffres beaucoup plus élevés lorsque l'on s'intéresse uniquement à la population ouvrière (60 à 70 %). À l'inverse, on peut considérer que les progrès économiques et sociaux vont faciliter l'accès à l'instruction. Ainsi, en France et en Angleterre, c'est à la fin du XIXe siècle que les premières lois concernant l'école sont votées.

Dans les premiers temps du développement économique, la connaissance est abordée dans ses formes les plus simples, c'est-à-dire technique et scientifique. La connaissance se fige donc dans les produits et se diffuse également par leur intermédiaire. La réflexion reste, par conséquent, très basique alors même que le terme de connaissance nécessite de plus amples précisions.

2 La connaissance, un bien économique particulier

L'évolution économique modifie la perception de la notion de connaissance. Comme nous le verrons par la suite, la connaissance ne se limite plus aujourd'hui aux savoirs scientifique et technique. De plus, la connaissance n'est plus simplement intégrée dans les produits comme nous venons de l'appréhender. La connaissance est de plus en plus souvent abordée comme un bien économique à part entière mais possédant des caractéristiques très spécifiques.

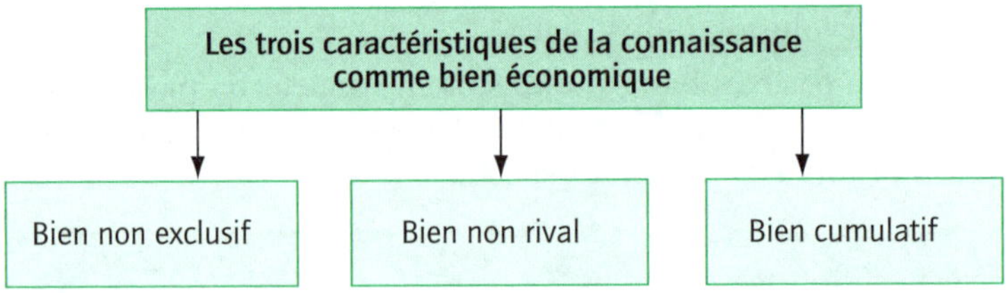

Si la connaissance est assimilée, assimilable à un bien économique, elle doit pouvoir faire l'objet d'un échange et suivre de ce fait les lois économiques régissant les marchés. Trois caractéristiques viennent donc nuancer cette proposition.

• En premier lieu, la connaissance ne présente d'intérêt, comme tout bien, que s'il est possible de l'utiliser. Toutefois, à la différence de la plupart des biens, l'usage de la connaissance contribue à sa diffusion et d'une certaine manière rend très complexe son contrôle. La connaissance est donc un bien non exclusif dans le sens où il est difficile d'en limiter la consommation à un agent en particulier.

De cette caractéristique, deux conclusions peuvent être formulées. La première est que la connaissance doit faire l'objet d'une protection particulière. Les entreprises peuvent voir leurs concurrents s'approprier très facilement des connaissances qui représentent pour elle des avantages concurrentiels. La mise sur le marché des produits ou bien encore des discussions entre responsables de différentes firmes sont des exemples de captation non désirée de la connaissance.

Autre conséquence de cette caractéristique de la connaissance, l'existence d'externalités positives. La production et l'utilisation de la connaissance provoquent un impact positif sur des tiers sans que celui qui en est à l'origine en retire un avantage supplémentaire sous la forme notamment d'une rétribution financière.

• Deuxième propriété de la connaissance, il s'agit d'un bien non rival. En d'autres termes, cela signifie que la connaissance, contrairement aux autres biens, ne se détruit pas dans la consommation. Ici aussi deux conséquences sont à mentionner. Dans un premier temps, la propriété de non-rivalité permet à un individu d'utiliser la connaissance à l'infini sans que celle-ci ne perde de sa valeur et sans que cela ne lui occasionne un coût supplémentaire. D'autre part, la connaissance comme bien non rival peut être utilisée conjointement par plusieurs agents sans que, dans ce cas également, elle perde de la valeur et qu'il soit nécessaire de produire un exemplaire supplémentaire. En conséquence, la connaissance peut générer des externalités positives de façon illimitée.

• Enfin, la connaissance est un bien cumulatif puisque le savoir acquis ou diffusé va contribuer lui-même à l'émergence de nouveaux savoirs. De ce fait, outre qu'elle peut être considérée comme un bien de consommation, la connaissance doit plus encore être assimilée à un bien de production. On se situe alors dans un processus cumulatif de très grande ampleur puisque la connaissance dont l'usage est infini génère de nouvelles connaissances qui, à leur tour, ne se détérioreront pas lorsqu'elles seront consommées.

Une **externalité** est un avantage ou un inconvénient pour un agent provoqué par la production ou la distribution d'un bien ou d'un service par un autre agent sans que ces conséquences soient souhaitées et aient pu faire l'objet d'une quelconque tarification.
L'**externalité de connaissance** décrit le phénomène cumulatif généré par le stock d'idées disponibles sur l'émergence de nouvelles idées. Les nouvelles connaissances ne peuvent bien souvent voir le jour qu'en raison de l'existence de connaissances plus anciennes. C'est ainsi qu'il faut comprendre la célèbre formule de Newton : « c'est sur les épaules des géants que j'ai pu voir plus loin ».

Ressource inépuisable dont le coût marginal est nul, la connaissance ne peut donc suivre les lois qui régissent habituellement les marchés.

Outre les problèmes de tarification, se posent des questions d'incitation à produire un bien dont le rendement privé est beaucoup plus faible que le rendement social. Toutes ces propriétés et les conséquences qui en découlent font que la connaissance apparaît comme un bien qualifié de public dont il faut faciliter la plus large et la plus rapide diffusion.

Par **bien public**, on entend généralement un bien produit par la puissance publique. Le bien peut faire l'objet d'une tarification lorsque la consommation pourra être clairement individualisée (électricité par exemple). En revanche, ce principe ne pourra pas être appliqué pour des biens dont la consommation est collective (la justice par exemple), leur définition rejoint alors celle des biens collectifs purs.

Dire que la connaissance est un bien public ne signifie pas que sa production doit être obligatoirement assurée par l'État. Cela implique qu'au regard des caractéristiques de la connaissance, cette dernière ne peut pas faire l'objet d'échange sur la stricte base du jeu concurrentiel. En effet, l'agent producteur de la connaissance ne peut espérer, au regard de l'ampleur des externalités positives générées, percevoir une rémunération à la hauteur de son apport. *A contrario*, l'agent à l'origine de la diffusion de la connaissance ne peut pas construire son système de tarification sur la base du coût marginal puisque celui-ci dans le cas de la diffusion des savoirs est très proche de zéro.

La complexité du concept de connaissance explique que se soit développé un nouveau corpus théorique défini comme « économie de la connaissance » dans lequel cette dernière est donc analysée à travers les différentes propriétés que nous venons d'aborder. Il s'agit d'étudier l'évolution et les déterminants technologiques et institutionnels du traitement et de l'usage de la connaissance, ceux-ci ne se limitant pas bien évidemment aux activités formelles de production et de transmission de savoirs strictement technologiques. Si l'analyse économique s'est enrichie de ce « nouveau » champ théorique, c'est bien évidemment parce que les savoirs occupent une place prédominante.

3 «L'économie de la connaissance» pour mieux comprendre «l'économie fondée sur la connaissance»

On considère que les économies fondées sur la connaissance se sont développées à partir de la fin des années 1920. C'est à partir de cette période que l'on constate une progression historique des investissements en connaissance. Cette conclusion est le fruit des travaux de deux historiens en économie, M. Abramovitz et P. David (1996). Pour ce faire, ces deux auteurs ont retenu comme investissements en connaissance, les dépenses de formation et d'éducation, les dépenses de santé et de sécurité et enfin les dépenses relevant de la recherche-développement. Les travaux de J.W. Kendrick (1994) montrent que la part du capital intangible ne cesse de progresser allant jusqu'à dépasser au cours des années 1970 les montants consacrés au capital tangible.

Évolution du poids relatif du stock réel de capital intangible aux États-Unis de 1929 à 1990 (en milliards de dollars 1987)

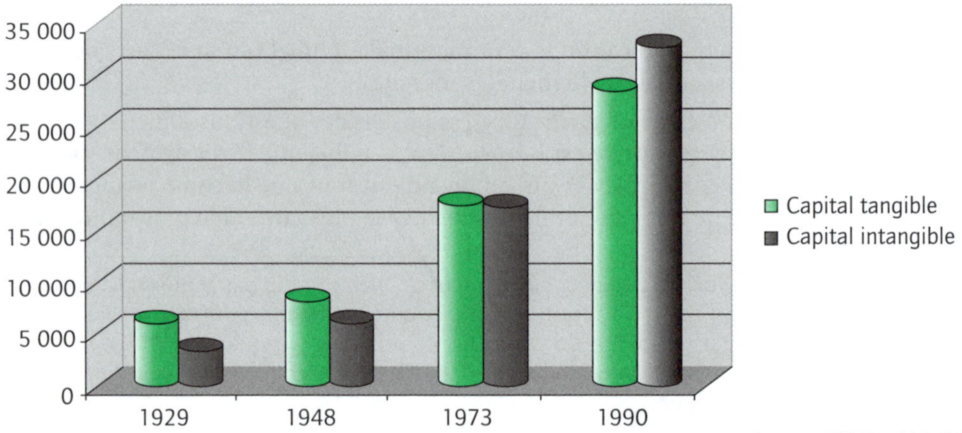

Source : J.W. Kendrick, 1994.

Tout ceci traduit une tendance lourde à une hausse des dépenses d'éducation et à une part croissante des salariés hautement qualifiés dans la main-d'œuvre employée dans les pays développés. De nouvelles pratiques en matière de gestion apparaissent avec notamment le management de la connaissance (*knowledge management*) et la recherche de système d'information et de codification afin de transformer les connaissances tacites en connaissances codifiées.

Depuis une cinquantaine d'années, et le mouvement devrait encore se poursuivre dans les années à venir, les technologies de l'information et de la communication (TIC) ont connu un développement considérable. Concernant l'économie fondée sur la connaissance, elles ont eu un impact important sous différentes formes. En premier lieu, les TIC contribuent à accélérer et à amplifier les processus d'innovation. Les outils de conception, de simulation, voire d'aide à la décision, augmentent l'efficacité des travaux de recherche. Les progrès constatés dans le domaine des télécommunications facilitent grandement la transmission des savoirs à travers les approches collectives que permettent les modes de communication en réseau. Enfin, les TIC ont un rôle croissant dans la mémorisation et la capitalisation des savoirs qui ne se limitent plus à proposer des capacités de stockage de plus en plus élevées mais offrent des possibilités en matière de codification des savoirs tacites de plus en plus intéressantes.

Souligner l'importance des technologies de l'information et de la communication ne doit pas se traduire par une dérive vers une approche strictement technicienne. Le rôle des TIC doit être apprécié également au regard des changements organisationnels qu'ils rendent à la fois possibles et nécessaires.

Pour D. Foray (2000), l'entrée dans une économie fondée sur la connaissance amène à distinguer trois approches. Une première approche renvoie à nouveau aux technologies de l'information et de la communication qui contribuent à amplifier les externalités de connaissance. En effet, elles permettent de réduire à la fois les coûts de codification, de transmission et de mémorisation de savoirs de plus en plus complexes.

Une seconde approche centrée sur l'innovation revient à considérer que nous sommes entrés dans une économie dans laquelle le rythme des innovations est beaucoup plus soutenu que par le passé. Même si cette approche est difficile à valider, on remarquera toutefois que les dépenses en recherche et développement augmentent sans cesse et que l'innovation est un critère essentiel de compétitivité.

Évolution des dépenses de recherche et développement aux États-Unis de 1929 à 1990 (en milliards de dollars 1987)

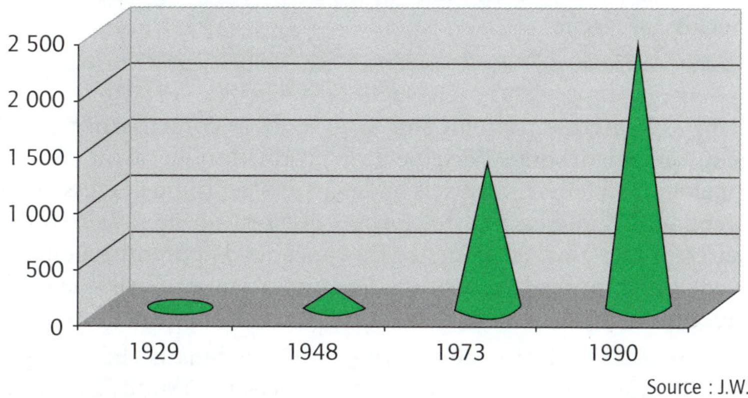

Source : J.W. Kendrick, 1994.

Une autre approche s'intéresse au mode de production de la connaissance et met l'accent sur son caractère plus collectif. L'acquisition des savoirs relève alors de l'organisation interne des entreprises mais aussi des relations inter-entreprises. Si la production de connaissances à l'intérieur des entreprises passe toujours par des dépenses importantes en recherche et développement, elle se réalise également par des processus d'apprentissage plus informels. La coopération sous la forme de réseaux inter-organisationnels demeure la voie privilégiée de création de nouveaux savoirs entre plusieurs partenaires, firmes ou institutions.

Cet essor des économies fondées sur la connaissance va justifier un certain nombre de travaux théoriques à l'origine du courant de l'économie de la connaissance.

Si R.R. Nelson et K.J. Arrow (1962) sont considérés comme les premiers grands théoriciens à porter leur attention sur le rôle de la connaissance scientifique et technique, il faut attendre H. Simon (1982) et surtout F. Machlup (1984) pour voir de grands auteurs aborder les savoirs dans une approche beaucoup plus globale.

F. Machlup apparaît à ce titre comme le premier économiste de la connaissance puisqu'il aborde les théories de la décision et la théorie économique des choix, les problématiques de production de nouvelles connaissances, les mécanismes d'acquisition et de transferts des savoirs.

FOCUS . . . FOCUS . . . FOCUS . . . FOCUS . . . FOCUS . . . FOCUS . . .

Information et connaissance

F. Machlup, K.J. Arrow, ou bien encore F. Hayek, se sont attardés sur la différence ou l'absence de différences entre information et connaissance. À ce propos, on peut souligner que par information, il faut comprendre flux de messages, alors que la connaissance nécessite une activité cognitive de la part de l'agent. Il doit, en effet, sélectionner, comprendre et interpréter les messages pour leur donner un sens et en produire à son tour de nouveaux. De cette distinction, on aboutit à une différence plus intéressante encore puisque l'information semble exister indépendamment des individus alors que la connaissance est au contraire liée aux agents puisqu'elle repose sur leur subjectivité.

Une autre analyse est possible qui consiste à considérer que l'information est une forme de connaissance, à savoir une connaissance « objectivée », en d'autres termes codifiée et perceptible par tous de la même manière. La différence entre information et connaissance reviendrait à la distinction très intéressante du point de vue analytique entre connaissance explicite et connaissance tacite.

Même si K. Arrow restreint son analyse de la connaissance en considérant que certains agents seulement sont à l'origine de la production du savoir (équipes de recherche et développement, secteurs industriels où le savoir scientifique est essentiel), il est un des premiers cependant à s'intéresser à des formes de création de savoirs non formels et non universitaires. Il met ainsi en évidence les concepts d'apprentissage par la pratique (*learning by doing*). Cette forme d'acquisition des connaissances dépasse la problématique de la performance individuelle pour mettre en exergue l'efficacité collective.

On retrouve le principe de *learning by doing* dans la théorie de la croissance endogène. Cette théorie est apparue au milieu des années 1980 suite aux travaux des économistes néoclassiques P.M. Romer (1986) et R. Lucas (1988). La démonstration repose sur l'idée que la croissance économique s'explique par le processus même d'accumulation qu'elle provoque et non par le recours à des facteurs exogènes. Ainsi, l'augmentation de la quantité totale de capital disponible dans l'économie entraîne une hausse de la productivité par des mécanismes d'apprentissage et d'accumulation des connaissances au fur et à mesure que l'activité se développe.

Plus globalement, la diffusion du savoir dans la société, les investissements publics en éducation et en recherche-développement sont les principales sources étudiées pour expliquer la croissance endogène.

Il n'en reste pas moins vrai que l'appropriation de connaissances relève également de stratégie individuelle. C'est ce que montre la théorie du capital humain remise au goût du jour dans les années 1960 par les économistes néoclassiques, T. Schultz et G. Becker (1964). Dans cette analyse, la formation est appréhendée comme un véritable investissement qui pousse donc les individus à faire un choix. Il s'agit, pour eux, de comparer le sacrifice d'une partie de leur jeunesse que provoque la poursuite d'études avec les gains futurs que leur permettra d'obtenir un niveau de formation plus élevé. Le choix se fera en fonction de la préférence plus ou moins forte des individus pour le présent et de leur capacité à estimer les revenus futurs qu'ils pourront espérer recevoir. Cependant, la formation est un investissement particulier puisqu'il génère des externalités positives. Cela justifie donc une prise en charge par la collectivité d'une partie de cet investissement afin de pousser les individus à le réaliser. Pour conforter cette thèse, il faut ajouter que le capital humain est indissociable de celui qui le porte. En conséquence, toute entreprise qui engagerait des dépenses de formation pour ses salariés prendrait le risque de voir ces derniers chercher à monnayer ailleurs leurs nouvelles compétences.

B LES ENJEUX ÉCONOMIQUES ET SOCIAUX DE LA CONNAISSANCE

Si, pendant très longtemps, l'analyse de la connaissance s'est limitée à une réflexion sur les processus d'innovation, il semble aujourd'hui plus pertinent d'appréhender plus largement la production de savoir en ne la confinant pas au seul service de recherche et développement. De même, le caractère de plus en plus tacite de la connaissance appelle de nouvelles réflexions quant à sa diffusion. La connaissance est notamment de plus en plus attachée à l'individu ce qui renvoie à des problématiques d'éducation et de formation.

1 La production de connaissances revisitée

Dans le cadre économique, il est possible de distinguer deux formes de production de connaissances. Une première relève d'une volonté délibérée des firmes d'accroître leur stock de savoirs, il s'agira alors d'une activité de recherche, plus précisément de recherche-développement. Une seconde forme de production de connaissance s'inscrit dans un processus très empirique où les différents agents, producteur, distributeur et usager, sont à la fois acteur dans l'émergence de nouveaux savoirs mais la subissent également. Nous nous trouvons alors dans ce cas dans un processus d'apprentissage à la fois individuel et organisationnel.

Concernant la recherche et développement, il s'agit d'une activité spécifique qui garde et doit garder ses « distances » avec le reste des activités de l'entreprise. Par distance, il faut comprendre le terme au sens premier et géographique du terme mais également au sens organisationnel. En effet, l'activité de recherche-développement pour s'exercer efficacement ne doit pas subir une pression trop « courtermiste » de la part du marché, pression relayée par différents services de l'organisation.

Toutefois, s'il fallait démontrer l'importance stratégique de l'activité recherche-développement nous pourrions rappeler qu'il s'agit d'un des rares services à ne pas faire l'objet de procédure de délocalisation et de rester étroitement lié hiérarchiquement à la direction générale.

De plus en plus aujourd'hui, au regard de la complexité croissante des sciences et des techniques, il apparaît difficile de considérer cette activité comme homogène quel que soit l'objet des recherches et le secteur d'activité concerné. Une étude de D. Stoke (1994) propose une classification des différentes formes de recherche en utilisant pour les symboliser trois noms de savants célèbres : H.D. Bohr, L. Pasteur et T. Edison.

Les différentes formes de recherche-développement

	DEGRÉ D'APPLICATION	
Type de recherche	**Pas d'application pratique**	**Application pratique**
Fondamentale	Recherche de base pure H.D. Bohr	Recherche de base avec volonté d'application L. Pasteur
Non fondamentale		Recherche appliquée T. Edison

D. Stoke, 1994.

L'intérêt de cette typologie repose sur l'analyse qu'elle permet de mener concernant les recherches de base. Pour les recherches menées par le physicien danois, difficile d'apprécier les retombées économiques qu'elles peuvent entraîner. De ce fait, la réflexion est délicate quant au mode d'incitation même si l'on peut penser que les intérêts privés ne vont pas investir dans cette forme de recherche et développement qui ne présentera un intérêt qu'après de nombreuses phases successives qui séparent le passage de la recherche fondamentale de la commercialisation d'une application. Le problème est plus délicat pour la recherche de base de forme « Pasteur », « délicat » dans le sens où le champ des possibles, incitation publique ou incitation privée, est plus large. En final, la distance qui sépare la recherche du marché conditionne donc le mode d'incitation à mettre en œuvre et, par là même, le degré d'implication des pouvoirs publics.

La production des connaissances ne découle pas toujours d'une politique délibérée des entreprises se reflétant dans les dépenses de recherche et développement qu'elles engagent. L'émergence de nouveaux savoirs relève également d'un processus d'apprentissage qui s'observe presque quotidiennement dans les activités de production et de distribution des firmes mais également dans les usages qui sont faits des produits et des services commercialisés.

L'apprentissage et l'accumulation de savoirs qui en découle se déroulent lorsque l'organisation et ses acteurs trouvent des solutions à des problèmes non anticipés ou doivent faire face à des problèmes anticipés mais non encore résolus.

D'une façon générale, le caractère de plus en plus imprévisible de l'évolution de l'environnement amène à s'interroger sur la nature des savoirs que l'entreprise se doit de développer. Ainsi, les travaux sur « l'apprentissage organisationnel » mettent en évidence deux approches : l'approche « opération » (accumulation dans un cadre donné, diffusion des savoirs durables, savoir pré-requis avant l'action) et l'approche « expérimentation » (acquisition des savoirs par essai-erreur en fonction des événements) ; cette dernière approche, adaptée à des environnements dont les évolutions sont imprévisibles, pose la question de la transmission de savoirs acquis essentiellement par expérience.

Une autre perspective peut également être envisagée, l'expérimentation en phase de production du bien ou du service. Possible surtout pour des activités non risquées et reposant plus largement sur une dimension immatérielle, cette forme d'apprentissage qui ne se limiterait plus à certains cas très particuliers (l'enseignement ou l'artisanat par exemple) constituerait alors une avancée plus importante encore dans l'économie fondée sur la connaissance. En effet, tendrait à disparaître alors la distinction entre ceux qui produisent de la connaissance et ceux qui l'utilisent.

Il reste d'ailleurs à ce propos une dernière forme d'apprentissage créatrice de nouveaux savoirs, le *learning by using*. Dans la société de l'immatériel, l'apprentissage par l'usage apparaît comme une source de création de connaissance. En effet, dans sa prise de connaissance et les nouveaux usages qu'il peut faire d'un produit ou d'un service complexe, l'utilisateur participe au phénomène cumulatif de création des savoirs.

La question reste posée de la mesure de la production des savoirs par les économies et les entreprises nationales. Depuis 1999, l'OCDE propose un *Tableau de bord de la science, de la technologie et de l'industrie* afin d'apprécier les évolutions des économies fondées sur la connaissance. L'OCDE a conçu à cette occasion des indicateurs synthétiques qui ont pour ambition de fournir une « indication approximative » de l'investissement dans le savoir et le poids des industries fondées sur la connaissance.

FOCUS . . . FOCUS . . . FOCUS . . . FOCUS . . . FOCUS . . . FOCUS . . .

Les indicateurs synthétiques de l'OCDE

L'investissement dans le savoir est défini par trois ensembles de dépenses : les dépenses publiques et privées consacrées à l'enseignement supérieur, les dépenses de recherche et développement et les dépenses de logiciel. Ainsi mesuré, l'investissement dans le savoir représente 4,7 % du PIB à l'échelle de l'ensemble des pays de l'OCDE à la fin des années 1990. La progression a été de 3,4 % par an en moyenne tout au long des années 1990, ce qui constitue une croissance supérieure à celle de l'investissement en capital fixe.

Les industries du savoir sont définies comme les secteurs « qui emploient relativement intensément la technologie et/ou le capital humain ». Il s'agit des industries manufacturières de haute et de moyenne-haute technologie et de trois catégories de service : les services fournis à la collectivité, sociaux et personnels ; les activités de banque, assurance et autres services aux entreprises ; les services de communication. L'entrée dans une économie fondée sur la connaissance ne fait ainsi pas de doute quand on s'intéresse à l'évolution du poids économique de ces industries dans la valeur ajoutée des entreprises de l'OCDE : il représente plus de 50 % au milieu des années 1990, contre environ 45 % au milieu des années 1980.

2 Codification et transmission des savoirs

Le savoir prend, aujourd'hui, une dimension stratégique plus importante encore pour les entreprises ; on peut considérer que « de plus en plus, la concurrence entre les organisations repose moins sur l'accès à des ressources ou à des marchés [...] que sur l'accès à des savoirs ». Mais la question reste posée de connaître les savoirs que les firmes se doivent de capitaliser en tant qu'avantages concurrentiels et de quelle manière les diffuser pour en décupler l'efficacité.

Une première réponse peut être apportée avec l'approche du cycle de vie des savoirs (A.D. Little, 1999). L'importance des savoirs varie dans le temps : les savoirs en phase centrale ou cœur ont une dimension stratégique beaucoup plus grande que les savoirs en phase de base et qui sont largement diffusés dans l'industrie. D'autre part, c'est l'ambiguïté causale d'un savoir qui lui donne son caractère stratégique. En effet, la plus ou moins grande ambiguïté d'un savoir jouera directement sur sa facilité de transfert et par conséquent sur le risque d'imitation. La facilité d'imitation dépendra notamment du caractère tacite du savoir. À cela, on pourra ajouter qu'un savoir organisationnel sera également plus difficile à reproduire.

En conséquence, savoirs tacites et collectifs constituent les véritables sources d'avantages concurrentiels mais leur transmission au sein de l'organisation ne va pas sans poser problème.

La transmission des savoirs passe par une phase de mémorisation. On distingue deux types de mémoire : la mémoire « officielle » (centralisée), qui s'inscrit sur le long terme et reste peu affectée par un *turn over* important mais dont le caractère opérationnel demeure limité ; la mémoire « souterraine » (individuelle), qui concerne le court terme et reste très sensible à la mobilité du personnel, mais qui présente en revanche une portée opérationnelle forte.

L'analyse de la mémorisation passe également par la distinction entre les connaissances déclaratives (savoir), les connaissances procédurales (savoir comment faire) et les connaissances de jugement (savoir que faire). Selon les cas (contenu du travail, niveau hiérarchique), une forme de mémorisation prédominera. Ainsi, pour la réalisation d'expertise (analyse et résolution de problème), la mémoire de jugement sera privilégiée, alors que dans les unités opérationnelles, la mémoire procédurale sera mise en œuvre.

La mémorisation rencontre certains obstacles. En premier lieu, la place de plus en plus réduite de l'écrit nuit fortement à la préservation des savoirs. En second lieu, par manque de disponibilité ou de motivation ou par crainte de perte de pouvoir, les membres de l'organisation ne consacrent que peu de temps à cette phase qu'ils jugent bien souvent inutile.

La formation, en interne ou en externe, joue, bien évidemment, un rôle important en matière de transmission de savoirs formalisés. On peut souligner également la possibilité de transformer des savoirs formalisés en savoirs tacites ; c'est ce que Nonaka (1995) appelle l'intériorisation, qui consiste, à force de répétitions, à intégrer un savoir formalisé au stade du réflexe (OST).

Il existe, de plus, une complémentarité importante entre savoirs formels et savoirs tacites. Aoki souligne, à cet égard, l'importance du savoir formel pour rendre efficace l'apprentissage par la pratique (notion d'accumulation de savoirs).

La transmission des savoirs tacites peut être envisagée sous l'angle de la formalisation (Nonaka, 1995) en d'autres termes la construction et la mise en œuvre de procédures. Toutefois, à travers l'exemple des normes d'assurance qualité ISO 9000, on constate des différences importantes entre les procédures écrites dans le manuel qualité et celles qui sont effectivement pratiquées.

La transmission des savoirs tacites nécessite une réflexion pour comprendre sur quoi ils reposent. On constate, notamment, que certains savoirs font appel à différents sens : odorat, toucher… (une partie du savoir des opérateurs dans le secteur de la chimie repose par exemple sur l'odorat). En conséquence, outre la difficulté que pose la nature de ces savoirs quant à leur transmission, il est indispensable de réfléchir sur la nature des supports utilisés pour les diffuser.

Au-delà d'instruments dont la portée reste bien souvent limitée, la transmission des savoirs tacites passe essentiellement par le relationnel, Nonaka parle de socialisation (intégration). Les savoirs de groupe (« groupe de pairs ») se transmettent, ainsi, par dialogue et communication. À titre d'exemple de cette approche socialisation-intégration, on peut citer les processus de décision partagée au Japon qui permettent aux jeunes d'apprendre au contact des responsables plus anciens.

Dans le domaine des technologies de l'information, on est passé d'une logique d'automatisation de la décision à une approche d'assistance à la décision. Les axes de recherche, aujourd'hui, semblent porter sur une explicitation accrue de la connaissance. Des solutions de type « réseau de neurones », construit sur des mécanismes d'apprentissage de comportements par expérimentation-imitation, vont dans ce sens.

De plus, les technologies de l'information et de la communication (base de données partagée, messagerie électronique, réseau d'atelier, réseau bureautique…) favorisant la diffusion des informations au sein de l'organisation jouent un rôle essentiel dans la transmission des savoirs.

On peut évoquer également le rôle des cadres intermédiaires, qui sera abordé différemment selon la forme de savoirs privilégiée par l'organisation. Lorsque le savoir est fortement explicite, le rôle de transmission de l'information joué par les cadres intermédiaires est concurrencé par le développement des technologies de l'information. En revanche, dans une organisation où le savoir tacite prédomine, les cadres ont pour mission de synthétiser les savoirs des dirigeants et des exécutants.

Si l'on admet que les savoirs tacites constituent la principale source concurrentielle, la préférence devra aller à la socialisation et à la construction d'un cadre très informel favorisant les échanges. Se pose alors le problème de la maîtrise par les dirigeants de la transmission des savoirs. De plus, un apprentissage par intégration trop rapide comporte des risques. Les gains découlant de ce mode d'apprentissage sont en grande partie annulés par le fait que l'organisation ne bénéficie pas des apports potentiels du nouveau salarié. La disparition des savoirs tacites est souvent liée au départ à la retraite d'un salarié ou à la mobilité interne du personnel. On constate bien souvent que la période de transmission du savoir entre l'ancien et le nouveau salarié demeure trop courte pour être efficace. Dans une approche quelque peu différente, un *turn over* trop important comporte un risque de fuite des savoirs tacites et organisationnels, source d'avantages concurrentiels. On aborde ici un des points essentiels de la problématique de la transmission des savoirs. En effet, si l'explicitation et la formalisation des savoirs facilitent leur diffusion en interne, elle impliquent également le risque d'un transfert vers l'extérieur non souhaité.

FOCUS . . . FOCUS . . . FOCUS . . . FOCUS . . . FOCUS . . . FOCUS . . .

Le modèle de Nonaka et Takeuchi (1995)

	Connaissance individuelle	Connaissance collective
Connaissance tacite	Socialisation	Externalisation
Connaissance explicite	Internalisation	Combinaison

Modèle remis au goût du jour en raison du « papy-boom » et du problème de transmission des savoirs qu'il va poser.

La création de connaissances est un processus continu d'interactions entre connaissances tacites et connaissances explicites. Pour les deux auteurs, les quatre modes de conversion des connaissances sont :

– la socialisation : partager la connaissance tacite par la communication en tête-à-tête ou, plus généralement, par le partage de l'expérience ; c'est l'exemple de l'apprentissage ;
– l'externalisation : concept qui intègre la connaissance combinée et qui permet sa communication ;
– la combinaison : combinaison de divers éléments explicites ; construire un prototype en est un exemple ;
– l'internalisation : étroitement lié à l'apprentissage en faisant que les connaissances explicites deviennent une partie de la base de connaissances de l'individu.

Les connaissances peuvent se diffuser d'une entreprise à l'autre dans un processus plus ou moins maîtrisé. La transmission peut s'exercer dans un seul sens, le savoir d'une entreprise étant diffusée vers d'autres. La transmission peut également être multiple. C'est le cas des relations donneur d'ordre/sous-traitant au Japon, la diffusion des savoirs s'effectuant du donneur d'ordre au sous-traitant de premier rang mais également dans l'ensemble du réseau. Ceci implique, bien évidemment, l'absence de mise en concurrence. Les échanges inter-entreprises donnent naissance à des phénomènes d'apprentissage délibérés (coopération pour développer le savoir scientifique et technique) mais engendrent, également, des apprentissages involontaires (transmission de savoirs organisationnels).

Cependant, dans le cadre de coopération ou dans le cadre de transferts technologiques, l'entreprise doit veiller à ne pas transférer ses compétences distinctives. On peut citer l'exemple des sous-traitants asiatiques qui se sont accaparé non seulement le savoir technologique mais également le savoir commercial (en matière d'organisation des marchés) des firmes américaines d'électronique avec lesquelles ils travaillaient. D'autre part, le passage par le marché pour effectuer des transferts technologiques engendre un risque d'opportunisme de la part d'une des parties en raison de l'asymétrie d'information.

Les transferts technologiques impliquent un transfert effectif de connaissances. Pour l'acquéreur, cela signifie qu'il devra accomplir le même processus d'apprentissage que le vendeur ou que ce dernier devra effectuer un effort important d'explicitation afin de formaliser la plus grande partie du savoir tacite. Dans les deux cas de figure, les coûts de transaction sont importants.

3 Le facteur humain au cœur des processus de production et de transmission des savoirs

La part croissante de l'immatériel et la place essentielle de la connaissance dans les économies font du savoir à la fois un avantage concurrentiel pour l'entreprise et un facteur d'exclusion/d'intégration pour les salariés. Les investissements immatériels dans la formation de la part des firmes comme des individus se situent donc au cœur de l'analyse de l'économie de la connaissance. Une première réflexion doit porter sur le contenu de ces investissements. L'évolution des technologies de l'information et de la communication amène les salariés à accroître et à actualiser leurs compétences dans le domaine.

Il s'agit donc dans un premier temps d'acquérir un savoir formel et technologique. Mais cette montée en compétence passe par l'apprentissage de savoirs fondamentaux comme la lecture et l'écriture.

Dans ce domaine, les inégalités demeurent importantes et il est illusoire de considérer que les immenses possibilités offertes par l'accès à internet suffisent à combler les inégalités quant aux compétences dans les technologies de l'information et de la communication.

Sur le thème des inégalités, il ne faut pas oublier également l'écart qui risque de se creuser entre les pays les plus riches et les pays les pauvres.

Au-delà des compétences techniques, l'économie fondée sur la connaissance demande d'autres formes de savoirs. Il s'agit, pour les salariés, de faire preuve d'une grande capacité d'adaptation pour faire face à l'imprévu. Il n'en demeure pas moins difficile de définir le contenu d'un programme de formation permettant aux individus d'acquérir ce « savoir apprendre ». On peut simplement souligner que le niveau de formation initiale et l'expérience accumulée constituent deux piliers importants pour cet apprentissage.

FOCUS . . . FOCUS . . . FOCUS . . . FOCUS . . . FOCUS . . . FOCUS . . .

Division du travail et différentes formes de savoirs

La division du travail suscite un découpage de l'information économique en trois termes ou « savoirs » caractérisés par l'usage que déclarent en faire les agents économiques (Lundvall, 1999) :

– le « savoir-quoi » (*know what*) désigne « la connaissance relative aux faits » qu'on appelle habituellement information et qui est située dans les bases de données et de connaissances ;

– le « savoir-pourquoi » (*know why*) englobe les informations et connaissances scientifiques produites par les universités et les laboratoires de recherche, et à un moindre degré par les entreprises ;

– le « savoir-comment » ou savoir-faire (*know how*) regroupe les ressources cognitives, tacites, mises en œuvre dans tous les domaines de l'activité économique.

Pour autant, la distinction entre les agents opérant selon un seul de ces trois termes est loin d'être évidente et les relations complexes qui unissent le quoi, le comment et le pourquoi du savoir se manifestent par un terme synthétique que Lundvall nomme le « savoir qui ». Voilà qui nous ramène à l'agent économique : s'il recherche des informations (sous forme de données, connaissances, savoirs), il le fera en orientant sa recherche sur « qui sait quoi » et « qui sait quoi faire ».

B. Guilhon, J.-L. Levet, *De l'intelligence économique à l'économie de la connaissance*, Éd. Économica, 2003.

La formation se décompose en deux volets : la formation initiale et la formation continue, sachant que les deux formes peuvent se rejoindre.

En matière de formation, deux modèles ont été et sont encore montrés en exemple, le modèle allemand et le modèle japonais.

- La formation allemande s'est toujours caractérisée par la place importante donnée à l'alternance et à l'apprentissage. S'inspirant de ces principes, le système éducatif français a fortement développé les contrats de qualification et mis en œuvre de nouveaux baccalauréats, les baccalauréats professionnels.

• Le Japon, pour sa part, se distingue par le niveau élevé de formation initiale de ses ouvriers sans pour autant que la formation continue soit, par la suite, délaissée. La France a cherché également à s'inspirer de cette référence en amenant un pourcentage de plus en plus élevé de la population au niveau du baccalauréat.

Quelques données sur le système éducatif français
Pourcentage de bacheliers dans une génération
(en pourcentage de la population totale)

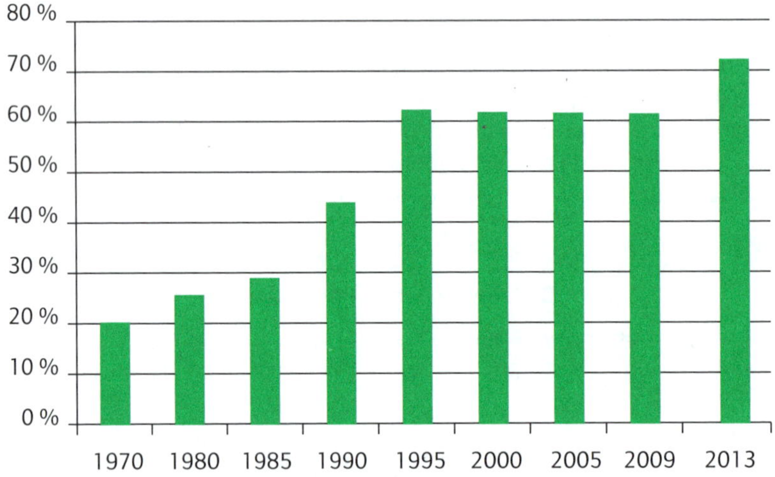

Répartition des bacheliers en fonction
du baccalauréat obtenu (en pourcentage)

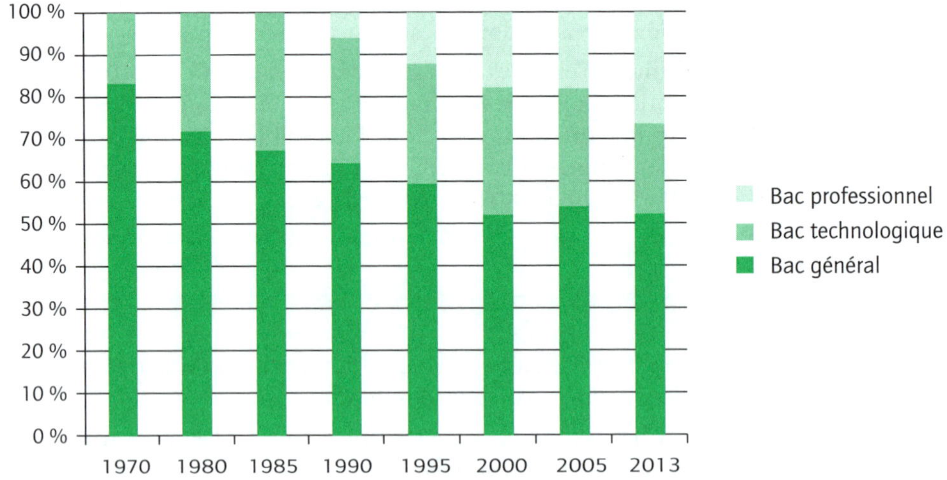

Comme le montre la théorie du capital humain de G. Becker, il n'en va pas de l'intérêt de l'entreprise d'investir en formation puisque la montée en compétence du salarié reste sa propriété exclusive. Seules des politiques très fortes de fidélisation de la main-d'œuvre comme dans les grandes entreprises japonaises réduisent le risque en matière d'investissement formation. Les pratiques d'entreprises semblent confirmer les travaux théoriques de Becker.

On constate, en effet, que les formations proposées aux salariés sont excessivement courtes et correspondent à un besoin d'adaptation à très court terme sur un poste de travail. On observe par ailleurs que les petites entreprises éprouvent beaucoup plus de difficultés à respecter les minima légaux que les grandes en matière de formation. Ceci s'explique par un risque de *turn-over* de la main-d'œuvre bien formée plus élevé dans les petites structures que dans les grandes et cela pour diverses raisons (moindres perspectives de carrière, niveau de rémunération plus faible, conditions de travail plus difficiles...). Il peut paraître enfin surprenant que l'offre de formation dans les grandes entreprises s'adresse aux salariés les plus qualifiés. Il s'agit, en fait, d'un faux paradoxe puisque les grandes entreprises proposent des perspectives de carrière plus intéressantes aux employés disposant d'un potentiel plus riche. De ce fait, le risque de départ est moindre et l'investissement formation jugé plus rentable. La formation continue n'apparaît plus comme un moyen de promotion mais à l'inverse les perspectives de carrière préexistante permettent la mise en place de programmes de formation ambitieux pour certaines catégories de salariés.

D'une manière plus générale, un lien fort existe entre formation continue et formation initiale, cette dernière, et plus particulièrement en France, conditionnant la première. De nombreux échelons dans des cycles de formation continue sont déterminés en référence aux diplômes de la formation initiale. Ainsi, les travaux de James Heckman (prix Nobel d'économie en 2000) montrent que les compétences cognitives et surtout non cognitives (concentration, motivation, relation à autrui...) acquises au cours de l'enfance vont s'avérer déterminantes quant à la formation du capital humain par la suite. En conséquence, si les compétences fondamentales ne sont pas acquises, les dispositifs de formation à l'âge adulte vont se révéler inefficaces. De ce fait, on peut considérer que le poids des pouvoirs publics, plus ou moins fort selon les pays, dans la hiérarchisation des certifications fige, de façon plus ou moins nette, les qualifications relevant de la formation continue.

Toutefois, au regard de la prudence des entreprises dans le domaine de la formation, l'intervention des pouvoirs publics est indispensable. Le besoin en formation ne peut être entièrement satisfait par les agents privés et le jeu des marchés. Ainsi, partout dans le monde, le financement public est largement majoritaire (80 % par exemple en France) même si la construction des programmes s'effectue par une collaboration entre privé et public afin d'adapter au mieux l'offre de formation aux besoins du marché du travail.

C DE NOUVELLES STRATÉGIES D'ACTEURS POUR L'ÉCONOMIE DE LA CONNAISSANCE

Si la connaissance devient une variable si importante qu'elle donne naissance à une nouvelle forme d'économie, cela doit nous amener à nous interroger sur la stratégie des acteurs dans ce domaine. Pour les entreprises, il s'agira de faire de la connaissance, sous toutes ses formes, un avantage concurrentiel. Mais la stimulation de la production de connaissances pousse également à une analyse sur la frontière entre la recherche publique et la recherche privée. Enfin, il faut s'intéresser aux politiques menées à l'intérieur de l'Union européenne et notamment à ce que l'on a appelé la stratégie de Lisbonne.

1 La connaissance au cœur de la poursuite d'avantages concurrentiels

Une certaine unanimité règne aujourd'hui pour considérer que les avantages concurrentiels sont à rechercher dans la capacité d'innovation et plus encore dans la maîtrise de l'ensemble des savoirs dont l'entreprise dispose.

En matière d'innovation, les politiques reposant sur le tout recherche-développement sont remises en cause, excepté dans les secteurs pour lesquels la dimension technologique et scientifique demeure centrale et doit être prise en charge par des équipes spécialisées (aéronautique, laboratoire pharmaceutique, biotechnologie...).

Pour le reste, les équipes de recherche et développement ne sont plus déconnectées des autres services de production et de commercialisation. L'innovation apparaît de plus en plus comme un processus interactif basé sur une plus grande ouverture vers l'extérieur. Interactif donc entre les différents services des entreprises mais également interactif plus en aval encore puisque le client constitue parfois un moteur essentiel dans le processus d'innovation. Ceci est d'autant plus vrai dans les services pour lesquels l'usager trouve parfois de nouveaux modes de consommation.

Si le savoir apparaît comme une ressource essentielle dans la construction d'avantages concurrentiels, c'est plutôt au pluriel qu'il faut en parler. Il s'agit en effet pour l'entreprise de valoriser l'ensemble de ses compétences, la gestion des connaissances (le *knowledge management*) est alors placée au cœur des pratiques de management et de la stratégie des firmes.

Dans le domaine il n'existe pas d'approche normative, l'analyse se doit d'être contingente, en d'autres termes d'intégrer les caractéristiques spécifiques des entreprises et de leur environnement. Pour simplifier, on considérera deux stratégies génériques. La première correspond à un environnement que l'on pourrait qualifier de routinier dans la mesure où la firme rencontre de manière régulière le même type de problème. Dans ce contexte, les entreprises concernées vont systématiser la codification des connaissances détenues par un individu pour mieux les diffuser vers les autres. La seconde stratégie va être mise en œuvre dans un environnement instable et complexe pour lequel les connaissances mobilisées sont le plus souvent nouvelles. Il ne s'agit donc plus d'axer ses efforts sur la codification puis la mémorisation de connaissances très rapidement obsolètes. Il faut en revanche favoriser la communication entre les membres de l'organisation afin de favoriser l'émergence de nouvelles connaissances et leur rapide diffusion.

Selon la stratégie adoptée, de nombreuses répercussions sur les autres domaines de la gestion seront à prendre en compte. L'usage des technologies de l'information et de la communication (au service du stockage ou de la circulation des connaissances), les profils de poste à pourvoir ou bien encore les modes d'incitation vont être abordés différemment selon la stratégie retenue.

Cette nouvelle dimension donnée à la gestion des connaissances appelle de nouvelles analyses quant aux choix à faire en matière de propriété intellectuelle. Les brevets restent bien sûr au cœur de cette problématique et exigent des réponses sur des questions essentielles (durée, degré, étendue de la protection). Toutefois, la protection des savoirs ne se limite plus à cela puisque ceux-ci ne se matérialisent plus uniquement dans les produits et les processus mais concernent également les individus et l'organisation elle-même dans sa manière de fonctionner notamment. Un arbitrage important doit se faire en matière de codification. Rendre la connaissance lisible et accessible présente l'avantage de faciliter son utilisation mais rend plus aisée aussi sa diffusion non souhaitée vers l'extérieur.

Dans le même esprit, l'évolution de l'innovation comme processus partagé entre plusieurs partenaires exige de la part des firmes une réflexion sur le degré d'ouverture et de fermeture qu'elles doivent adopter. Protection et prospection sont au cœur de la relation des firmes avec leur environnement et renvoient à des notions de veille ou d'intelligence économique.

FOCUS . . . FOCUS . . . FOCUS . . . FOCUS . . . FOCUS . . . FOCUS . . .

L'intelligence économique

Le Commissariat au plan en propose la définition suivante : « Ensemble des actions de recherche, de traitement et de diffusion (en vue de son exploitation) de l'information utile à tous les acteurs économiques. »

Le terme « intelligence » a été choisi parce qu'il a des connotations moins passives que les termes de « veille » ou de « vigilance ». Cette définition combine le sens traditionnel du terme et le sens anglo-saxon. En effet, l'intelligence en tant que faculté intellectuelle est souvent définie comme la capacité de s'adapter à son environnement. Au sens anglo-saxon, c'est la faculté de s'informer et de comprendre son environnement.

L'intelligence économique est liée à la faculté de s'informer et de comprendre son environnement en produisant de l'information utile et pertinente. Elle regroupe tous les systèmes d'observation active de l'environnement tels que veille technologique, veille sociale, etc.

L'économie de la connaissance et les stratégies mises en œuvre par les firmes ont contribué à façonner un nouvel environnement économique autour de ce que certains appellent la division cognitive du travail (Moati et Mouhoud, 1994). Pour ces auteurs, nous avons assisté à une remise en cause du modèle fordiste depuis les années 1970 en raison de bouleversements importants : modification des normes de consommation, concurrence mondiale accrue, accentuation de l'effort d'innovation (sur les produits et sur les processus), développement des technologies de l'information et de la communication, redéploiement des entreprises à l'international et globalisation financière…

En conséquence, la recherche d'avantages concurrentiels s'est profondément modifiée. Les théories évolutionnistes développées en premier lieu par Nelson et Winter en 1982 montrent, en s'appuyant sur les modèles biologiques et les principes de sélection naturelle, que les organisations évoluent et se transforment pour répondre aux modifications internes et externes qu'elles subissent. Cette adaptation aux variations de l'environnement va se faire grâce aux compétences accumulées dans des processus d'apprentissage. La performance de l'organisation repose alors beaucoup plus sur la mise en œuvre des facteurs que dans la qualité intrinsèque de ceux-ci. Il est important alors d'intégrer ces apprentissages dans des procédures organisationnelles, ce que Nelson appelle « des routines », pour exprimer cette idée d'adaptation constante.

Dès lors, les modes d'organisation vont se structurer en privilégiant au maximum la capacité d'apprentissage et d'innovation. Ceci se fera d'autant plus aisément que la firme se concentrera et se spécialisera autour de ses compétences clés. On aboutit alors à une division cognitive du travail, en d'autres termes au fractionnement des processus de production selon la nature des blocs de savoirs maîtrisés par les entreprises.

Ici aussi deux situations environnementales sont à envisager selon les auteurs de cette théorie. En premier lieu, la prise de risque se justifie dans un cadre où l'environnement notamment scientifique laisse entrevoir de nombreuses opportunités en termes de nouvelles connaissances.

La nouveauté laisse une possibilité importante à des entrants potentiels de s'investir dans le secteur. Dans le même esprit, la nouveauté est facteur d'incertitude et donc source importante d'erreur lors des choix stratégiques. En conséquence, l'évolution des marchés qui correspondent à cet environnement se traduit par des phénomènes d'entrée-sortie très nombreux.

Le deuxième cas de figure correspond à un cadre concurrentiel dans lequel on constate une grande stabilité des connaissances y compris au sein même des entreprises. Les firmes déjà présentes sur le marché se trouvent donc dans une position dominante face aux entrants potentiels au regard des apprentissages internes et des routines qu'elles ont développés et qui leur ont permis d'accroître leur stock de connaissances tacites. Cette limite à l'apparition de nouveaux concurrents et le caractère cumulatif de l'acquisition des connaissances au sein des firmes vont favoriser des phénomènes de concentration.

FOCUS . . . FOCUS . . . FOCUS . . . FOCUS . . . FOCUS . . . FOCUS . . .

PME et Multinationales dans l'économie de la connaissance

En lui-même, le développement des marchés de la connaissance favorise plutôt les grandes firmes que les PME. Ce déséquilibre est renforcé par le fait que les TIC jouent plutôt en faveur des grandes entreprises multinationales, en permettant à leurs réseaux télématiques de se ramifier par-delà les frontières, ce qui est source de rendements croissants.

Plus fondamentalement, il existe un lien étroit entre le caractère imparfait de la concurrence et les caractéristiques mêmes de la connaissance. De manière générale, en effet, l'existence de firmes multinationales s'explique en partie par l'existence d'imperfections concernant les marchés internationaux du capital et, plus encore, de la connaissance. Dans cette perspective, l'essor des entreprises multinationales et de l'investissement direct apparaît pour une large part motivé par le souci de diminuer les difficultés et les coûts liés au transfert technologique entre firmes indépendantes et distantes dans l'espace. La constitution de filiales à l'étranger constitue en effet le seul moyen par lequel une firme parvient à transférer d'un pays à l'autre ses principes organisationnels et, plus largement, son savoir, c'est-à-dire l'ensemble des connaissances qui lui confère un avantage compétitif dans les domaines de la technologie, de la production, du marketing ou d'autres activités. Par suite, le fait même d'être multinationale ou transnationale offre à la firme d'appréciables avantages en matière de transfert de savoir.

Ceci étant, si la commercialisation des nouvelles technologies convient plus particulièrement aux grandes entreprises, les PME sont en général mieux placées que les grandes firmes sur le plan de la création de savoir.

Source : Commissariat Général au Plan,
« La France dans l'économie du savoir », éd. La documentation française.

2 La connaissance entre sphère marchande et institutions publiques

On peut distinguer deux modes traditionnels d'incitation à l'émergence de nouvelles connaissances : l'incitation par le marché ou l'incitation par l'initiative publique. Le passage par le marché renvoie aux droits de propriété intellectuelle qui sont accordés aux innovateurs. Dans ce cas, l'accès aux nouveaux savoirs est restreint pendant une durée limitée, période durant laquelle l'inventeur est en situation de monopole. La privatisation de la connaissance n'exclut pas la mise en œuvre de mesures fiscales (crédits d'impôts) ou d'aides publiques (prime à l'innovation) visant à couvrir les coûts de l'innovation.

L'innovation et l'émergence de nouvelles connaissances peuvent être prises en charge par les pouvoirs publics. L'initiative publique se substitue à l'initiative privée. La connaissance n'est plus alors la propriété d'une personne mais d'une institution.

FOCUS . . . FOCUS . . . FOCUS . . . FOCUS . . . FOCUS . . . FOCUS . . .

Déclaration universelle sur le génôme humain et les droits de l'homme (11 novembre 1997)

Article premier

Le génome humain sous-tend l'unité fondamentale de tous les membres de la famille, ainsi que la reconnaissance de leur dignité intrinsèque et de leur diversité. Dans un sens symbolique, il est le patrimoine de l'humanité.

La justification pour l'inclusion du génome humain dans le patrimoine commun de l'humanité est fondée sur ses caractéristiques communes avec les fonds marins et la lune. Le principe du patrimoine commun de l'humanité interdit l'appropriation par les États des zones communes, et recommande que les bénéfices tirés de ces zones soient distribués à l'humanité entière, y compris les générations futures. Le patrimoine commun de l'humanité ne peut pas être approprié par un acteur étatique ou non étatique et doit être utilisé pour des buts pacifiques. La recherche scientifique doit être libre ; le transfert technologique du Nord au Sud est une nécessité.

Plusieurs commentateurs ont attiré l'attention sur les éventuelles graves conséquences éthiques de la privatisation du génome humain, un aspect essentiel de l'identité humaine. D'autres, ont mis en évidence les limites de la notion de patrimoine commun de l'humanité. Selon eux, les régimes juridiques du patrimoine commun de l'humanité dissuadent les investissements dans les zones concernées et déterminent le retard technologique. Les conventions qui comportent la notion ne sont pas signées et ratifiées par les principaux États développés à cause des conséquences inhérentes aux investissements et à la technologie.

Au-delà des risques de dérive eugénique, le génome humain pose des problèmes plus concrets et pratiques liés au droit de la propriété intellectuelle. La question de la brevetabilité de matériel génétique est, au plan purement matériel, sous-tendue par la nécessité que le coût des futures thérapies et tests génétiques ne soit pas prohibitif pour les personnes qui doivent bénéficier de la recherche dans le domaine du génome humain. Dans ce domaine en effet, la défense des intérêts catégoriels ne peut prendre le pas sur la protection de l'intérêt général : la diffusion universelle des connaissances et des inventions doit être garantie.

Dans les deux cas, les approches ne peuvent être que différentes puisque les objectifs le sont. Lorsque la connaissance fait l'objet d'une appropriation privée, l'objectif est de maximiser le profit en profitant de la rente offerte par la situation de monopole. Ainsi si la prise d'initiative est stimulée, en revanche la diffusion de la connaissance est grandement freinée car seules les transactions marchandes permettent à d'autres de profiter des nouveaux savoirs. De plus, si dans ce système des aides publiques sont apportées, on peut craindre l'apparition d'effet d'aubaine, à savoir que l'entreprise profite de subvention alors que la volonté d'innover était déjà présente.

Si l'innovation est le fruit d'une initiative publique, l'objectif est alors d'accroître le stock de connaissances nécessaires, voire indispensable à l'amélioration du bien être collectif. Dans un tel système, l'efficacité de la recherche n'est pas garantie. En effet, si l'État garantit un revenu aux chercheurs, celui-ci est loin d'être comparable avec celui que perçoivent les chercheurs dans le privé. La motivation ne peut venir que d'un sens poussé, mais assez rare, d'esprit civique ou de la reconnaissance d'une certaine forme de propriété, la propriété « morale », qui contribue à entretenir la réputation du chercheur ou du service et leur permet par la suite d'obtenir des aides plus importantes encore. De plus, l'État est-il plus performant que le marché pour déterminer les axes de recherche les plus intéressants et choisir les meilleurs spécialistes pour les mener à terme ? En revanche, la recherche publique contribue à accélérer la diffusion et nécessite de ce fait un intense travail de codification qui doit contribuer à faciliter les processus d'apprentissage.

On peut s'interroger sur les frontières qui séparent la recherche privée et la recherche publique. Cette frontière peut être visualisée dans le schéma suivant issu d'un travail de K.M. Brown.

BÉNÉFICE PRIVÉ ESPÉRÉ	ÉLEVÉ	Financement privé	Financement privé
	FAIBLE		Financement public
		FAIBLE	ÉLEVÉ
		BÉNÉFICE SOCIAL ESPÉRÉ	

Au regard de ce qui a pu être mentionné précédemment, les investisseurs privés seront intéressés si les espérances de retombées commerciales à relativement court terme dépassent les coûts générés par la recherche, sachant qu'il faut bien parler « d'espérance » puisque les résultats ne sont pas connus avec certitude. Dans le cas où seul le bénéfice social est élevé et ne peut donner naissance à aucune rétribution de l'agent à l'origine de l'externalité positive, l'initiative privée ne peut pas jouer et seul un financement public est envisageable. On retrouve ici une très ancienne distinction entre recherche fondamentale dont les retombées économiques sont encore lointaines et incertaines et recherche appliquée prise en charge par les investisseurs privés en raison de perspectives intéressantes de profit.

L'analyse des frontières entre recherche financée par le privé et recherche financée par le public doit s'accompagner d'une étude de leur complémentarité. On peut considérer que les résultats de la recherche publique constituent souvent la matière première de la recherche privée. De même, les innovations dans la sphère privée se traduisent par des débouchés qui donnent parfois sa raison d'être à la recherche publique. De nombreuses études mettent d'ailleurs en évidence une corrélation positive entre le niveau de la recherche universitaire d'un pays et la productivité enregistrée par la recherche privée.

Il faut ajouter également que les frontières ne sont pas toujours définies de façon évidente. Nous l'avons déjà mentionné, certains acteurs privés peuvent bénéficier d'aides publiques ce qui modifie leur calcul économique en rendant plus attractifs les efforts de recherche. À l'inverse, même si cela est plus rare, le fruit de la recherche universitaire peut être breveté.

Le brevet garantit a priori l'exclusivité des retombées commerciales. Cette avancée juridique qui stimule donc l'innovation et la prise de risque sans interdire à terme sa diffusion est encore relativement peu utilisée. Un peu plus de 40 % des innovations produits en Europe font l'objet d'un brevet (contre un peu plus de 50 % aux États-Unis), les chiffres sont encore plus bas pour les innovations de procédé (20 % en Europe, 44 % aux États-Unis). Cette faiblesse de l'usage de la protection juridique s'explique pour diverses raisons. En premier lieu, la protection n'est ni automatique, ni gratuite puisque la charge de la preuve incombe à l'entreprise innovante. Le devoir d'identifier le contrefacteur nécessite de disposer d'une capacité de surveillance très forte (judiciaire, technique, organisationnelle). En second lieu, c'est l'environnement juridique qui pose problème. Le droit en matière de protection de la propriété industrielle est uniforme alors que les problèmes sont différents selon les secteurs. D'autre part, la qualité du cadre juridique est très variable selon les pays.

FOCUS . . . FOCUS . . . FOCUS . . . FOCUS . . . FOCUS . . . FOCUS . . .

Les droits d'auteur

En ce qui concerne la protection intellectuelle portant sur des savoirs scientifiques, deux droits se sont imposés : les droits des brevets et les droits d'auteur. Curieusement, ces deux catégories se sont rapprochées l'une de l'autre, alors qu'au départ elles étaient très éloignées, traitant de manière autonome l'une de la propriété littéraire et artistique et l'autre de la propriété industrielle. La frontière se situait alors quelque part entre le beau et l'utile. Face au développement des savoirs scientifiques et technologiques, ces différents droits suivent désormais une destinée commune. Ce rapprochement est surtout le fait des droits d'auteur qui a conquis de nouveaux domaines. En devenant le droit favori des domaines des technologies de l'information et des industries de la culture et du multimédia, le droit d'auteur « est entré dans l'entreprise ».

D. Foray, *L'économie de la connaissance*,
Coll. Repères, Éd. La Découverte, 2000.

La relative sous-utilisation des brevets ne doit pas faire oublier qu'ils occupent une place de plus en plus croissante en économie. Ils couvrent aujourd'hui des champs ignorés jusque-là et, à l'échelle mondiale, les institutions internationales travaillent à la mise en place dans tous les pays d'un niveau de législation minimale sur la protection des droits de propriété intellectuelle. De plus, l'usage du brevet n'a pas pour unique finalité de protéger les innovations, il apparaît également comme un signal envoyé aux marchés (de biens et services mais aussi financier) afin de mettre en valeur la qualité des travaux de recherche de l'entreprise.

Paradoxalement, aujourd'hui, le nombre de brevets augmente très fortement et la propension à breveter également. Cela s'explique par le fait que les domaines pouvant faire l'objet de dépôt de brevet s'élargissent (logiciel, génétique, e-commerce…) et que les acteurs concernés deviennent plus nombreux aussi (universités et chercheurs du secteur public par exemple). Cette évolution fait naître la crainte d'un excès de privatisation de la connaissance limitant trop fortement sa diffusion et son utilisation pour de nouveaux progrès. Les externalités positives ne seraient plus possibles car la protection porterait sur le résultat sans prendre en compte la méthode ou, inversement, sur-protégerait les méthodes quelles que soient les applications dans lesquelles elles peuvent être utilisées. Autre biais dans la protection, la possibilité donnée de breveter très en amont et sur des fragments de découvertes (c'est le cas en génétique notamment) empêche toute possibilité d'assemblage indispensable aux découvertes importantes.

Au-delà de ces problématiques concernant les brevets, on assiste à une privatisation également de la recherche publique. Cette tendance observée aux États-Unis se traduit par l'autorisation donnée aux universités de céder des licences exclusives sur les fruits d'une recherche financée par les pouvoirs publics.

Il existe cependant des contre-pouvoirs. Les autorités publiques peuvent mettre en œuvre de systèmes de licence obligatoire qui contraint à la diffusion d'une connaissance privée si celle-ci est jugée d'intérêt général. Dans le même esprit, l'État ou certaines fondations peuvent se porter acquéreur de brevets afin de faire basculer certaines innovations dans le domaine public.

Ces mesures restent cependant limitées et les craintes sont importantes de voir la sphère privée privilégier son intérêt à court terme au détriment du progrès social à plus long terme.

3 La stratégie européenne : programme ambitieux, résultats en demi-teinte

Le conseil européen de Lisbonne a fixé un objectif stratégique visant à faire de l'Union européenne « l'économie de la connaissance la plus compétitive et la plus dynamique du monde d'ici à 2010, capable d'une croissance économique durable accompagnée d'une amélioration quantitative et qualitative de l'emploi et d'une plus grande cohésion sociale ».

Selon les conclusions de la présidence du Conseil européen de Lisbonne, la réalisation de cet objectif nécessite une stratégie globale visant à :

- « préparer la transition vers une société et une économie fondées sur la connaissance, au moyen de politiques répondant mieux aux besoins de la société de l'information et de la recherche et développement, ainsi que par l'accélération des réformes structurelles pour renforcer la compétitivité et l'innovation et par l'achèvement du marché intérieur ;
- moderniser le modèle social européen en investissant dans les ressources humaines et en luttant contre l'exclusion sociale ;
- entretenir les conditions d'une évolution saine de l'économie et les perspectives de croissance favorables en dosant judicieusement les politiques macroéconomiques ».

Il s'agissait donc de rattraper le retard sur les grandes puissances économiques puis de les dépasser dans le domaine de la recherche-développement et dans la diffusion des technologies de l'information et de la communication.

Accès des ménages à internet en 2009 et 2014 (en pourcentage de l'ensemble des ménages)

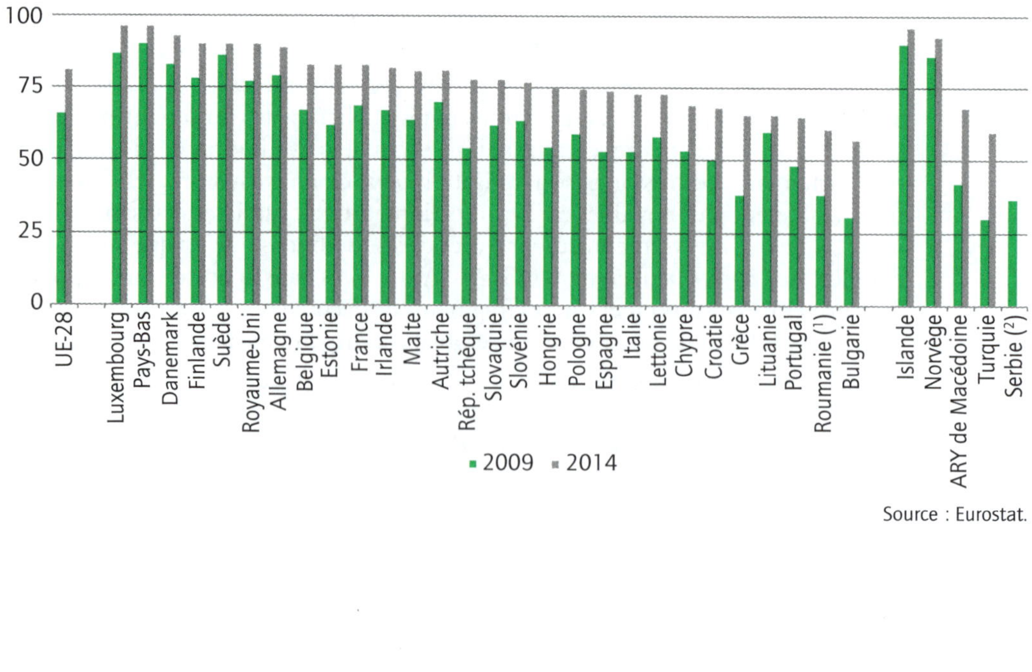

Source : Eurostat.

Dépenses intérieures en Recherche et Développement (DIRD) dans les pays de la Triade et en Chine entre 2003 et 2013 (en % du PIB)

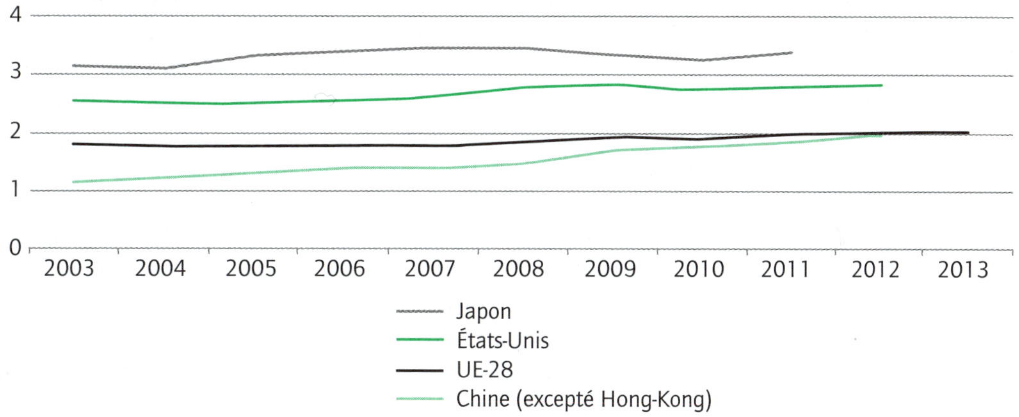

Source : Eurostat

On reconnaît notamment que le processus de Lisbonne présente l'intérêt de proposer une stratégie globale de progrès économique, social et environnemental sur le long terme. Mais le champ couvert est beaucoup trop large ce qui donne l'impression que la stratégie de Lisbonne « traite de tout et donc de rien ».

Le groupe d'experts européen chargé de relancer le processus a considéré qu'il était nécessaire de concentrer sur cinq domaines les efforts européens. Ces domaines sont les suivants :

– « promouvoir une société durable de la connaissance ;
– accroître le marché intérieur ;
– améliorer l'environnement des entreprises ;
– renforcer le marché du travail ;
– préserver l'environnement en diffusant l'éco-innovation et en améliorant durablement la productivité grâce à l'éco-efficacité ».

Pour proposer un programme de travail plus précis et plus opérationnel, le groupe a présenté trois axes d'actions prioritaires. Le premier axe concerne l'investissement dans les réseaux de la connaissance avec le lancement de projets considérés comme prioritaires. Dans un second temps, il s'agit de renforcer la compétitivité de l'industrie et des services plus précisément dans le domaine environnemental. Enfin, troisième et dernier axe, la recherche d'une participation plus forte des personnes âgées au marché du travail avec la promotion du concept de « vieillissement actif ».

Ces trois axes sont ensuite déclinés en quelque 24 lignes directrices.

Les critiques persistent et leur nature varie selon les institutions qui les émettent. Les représentants patronaux jugent le processus de Lisbonne trop social, alors que les syndicats le considèrent trop économique.

Un important effort doit être poursuivi en matière d'éducation dans l'esprit des conclusions adoptées par les ministres de l'Éducation nationale en 2001. Une politique globale doit être envisagée pour améliorer quantitativement et qualitativement les performances des systèmes éducatifs. Il s'agit notamment de proposer des indicateurs pertinents qui puissent servir de base de référence à l'échelle de l'Union. Une volonté est affichée de proposer de nouvelles idées comme celle d'universités d'été européennes construites autour d'une collaboration entre le monde étudiant, le monde économique et les collectivités territoriales. Des projets plus anciens de type Erasmus se poursuivent. Restent des recommandations quant à la formation des formateurs à travers la proposition de mise en place de programmes de développement professionnel sur la base d'une formation initiale et continue.

Toutefois, l'ambition d'une coopération européenne afin de partager connaissance et expérience ne pourra se réaliser que si l'apprentissage des langues est grandement amélioré.

FOCUS . . . FOCUS . . . FOCUS . . . FOCUS . . . FOCUS . . . FOCUS . . .

Cadre stratégique pour l'éducation et la formation

Les États membres de l'UE et la Commission européenne ont renforcé leur coopération en 2009 avec le cadre stratégique pour la coopération européenne dans le domaine de l'éducation et de la formation (« Éducation et formation 2020 ») faisant suite au précédent programme de travail « Éducation et formation 2010 » lancé en 2001.

Les objectifs stratégiques à long terme des politiques de l'UE en matière d'éducation et de formation sont les suivants :

- faire en sorte que l'éducation et la formation tout au long de la vie ainsi que la mobilité deviennent des réalités ;
- améliorer la qualité et l'efficacité des systèmes d'éducation et de formation ;
- promouvoir l'égalité, la cohésion sociale et la citoyenneté active ;
- mettre en valeur la créativité et l'innovation, en particulier l'entreprenariat, et ce à tous les niveaux d'enseignement.

Une série de critères de référence ont été fixés pour 2020 :

- au moins 95 % des enfants entre l'âge de quatre ans et l'âge pour commencer l'enseignement primaire obligatoire devraient participer à l'enseignement préscolaire ;
- le taux moyen des jeunes de 15 ans ayant des lacunes en lecture, en mathématiques et en science devrait être inférieur à 15 % ;
- le taux moyen de décrochage scolaire devrait être inférieur à 10 % ;
- le taux moyen d'adultes entre 30 et 34 ans ayant une éducation de troisième cycle devrait atteindre au moins 40 % ;
- une moyenne d'environ 15 % des adultes (de 25 à 64 ans) devrait participer à l'éducation et la formation tout au long de la vie.

Au final, la stratégie de Lisbonne a plutôt échoué. Les efforts et résultats attendus en matière de financement de la recherche, de PIB/habitant, de niveau d'emplois, sont en dessous des objectifs. Cet échec relatif de la stratégie de Lisbonne peut s'expliquer par plusieurs faiblesses : la multiplicité des objectifs à atteindre, l'absence de leadership réel permettant de faire vivre cette stratégie, les limites de la **méthode ouverte de coordination.** Cette méthode se contentait de fixer des objectifs aux États membres et de favoriser le *benchmarking* sans aucune contrainte juridique, contrairement aux méthodes qui prévalurent dans le cadre de la politique agricole commune, de l'union douanière ou du marché unique notamment.

Prenant acte de l'échec relatif de la stratégie de Lisbonne, la Commission européenne a conçu en mars 2010 la stratégie Europe 2020.

FOCUS . . . FOCUS . . . FOCUS . . . FOCUS . . . FOCUS . . . FOCUS . . .

La stratégie Europe 2020

La stratégie Europe 2020 vise à concevoir une « croissance intelligente, durable et inclusive ».

Elle est fondée sur trois piliers : l'innovation, l'accroissement du taux d'emploi, la durabilité de la croissance.

Plusieurs objectifs chiffrés sont avancés : un taux d'emploi global de 75 %, un budget de recherche équivalent à 3 % du PIB, une réduction de la pauvreté de 25 %, une diminution de l'échec scolaire de 15 à 10 %.

À la différence de la stratégie de Lisbonne, la Commission européenne a la possibilité d'avertir les pays qui ne prendront pas les mesures jugées adéquates pour atteindre ces objectifs.

L'essentiel/Summary

Très tôt dans l'histoire économique, la connaissance est apparue comme un des moteurs essentiels des progrès techniques puis scientifiques à l'origine du développement économique. La connaissance, somme de savoirs et d'informations, n'est pourtant pas apparue comme une variable essentielle dans la pensée économique. La prise en compte dans la théorie de cette notion abstraite va se faire au rythme de la montée en puissance du secteur tertiaire et de la dimension de plus en plus immatérielle de la production de richesses. Les premiers travaux significatifs, à l'orée des années 1960, ne prennent pas encore en compte les phénomènes d'apprentissage et de cognition auxquels renvoient les problématiques de la connaissance notamment en économie.

Aujourd'hui, les investissements en recherche et développement engagés par les entreprises et les économies nationales apparaissent comme source d'avantages concurrentiels déterminants. D'anciennes questions méritent donc d'être revisitées. À l'échelle nationale mais également européenne, la stratégie des États oscille entre différentes directions : soutien et protection des initiatives privées, substitution ou collaboration entre recherches publiques et recherches des entreprises. Ces stratégies restent d'autant plus difficiles à définir et à mettre en œuvre que les travaux de recherche et développement s'effectuent aujourd'hui dans des secteurs pour lesquels des considérations éthiques importantes doivent être prises en compte.

Mais la connaissance ne s'inscrit plus uniquement dans une logique d'innovation. Elle doit être abordée plus généralement dans une problématique de diffusion des savoirs. Il existe, en effet, une corrélation entre niveau de formation et d'éducation de la population d'une part et taux de croissance et taux de chômage d'autre part. Là aussi, le rôle des pouvoirs publics doit être étudié à travers des analyses déjà anciennes comme celle de la croissance endogène et du capital humain. Mais la théorie englobe également aujourd'hui toute la complexité de la notion de connaissance en proposant de nouvelles approches en matière de cognition et de transmission des savoirs.

Very early on in economic history, knowledge was seen as one of the essential engines of technical, then scientific, progress at the origin of economic development. And yet knowledge, the sum total of known facts, information and know-how, did not at first appear as an essential variable in economic thinking. But, as the weight of the tertiary sector continued to grow and as wealth production acquired an increasingly immaterial dimension, this abstract notion was gradually incorporated into economic theory. The first significant works in the early 1960s were not yet taking into account the learning and cognitive phenomena associated with the problematics of knowledge, notably in economics.

Today, the investments made by companies and national economies into research and development are seen as the source of decisive competitive edge. So old issues are worth revisiting. At the national but also European scale, States' strategies waver between different directions : backing and protecting private initiatives, encouraging collaboration between public research and corporate research or substituting one for the other. These strategies are all the more difficult to define and implement as, today, research and development work occurs in sectors for which important ethical considerations have to be taken into account.

L'essentiel/Summary

But knowledge can no longer be solely considered within a logic of innovation. It must be taken more generally within a problematic of the circulation of knowledge and information. This is because there is a correlation between the level of skills and education of the population on the one hand, and the growth and unemployment rates on the other. Here too, the role of public authorities has to be studied through already old analytical models like that of endogenous growth and human capital. But economic theory today also encompasses the whole complexity of the notion of knowledge by offering new approaches to cognition and the transmission of knowledge.

RÉFÉRENCES CLÉS

MOTS CLÉS

En français	En anglais
Apprentissage organisationnel	Organisational learning
Apprentissage par la pratique	Learning by doing
Apprentissage par l'usage	Learning by using
Avantage(s) concurrentiel(s)	Competitive edge
Bien public	Public good
Brevets / breveter	Patents / patent
Capital humain	Human capital
Compétences	Skills
Connaissance, savoirs	Knowledge (indénombrable)
Économie de la connaissance	Knowledge economy, knowledge-based economy
Formation	Training
Formation dans l'entreprise	In-house training
Innovation	Innovation
Management de la connaissance	Knowledge management
Propriété intellectuelle	Intellectual property
Recherche et développement	Research and Development (R&D)
Savoir-faire	Know-how
Savoirs formalisés	Formal knowledge
Savoirs tacites	Tacit knowledge
Secteur tertiaire	Service sector, tertiary sector
Stock de savoirs	Pool of knowledge
TIC	Information and Communication Technologies (ICT)
Tranfert technologique	Technological tranfer
Transmission de savoirs	Transmission of knowledge
Vision à court terme	Short-termism

DATES CLÉS

XVIIIe siècle – XIXe siècle : Révolution industrielle, vagues d'innovations

1794 : Fondation de l'École polytechnique et de l'École des mines

1882 : Instruction obligatoire

Années 1990 : Développement des TIC et émergence de la « nouvelle économie »

RÉFÉRENCES BIBLIOGRAPHIQUES

• Commissariat Général du Plan, « La France dans l'économie du savoir pour une dynamique collective », La Documentation française, 2002.

• D. Foray, *L'économie de la connaissance*, Coll. Repères, Éd. La Découverte, 2000.

• Sous la direction de B. Guilhon et J.L. Levet, *De l'intelligence économique à l'économie de la connaissance*, Éd. Économica, 2003.

• Cahiers Français n° 323, « Croissance et innovation », La documentation française, novembre-décembre 2004.

SITES INTERNET

• ec.europa.eu/eurostat (pour la vision européenne)

• www.conseil-economique-et-social.fr/ (pour des analyses de groupes d'experts)

• www.cae.gouv.fr (*id.*)

APPLIQUER LE COURS

Application 3 Thèmes et questions de réflexion

1. Quels savoirs diffuser ?
   What kind of knowledge should circulate ?
2. Quelle place pour la connaissance dans les mécanismes de croissance ?
   What part does knowledge play in the mechanisms of growth ?
3. Le savoir est-il source d'inégalités ?
   Is knowledge a source of inequalities ?
4. Quels mécanismes de marché pour la connaissance ?
   What are the market mechanisms of knowledge ?
5. Faut-il toujours transmettre la connaissance ?
   Should knowledge always be transmitted ?
6. Dans quelle mesure la connaissance est-elle source d'avantages concurrentiels ?
   To what extent does knowledge give a competitive edge ?
7. L'économie de la connaissance remet-elle en cause le capitalisme ?
   Does the knowledge-based economy question capitalism ?
8. Peut-on parler de mondialisation pour l'économie de la connaissance ?
   Can we speak about globalisation regarding the knowledge-based economy ?
9. Quelle est la place de la connaissance dans les processus d'innovation ?
   What part does knowledge play in the innovation process ?
10. Doit-on protéger la connaissance ?
    Should knowledge be protected ?

Une réponse succincte aux cinq premières questions est proposée en fin ouvrage.

Cas 3 Extrait de texte en anglais

Artificial intelligence : March of the machines

Experts warn that "the substitution of machinery for human labour" may "render the population redundant". They worry that "the discovery of this mighty power" has come "before we knew how to employ it rightly". Such fears are expressed today by those who worry that advances in artificial intelligence (AI) could destroy millions of jobs and pose a "Terminator"-style threat to humanity. But these are in fact the words of commentators discussing mechanisation and steam power two centuries ago. Back then the controversy over the dangers posed by machines was known as the "machinery question". Now a very similar debate is under way.

After many false dawns, AI has made extraordinary progress in the past few years, thanks to a versatile technique called "deep learning". Given enough data, large (or "deep") neural networks, modelled on the brain's architecture, can be trained to do all kinds of things. They power Google's search engine, Facebook's automatic photo tagging, Apple's voice assistant, Amazon's shopping recommendations and Tesla's self-driving cars. But this rapid progress has also led to concerns about safety and job losses. Stephen Hawking, Elon Musk and others wonder whether AI could get out of control, precipitating a sci-fi conflict between people and machines. Others worry that AI will cause widespread unemployment, by automating cognitive tasks that could previously be done only by people. After 200 years, the machinery question is back. It needs to be answered.

The most alarming scenario is of rogue AI turning evil, as seen in countless sci-fi films. It is the modern expression of an old fear, going back to "Frankenstein" (1818) and beyond. But although AI systems are impressive, they can perform only very specific tasks : a general AI capable of outwitting its human creators remains a distant and uncertain prospect. The more pressing aspect of the machinery question is what impact AI might have on people's jobs and way of life.

Each time there was panic about "technological unemployment", in fact, technology ultimately created more jobs than it destroyed, as the automation of one chore increased demand for people to do the related tasks that were still beyond machines. Replacing some bank tellers with ATMs, for example, made it cheaper to open new branches, creating many more new jobs in sales and customer service. Similarly, e-commerce has increased overall employment in retailing. As with the introduction of computing into offices, AI will not so much replace workers directly as require them to gain new skills to complement it.

This time the transition is likely to be faster, as technologies diffuse more quickly than they did 200 years ago. Income inequality is already growing, because high-skill workers benefit disproportionately when technology complements their jobs. This poses two challenges for employers and policymakers : how to help existing workers acquire new skills ; and how to prepare future generations for a workplace stuffed full of AI.

As technology changes the skills needed for each profession, workers will have to adjust. That will mean making education and training flexible enough to teach new skills quickly and efficiently. It will require a greater emphasis on lifelong learning and on-the-job training, and wider use of online learning and video-game-style simulation. AI may itself help, by personalising computer-based learning and by identifying workers' skills gaps and opportunities for retraining. Social skills will matter more, too. They will make humans do work that calls for empathy and human interaction–traits that are beyond machines.

And welfare systems will have to be updated, to smooth the transitions between jobs and to support workers while they pick up new skills. Benefits, pensions and health care should follow individual workers, rather than being tied (as often today) to employers.

John Stuart Mill wrote in the 1840s that "there cannot be a more legitimate object of the legislator's care" than looking after those whose livelihoods are disrupted by technology. That was true in the era of the steam engine, and it remains true in the era of artificial intelligence.

The Economist, June 25th 2016.

1) Questions de compréhension

Résumé

Rédigez un résumé du texte paragraphe par paragraphe en insérant les mots clés suivants (donnés dans le désordre) :

§1: fear (verb), robots, workers, pundits, jobless, remind, author, machines, 19th century

§2: multiple, perform, already, sophisticated algorithms, tasks, computers, threatened, unsurprisingly, human beings

§3: robots, yet, seize power, unlikely,

§ 4: automation, jobs, likely, create, always, observe, phenomenon, new technologies

§ 5: today's workers, biggest, governments, challenges, help, adapt, train, face, future generations

§ 6, 7: social protection, update, education, personalise, professional training, have to

§ 8: citizens, changes, technological progress, accompany, stop, can, governments

2) Questions grammaticales

La proposition infinitive

Rappel : Certains verbes se construisent avec une proposition infinitive complète (nom ou pronom complément + to + base verbale), d'autres avec une proposition infinitive incomplète (nom ou pronom complément + base verbale)

Complétez les phrases en utilisant les amorces suivantes :

- Teachers encourage their students, they want............................ (they /get good grades)
- In France, the government expects.................. (teachers/follow a national curriculum)
- The recent cuts in the number of teachers make................ (they/feel unsatisfied)
- They would like............................... (the government/devote more money/to education)
- In Finland, the government lets................ (teachers/have total freedom/in the choice of programmes)
- Many parents want.................................. (their children/succeed)
- In Asian countries Governments incite................................ (young people/go to university)
- My parents prefer.................................. (I/attend a private school)

Le pronom personnel indéfini à sens général

Traduire les phrases suivantes :

1. On ne doit jamais manquer l'école (*skip school*)
2. On ne doit pas négliger son éducation
3. Il faut savoir se présenter lorsqu'on postule pour un emploi
4. On doit toujours penser à son avenir
5. Il est difficile de se décider rapidement

3) Questions économiques

1. Quelles menaces l'intelligence artificielle ferait-elle peser sur les personnes?
   What threats does artificial intelligence pose to people?
2. Quelles sont les opportunités de l'Intelligence Artificielle?
   What opportunities does AI offer?
3. Quels sont les défis de l'Intelligence artificielle?
   What challenges does AI raise?

4) Thème de réflexion

À partir du texte et de vos connaissances, vous présenterez une réponse structurée au sujet suivant : « Économie de la connaissance et système de formation ».

CHAPITRE 4

Réseaux, territoires, pôles de compétitivité

Le territoire génère de nombreuses réflexions lorsque l'on cherche à l'aborder sur le plan économique. Traditionnellement et d'une façon générale, il couvre deux dimensions, la dimension géographique et la dimension politique, qui s'inscrivent également toutes les deux dans une perspective historique. Ces deux aspects ne sont pas indépendants l'un de l'autre, la réflexion quant à la délimitation géographique induit toute une analyse sur les zones de pouvoir. Alors que l'on évoque constamment la mondialisation, l'idée même de frontière semble déplacée. Il apparaît pourtant que l'État nation, considéré comme impuissant, parvient à retrouver de la puissance à travers les zones d'intégration internationales et à l'exprimer dans sa politique de soutien aux régions.

Bien que ces analyses quelque peu datées conservent de leur pertinence, l'analyse du territoire ne peut plus s'aborder en restant sur les réflexions classiques ou néoclassiques sur la division du travail. Même la division internationale des processus de production ne semble pas apporter des réponses entièrement satisfaisantes aux nouvelles situations de concentrations régionales que de nombreuses études viennent confirmer. À l'heure de l'économie de la connaissance et du développement des technologies de l'information et de la communication, l'idée même d'immobilité des facteurs apparaît comme saugrenue. Paradoxalement, les investissements directs à l'étranger reposant sur un programme d'innovation s'inscrivent dans la durée ; même si la connaissance peut s'échanger à distance, l'indispensable confiance qui sous-tend le développement des réseaux demande de la proximité.

Les principes d'implantation se sont modifiés depuis deux décennies, la stratégie des pouvoirs publics se devait de s'adapter à ces mutations. Il ne s'agit plus aujourd'hui de se contenter de programmes d'aides publiques pour attirer les capitaux étrangers, la qualité des infrastructures en matière de logistique mais aussi pour tout ce qui concerne la formation et la recherche sont des critères essentiels de choix des investisseurs internationaux. Avec le programme des pôles de compétitivité, l'État français cherche à s'adapter à ces nouvelles contraintes.

A LE TERRITOIRE DANS L'ANALYSE ÉCONOMIQUE

La notion de territoire est une notion ancienne en économie. Elle renvoie notamment aux atouts qu'offre le sol national pour la croissance et le développement du pays. Cependant, le territoire ne se limite pas à une approche économique, il comporte une dimension politique. De ce fait, le territoire économique explique les politiques offensives et défensives que les États ont mis en place pour protéger les intérêts nationaux. Aujourd'hui, il s'agit de s'interroger sur le niveau pertinent d'analyse : mondialisation, zone d'intégration régionale, nation, région…

1 Le déterminisme territorial dans le développement économique

Lorsque l'on s'interroge sur les raisons qui expliquent que le développement économique se soit déroulé en Europe, la place jouée par les éléments naturels et par conséquence par les données géographiques est très souvent évoquée. La place de la mer dans le développement du commerce est indéniable. Si l'on excepte la Russie, partout ailleurs sur le continent européen la mer est toujours à moins de 500 km alors que, pour certaines contrées d'Asie, elle est distante de plus de 2 000 km.

Le climat tempéré présente également un certain nombre d'avantages. On enregistre sous les cieux européens moins de maladies et moins de catastrophes naturelles ; les efforts s'en trouvent facilités. De plus, la régularité des vents et le calme des nombreux cours d'eau participent grandement au développement de l'énergie éolienne et hydraulique.

Autre élément à prendre en compte, l'importance des forêts qui couvrent presque 30 % du territoire, pour à peine 5 % en Afrique du Nord et 10 % en Chine. Cet aspect était très important car la forêt fournit le bois qui constitue le combustible essentiel et génère ainsi de l'énergie.

Si l'on s'intéresse plus particulièrement à l'Angleterre, cette dernière dispose de charbon et de fer mais, nous y reviendrons ultérieurement, les Anglais ne sont pas les seuls. La Belgique et l'Allemagne disposent de charbon en plus grande quantité. S'agissant du fer, si l'Angleterre fait partie des plus gros producteurs au début du XVIIIe siècle, elle n'est certainement pas le premier.

Une autre particularité de la Grande-Bretagne concerne les transports fluviaux très compétitifs puisque, sur le plan intérieur, l'absence de montagnes facilite la construction de canaux, tandis que, sur le plan extérieur, l'insularité ouvre des débouchés bien sûr vers l'Europe mais également vers les treize colonies que deviendront les États-Unis.

Les éléments démographiques ont pu également jouer. L'Angleterre enregistre une augmentation de sa population à partir de XVIIIe siècle. Cependant, cette évolution semble bien tardive pour expliquer notamment la révolution agricole anglaise que l'on situe généralement au début de ce siècle. Autre élément sur le plan démographique, la population urbaine. Avec une très grande ville comme Londres, les agriculteurs disposent d'un débouché essentiel pour écouler leur surplus. Londres est en effet dès cette époque une très grande agglomération ; dès 1600, elle compte 300 000 habitants. En 1700, avec 600 000 habitants, Londres accueille un dixième de la population anglaise (Paris à la même époque correspond à un quart de la population française). En 1800, Londres passe le cap du million de citadins.

La structure du territoire est souvent évoquée pour expliquer l'expansion américaine. C'est notamment la thèse de la « soupape de sûreté » développée par Turner en 1893. Au regard de l'étendue du territoire, les Américains ont la possibilité de partir vers l'Ouest dès que les conditions économiques et sociales deviennent difficiles. Ce développement géographique permet un rééquilibrage du marché du travail et offre de nouveaux débouchés pour les produits manufacturés de l'Est du pays. La surface du territoire américain est un facteur important dans le déclenchement, au cours des années 1920, du processus production de masse – consommation de masse – production de masse. Ce qui est vrai pour l'industrie, se vérifie également pour l'agriculture. En 1910, chaque actif agricole américain dispose de 15 hectares contre 5 hectares pour l'agriculteur français.

FOCUS . . . FOCUS . . . FOCUS . . . FOCUS . . . FOCUS . . . FOCUS . . .

Le contre-exemple du Japon

Sur plus des quatre mille îles qui composent le Japon, quatre (Honshu : 227 000 km^2 ; Hokkaido : 79 000 km^2 ; Kyushu : 36 000 km^2 ; Shikoku : 18 000 km^2) représentent 95 % de la superficie totale, soit 373 000 km^2. Les côtes s'étendent sur 33 000 km. Les montagnes occupent 71 % du territoire. La superficie habitable se limite donc à environ un cinquième du territoire.

En conséquence, si l'importance de la mer et les avantages d'une forte densité ne peuvent être niés, dans le cas du Japon, les chiffres présentés apparaissent plutôt comme un très lourd handicap. Pourtant, le Japon va être le premier pays non européen ou de population européenne à réussir son développement.

De même, la crise énergétique des années 1970 aurait dû provoquer l'effondrement de l'économie japonaise, excessivement dépendante de l'extérieur quant à son approvisionnement en matières premières et plus précisément en ressources pétrolières. Non seulement, il n'en a rien été mais, de plus, l'économie japonaise est devenue une référence au cours des années 1980.

Mais l'analyse du territoire en économie ne se limite pas à la dimension géographique. Le territoire, c'est également le territoire national sur lequel s'exerce un pouvoir politique. Ce pouvoir peut fournir un cadre favorable ou néfaste au développement économique.

On considère souvent que les bouleversements politiques connus par l'Angleterre à la fin du XVIIe siècle, ont grandement favorisé l'essor agricole et industriel. L'émergence d'une classe intermédiaire (la gentry), dans laquelle on trouve de grands marchands mais également des nobles, voit ses intérêts représentés et défendus par le régime parlementaire. La classe intermédiaire (on ne peut pas parler encore de classes moyennes) fait également naître l'idée de mobilité sociale, favorable à la prise de risque et à l'innovation. En conséquence, les grands propriétaires vont s'investir dans l'exploitation de leurs terres, multiplier les expériences et finalement provoquer la révolution agricole.

De même, au Japon, le retour de l'empereur qui annonce l'ère Meiji en 1868 va se traduire par une mutation profonde des structures sociales et une ouverture importante du pays sur les progrès enregistrés à l'étranger. Dans un pays pauvre en ressources naturelles, seuls ces changements politiques et sociaux expliquent le décollage économique.

À l'inverse, l'insuffisance de réformes en Russie explique, pour une grande partie, le retard économique que va prendre ce pays au XIXe siècle. Malgré l'émancipation des paysans en 1861, les performances de l'agriculture restent médiocres. Deux raisons à cela : d'une part la poursuite de l'organisation rurale autour de la communauté villageoise qui ne stimule pas l'initiative individuelle, d'autre part, les bénéfices très importants tirés de l'exportation des céréales dont profitent les grands propriétaires et qui les placent dans une situation très confortable peu propice à la prise de risque économique.

Territoire économique et territoire géographique peuvent se rejoindre lorsque la puissance publique décide de dessiner de nouveaux contours à l'espace économique. Ainsi, l'avance prise par l'Angleterre sur la France au XVIIIe siècle est souvent expliquée par l'existence d'un véritable marché national en Grande-Bretagne ce qui n'était pas le cas sur le sol français. La Grande-Bretagne était, en effet, unifiée économiquement puisqu'il n'y avait ni douanes intérieures ni postes de péages.

FOCUS . . . FOCUS . . . FOCUS . . . FOCUS . . . FOCUS . . . FOCUS . . .

L'unification économique avant l'unification politique : le cas du Zollverein

L'industrialisation et le démarrage économique de l'Allemagne au XIXe siècle sont étroitement liés à l'unification non pas politique (elle aura lieu seulement en 1871 avec la naissance de l'Empire allemand) mais en premier lieu économique. En effet, en 1834, est instituée une union douanière, le Zollverein, qui permet la libre circulation des hommes et des capitaux entre tous les États allemands (39 États). C'est une étape essentielle pour faciliter la construction des voies de communication et lever les obstacles aux mouvements de main-d'œuvre et financiers.

2 La difficile détermination du territoire pour l'analyse économique

« Ce sont enfin les conséquences de la concurrence universelle, pour produire tout au meilleur marché possible, dont il faut prévoir les suites, aujourd'hui que tous nos progrès nous amènent à ne considérer l'univers que comme un seul vaste marché » (Sismonde de Sismondi, *Nouveaux principes d'économie politique*, 1819).

À défaut de parler de mondialisation, on s'aperçoit que l'idée d'économie mondialisée est déjà relativement ancienne. Toutefois, avant que l'espace géographique mondial devienne un espace économique, encore faut-il que le monde soit « fini ». Au milieu des XVe et XVIe siècles, les grandes découvertes ont permis aux Européens d'« élargir » le monde au continent américain (1492) et à l'ensemble du continent asiatique (découverte du Japon par les Portugais en 1543). Après deux siècles de colonisation et d'organisation des nouveaux territoires, le navigateur français Bougainville peut regretter à la fin du XVIIIe siècle « qu'il n'y ait plus rien à découvrir » à la suite des dernières expéditions menées vers l'Océanie (Cook en 1774).

La Révolution industrielle au XIXe siècle va s'accompagner d'un développement important des échanges internationaux.

Si l'on définit simplement la mondialisation comme « l'extension de l'économie de marché à l'ensemble de la planète », il semble alors que ce phénomène apparaisse dès le XIXe siècle et se traduise notamment par la division du monde entre pays développés, d'une part, et pays sous-développés, d'autre part. Cependant, cet espace économique mondialisé ne signifie pas que les frontières aient disparu, les territoires économiques nationaux existent encore. Les politiques commerciales ou bien encore les politiques de change ont souvent pour objectif l'intérêt national. Pourtant, la mondialisation qui fait débat aujourd'hui est une notion dont on situe l'émergence au début des années 1980. Par l'ouverture des frontières aux marchandises, aux hommes et aux capitaux qu'elle provoque, elle semble faire disparaître les cloisonnements territoriaux.

FOCUS . . . FOCUS . . . FOCUS . . . FOCUS . . . FOCUS . . . FOCUS . . .

L'économie-monde

« Par économie-monde, mot que j'ai forgé à partir du mot allemand de Weltwirtschaft, j'entends l'économie d'une portion seulement de notre planète, dans la mesure où elle forme un tout économique… Une économie-monde peut se définir comme une triple réalité : elle occupe un espace géographique donné ; elle s'organise autour d'un pôle, un centre, représenté par une ville dominante, une capitale économique ; elle est construite en zones successives, le cœur, autour du centre, des zones intermédiaires autour du pivot central, des zones périphériques qui se trouvent subordonnées et dépendantes plus que participantes… »

Fernand Braudel, *Civilisation matérielle, économie et capitalisme, XVe-XVIIIe siècles*, vol. 3 « Le temps du monde », coll. Références histoire, 1993.

Si, sur le plan économique, la notion d'État nation semble fragilisée du fait de la mondialisation, l'analyse doit être abordée sur le plan régional. Les années 1990 ont, en effet, été marquées par l'apparition de blocs régionaux dans toutes les zones de la planète. Outre l'Union européenne, projet déjà ancien, on peut citer l'ALENA (Accord de libre échange nord-américain), le Mercosur (Marché commun du Sud) ou bien encore l'ASEAN (Association des nations de l'Asie du Sud-Est). Ces zones ont pour but, en premier lieu, de favoriser le libre échange entre nations qui sont historiquement et naturellement des partenaires privilégiés car les plus proches. Cependant, le trait spécifique de la formation des ensembles régionaux réside dans son caractère institutionnel puisqu'il délimite le cadre concurrentiel des échanges, notamment, par la création de normes. Cette dimension institutionnelle (intervention des États) et cette production de normes peuvent laisser à penser que la création de zones d'intégration régionales s'inscrit dans une logique protectionniste.

Les blocs commerciaux (libre échange dans la zone mais protection vis-à-vis de l'extérieur) s'opposent, a priori, à l'idée d'ouverture qui prévaut dans l'espace économique mondial depuis la fin de la Deuxième Guerre mondiale. Si les institutions internationales acceptent l'existence de ces zones commerciales, il n'en est pas moins vrai que des conflits importants éclatent de plus en plus fréquemment, aujourd'hui, entre les différentes zones. Ainsi, les blocs commerciaux peuvent également s'envisager comme la reconstitution au niveau régional de la souveraineté des États face au phénomène de mondialisation.

D'autres approches sont envisageables en termes de pouvoir. Le bloc commercial peut être le moyen pour un pays dominant de chercher à réguler sa zone puis d'instaurer la suprématie de celle-ci sur les autres. On peut également citer la théorie de « l'arrière-pays » (*hinterland*) dans laquelle il s'agit pour un État de profiter des zones proches ayant une demande solvable et une main-d'œuvre bon marché. Ainsi, l'ALENA pourrait être considérée comme une combinaison de la technologie américaine, de la main-d'œuvre mexicaine et des ressources naturelles du Canada.

Pour les pays les moins avancés, l'existence de zone de libre échange se justifie pour éviter leur marginalisation face aux blocs des pays industrialisés. On peut ainsi citer le Pacte andin (Bolivie, Équateur, Pérou, Colombie, Venezuela) et l'Union douanière et économique de l'Afrique Centrale.

FOCUS . . . FOCUS . . . FOCUS . . . FOCUS . . . FOCUS . . . FOCUS . . .

La théorie des dominos

« La proximité joue bien évidemment un rôle essentiel dans la formation des zones régionales. Les secteurs des pays périphériques à la zone constituée interviennent d'autant plus facilement en faveur de l'adhésion que la zone s'est agrandie par élargissements successifs. Les effets de proximité, combinés à l'influence de certains groupes de pression, poussent ainsi à la régionalisation des accords commerciaux. La « théorie des dominos » de R. Baldwin (1993) donne un élément d'explication à cette dynamique d'élargissement dans un contexte de concurrence imparfaite où les économies d'échelle sont limitées par les débouchés. La « prime » que confère aux producteurs l'intégration régionale par rapport à une simple intégration « naturelle » induit un manque à gagner pour les pays non membres. Celui-ci est d'autant plus élevé que ces pays exclus se situent à proximité de la zone et que, celle-ci, en s'élargissant, accroît encore sa dimension. Les secteurs exportateurs défavorisés sont alors de plus en plus incités à investir dans un lobbying qui peut modifier l'équilibre politique en faveur de l'adhésion. L'aspect compact de l'Union européenne a sans doute exercé un effet favorable, alors que le caractère relativement dispersé des pays asiatiques, et a fortiori des pays du Pacifique, tendrait au contraire à freiner le mouvement d'intégration « formelle ».

J.M. Siroën, *La régionalisation de l'économie mondiale*,
Éd. La Découverte, 2004.

La nouvelle définition des territoires qui découle du processus de mondialisation semble montrer une dissolution des États dans des espaces régionaux internationaux. Un autre mouvement doit cependant être mentionné à travers le poids croissant accordé aux régions cette fois au sens national du terme.

En France, l'existence de régions a pendant longtemps été synonyme de cloisonnement (péages et douanes intérieures) et donc de frein aux échanges justifiant la centralisation. Il faudra attendre la fin de la Seconde Guerre mondiale pour qu'apparaisse une nouvelle unité territoriale, la région, instituée pour servir la politique de reconstruction nationale et non pour développer les initiatives locales.

C'est en 1982 qu'est relancé le processus de régionalisation avec les lois Defferre qui permettent aux collectivités territoriales de s'émanciper de la tutelle du préfet. D'autre part, des ressources financières supplémentaires sont dégagées pour faire face aux nouvelles compétences qui sont octroyées.

Au début des années 1990, une nouvelle impulsion est donnée au processus avec la possibilité offerte aux régions de recevoir tout ou partie des impositions de toute nature et les opportunités données quant à des redécoupages territoriaux (fusion entre deux départements). Le phénomène de décentralisation apparaît comme une autre forme de dislocation du territoire national mais cette fois de l'intérieur.

FOCUS . . . FOCUS . . . FOCUS . . . FOCUS . . . FOCUS . . . FOCUS . . .

Décentralisation-Régionalisation en Europe

Grande-Bretagne : Réforme de décentralisation en 1999, dévolution de pouvoirs accordés à l'Écosse et au Pays de Galle ne semble pourtant pas avoir remis en cause l'unité du Royaume Uni.

Espagne : C'est le pays le plus engagé dans la voie de l'autonomie territoriale. Le gouvernement est notamment contraint de dialoguer avec 17 communautés autonomes dont certaines ont une très grande liberté fiscale. Un pouvoir de décision économique important reste entre les mains du pouvoir central.

Italie : On assiste à un renforcement du pouvoir des régions (5 régions autonomes). À terme, l'État italien conservera la maîtrise de la politique extérieure, de la défense et de l'économie.

Allemagne : 16 Länder fonctionnent comme des petits États (éducation, culture, police gérées localement) ; la Bavière dispose par exemple d'un budget treize fois supérieur à celui de la région Île-de-France.

3 Le territoire, objet de conflit économique

Dans l'histoire de la pensée et des faits économiques, le premier courant qui place le territoire au cœur de la compétition économique est le courant mercantiliste. Il serait préférable d'ailleurs d'évoquer « les » courants mercantilistes. Le plus ancien et le plus rudimentaire est le mercantilisme espagnol qui voit dans l'accumulation des métaux précieux la source de toutes les richesses. L'objectif de la colonisation à l'époque de Philippe II va donc être de faire entrer sur le territoire national des flux de plus en plus importants d'or et d'argent et, par la suite, d'en empêcher la sortie.

Le mercantilisme commercial anglais est moins agressif mais s'il s'inscrit dans une perspective de libre échange, il aborde celui-ci dans l'optique d'une compétition voire d'une guerre économique.

C'est aussi sous cet angle qu'il faut comprendre le mercantilisme industriel français qui va marquer l'histoire économique en donnant naissance à la tradition qualifiée de colbertiste. Dans cette doctrine mise en œuvre par Colbert au XVIIe siècle, la force d'une nation réside dans la puissance de son industrie. Il s'agit donc de favoriser le développement industriel qui apparaît comme l'outil majeur de la croissance économique plus que la croissance du secteur agricole pourtant prédominant à l'époque. À cette idée originale vient s'en ajouter une seconde qui fait de l'État l'acteur essentiel dans l'expansion de l'industrie tant du point de vue décisionnel que dans la mise en œuvre. L'État va donc financer la création de manufactures et organiser la construction de canaux. Le système fonctionne ensuite sous la forme d'un monopole de production dans lequel l'État vérifie la qualité des produits. Dernière originalité enfin, l'appel à des techniques et de la main-d'œuvre étrangères dans les secteurs où la France connaît du retard. Le colbertisme apparaît comme la première manifestation significative de l'intervention de l'État dans l'organisation de la production nationale.

Le deuxième volet de la politique de Colbert renvoie encore un peu plus à la notion de territoire puisqu'il s'agit de la politique commerciale menée par la France qui se construit autour de mesures de défense de l'industrie nationale. En premier lieu, il s'agit de taxer les importations de produits manufacturés. Cette politique repose également sur la taxation des exportations françaises de produits de base. Cette mesure plus surprenante s'explique par la volonté de ne pas laisser les industries étrangères profiter des produits français à des prix trop faibles.

Concernant les activités de commerce et de navigation, Colbert décide d'accorder le monopole d'importations à certains ports seulement.

Ce qui va devenir une tradition économique française, à savoir interventionnisme industriel et protectionnisme, exprime bien l'idée que les échanges commerciaux entre les nations doivent être perçus comme une compétition, voire comme « une guerre d'argent ».

FOCUS . . . FOCUS . . . FOCUS . . . FOCUS . . . FOCUS . . . FOCUS . . .

La guerre d'argent

Comme il faut que les peuples ayant de quoi payer avant qu'ils pensent à s'acquitter de leurs impositions, et qu'elles doivent toujours avoir leur proportion avec l'argent que chaque particulier peut avoir, la conduite universelle des finances doit toujours veiller et employer tous les soins et l'autorité de Votre Majesté, pour attirer l'argent dans le royaume, le répandre dans toutes les provinces pour procurer aux peuples la facilité de vivre et de payer leurs impositions [...]. Le bon état des finances et l'augmentation des revenus de Votre majesté consistent à augmenter par tous les moyens le nombre de l'argent [...] qui roule continuellement dans le royaume et à maintenir dans les provinces la juste proportion qu'elles en doivent avoir [...], augmenter l'argent dans le commerce public en l'attirant des pays d'où il vient, en le conservant au-dedans du royaume en empêchant qu'il n'en sorte, et donnant des moyens aux hommes d'en tirer profit. Comme en ces trois points consiste la grandeur, la puissance de l'État et la magnificence du Roi par toutes les dépenses que les grands revenus donnent occasion de faire, qui est d'autant plus relevée qu'elle abaisse en même temps tous les États voisins, vu que n'y ayant qu'une même quantité d'argent qui roule dans toute l'Europe et qui est augmentée de temps en temps par celui qui vient des Indes occidentales, il est certain et démonstratif que s'il n'y a que 150 millions de livres d'argent qui roulent dans le public, l'on ne peut parvenir à l'augmenter de 20, 30 et 50 millions qu'en même temps que l'on ôte la même quantité aux États voisins [...] je supplie Votre Majesté de me permettre de lui dire que, depuis qu'elle a pris l'administration des finances, elle a entrepris une guerre d'argent contre tous les États de l'Europe. Elle a déjà vaincu l'Espagne, l'Allemagne, l'Italie, l'Angleterre, dans lesquelles elle a jeté une très grande misère et nécessité, et s'est enrichie de leurs dépouilles, qui lui ont donné les moyens de faire tant de grandes choses qu'elle a faites et fait encore tous les jours. Il ne reste que la Hollande qui combat encore avec de grandes forces [...]. Votre Majesté a formé des compagnies qui, comme des armées, les attaquent partout [...]. Les manufactures, le canal de transnavigation des mers, et tant d'autres établissements nouveaux que Votre Majesté fait, sont autant de corps de réserve que Votre Majesté crée et tire du néant pour bien faire leur devoir dans cette guerre Le fruit sensible du succès de toutes ces choses serait qu'en attirant par le commerce une très grande quantité d'argent dans son royaume, non seulement elle parviendrait bientôt à rétablir cette proportion qui doit être entre l'argent qui roule dans le commerce et les impositions qui sont payées par le peuple, mais même elle les augmenterait l'un et l'autre, en sorte que ses revenus augmenteraient et elle mettrait ses peuples en état de pouvoir l'assister plus considérablement en cas de guerre ou d'autre nécessité.

Colbert, 1670 *in* P. Devon, « Lettres, instructions et mémoire de Colbert », *Le Mercantilisme*, Flammarion, Paris, 1969.

Au-delà de la compétition commerciale, les échanges internationaux peuvent être également perçus comme l'expression d'une domination des puissances industrielles sur le reste du monde. C'est ce que l'on appelle généralement l'impérialisme. Le XIXe siècle est le siècle de la diffusion de la Révolution industrielle mais c'est également celui de la montée en puissance des nationalismes. Ce double phénomène explique l'expansion coloniale des pays européens au premier rang desquels la Grande-Bretagne et la France.

Dans la colonisation, il faut isoler les raisons qui relèvent de la dynamique économique.

En premier lieu, elle constitue une réponse à la montée du protectionnisme constatée à la fin du siècle ; elle permet donc aux entreprises européennes de trouver de nouveaux débouchés pour des biens de consommation (le textile notamment) et pour des biens d'équipement (construction de ports ou de chemins de fer).

En second lieu, les colonies constituent des sources d'approvisionnement pour les produits alimentaires et les matières premières. L'impérialisme apparaît alors comme la version la plus extrême de la domination territoriale en économie puisqu'en 1914, les colonies, marché captif, représentaient plus de 55 % de la superficie de la planète et plus d'un tiers de la population mondiale.

FOCUS . . . FOCUS . . . FOCUS . . . FOCUS . . . FOCUS . . . FOCUS . . .

La théorie de l'impérialisme

La théorie de l'impérialisme a été élaborée par des auteurs marxistes ou sociaux-démocrates (R. Hilferling, Rosa Luxembourg). Le commerce international y est expliqué par l'évolution du capitalisme : l'exploitation des pays tiers est nécessaire à la prospérité des pays capitalistes avancés pour éviter les crises de surproduction. D'autre part, la baisse du taux de profit dans les pays capitalistes est compensée par le surprofit réalisé dans les pays les moins avancés, où le taux d'exploitation est plus élevé. La loi tendancielle à la baisse des taux de profit dans les pays capitalistes est contrecarrée par l'existence de salaires très faibles dans les pays pauvres.

A. Silem, J.M. Albertini, *Lexique d'économie*, Éd. Dalloz, 2006.

Depuis quelque temps, et plus précisément depuis qu'en juillet 2005 le Premier ministre français de l'époque, Dominique de Villepin, en a appelé au « patriotisme économique », l'idée de nation en économie a été remise au goût du jour. Il s'agissait notamment de venir secourir les entreprises françaises sur le point d'être rachetées par des firmes étrangères.

On peut s'interroger sur le pourquoi d'un renouveau du nationalisme en économie. Divers objectifs sont avancés à commencer par l'objectif social, les opérations de rachat d'une société française par un groupe étranger s'accompagneraient toujours d'un plan social que l'État se doit d'empêcher. Un objectif stratégique est également évoqué. Certains secteurs (énergie nucléaire, industrie d'armement...) sont considérés comme indispensables à la sécurité du pays et ne peuvent être, par conséquent, dirigés par des étrangers. Enfin, un objectif économique est envisageable s'il s'agit de permettre à l'État d'exercer sa « main visible » afin de créer des synergies entre différentes entreprises nationales et permettre de mener une action cohérente dans certains secteurs ce que les intérêts privés étrangers ne permettraient pas de mettre en œuvre.

Dans un espace économique mondialisé, on peut toutefois s'interroger sur le sens d'un patriotisme économique. Au-delà des difficultés à déterminer la nationalité d'une entreprise (lieu du siège social, nationalité des dirigeants, nationalité des actionnaires...), on peut douter que le sentiment patriotique d'un dirigeant ou d'un actionnaire puisse interférer dans la rationalité économique de ces agents au point de modifier significativement le sens de leurs décisions.

Le regain de ferveur pour cette défense du territoire national n'est toutefois pas sans risque. Elle fait resurgir les vieilles menaces protectionnistes mais sous des formes différentes. Il ne s'agit plus en effet de mettre en place des barrières douanières mais de construire des dispositifs contraignant les investissements étrangers sur le sol national. Les conséquences sont en revanche identiques avec une diffusion des mesures coercitives, phénomène assez paradoxal dans un monde libéral et plus encore dans le cadre de l'espace européen.

B LES RÉSEAUX : UNE NOUVELLE FORME DE DIVISION DU TRAVAIL

De tout temps, les territoires ont développé des compétences qui leur étaient spécifiques et qui devaient les positionner efficacement sur les marchés nationaux et internationaux. Longtemps cette division du travail dans l'espace économique s'est établie sur la base de savoir-faire productifs. Les mutations économiques font apparaître des stratégies nouvelles des entreprises qui cherchent à centrer leur activité sur les compétences de base pour mieux fonctionner en réseau par la suite.

1 La spécialisation économique du territoire

Adam Smith est le premier, dans la *Richesse des Nations* (1776), à construire une théorie du commerce international reposant sur l'idée de spécialisation. Il constate tout d'abord que les mesures protectionnistes émanent de groupes de pression non représentatifs de l'intérêt national. Toutefois, l'idée essentielle de Smith réside dans la théorie de l'avantage absolu, qui est l'avantage obtenu dans l'échange international par une nation lorsqu'elle produit et vend un bien à un prix inférieur à celui des nations concurrentes. En conséquence, la spécialisation des appareils productifs nationaux sur leurs points forts conduit à un accroissement général de la richesse de chaque pays. Pour le pays producteur, les firmes vont se diriger vers le secteur d'activité le plus lucratif et contribuer à l'augmentation de la richesse nationale. Dans les pays importateurs, les consommateurs vont pouvoir profiter des prix les plus bas proposés par l'économie la plus performante.

Au-delà de la défense du libre échange, Adam Smith montre de cette manière que la spécialisation est profitable pour l'ensemble des économies.

D. Ricardo va rester dans cette logique en considérant que le libre échange aboutit à une spécialisation des nations bénéfique à tous. Toutefois, chaque économie ne dispose pas d'un avantage absolu ce qui pose problème quant aux conclusions de Smith. Pour Ricardo, la spécialisation va se réaliser sur la base des avantages comparatifs, c'est-à-dire l'avantage obtenu dans l'échange international par une nation dans un secteur où ses performances sont les plus importantes même si elles restent en deçà des performances enregistrées par d'autres pays.

C'est aux deux célèbres auteurs suédois E.F. Hecksher et B. Ohlin dont les travaux seront complétés par P. Samuelson que l'on doit le renouvellement de l'analyse économique en matière de spécialisation (1919, pour les premiers travaux de E.F Hecksher). Ce modèle, connu sous le nom de modèle HOS, s'inscrit dans la mouvance de la théorie néo-classique. Ainsi, sont reprises les principales hypothèses de ce courant : immobilité internationale des facteurs de production et hypothèses de concurrence pure et parfaite. Sous ces conditions, le modèle HOS explique la division internationale du travail par la loi des dotations en facteur de production qui conclut qu'un pays va exporter les produits dont la fabrication nécessite une grande quantité du facteur qu'il possède en abondance.

Le modèle HOS fournit donc une explication à la spécialisation dans les productions pour lesquelles les pays ont les plus grandes compétences. La mobilité des produits permettrait d'une certaine manière la mobilité des facteurs et donnerait naissance à un vaste marché mondial qui ne se limite pas aux seuls biens et services. Le théorème de W. Stolper et P. Samuelson (1948) aboutit d'ailleurs à la conclusion d'un équilibre à l'échelle internationale des prix des biens, des salaires et des taux d'intérêts.

FOCUS . . . FOCUS . . . FOCUS . . . FOCUS . . . FOCUS . . . FOCUS . . .

Le paradoxe de W. Léontieff (1953 et 1956)

W. Léontieff met en évidence la nécessité de décliner la notion de facteurs de production. En effet, si l'on suit les conclusions du modèle HOS, les États-Unis devraient importer des biens dont la fabrication nécessite beaucoup de main-d'œuvre et exporter de biens intégrant de grandes quantités de capital. Léontieff montre toutefois, à travers ses études statistiques, qu'il n'en est rien. Mais ce paradoxe disparaît lorsque l'on constate que, certes les États-Unis exportent des biens intégrant une main-d'œuvre abondante, mais qu'il s'agit d'une main-d'œuvre hautement qualifiée.

La théorie de R. Vernon sur les différences internationales de technologie met en évidence, pour sa part, quatre phases dans le cycle de vie du produit dans une approche internationale.

Phase de lancement	Production et vente uniquement sur le sol national
Phase de croissance	Production effectuée sur le sol national et démarrage des exportations
Phase de maturité	Implantation de filiales à l'étranger
Phase de déclin	Chute de la production nationale et importation des produits fabriqués par les filiales

D'après R. Vernon, 1966.

Cette théorie est intéressante car elle est la première à mettre l'accent sur la recherche-développement dans la construction d'avantage comparatif. En matière de production, les phases de lancement et de croissance correspondent à la fabrication de petites séries puis de grandes séries avec une utilisation croissante du facteur capital. Dans la phase de maturité, l'implantation de filiales à l'étranger correspond à la mise en place de productions de masse très intensives en travail peu qualifié. En dernier lieu, la phase de déclin entraîne des transferts technologiques vers les pays en développement.

Toutes ces approches restent centrées sur le concept de nation. Il apparaît aujourd'hui que les firmes jouent un rôle important dans la manière dont se façonnent les territoires économiques. Les nouveaux théoriciens s'écartent de la notion de division internationale du travail pour évoquer plutôt la division internationale de processus de production (ou décomposition internationale des processus de production). En effet, il apparaît que la logique très complexe d'intégration des activités d'une multinationale à l'échelle internationale repose sur un certain nombre de paramètres : paramètres économiques (recherche de taille critique pour les filiales en fonction de la nature des pièces fabriquées, de la qualité de la main-d'œuvre et des infrastructures), d'un certain nombre de paramètres fiscaux et sociaux (implantation en fonction de la souplesse ou de la rigidité des régimes fiscaux, des aides reçues lors de l'installation sur le territoire, de l'importance de la place occupée par les régimes sociaux), enfin de paramètres de gestion comptables et financiers (liberté dans la fixation des prix dans les échanges entre filiales par exemple).

Ainsi, cette division internationale des processus remet en cause le rôle des États nations en termes d'acteurs économiques principaux, cela d'autant plus que le commerce intra-firme représente environ un tiers du commerce mondial. La lecture des échanges entre pays en est d'ailleurs rendue de plus en plus difficile (notamment pour certains pays en développement pour lesquels la part réalisée par des multinationales dans leurs exportations est très importante).

La stratégie des firmes semble donc déterminante dans la structuration de l'espace économique international.

2 La stratégie de localisation des firmes

Depuis quelques décennies, les travaux de recherche en économie s'intéressent au phénomène de concentration. À ce titre, les districts industriels italiens sont devenus un objet de curiosité à partir de la fin des années 1970, car représentatifs de ces zones de développement économique fortement localisées mais également très performantes dans la compétition internationale.

Les travaux dans le domaine sont toutefois très anciens puisque, dès le début du XXe siècle, A. Marshal avait mis en évidence le phénomène à travers l'industrie de la coutellerie dans la région de Sheffield. C'est d'ailleurs sur les travaux de Marshal que P. Krugman va centrer son analyse sur la localisation des activités économiques. P. Krugman part du constat que certaines zones aux États-Unis sont fortement spécialisées (l'automobile à Detroit par exemple). Cette localisation dans une même zone d'entreprises concurrentes s'expliquerait par la recherche d'économies d'échelle internes mais également par la volonté de profiter d'économies d'échelle externes. C'est cette notion « d'économies d'échelle externes » que Marshall a mise en évidence. Pour simplifier, nous pouvons considérer que ce phénomène permet aux firmes de profiter d'économies liées à la taille dans un premier temps du marché local puis par la suite du marché national. Sur cette base, les producteurs nationaux vont approvisionner le marché national à partir d'une localisation unique. Cette spécialisation géographique est favorisée par l'absence de barrières entre les différents États. La localisation des industries se fera au cœur des marchés plutôt qu'à leur périphérie, même si les différentiels de coûts sont significatifs.

FOCUS . . . FOCUS . . . FOCUS . . . FOCUS . . . FOCUS . . . FOCUS . . .

Les exemples historiques des districts italiens

Le modèle des districts italiens repose sur une mutualisation des moyens de production proprement dits et reflète les évolutions contrastées du rôle et de l'intérêt de la puissance publique dans la constitution de réseaux d'entreprises. Ainsi, l'action des pouvoirs publics à l'égard des systèmes productifs locaux, baptisés dès la fin des années soixante-dix en Italie « districts industriels », peut encore faire l'objet de lectures contrastées car selon leurs étapes de développement, les régions ou encore les niveaux de collectivités, le soutien public à ces organisations n'a pas été de même importance.

Analysés comme des phénomènes socio-économiques spontanés et expressions de solidarités déterminées par l'histoire et la géographie, les districts industriels sont nés et se sont épanouis sans aide spécifique des pouvoirs publics. Toutefois, les collectivités territoriales de proximité (région, ville) ont été à leur côté et à leur écoute tout au long de leur évolution et ont, les premières, apporté un soutien à ces groupes d'entreprises. Il est vrai que, pour les observateurs et responsables publics nationaux, ces organisations productives ont d'abord été vues comme une étape préalable à la constitution d'unités productives plus importantes, la grande entreprise restant le modèle de référence. L'Italie a longtemps plus cru en Fiat ou en Montedison qu'en ses districts.

Mais, les districts se renforçant et affirmant leur compétitivité, on s'est interrogé sur ce qui faisait leur force mais aussi leur faiblesse. Leur force reposait bien sur cette multiplicité d'entrepreneurs souvent concurrents qui innovaient en permanence, grâce en particulier à leur proximité et à la courte distance entre concepteurs et exécutants.

La faiblesse serait venue en revanche de la lenteur avec laquelle les entreprises pouvaient absorber les avancées technologiques. Les institutions intermédiaires professionnelles ont joué un rôle de catalyseur en apportant une assistance aux entreprises sur les plus élémentaires des services comme la préparation des feuilles de paie ou la tenue de la comptabilité, à d'autres plus élaborés en relation avec les équipements, les process ou les technologies.

C'est à partir des années quatre-vingt-dix qu'un cadre normatif a été arrêté par l'État pour organiser et favoriser les interventions de l'État et des régions en faveur des districts industriels. Elles s'inspirent en particulier des modalités d'appui apportées par les municipalités.

Le premier pas de cette politique a été la définition et la délimitation des districts. À cet effet, la loi n° 317 du 5 octobre 1991 a défini des critères de reconnaissance des districts.

Malgré une traditionnelle ouverture à l'international des districts industriels, le ministère chargé des activités productives a fait de cette ouverture une priorité. Pour cela une « task force » a été mise en place. Son objet est de proposer toutes mesures qui, par le biais de l'internationalisation, permettront aux districts d'améliorer leur compétitivité.

De nombreux exemples témoignent qu'il s'agit là d'une voie largement empruntée. Nombreux sont en effet les districts qui ont procédé à des délocalisations productives conservant en Italie une base de « commandement » (avec des fonctions à haute valeur ajoutée) et qui développent leur production dans des pays à bas coûts de main-d'œuvre étrangère.

Le mouvement de « déterritorialisation » et de rupture avec la Vallée initiale semble donc engagé.

Par ailleurs, avec l'aide de l'Institut pour le commerce extérieur (ICE) qui promeut l'exportation des entreprises italiennes, se développent les partenariats entre « districts ». Le district de la soie de Côme-Brianza vient par exemple de se rapprocher avec les zones textiles de la préfecture d'Ishikawa au Japon.

Extrait de N. Jacquet et D. Darmon, *Les pôles de compétitivité à la française*, Éd La Documentation française, 2005.

Les phénomènes de polarisation ou de concentration des activités semblent s'intensifier aujourd'hui mais surtout prendre un caractère quelque peu différent. On peut distinguer deux grandes stratégies de localisations des firmes, celle basée sur la flexibilité productive et celle qui repose sur une volonté d'enrichir la capacité d'innovation.

Les stratégies de recherche d'une plus grande flexibilité s'expliquent par le caractère fluctuant de la demande en particulier sur le plan quantitatif. Dans ce cadre, les considérations logistiques deviennent essentielles. La production de biens dont la logistique de distribution est lourde va appeler une logique d'implantation qui permette l'installation à proximité des partenaires industriels (les sous-traitants). Pour les firmes dont la demande est très dispersée, les stratégies adoptées se traduisent par une centralisation des flux logistiques et par la réduction des centres de distribution.

Dans une perspective de valorisation des capacités de recherche de l'entreprise, il s'agit de se rapprocher de partenaires potentiels, privés ou publics, qui contribuent à accroître de façon significative les possibilités de l'entreprise en matière de recherche-développement.

On observe une tendance à la polarisation plus forte pour les activités de connaissance que pour les activités de production. Pour ces dernières qui relèvent pour certains d'une organisation taylorienne flexible (activité à faible valeur ajoutée pour lesquelles on recherche la meilleure adaptation au marché), les choix d'implantation se font sur la recherche des coûts les plus faibles. Les aides publiques dans ce cas sont un facteur très important. Le facteur coût placé au centre du raisonnement économique ne contribue pas à rendre l'implantation durable sur une zone déterminée. En d'autres termes, toute baisse de coûts quelque peu significative entraîne la délocalisation de l'activité.

Lorsque prédomine la logique d'organisation cognitive du travail, l'ancrage territorial est plus fort car c'est structurellement que la zone doit permettre de favoriser l'innovation. L'implantation sur un territoire se fera, pour reprendre la formule de J.B. Zimmermann (2000), que s'il existe et que peuvent être mises en œuvre des « rencontres productives ». Par cette formule, il faut comprendre « la capacité à résoudre des problèmes productifs par le biais de coopérations et d'apprentissages collectifs, la capacité à susciter et résoudre des problèmes productifs inédits ».

FOCUS . . . FOCUS . . . FOCUS . . . FOCUS . . . FOCUS . . . FOCUS . . .

L'exemple américain

Le concept de cluster

Le phénomène des clusters, défini par Michael Porter, repose sur la proximité géographique et culturelle ainsi que sur la complémentarité d'entreprises ou d'institutions partageant un même domaine de compétence. Il prend souvent la forme d'une agglomération d'entreprises en tissus industriels partageant une activité similaire. Il va au-delà de la simple recherche d'économies d'échelle entre entreprises concurrentes (mutualisation des moyens de production), mais crée des synergies entre différents acteurs (recherche, entreprise) qui suscitent une croissance endogène et jouent un rôle d'aimant en termes d'attractivité.

La Silicon Valley

L'exemple américain de la Silicon Valley repose depuis l'origine sur le dynamisme de l'initiative privée (exemple du capital-risque à l'américaine et des *business angels* ou capital-risqueurs) sans implication directe de la puissance publique.

L'exemple américain de la Silicon Valley est une excellente illustration des dynamiques à l'œuvre dans le développement des clusters.

Dans les années 20, la jeune université de Stanford (Californie), créée à la fin du XIXe siècle, a décidé de renforcer la qualité de son enseignement et de développer son prestige en recrutant des professeurs renommés tels que Frederik Terman, ancien élève de cette université et professeur d'ingénierie électrique au Massachusetts Institute of Technology (MIT).

À l'époque, la côte Est, beaucoup plus réputée et plus ancienne du fait de l'existence de sites tels que celui de l'université de Boston, attirait la majorité des jeunes diplômés à la recherche d'emplois de bon niveau. Le professeur Terman, souhaitant remédier à cette situation, incitait fortement ses élèves à créer leur entreprise près de l'université de Stanford. Deux d'entre eux, devenus célèbres depuis, William Hewlett et David Packard, particulièrement innovants puisqu'ils avaient réussi à mettre au point un nouvel oscillateur audio, décidèrent de suivre ces enseignements. Leur start-up, lancée dans un garage en 1939, fait aujourd'hui 74 Md$ de chiffre d'affaires. Ce n'est pas le seul exemple d'une telle réussite puisque l'université de Stanford a fourni également un local et 100 $ à deux jeunes frères, Sigurd et Russel Varian, pour mener leurs recherches en échange de royalties sur leurs découvertes. L'une d'entre elles, le tube klystron, allait permettre le développement de l'industrie des micro-ondes et rapporter plusieurs millions de dollars à l'université.

La vallée devint un cluster de high tech où se mêlaient chercheurs, ingénieurs, entrepreneurs et investisseurs. Elle produisit notamment les premiers circuits intégrés en silicium grâce à Fairchild, une entreprise fondée en 1958, d'où allaient naître plusieurs *spin offs* dont Intel et AMD, aujourd'hui respectivement numéros 1 et 2 mondiaux des semi-conducteurs. La richesse et la fertilité du cluster lui permirent de rester en pointe malgré les temps de cycles très courts des vagues de technologie : chaque fois que l'une d'entre elles s'essoufflait, c'est encore dans la Valley que naissait la vague suivante.

Dans ce microcosme, où tout le monde connaissait tout le monde, les relations de confiance étaient un facteur majeur de réussite. Le jour où Gordon Moore et Bob Noyce quittèrent Fairchild pour fonder Intel, ils purent obtenir 2,5 M$ de financement en 48 heures de la part d'Arthur Rock, un investisseur qui connaissait leurs compétences pour les avoir déjà soutenus auparavant.

Ces relations de confiance favorisaient la prise de risque : les bons ingénieurs savaient que, même si leur création d'entreprise échouait, ils pourraient toujours rebondir car ils étaient reconnus dans leur communauté. L'abondance du capital-risque et sa rapide mobilisation expliquent ainsi la réussite du cluster californien, qui est aujourd'hui le modèle mondial en termes de synergie entre recherche fondamentale et appliquée.

Extrait de N. Jacquet et D. Darmon, *Les pôles de compétitivité à la française*, Éd. La Documentation française, 2005.

3 Le développement des réseaux

L'axe stratégique majeur poursuivi par les firmes multinationales porte aujourd'hui sur la connaissance, les savoirs, la recherche-développement. On peut considérer que de véritables stratégies de globalisation de la recherche et développement se mettent en œuvre. Si pendant longtemps on a constaté une volonté des entreprises de conserver leurs activités de recherche sur leur territoire national, depuis la fin des années 1980 la recherche-développement s'internationalise. Cela se traduit par des investissements directs plutôt concentrés sur le développement et qui se polarisent encore énormément sur les pays de la Triade. Les firmes multinationales mettent donc en concurrence les territoires dans cette recherche de montée en compétence technologique. Cette dimension technologique est l'un des aspects d'une stratégie plus globale de mise en réseaux des entreprises.

Dans la course à l'acquisition de nouvelles connaissances, les grandes entreprises ont privilégié les opérations de fusion-acquisition qui permettaient de s'approprier rapidement des savoirs localisés de façon diffuse dans les organisations et non de façon explicite dans les produits. Le développement des entreprises qualifiées de « jeunes pousses » (start-up) s'inscrivait dans cette logique d'appropriation des compétences. Constituées autour d'une idée innovante, ces sociétés étaient par la suite rachetées une fois l'idée validée par le marché. Ces stratégies ont été observées dans le secteur des technologies de l'information et de la communication mais plus encore dans l'industrie pharmaceutique où les recherches en biotechnologies étaient réalisées par de jeunes sociétés, les « biotech ». On se trouve alors dans ce cas dans une forme originale d'externalisation de la recherche.

Cela traduit une tendance très forte, constatée sur les marchés, de recentrage des grandes entreprises sur leurs compétences clés et d'appel à l'extérieur pour un certain nombre d'activités jugées quelquefois comme non essentielles mais présentant parfois un caractère stratégique comme la recherche. Dans cette division cognitive du travail, les transferts de connaissance se font à l'intérieur des entreprises mais aussi à l'extérieur. L'importance donnée à la recherche-développement dans certaines sociétés situées sur des marchés de haute technologie est telle que les services concernés finissent par devenir en eux-mêmes des sources de débouchés puisque leurs performances sont directement valorisées sur les marchés pour une large part. Toutefois, cet exemple de « marchéisation » de la recherche (cession de brevet, de licence...) ne reflète pas la tendance générale en matière d'innovation et d'acquisition de savoirs.

L'évolution qui découle d'une plus grande externalisation se concrétise beaucoup plus par la mise en place de relations partenariales très étroites que par l'échange marchand. Sur des éléments aussi importants, l'incomplétude des contrats exige la mise en place d'une relation de confiance et de savoir très forte que la proximité géographique doit renforcer. Ce besoin de proximité est d'autant plus fort que les projets en sont en phase de recherche et que la connaissance reste encore très tacite

Ces alliances inter-entreprises autour du partage de la connaissance et du savoir prennent des formes différentes. Elles se constituent sous la forme d'alliances technologiques afin de partager les dépenses d'investissement de recherche et développement excessivement élevées dans certains secteurs d'activité. L'autre forme fréquemment rencontrée a pour finalité la combinaison de compétences ; c'est notamment ce qui se produit lors du développement d'internet avec des accords passés entre les fournisseurs de contenants et les fournisseurs de contenus.

En final, la constitution de ces réseaux présente l'avantage de fournir aux entreprises une plus grande souplesse en matière de recherche et développement que celle plus traditionnelle de l'internalisation.

Dans le développement des réseaux, il est nécessaire d'inclure également la relation recherche publique, recherche privée.

FOCUS . . . FOCUS . . . FOCUS . . . FOCUS . . . FOCUS . . . FOCUS . . .

L'exemple de l'industrie pharmaceutique

L'étude de Cockburn et Henderson [1995], sur 21 cas historiques de découvertes et développements de médicaments, montre le rôle essentiel de la connaissance publique produite et mise à disposition par les institutions de recherche publique puis exploitée et commercialisée par les entreprises privées. Dans ce modèle, la connexion des entreprises privées à la recherche publique est un facteur clé des performances innovatrices. Or cette connexion « se paie ». L'établir et la maintenir oblige les firmes privées à contribuer elles-mêmes à la recherche de base et à suivre les normes de publication et de divulgation prédominantes dans le secteur public. On découvre ainsi un « modèle » fait d'équilibre et de compromis (équilibre entre les deux secteurs dont les rôles sont relativement bien définis compromis des firmes privées qui, même dans les dernières étapes des processus d'innovation, continuent de publier et de divulguer leurs informations pour maintenir la règle d'échange et de réciprocité), modèle dont on voit qu'il permet de nombreuses et puissantes externalités entre le public et le privé et au sein même du secteur privé, entre les firmes concurrentes.

Mais cet exemple n'attire pas seulement notre attention sur la richesse des liens cotre les deux secteurs. Il montre aussi l'imbrication des comportements.

D. Foray, *L'économie de la connaissance*, coll. Repères, Éd. La Découverte, 2000.

En France notamment, les liens entre recherche privée et recherche publique se trouvent confrontés à des problèmes d'ordre financier. G. Dang Nguyen montre que le taux de financement de la recherche et développement des entreprises françaises est notoirement insuffisant au regard du financement public. Par ailleurs, faute de moyens, les laboratoires universitaires, pourtant nombreux, ne parviennent pas à produire des résultats de qualité car difficilement transférables aux entreprises.

En final, une plus grande compétitivité ne peut donc être obtenue que par des mesures visant à faciliter l'émergence de réseaux d'entreprises auxquels vient se greffer une recherche publique performante.

C ACCROÎTRE LA COMPÉTITIVITÉ PAR LE DÉVELOPPEMENT RÉGIONAL

Pendant longtemps, le soutien des pouvoirs publics aux régions a eu pour finalité l'aménagement du territoire ou la sauvegarde des emplois. En intégrant, les nouvelles stratégies des entreprises, les régions prennent l'initiative d'avancer des projets correspondant à leurs compétences traditionnelles ou présentant de nouvelles idées. À travers l'expérience des pôles de compétitivité, l'État français tente l'expérience de la région pour accroître les performances internationales de l'économie nationale.

1 Les approches traditionnelles de valorisation ou de défense du territoire

Différentes formes d'actions sont envisageables pour valoriser le territoire ; en premier lieu, les responsables publics se fixent pour objectif d'équilibrer le pouvoir et les moyens des différents pôles géographiques du pays, ensuite l'État a pour mission de venir en aide aux régions qui subissent le déclin industriel, enfin, une politique de relance de l'investissement sert parfois à valoriser des territoires jusque-là sous-développés.

La politique majeure en direction des régions est la politique d'aménagement du territoire. Elle se justifie car certaines régions se développent après avoir bénéficié d'avantages que l'histoire ou la géographie leur ont donnés. On aboutit ainsi parfois à de profonds déséquilibres sur le plan des infrastructures et des implantations industrielles. La concentration entraîne la concentration. L'État prête ainsi plus d'attention aux zones qui semblent jouer un rôle moteur en matière de croissance et d'emploi.

En France, la centralisation administrative a amplifié les effets pervers de la concentration économique en venant y superposer une concentration des décisions et des responsabilités.

FOCUS . . . FOCUS . . . FOCUS . . . FOCUS . . . FOCUS . . . FOCUS . . .

Paris et le désert français

En 1947, J.F. Gravier publie *Paris et le désert français* qui va dans le sens d'une prise de conscience de la population des déséquilibres économiques et sociaux entre la région parisienne et le reste du territoire. La capitale n'a cessé d'accueillir les sièges sociaux des grandes entreprises, les ministères, les centres universitaires et de recherche…

En conséquence, les investissements dans les plus importantes infrastructures culturelles et sportives sont réalisés dans la capitale.

À ce déséquilibre entre capitale et province viennent s'ajouter d'autres inégalités entre le nord et l'est du pays mieux développés que le sud et l'ouest.

C'est au cours des années 1950 que la France lance sa première politique d'aménagement du territoire qui comporte de nombreuses mesures d'incitations afin de rapprocher les grandes entreprises nationales et les responsables locaux. D'autre part, pour contrôler l'évolution de l'urbanisation, les pouvoirs publics inventent le concept de ville nouvelle qui devait permettre de soulager les grandes agglomérations existantes des contraintes liées à une trop forte densité.

En 1963, notamment avec la création de la Délégation à l'aménagement du territoire et à l'action régionale (Datar), les pouvoirs publics ont voulu montrer leur volonté de réduire la trop grande influence de la capitale. Pour ce faire, des organismes publics ont été transférés en province et des mesures prises pour éviter que des ministères ne continuent à agrandir leurs infrastructures dans la capitale. Cette tendance sera poursuivie en 1991 avec une nouvelle vague de délocalisations de service public.

En final, si les déséquilibres ne s'amplifient pas entre la capitale et la province, entre le monde rural et le monde urbain, ils persistent tout de même. En effet, au début du XXIe siècle, 80 % des Français vivent sur 20 % du territoire. Le problème reste entier puisque la politique menée pour réduire l'influence de la capitale est mise en œuvre à Paris. D'autre part, il semble difficile de lutter contre la trop grande centralisation en instaurant comme en 1963 avec la Datar un organisme centralisateur.

Dans le pays de la première Révolution industrielle, les politiques régionales se sont construites autour d'autres préoccupations. Dès les années 1920, l'Angleterre semble entrer dans une phase de déclin, les mutations technologiques mettent en grande difficulté des secteurs traditionnels comme le coton, le charbon et la métallurgie dont les zones de production sont très localisées dans certaines régions en particulier.

Dès les années 1930, l'État prend des mesures afin d'apporter une aide aux zones les plus sinistrées dans lesquelles le taux de chômage varie entre 30 et 60 %. Le *Development and Improvment Act* est construit autour de deux axes.

• En premier lieu, il s'agit de voter une aide pour encourager à la mobilité et au reclassement.

200 000 travailleurs viennent ainsi s'installer dans la région de Londres et dans le sud-est de l'Angleterre. De plus, des aides financières sont accordées aux entreprises qui viennent s'installer dans les zones sinistrées. C'est le système de *Trading Estates* qui permet à des entreprises de louer des terrains et des bâtiments appartenant à l'État.

Ces premières mesures ne vont pas rencontrer un franc succès sur le long terme, le déclin des régions de la première révolution industrielle se confirmant dans les décennies suivantes. Au cours des années 1960, sont définies onze régions de planification qui devaient faire l'objet des aides les plus conséquences afin de leur permettre de rattraper leur retard. Au cours de cette décennie, on assiste à une augmentation spectaculaire des crédits publics en faveur des zones les plus pauvres. De plus, on active à nouveau des instruments déjà anciens comme les « certificats de développement industriel » qui avaient été créés en 1947 pour dissuader les entrepreneurs d'investir dans les régions surchargées du sud-est et de se tourner vers les zones les plus défavorisées.

• En second lieu, plus classiquement furent accordées des subventions aux entreprises qui transféraient leurs activités vers les régions à développer.

• Enfin, une prime régionale à l'emploi est mise en place qui consiste à subventionner l'emploi en partant du constat que c'est la main-d'œuvre qui est la principale ressource en surplus dans les régions sinistrées.

L'exemple de la politique régionale anglaise visant à soutenir les régions en difficulté est instructif car il montre sur une longue période l'inefficacité d'une politique visant à maintenir artificiellement en activité des secteurs et par la suite des régions victimes de l'évolution économique.

Le célèbre exemple américain de la *Tennessee Valley Authority* dans le cadre du New Deal apparaît comme une réussite, dans laquelle se sont articulés harmonieusement relance de l'économie et aménagement du territoire. La récession dans laquelle se trouve l'économie américaine après la crise de 1929 pousse l'administration Roosevelt à stimuler l'investissement public pour pallier les carences de l'investissement privé.

En conséquence, il est décidé de lancer un programme de grands travaux dans la vallée du Tennessee afin de mettre un terme aux inondations, de rendre le fleuve navigable et de développer l'énergie hydraulique. L'aménagement doit porter sur plus de 1 000 km et concerner également les vallées de l'Ohio et du Mississipi.

À l'issue du programme, outre les emplois créés, le fleuve va permettre de fournir en électricité toutes les fermes aux alentours (auparavant, 2 % seulement étaient équipées). Les programmes d'assainissement des marais vont permettre également l'exploitation de nouvelles terres pour l'agriculture.

À l'ère de la mondialisation, les politiques régionales s'inscrivent dans la relation États/firmes multinationales. À partir des années 1980, les pays d'origine de ces firmes ont exprimé des craintes à l'égard de leurs multinationales car leurs implantations à l'étranger se traduisaient par des pertes d'emplois et des transferts technologiques. La problématique ne repose plus alors sur le contrôle des ressources, comme dans les années 1960-1970, mais sur la création de ressources. C'est d'ailleurs la thèse défendue par R. Reich dans son ouvrage *L'économie mondialisée* (1991). Il insiste en effet sur le fait que l'État nation en économie est dépassé et que le niveau de vie des citoyens ne dépend plus du profit réalisé par les entreprises nationales ni de leur part dans l'économie internationale, mais du capital humain et matériel que ces pays possèdent, c'est-à-dire des compétences maîtrisées par les hommes et des infrastructures disponibles sur le sol national. Ainsi doivent se mettre en place de nouvelles politiques d'attractivité des territoires nationaux.

2 La stratégie régionale

Si l'État, comme nous venons de le voir, joue un rôle en matière d'aménagement du territoire ou de soutien aux zones en difficulté, les régions elles-mêmes ont la possibilité de mener une politique de développement qui leur soit spécifique et cela d'autant plus aisément dans un cadre politique favorisant la décentralisation.

Ces politiques sont de différentes envergures ; on peut distinguer les grands pôles technologiques et les centres d'excellence. Les grands pôles technologiques ont une taille critique très importante et apparaissent dans quelques grandes régions françaises seulement. Les centres d'excellence locaux sont des projets de plus faible ampleur qui se construisent autour de quelques compétences spécifiques.

Les stratégies adoptées dépendront d'un certain nombre de critères spécifiques à chaque région. Les ressources naturelles et humaines vont conditionner l'ampleur et la nature des programmes qui sont envisagés et envisageables. De même, le positionnement géographique est source d'opportunités ou apparaît comme une contrainte forte. Enfin, l'histoire et la place que la région a occupée dans les politiques que l'État a mises en œuvre sont des éléments qui influencent notamment le caractère plus ou moins innovant des stratégies régionales.

Dans tous les cas de figures, il apparaît aujourd'hui en Europe une volonté des régions de mettre en place de véritables programmes de recherche-développement et de mobiliser à cet effet des ressources financières et matérielles. Cette détermination s'exprime à travers des travaux de prospective qui déterminent les axes à privilégier en fonction des atouts de la région. Il est possible d'observer trois stratégies.

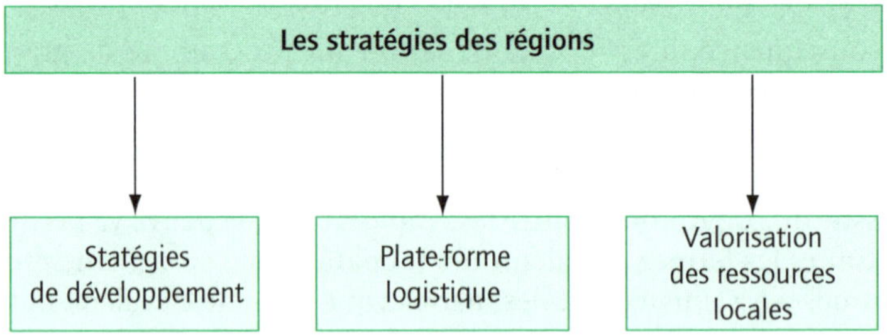

Les stratégies de développement de pôles technologiques correspondent à une concentration spatiale d'activité de recherche-développement. Il s'agit de faire circuler la connaissance entre les centres de recherche et les entreprises alors même que la concurrence peut exister entre les différents facteurs. Les moyens pour faire émerger ces pôles peuvent relever de l'initiative privée qui impulse la collaboration formation-recherche-entreprise et veille à sa cohérence. Une autre approche a été observée avec l'implantation d'entreprises, suivie quelque temps plus tard de la mise en place par l'État d'un système de formation de haut niveau.

FOCUS . . . FOCUS . . . FOCUS . . . FOCUS . . . FOCUS . . . FOCUS . . .

L'histoire de Sophia-Antipolis

Sophia-Antipolis compte aujourd'hui parmi les principaux pôles de haute technologie européens et figure comme un exemple de développement technopolitain. Il est une composante essentielle du pôle de compétitivité Solutions Communicantes Sécurisées (Du silicium aux usages), dont le label de pôle à rayonnement mondial reçu durant l'été 2005 consacre l'excellence dans le domaine des TIC (et plus particulièrement dans les technologies mobiles)(1).

L'histoire du cluster sophipolitain est pourtant marquée par une succession de paradoxes. Ainsi, Sophia-Antipolis est né dans les années 1970 pour être un centre d'activités de recherche-développement (R&D), à haute valeur ajoutée, dans une région dépourvue de culture et ressources industrielles ainsi que de tradition universitaire. Dans les années 1960, l'implantation d'un centre de recherche d'IBM, puis de Texas Instrument dans la région de Nice, va renforcer et crédibiliser une idée qui se fait jour à l'époque. Ce pays de « mer et de soleil », qui vivait essentiellement du tourisme, pouvait, à l'image de la côte ouest américaine, attirer des entreprises dans les secteurs de la recherche et des hautes technologies et générer un nouveau modèle de développement. Mais sans doute cette idée serait-elle restée en l'état sans l'influence d'un homme, Pierre Laffitte, alors directeur adjoint de l'École des mines de Paris, et d'une vision, celle d'un « Quartier Latin aux champs »(2), « d'une cité des sciences, de la culture et de la sagesse ». P. Laffitte l'a concrétisée dès 1969 dans un projet précis visant à promouvoir les activités de recherche-développement (R&D) et d'enseignement sur un site dédié. Selon une règle explicite établie par P. Laffitte, les activités à caractère innovant et le tertiaire supérieur sont prioritaires, les activités doivent être non polluantes, les activités à faible valeur ajoutée et peu créatrices d'emplois sont normalement exclues.

Une impulsion majeure au projet va être donnée par l'engagement important de France Télécom qui crée à Sophia-Antipolis une « zone de télécommunications avancées » (ZTA)(3), et dote ainsi le projet d'infrastructures de réseaux de télécommunications exceptionnelles.

Soleil, mer, aéroport international (et plus généralement infrastructures de transport de qualité liées à l'industrie du tourisme) et tradition culturelle cosmopolite constituaient le capital du territoire ; les infrastructures de télécommunications vont s'y rajouter en tant qu'actif clé qui va constituer un avantage compétitif fort, au service d'un marketing territorial efficace.

Soulignons enfin que ce projet de technopole s'inscrit alors dans un contexte d'action publique promouvant la décentralisation. Côté recherche, l'École des mines de Paris, l'INRIA, le CNRS installent différents laboratoires ; côté entreprises, Air France, Organic (société d'assurance)..., implantent à Sophia-Antipolis qui, leur centre de réservation, qui leur centre de ressources informatiques.

Pour nombre de ces organisations industrielles, la stratégie de délocalisation est guidée par la politique publique mais le choix du territoire semble directement lié à l'offre d'infrastructures attachée à Sophia-Antipolis. L'offre d'infrastructure de télécommunications sur le site de Sophia-Antipolis va contribuer à drainer des implantations qui auraient pu se faire ailleurs en Europe.

(1) Aujourd'hui, Sophia-Antipolis accueille environ 1 300 sociétés et 27 000 salariés. Avec quelque 25 % des raisons sociales du parc, les technologies de l'information représentent quasiment la moitié des emplois. Si l'on prend comme indicateur de l'activité de recherche des entreprises la répartition nationale du crédit impôt recherche, Sophia-Antipolis est en 3e position. Selon la dernière analyse de l'OST, Sophia représentait, en 1999, 0,5 % des demandes de brevets européens de la France et 3,3 % des publications des SPI.

(2) Selon l'expression utilisée par Pierre Laffitte dans son article publié en 1960 dans le journal *Le Monde* et intitulé « Le Quartier Latin aux Champs ». L'association Sophia-Antipolis est créée en juillet 1969 avec, pour références, les modèles américains de la Route 128 près de Boston et de la future Silicon Valley.

(3) Zone dans laquelle plusieurs organisations peuvent partager l'accès à une infrastructure télécommunication à haut débit.

Trois facteurs clés doivent être réunis pour le développement de ces pôles. En premier lieu, le volet formation-recherche doit être assuré par un grand pôle d'enseignement supérieur et de recherche et la mise en place d'infrastructures scientifiques et techniques afin de mettre à disposition une masse critique suffisante de personnel qualifié. La construction d'un parc industriel autour de quelques grandes entreprises pilotes constitue le deuxième facteur qui va permettre la mise en œuvre d'un réseau d'entreprises innovantes. Ensuite, mais peut-être aurions-nous dû commencer par cela, il est important de faciliter l'accès à différentes sources de financement (capital-risque) sachant que la mise en réseau elle-même va contribuer à instaurer des relations de confiance entre financier et entrepreneur.

Le positionnement d'une région comme plate-forme logistique est un autre choix dans les stratégies que peuvent adopter les régions. Outre le positionnement géographique, l'importance des aides publiques est essentielle pour attirer les grands groupes. Ces aides peuvent parfois atteindre près de 10 % de l'investissement réalisé par les firmes. À cela doivent enfin s'ajouter des efforts importants en matière d'infrastructure de manière à assurer la performance logistique. Au regard des fonds publics qu'il est nécessaire de mettre en œuvre, il est rare que la région assure à elle seule la totalité de l'effort financier. Les aides viennent aussi de l'État, voire de fonds européens.

La dernière politique régionale consiste à valoriser les ressources locales ou ce que l'on appelle les ressources fixes. Il s'agit des stratégies adoptées par des territoires de petite taille disposant de faibles ressources financières et dépendant de facteurs naturels. Pour ces régions, il ne reste plus qu'à valoriser les actifs immobiles du territoire (d'où la formule « ressources fixes ») comme l'agriculture et le tourisme. Cette stratégie, qui peut sembler modeste au premier abord, s'avère quelquefois plus ambitieuse si à la valorisation des ressources locales viennent se greffer des activités complémentaires. Ainsi, le littoral sud de la côte atlantique française, qui n'avait que ses vagues à offrir comme ressources fixes, a su développer tout un pôle sur les sports de glisse autour de quelques très grandes firmes internationales du secteur.

Les différentes politiques régionales envisagées montrent bien l'existence d'inégalités en matière de développement, inégalités qu'il est parfois difficile de combattre au regard de certaines caractéristiques géographiques et historiques. L'élargissement de l'Europe donne plus d'ampleur encore à ce problème. Malgré la faiblesse de la politique structurelle européenne, on peut se demander si celle-ci doit avoir pour objectif le décloisonnement ou si elle doit accepter la polarisation des activités économiques dans certaines régions seulement. La réponse à cette question peut sembler évidente tant la puissance publique doit garantir un développement harmonieux sur le long terme. Toutefois, une volonté trop affirmée de parvenir à une convergence sur le long terme entraîne quelques effets pervers. Ainsi, le décloisonnement de certaines régions grâce aux investissements dans les infrastructures de transport contribue à réduire les coûts de celui-ci mais rend par là même possible l'approvisionnement de ces régions par d'autres alors que, jusqu'alors, celui-ci était assuré grâce aux productions locales.

Sur le plan de l'efficacité économique, les aides qui se dirigent vers des zones moins développées provoquent un effet d'éviction dans la mesure où elles seraient mieux employées dans des régions plus performantes. Dans cet esprit, l'effort des pouvoirs publics européens devrait avoir pour objectif d'accroître la mobilité des hommes même si cela a pour conséquence de stimuler encore un peu plus les phénomènes de concentration. La priorité aujourd'hui, dans une économie de la connaissance, est d'accroître les investissements dans les infrastructures de réseaux afin de permettre une diffusion plus grande des technologies de l'information et de la communication, et d'abandonner ainsi plus facilement l'objectif illusoire d'une occupation homogène de l'espace économique européen.

Plus globalement, il ne doit pas s'agir de freiner les ambitions des grands pôles technologiques mais de stimuler le développement de centres d'excellence locaux, projets peut-être moins ambitieux mais plus cohérents.

FOCUS . . . FOCUS . . . FOCUS . . . FOCUS . . . FOCUS . . . FOCUS . . .

Les instruments de la politique régionale européenne

Les conclusions du conseil de Berlin précisent que les fonds structurels seront davantage concentrés dans les zones qui en ont le plus besoin au moyen d'une réduction du nombre des objectifs à trois contre six auparavant.

Le premier d'entre eux « vise à promouvoir le développement et l'ajustement structurel dans les régions en retard de développement ». Entre 1994 et 1999, près de 62 % de ces fonds ont été dirigés vers les régions dont le PIB par tête se situait en dessous de 75 % de la moyenne européenne. Entre 2000 et 2006, sur la base d'une hypothèse de travail prévoyant les premières adhésions en 2002, les régions en retard de développement devraient mobiliser près de 70 % des fonds structurels. Le second objectif vise « à soutenir la reconversion économique et sociale des zones en difficulté structurelle ». Il concerne « les zones en mutation socio-économique dans les secteurs de l'industrie et des services, les zones rurales en déclin, les zones urbaines en difficulté et les zones en crise dépendant de la pêche » et représente près de 12 % des fonds. Enfin, le troisième objectif vise « à soutenir l'adaptation et la modernisation des politiques et systèmes d'éducation, de formation et d'emploi » et représente lui aussi environ 12 % de la dotation.

Alors que les fonds structurels peuvent bénéficier à tous les États membres, les fonds de cohésion viennent s'ajouter aux fonds structurels pour les pays dont le PIB par tête n'excède pas 90 % de la moyenne européenne.

Pour la période 2014-2020, le fonds de cohésion couvre la Bulgarie, Chypre, la Croatie, l'Estonie, la Grèce, la Hongrie, la Lettonie, la Lituanie, Malte, la Pologne, le Portugal, la République tchèque, la Roumanie, la Slovaquie et la Slovénie.

Le fonds de cohésion alloue au total 63,4 milliards d'euros à des activités relevant des catégories ci-après :

– les réseaux transeuropéens de transport, et notamment les projets prioritaires d'intérêt européen désignés comme tels par l'UE. Le fonds de cohésion financera des projets d'infrastructure ;
– environnement : dans ce domaine, le fonds de cohésion peut aussi intervenir dans des projets liés à l'énergie ou aux transports, dans la mesure où ils présentent des avantages manifestes pour l'environnement.

L'aide financière du fonds de cohésion peut être suspendue par décision du Conseil (prise à la majorité qualifiée) si un État membre qui affiche un déficit public excessif n'a pas remédié à cette situation ni pris les mesures appropriées.

Rapport du Commissariat général au plan, « La France dans l'économie du savoir », groupe dirigé par Pascal Vignier.

3 Une nouvelle forme d'action publique : la promotion des pôles de compétitivité

Avant de devenir l'intitulé de la nouvelle politique industrielle français, le pôle de compétitivité était une notion théorique développée par G. Lafay (1981). La réflexion portait sur la manière de se positionner face à la concurrence internationale. Deux visions se sont très longtemps opposées avec une virulence accrue au cours des années 1970 : la stratégie de créneau et la stratégie de filière.

La notion de créneau renvoie à l'idée de spécialisation. Il s'agissait de repérer le produit ou le secteur faisant l'objet d'une demande croissante et encore en phase de décollage, avec par conséquent une offre limitée. Nous nous trouvions alors dans une stratégie microéconomique qui pouvait être difficilement stimulée par la puissance publique.

La notion de filière exprime l'enchaînement des différentes phases de production et d'échanges qui conduisent de la matière première au produit fini. La stratégie de filière est une stratégie que doivent mener en priorité les pouvoirs publics. L'idée repose sur la (re)conquête du marché intérieur, dans un premier temps par des actions protectionnistes et des mesures visant à favoriser la cohérence du tissu industriel national (opération de fusion par exemple).

Une fois dissipés les arrières-plans idéologiques, on s'aperçoit que les deux approches sont finalement très complémentaires. En effet, pour une industrie nationale, il est primordial de mettre en œuvre des stratégies sur les secteurs les plus prometteurs du commerce international (positionnement sur les bons créneaux) mais, dans le même temps, la recherche d'une plus grande compétitivité sur les secteurs choisis passe par une excellente maîtrise des activités situées en amont voire en aval (politique de filière). C'est cette synthèse que propose G. Lafay à travers la notion de pôle de compétitivité.

Le pôle de compétitivité correspond alors à l'ensemble des relations privilégiées au sein du tissu industriel constitué à l'intérieur d'une filière de production. Ces relations s'expliquent par la diffusion des effets des investissements réalisés par les entreprises d'une filière sur les autres. Ces effets sont d'autant plus forts que la détection puis la conquête d'un créneau nécessitent l'acquisition d'une forte compétitivité en amont. Le pôle de compétitivité apparaît donc sur le plan théorique comme l'ensemble des activités concernées par le créneau, cela tout au long de la filière.

FOCUS . . . FOCUS . . . FOCUS . . . FOCUS . . . FOCUS . . . FOCUS . . .

Repérer les pôles de compétitivité

A. Orléan (1986) a cherché à apprécier la compétitivité de cinq pays (Japon, Allemagne, France, Italie, Royaume-Uni) par la mise en évidence de pôles de compétitivité. L'analyse a porté sur 121 branches de l'industrie pour lesquelles l'auteur a mesuré tout d'abord le taux d'internationalisation (exportation/production).

Les branches pour lesquelles ce taux était inférieur à 20 % ont été considérées comme peu représentatives sur le plan du commerce international (produits peu échangés).

Pour les autres, A. Orléan a mesuré le taux de couverture des importations par les exportations. De ce taux, il en a conclu l'existence de trois nouvelles catégories : les points faibles (taux de couverture inférieur à 80 %), les produits équilibrés (taux compris entre 80 et 120 %), les points forts (taux supérieur à 120 %).

Les résultats peuvent être présentés de la manière suivante :

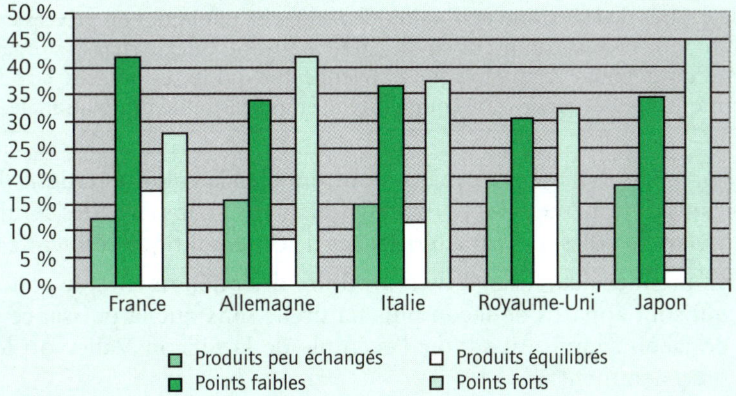

La conclusion est sans surprise, Allemagne et Japon confirment bien leur excellente spécialisation à travers le rôle prédominant des points forts. Mais l'analyse s'arrête ici faute de recul historique suffisant pour comprendre l'émergence des points forts.

Étude citée par M. Rainelli dans *Commerce international*, Éd. La découverte, 2000.

Le terme de pôle de compétitivité est aujourd'hui associé à la nouvelle orientation de la politique industrielle. Cette politique prend deux aspects, une politique de stimulation des secteurs en devenir et une politique régionale visant au développement de ces dernières autour de leurs compétences clés. Cette approche est en France déjà assez ancienne et l'on cite toujours à cet égard la technopole Sophia-Antipolis dont le succès a été une surprise au regard des faibles traditions industrielles et universitaires de la région Côte d'Azur.

La définition de cette politique résulte des travaux de la Datar qui s'était intéressée aux phénomènes de concentration et de polarisation dans certaines branches d'activités, concentration à la fois sectorielle et géographique. Dans un premier temps, c'est le concept de « systèmes productifs locaux » que la Datar met en évidence. Les systèmes productifs locaux répondaient à trois conditions, une concentration géographique des entreprises, une spécialisation poussée autour d'un métier ou d'un produit, des coopérations se traduisant par une mutualisation des moyens, des outils et du savoir-faire mis en œuvre par les entreprises d'une même branche.

À partir de cette délimitation a émergé l'idée que, si la polarisation des activités dans les grandes agglomérations, notamment en recherche-développement, était profitable, il pouvait être intéressant également de soutenir d'autres formes de concentration au service de la compétitivité. C'est ainsi qu'en décembre 2001, une nouvelle politique industrielle a vu le jour en France, politique qui se voulait à la fois globalisante et stimulante des initiatives locales par une action publique volontariste. L'originalité de ce que l'on appelle maintenant les pôles de compétitivité est qu'ils s'inscrivent dans une démarche autour de domaines de compétences convergents sur un même pôle géographique. L'objectif est de faire naître des synergies entre les centres de recherche, les universités et les entreprises.

« Un **pôle de compétitivité** est la combinaison, sur un espace géographique donné, d'entreprises, de centres de formation et d'unités de recherche publiques ou privées engagés dans une synergie autour de projets communs au caractère innovant. Ce partenariat s'organise autour d'un marché et d'un domaine technologique et scientifique qui lui est attaché et doit rechercher une masse critique pour atteindre une compétitivité et une visibilité internationale. »[(1)]

Les procédures d'appel à projets montrent bien la volonté étatique de laisser au final l'initiative au privé, même si les pouvoirs publics vont consacrer des sommes importantes afin de stimuler ces pôles. Les caractéristiques de cette politique résident en deux points :[(1)]

– en premier lieu, il s'agit de reproduire des phénomènes de concentration géographique qui sont apparus de façon plus naturelle sans que la puissance publique ne s'investisse de façon significative (voir l'exemple de la Silicon Valley ou les districts italiens cités précédemment) ;
– en second lieu, cette démarche visant à faire émerger des clusters reflète une volonté de mener conjointement une politique d'aménagement du territoire et une politique industrielle de recherche d'une plus grande compétitivité.

FOCUS . . . FOCUS . . . FOCUS . . . FOCUS . . . FOCUS . . . FOCUS . . .

Quelques exemples étrangers

• L'Espagne offre une bonne illustration de la promotion des réseaux d'entreprises par les collectivités locales et en particulier la région. En effet, dans ce pays, la politique de promotion de l'économie est transférée aux régions.

C'est dans ce cadre que le gouvernement de Galice a engagé en 1994 un programme en faveur des clusters. Cette politique industrielle cherche à améliorer la compétitivité des entreprises en stimulant les coopérations entre entreprises et universités. Bénéficient de cette politique les trois principaux clusters suivants : l'automobile (20 % de la production espagnole), les industries navales et le secteur du bois. De même, la région Catalogne a abrité dès la fin des années 1980 une quarantaine de clusters. Une réorientation stratégique a été opérée en 2004 vers quatre secteurs émergents : l'aéronautique (profiter de la proximité géographique avec la région toulousaine), les biotechnologies, l'agro-alimentaire, les énergies propres.

• Le système des clusters concerne également les pays émergents à commencer par la Chine. Dans ce pays se sont développés également des pôles de compétitivité qui revêtent différentes formes : les ZES (zones économiques spéciales) sortes de zones industrielles très généralistes, les ZDET (zones de développement économique et technologique) conçues surtout pour donner un cadre favorable aux investissements étrangers notamment, les ZDIHT (zones de développement industriel de haute technologie) organisées autour d'une spécialisation très précise. Plus généralement, on constate l'apparition de multiples parcs « high tech » stimulée par les autorités provinciales.

(1) N. Jacquet et D. Darmon, *Les pôles de compétitivité, le modèle français*, Études de la documentation française, Éd. La Documentation française, 2005.

L'essentiel/Summary

F. Braudel fait la distinction entre économie mondialisée et économie monde. La première fait référence à l'espace économique mondial, la seconde renvoie à une zone géographique donnée mais qui s'est construite sur un ensemble de mécanismes cohérents. F. Braudel met ainsi en évidence la complexité du concept de territoire en économie. Dans une approche basique, il délimite l'espace dans lequel se déroulent les échanges. Dans une analyse plus poussée, il permet de mettre en évidence des modes de fonctionnement spécifiques. Les notions de mondialisation, de régionalisation, correspondent à cette seconde approche dans la mesure où elles mettent en perspectives les processus de division internationale du travail et les politiques commerciales mises en œuvre par les États. Les évolutions observées montrent le rôle majeur joué aujourd'hui par les firmes.

Dans le cadre de l'économie de la connaissance, des phénomènes de concentration géographique des activités de recherche sont apparus de façon très significative. Cette nouvelle forme de division internationale s'accompagne également de nouvelles stratégies d'entreprise construites à la fois sur des logiques de recentrage sur les compétences clés et d'intégration en réseaux. Ces choix en matière de localisation s'expliquent par les compétences distinctives des territoires et contribuent dans le même temps à les valoriser.

En conséquence, la volonté toujours affirmée de la puissance publique de raisonner dans une logique territoriale prend dorénavant une nouvelle ampleur. L'action régionale de l'État s'était traditionnellement exprimée à travers les politiques d'aménagement du territoire ou de soutien aux zones victimes du déclin industriel de certains secteurs. L'orientation aujourd'hui est différente, il s'agit de comprendre les attentes des entreprises pour rendre attractif le territoire mais aussi de contribuer à rendre plus performante la mise en réseau des entreprises comme tente de le faire le projet français de pôles de compétitivité.

F. Braudel distinguishes between **the** globalised economy and **a** world economy. The former refers to the global economic environment, and the latter to a given geographic area, but one which has taken shape according to a set of coherent mechanisms giving it a certain organic unity. Through this distinction Braudel thus shows how complex the concept of "territory" is in economics. In his study he first defines in a basic approach the space within which exchanges take place in a given period of history. In a more in-depth analysis, he then shows the existence of specific economic mechanisms. The notions of globalisation and of regionalisation correspond to this second approach in so far as they put in perspective international division of labour processes as well as States' trade policies. The developments observed show the major role played by firms nowadays in the shaping up of economic territories.

Substantial geographic concentration of research activities has been a feature of the knowledge economy. This new form of international division has also gone hand in hand with new corporate strategies based on firms both refocusing on core competence areas and integrating into networks. The motivation behind such localisation choices lies in the distinctive competences of regional territories, and at the same time they offer a favourable framework to enhance these territories' competitiveness.

L'essentiel/Summary

As a consequence, public authorities' continuously reaffirmed commitment to a regional perspective now takes on a new dimension. Traditionally, the State's regional action plans had taken the form of regional development policies or policies aiming to rejuvenate regions which had experienced industrial decline in some sectors. Today, the new emphasis is on understanding what firms' expectations are, so as to bolster the attractiveness of regional territories but also to increase the efficiency of enterprise networking, as the French "clusters" project has been trying to do.

RÉFÉRENCES CLÉS

MOTS CLÉS

En français	En anglais
Aménagement du territoire	Regional development
Avantage comparatif	Comparative advantage
Barrières commerciales / douanières	Trade barriers, customs barriers
Blocs commerciaux	Trade blocs
Centre d'excellence	Centre of excellence
Colbertisme	Colbertism
Concentration	Concentration, agglomeration
Commerce international	International trade
Concurrence internationale / mondiale	International / global competition
Créneau d'excellence	Area of excellence
Décentralisation	Decentralisation
DIPP (division internationale des processus de production)	IDPP (International division of production processes)
Échanges	Trade, commercial exchanges
Economie-monde	World-economy
Économie mondialisée	Global economy
Économies d'échelle externes	External economies of scale
État nation	Nation state
Impérialisme	Imperialism
Intégration régionale	Regional integration
Intervention de l'État	State intervention
Mercantilisme	Mercantilism
Mesures protectionnistes	Protectionist measures
Mise en réseau	Networking
Mondialisation	Globalisation
Patriotisme économique	Economic patriotism
Plateforme logistique	Logistics platform

☞

RÉFÉRENCES CLÉS

☞

En français	En anglais
Plateforme de réseau	Network(ing) platform
Pôle d'excellence	Centre / pole of excellence
Pôle industriel	Industrial cluster
Pôle technologique	Technological cluster
Politique régionale	Regional policy
Politique d'aménagement du territoire	Regional development policy
Protectionnisme	Protectionism
Régionalisation	Regionalisation
Réseau d'entreprises	Cluster, inter-enterprise network
Révolution industrielle	Industrial revolution
Stratégie de créneau	Focus / niche strategy
Stratégie de filière	Vertical integration strategy
Territoire économique et géographique	Economic and geographic territory
Stratégie de localisation	(Co-)Localisation strategy
Zone de libre échange	Free trade area (FTA)
Zone régionale de libre échange	Regional FTA

Cluster : terme anglais fréquemment utilisé en français, et englobant les notions de proximité, de mise en réseau et de spécialisation. Il correspond dans notre langue à diverses appellations, notamment : pôle de compétitivité, grappe d'entreprises, système productif local (SPL) (*Local Productive System* en anglais).

DATES CLÉS

Milieu et fin XIXe siècle : Colonisation et impérialisme

1963 : Création de la Datar

1975 : Création du Feder

1995 : Relance de la politique d'aménagement du territoire

2002 : Annonce du programme des pôles de compétitivité

RÉFÉRENCES BIBLIOGRAPHIQUES

• Commissariat Général du Plan, « La France dans l'économie du savoir pour une dynamique collective », La documentation française, 2002.

• N. Jacquet et D. Darmon, « Les pôles de compétitivité à la française », Éd. La documentation française, 2005.

RÉFÉRENCES CLÉS

- M. Rainelli, *Commerce international*, Éd. La découverte, 2000.
- J.M. Siroën, *La régionalisation de l'économie mondiale*, Éd. La découverte, 2004.
- C. Blanc, « Les pôles de compétitivité, l'industrie de demain », Rapport à consulter sur www.christian-blanc.net

SITES INTERNET

- ec.europa.eu/eurostat (pour la version européenne)
- www.conseil-economique-et-social.fr/ (pour la vision globale des politiques françaises en matière de régularisation)
- www.cae.gouv.fr (*id.*)
- www.territoires.gouv.fr/ (pour une vision précise des politiques de pôles de compétitivité)
- www.diact.gouv.fr/ (*id.*)

APPLIQUER LE COURS

Application 4 Thèmes et questions de réflexion

1. Quels territoires prendre en compte dans l'analyse économique?
Which « territories » are to be taken into account in economic analysis?
2. L'amélioration de la compétitivité passe-t-elle par une intervention de l'État?
Can competitiveness be improved through State intervention?
3. Quelle politique européenne pour les régions
What are the best European policies for regions?
4. Quelles stratégies des firmes dans leur décision de localisation?
What are the firms' strategies when they decide to relocate?
5. Faut-il délocaliser les activités de recherche et développement?
Should research and development departments be relocated?
6. Quelles sont les spécificités des pôles de compétitivité à la française?
What are the specificities of French-style clusters?
7. Sur quelle base se fait aujourd'hui la division internationale du travail?
What is the international division of work based on today?
8. Pourquoi travailler en réseau?
Why should we work inside a network?
9. Quelles sont les limites d'une politique d'aménagement du territoire?
What are the limits of a regional development policy?
10. Le patriotisme économique a-t-il un sens?
Does economic patriotism mean anything today?

Une réponse succincte aux cinq premières questions est proposée en fin d'ouvrage.

Cas 4 Extraits de texte en anglais

Europe's outposts not always in Clusters : The allure of manufacturing out in the sticks

Ireland's Atlantic coast is sheep-rearing and pilgrim country. The drive to Tuam, a modest town of 9,550 residents, reveals mostly lush fields, low hills, stone walls and mist. Yet this unlikely spot has a hi-tech industrial side. Off Tuam's main road a bunch of warehouses contains some 400 software engineers, researchers and artificial-intelligence experts, drawn from 35 countries. Next door is a manufacturing plant employing 650 people producing circuit boards, cameras and sensors for driverless cars.

The set-up in Tuam is operated by Valeo, a French car-parts firm with a market value of €12 billion ($13.4 billion), which brought in €500m in sales last year from producing 100m such products globally. Tuam is "our biggest R&D centre for surround cameras, with huge production capacity", says Jacques Aschenbroich, the firm's CEO. Tuam has also become Valeo's global mother plant, overseeing its sensor factories in Hungary, Mexico and China.

What possessed the French firm to keep such operations in a spot so far from customers such as BMW, Range Rover and Google, away from big pools of labour, and a lengthy drive from Dublin? History is one answer : in 2007 Valeo bought Connaught, a successful local firm making cameras for cars, and preferred to expand there rather than move. Fergus Moyles, who runs things in Tuam (and managed the old firm), says that attracting talent is not hard. Nearby Galway University offers useful ties. Property prices are low, which appeals to foreign engineers, for example from India, who intend to save while in Ireland. Land prices help when building new facilities.

Setting up shop in a remote location like Tuam runs counter to conventional thinking about the gains from industrial clusters. But Valeo is not the only firm to see benefits from sticking operations in remote spots. Turbomeca, the helicopter-engine unit of Safran, a big French defence firm, is based in the Pyrenees on the French-Spanish border. That location, Bordes, with just 2,700 residents, makes Tuam look like a metropolis. Again, history explains the initial choice of location : Turbomeca was founded pre-war, then moved to a remote spot to avoid invading Germans. Being in the boonies means sympathetic local officials and staff who are extremely loyal.

For high-end manufacturing firms that rely on highly skilled workers, a location with an appealing climate, good housing and other compelling virtues, like schools for young families, is a big draw. Another example is Medtech, a startup that makes surgical robots for spine and brain operations. Its "Rosa" products are widely used in American and European hospitals. The firm's founder, Bertin Nahum, started and built the firm on the outskirts of Montpellier, a picturesque town on the Mediterranean coast.

Wouldn't Mr Nahum really be better off joining a cluster of other medical technology companies, for example in Grenoble, or around Paris? "I would much rather be here," he says, talking warmly of support from the local mayor and of how attracting talent is no trouble at all. His robots can be flown to hospitals easily from Marseille airport. For some, the periphery appeals more than the centre.

Adapted from The Economist, Sept 29th 2016.

1) Questions de compréhension

Retrouvez la définition correspondant aux mots suivants :

outpost	suburbs
cluster	in the countryside
allure	far away
in the sticks,	upmarket, top-end
warehouse	suburbs
oversee	premises
facilities	building where goods are stored
remote	a distant station
in the boonies	pool of companies
high-end	attraction
outskirts	supervise

2) Questions grammaticales

"Make or do"

Placez les mots de la liste dans l'une ou l'autre colonne suivant l'usage courant :

a service, research, a decision, a policy, business, an effort, nothing,
a mistake, one's best, a job, a complaint, a fuss

MAKE	DO

Faux amis

Retrouvez les équivalents français des mots suivants (attention aux pièges !) :

Anglais	Français
ex : allure	**attirance**
plant	raisonnable
appeal	reprendre
chance	hasard
actually	finalement
hazard	retard
eventually	se reposer
resume	en réalité
sensible	attirer
rest	usine
delay	danger

3) Questions économiques

1. Quelles sont les raisons qui expliquent le choix d'implantation de Valeo ?

   What are the reasons which explain the choice of location of Valeo ?

2. Pourquoi la plupart des entreprises font-elles un choix opposé à celui de Valeo ?

   Why do most companies make a different choice from that of Valeo ?

3. À l'heure de l'économie de l'immatériel, n'est-il pas paradoxal de donner de l'importance aux territoires pour attirer les firmes ?

   At the time of the intangible economy, is it not paradoxical to focus on territories to attract companies ?

4) Thème de réflexion

À partir du texte et de vos connaissances, vous présenterez une réponse structurée au sujet suivant : « L'État face à la polarisation régionale ».

CHAPITRE 5

Les déséquilibres spatiaux, sociaux et environnementaux

La croissance constitue traditionnellement un enjeu clé pour les économistes compte tenu de ses liens étroits avec la plupart des grandes problématiques économiques, d'une part, et des choix politiques et sociaux qu'elle implique, d'autre part. Ainsi, la croissance peut-elle être mise en relation avec les questions de l'emploi et du chômage, de l'évolution conjoncturelle, de la répartition des revenus, du changement technologique, de la mondialisation, des ressources énergétiques, etc.

Traiter de la croissance et de ses effets suppose, pour commencer, de bien préciser la **terminologie** en matière de croissance et les **indicateurs de mesure** correspondants. C'est l'objet du titre A.

La croissance est loin d'être un phénomène linéaire, aussi est-on conduit à s'interroger, non seulement sur l'augmentation tendancielle de la production, mais aussi sur les périodes de crise particulièrement fréquentes avec la fin du XXe siècle dans une seconde partie intitulée « Théorie économique, croissance et crise ».

Le constat d'importants **déséquilibres** liés à la croissance est abordé dans les trois grands titres suivants consacrés respectivement aux inégalités de développement, aux déséquilibres sociaux internes et enfin aux déséquilibres environnementaux.

La croissance et les problèmes qu'elle suscite constituent certes un phénomène macroéconomique mais ils renvoient aussi aux pratiques et aux stratégies des acteurs, notamment les **entreprises.** C'est pourquoi un titre F est consacré à la question de la responsabilité sociale et environnementale des entreprises, déclinaison **microéconomique** du développement durable.

A LA MESURE DE LA CROISSANCE ET DE SES EFFETS SOCIAUX ET ENVIRONNEMENTAUX

L'analyse de la croissance repose, pour commencer, sur des conventions terminologiques (l'objet à mesurer) avec derrière un certain regard sur les finalités de la croissance.

Les choix conceptuels appellent le recours à certains types d'indicateurs de mesure, principalement le PIB. Les limites du PIB permettent de comprendre tout l'intérêt d'indicateurs complémentaires ou alternatifs.

1 Terminologie et indicateurs de mesure

Les mots pour qualifier la croissance sont nombreux et divers selon que sont privilégiés les aspects quantitatifs ou qualitatifs. La désignation la plus courante reste cependant la vision quantitative dont on précise les indicateurs de mesure.

1.1 Les mots de la croissance

Tout un ensemble de termes d'usage courant chez les économistes fait intervenir de près ou de loin la notion de croissance : le terme de croissance économique lui-même mais également ceux d'expansion économique, de développement économique, social ou durable, voire ceux de progrès et de productivité.

On peut les différencier suivant l'objet pris en compte (dimensions quantitative ou qualitative) et l'horizon temporel concerné.

Traditionnellement, les économistes privilégient la dimension **quantitative**, soit l'idée d'une augmentation de la production. Deux appellations sont particulièrement utilisées : celles de croissance et d'expansion.

La **croissance** est l'augmentation soutenue de la production d'un pays d'une année sur l'autre.

La **croissance économique** est employée couramment pour désigner une croissance sur une longue période (plusieurs années).

La notion d'expansion se distingue de celle de croissance car elle correspond à la seule phase ascendante du cycle économique et implicitement de courte durée.

L'**expansion économique** est une augmentation conjoncturelle de la production d'un pays.

D'autres qualificatifs de la croissance renvoient aux conditions et aux effets mêmes de la croissance.

En ce sens, ils intègrent des dimensions **diversifiées** et **qualitatives** du phénomène (même si elles font l'objet d'opérations de quantification et de comptabilisation).

Ainsi, les termes de « **développement** » respectivement économique, humain et durable, illustrent le hiatus entre la seule mesure quantitative de la croissance de la production… et l'obtention effective de progrès en matières économique, sociale et environnementale pour les populations.

1.2 Les indicateurs traditionnels de mesure de la croissance

Les indicateurs de référence correspondant à la mesure de la croissance (dimension quantitative) sont respectivement le produit intérieur brut (le PIB) et le revenu national brut (RNB).

Le **PIB** est l'évaluation de la production d'un pays destinée à un usage final.

Il peut être calculé de trois façons différentes, la première consistant à calculer la valeur ajoutée, en d'autres termes la différence entre la production totale des entreprises et leurs consommations intermédiaires[1].

PIB = $\sum$ valeurs ajoutées brutes = Production – Consommations intermédiaires

Le RNB est un indicateur qui recouvre un champ légèrement différent : on fait intervenir ici le critère de nationalité et non celui de résidence.

Le **revenu national brut** (**RNB**) s'obtient en ajoutant au PIB les revenus des facteurs en provenance du reste du monde et en déduisant les revenus des facteurs versés au reste du monde.

Le calcul de ces indicateurs fait intervenir différents calculs et choix complémentaires qui sont résumés dans le tableau suivant.

Différents calculs et usages en matière d'indicateurs de la croissance économique

Composantes	Critères d'enregistrement de la production	Prise en compte de l'évolution des prix	Prise en compte de l'usure du capital fixe	Prise en compte de la population
PIB marchand	Nationalité (RNB)	Élimination de la variation des prix (PIB en volume)	Prise en compte (PIN)	Prise en compte (PIB par habitant)
PIB non marchand	Résidence (PIB)	Absence d'élimination (PIB en valeur)	Non-prise en compte (PIB)	Non-prise en compte (PIB)

Ces indicateurs de mesure renvoient tous à la perception traditionnelle de la croissance; ils restent dominants malgré l'émergence d'autres indicateurs renvoyant à la problématique du développement.

(1) Pour un exposé des autres méthodes, se référer par exemple au chapitre traitant de la croissance dans le manuel des mêmes auteurs, *DCG 5, Économie, Dunod éd.*, 6e édition, 2017.

2 Les limites du PIB

Ces insuffisances sont de plusieurs ordres et sont bien connues :

Facteurs non pris en compte par le PIB et le RNB

- (1) Prise en compte des seuls phénomènes quantitatifs
- (2) Productions hors marché (jardinage, bricolage, etc.)
- (3) Existence d'inégalités, état de l'hygiène et de la santé...
- (4) Effets négatifs de la croissance (pollution, gaspillage, etc.)

PIB et RNB donnent bien une mesure de la croissance mais ils rendent mal compte du développement notamment dans ses dimensions qualitatives et de long terme.

Le PIB constitue donc un indicateur imprécis de la santé d'une économie; en particulier, il ne dit rien de **la manière dont la richesse est utilisée et répartie**. Il ne rend pas compte des coûts de l'augmentation de la production sur le patrimoine et les conditions de vie.

C'est pourquoi les économistes et les institutions internationales ont développé plusieurs indicateurs complémentaires ou alternatifs.

3 Les indicateurs complémentaires et alternatifs

À la différence du PIB, ces autres indicateurs cherchent à évaluer tout ou partie des dégâts sociaux et environnementaux engendrés par la croissance, y compris lorsque cette appréciation ne fait pas intervenir d'éléments marchands ou monétaires. Cette perspective a été renforcée par les travaux de la commission Stiglitz (2009).

3.1 Les indicateurs de développement humain

Le plus connu ouvrant sur des comparaisons internationales reste l'indicateur de développement humain (IDH) établi à partir des travaux d'Amartya Sen (prix Nobel d'économie en 1998) et produit par le Programme des Nations Unies pour le développement (PNUD).

FOCUS . . . FOCUS . . . FOCUS . . . FOCUS . . . FOCUS . . . FOCUS . . .

La formule de l'IDH

L'IDH est obtenu en faisant la moyenne géométrique de trois indices :

- un indice de niveau de vie (Inv) basé sur le PIB par habitant;
- un indice santé (Is) basé sur l'espérance de vie à la naissance;
- et un indice d'**éducation** (*Ie*) reposant à la fois sur le taux d'alphabétisation des adultes et le taux de scolarisation des jeunes :

$$\text{IDH} = \sqrt[3]{Inv + Is + Ie}$$

L'**indicateur de développement humain** (IDH), calculé en faisant la moyenne de quatre paramètres, donne une mesure du développement intégrant, outre le niveau de vie (PIB par habitant), une saisie de l'état sanitaire (espérance de vie) et de l'éducation (taux d'alphabétisation et de scolarisation).

Le développement ne repose plus par conséquent sur des critères seulement monétaires. Il bouscule les classements y compris au sein des pays développés en plaçant en tête notamment les pays scandinaves… loin devant des pays comme les États-Unis ou le Japon.

L'IDH a ouvert la voie à de multiples indicateurs faisant intervenir des pondérations différentes des composantes du bien-être telles l'*Index of Human Progress* (IHP), l'*Index of Social Progress* (ISP), etc.

3.2 Les indicateurs de développement durable

D'autres indicateurs cherchent à aligner le calcul de la croissance sur la perspective d'un développement durable (voir titre E).

C'est le cas par exemple des « **indicateurs de bien-être économique durable (IBED)** », sortes de PIB corrigés en retranchant les dépenses défensives ou réparatrices d'un environnement économique dégradé ou d'inégalités sociales croissantes.

L'IBED est calculé à peu près comme suit :

IBED = Consommation marchande des ménages
+ Services du travail domestique
+ Dépenses publiques non défensives
– Dépenses privées défensives
– Coûts des dégradations de l'environnement
– Dépréciation du capital naturel
+ Formation de capital productif.

Cet indicateur reste cependant une construction complexe et pose des problèmes évidents d'évaluation de certaines composantes.

De même, pour intégrer la contribution d'un pays à la consommation de ressources naturelles et environnementales, on peut calculer l'empreinte écologique à la suite des travaux du Fonds mondial pour la nature (WWF).

L'**empreinte écologique** est en quelque sorte un indicateur mesurant la surface de la planète, exprimée en hectares, dont une population a besoin, compte tenu de son mode de vie, pour satisfaire sa consommation en ressources de la nature (produits du sol, forêts, etc.).

L'empreinte écologique ne doit pas être confondue avec **l'empreinte carbone** qui mesure le volume d'émission de gaz à effet de serre dont le mode de vie est responsable.

L'intérêt de ce dernier indicateur est de mettre en relation le développement actuel avec l'état des ressources naturelles disponibles et, partant, d'évaluer l'orientation (ou non) des économies dans une perspective de développement durable.

3.3 Les perspectives ouvertes par les travaux de la commission Stiglitz

La question des limites du PIB et de l'intérêt de recourir à d'autres types d'indicateurs a fait l'objet d'une importante contribution avec les travaux de la commission Stiglitz, auteur du rapport du même nom (rapport publié en 2009).

FOCUS . . . FOCUS . . . FOCUS . . . FOCUS . . . FOCUS . . . FOCUS . . .

Le PIB français assorti de 10 indicateurs complémentaires

À la suite du rapport Stiglitz et de la loi 2015 (visant à la prise en compte des nouveaux indicateurs de richesse dans la définition des politiques publiques), l'Insee publie chaque année 10 indicateurs complémentaires au PIB appelés « **indicateurs de richesse** ».

Ces indicateurs sont d'ordre **économique** (taux d'emploi des 15-64 ans, dépenses de recherche en pourcentage du PIB, dette publique en pourcentage du PIB), d'ordre **social** (espérance de vie en bonne santé, satisfaction dans la vie, inégalités de revenus, taux de pauvreté, sorties précoces du système scolaire) et d'ordre **environnemental** (émissions de gaz à effet de serre, artificialisation des sols en pourcentage du territoire).

Les prolongements du rapport Stiglitz constituent un progrès mais ils laissent toujours un rôle essentiel au PIB d'autant que les 10 indicateurs de richesse viennent seulement le compléter.

L'évolution du PIB continue à dominer le débat public !

B THÉORIE ÉCONOMIQUE, CROISSANCE ET CRISE

La croissance est tout sauf un phénomène linéaire, d'où la nécessité d'en connaître les ressorts. C'est tout l'intérêt de l'analyse des cycles économiques et, au-delà, des théories de la croissance. En outre, la fréquence des crises justifie des développements spécifiques.

1 L'analyse des cycles

Après une présentation des différents types de cycles économiques, il devient possible de fournir les grands types d'interprétation en la matière.

1.1 Cycles et *trend*

L'observation des courbes de croissance fait apparaître une tendance de long terme à l'accroissement des quantités produites (le *trend*) et **différents cycles de périodicités différentes** qui se traduisent par l'alternance de phases d'expansion et de dépression.

Cycles et *trend*

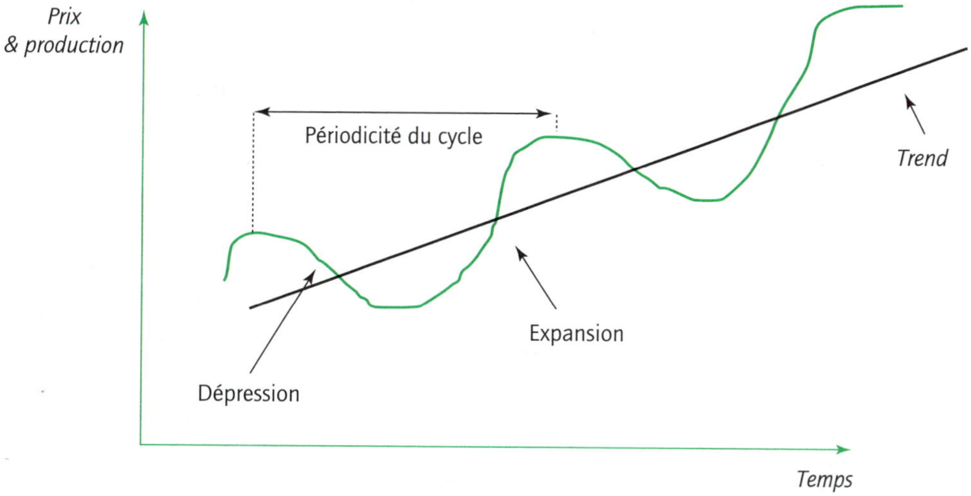

Ces cycles se caractérisent par une première phase de croissance forte (ou d'expansion) durant laquelle on peut observer un mouvement d'augmentation de la production et des prix, suivie d'une deuxième phase qualifiée de dépression (ou récession) marquée par un accroissement faible, voire négatif, de la production et des prix.

Si, au XIXe siècle, les cycles apparaissent marqués et de forte amplitude, au XXe on repère pour l'essentiel des phases de faible et forte croissances (le *trend* croissant s'affirme).

FOCUS . . . FOCUS . . . FOCUS . . . FOCUS . . . FOCUS . . . FOCUS . . .

Les grandes familles de cycles

Elles doivent leur nom aux économistes qui les ont découvertes : le Soviétique Kondratieff, le Français Juglar et l'Américain Kitchin.

- Il y a d'abord les cycles longs, dits « cycles de **Kondratieff** », qui présentent une forte amplitude (durée : 50 ans) avec deux phases respectivement d'expansion et de dépression.
- Il y a ensuite des cycles plus courts, « cycles de Juglar » (durée de 10 ans) et « cycles de **Kitchin** » ou « cycles ultracourts » (d'environ 3 à 4 ans).

Ces cycles sont en quelque sorte encastrés les uns dans les autres, mais ils ne sont, ni toujours parfaitement identifiables, ni toujours réguliers.

1.2 L'interprétation théorique des cycles

Les analyses qui sont faites de ces cycles fournissent de premières clés pour comprendre les irrégularités et déséquilibres qui affectent l'activité économique. Il faut de ce point de vue distinguer deux grands cas de figure.

a) L'interprétation des cycles courts

Les cycles de Kitchin sont commandés par l'alternance de mouvements de stockage et de déstockage, alors que les Juglar traduisent plutôt des phases de redimensionnement de l'appareil de production à la hausse (respectivement à la baisse). Derrière ces constats, on retrouve de grands types d'explications par la monnaie, par la demande (les keynésiens) ou par l'offre (les libéraux) :

- pour les keynésiens, ce sont les mouvements de la **demande** et notamment de l'investissement (composante la plus instable), sous les effets des anticipations négatives des entrepreneurs (en termes de ventes), qui commandent les cycles économiques;
- pour les libéraux c'est l'**offre** au contraire qui est en cause : la croissance des coûts (par exemple salariaux) en réduisant les marges des entreprises conduit *in fine* à la baisse de l'investissement.

b) L'interprétation des cycles longs

Les cycles longs font l'objet également de différentes interprétations avec, en particulier, l'**explication schumpétérienne** reposant sur les caractéristiques même du phénomène d'innovation (*cf.* chapitre 2). Dans l'optique schumpétérienne, les crises apparaissent inévitables et constituent un passage obligé entre expansion et dépression.

D'autres types d'interprétations renvoient à la prise en compte des grandes transformations techniques, sociales et institutionnelles du système capitaliste (thèse de « **l'école de la régulation** »).

Au-delà de ces analyses explicatives des cycles, il convient d'insister sur le fait que le principe même de l'existence (ou non) de ces cycles constitue en lui-même un débat et cela pour différentes raisons : difficulté à cerner les cycles, caractère discutable de l'hypothèse de rendements décroissants dans des économies tertiarisées et soutenues par le développement des technologies de l'information et de la communication (TIC).

2 Les théories économiques de la croissance

Les différentes théories de la croissance dépassent le cadre éventuellement discutable d'une analyse économique fondée sur la seule interprétation de cycles. Elles s'efforcent de donner des éléments de réponse globaux à la question des origines de la croissance et de son caractère équilibré (ou non). Si l'on retrouve déjà des réflexions sur la croissance chez les économistes classiques, on s'attachera ici à restituer quelques grands travaux plus contemporains, essentiellement d'origine keynésienne ou néoclassique.

2.1 La thèse de la croissance déséquilibrée des keynésiens Harrod et Domar

L'un des objectifs centraux des travaux conduits par ces économistes keynésiens[1] dans les années 1940 est d'apprécier dans quelle mesure l'économie a tendance (ou non) à s'engager dans **une croissance équilibrée**, soit une croissance régulière suivant un taux maximum.

(1) E.D. Domar, « Expansion and Employment », *American Economic Review*, mars 1947 et R.F. Harrod, *Towards a Dynamic Economics*, Mac Millan, 1948.

FOCUS . . . FOCUS . . . FOCUS . . . FOCUS . . . FOCUS . . . FOCUS . . .

Le modèle d'Harrod

L'analyse Harrod distingue, dès le départ, trois taux de croissance :

– le taux de croissance réalisé (réel) ;
– le taux de croissance assurant le plein emploi ;
– le taux de croissance garanti (c'est-à-dire celui qui assure l'égalité entre l'épargne et l'investissement).

La possibilité d'une croissance équilibrée suppose que ces trois taux coïncident et donc que le taux de croissance garanti soit justement le taux de croissance

de plein-emploi ; or, la probabilité d'une telle égalité est faible car le taux de croissance garanti a peu de chances d'être atteint puisqu'il résulte de plusieurs facteurs différents et indépendants, et il y a peu de chances qu'il coïncide lui-même avec le taux de croissance de plein-emploi.

L'hypothèse de la croissance équilibrée est jugée improbable, d'où la thèse « d'une **croissance sur le fil du rasoir** ».

2.2 Le modèle néoclassique de la croissance équilibrée et le rôle des facteurs exogènes

Les travaux des keynésiens qui viennent d'être rappelés étaient fortement marqués par le contexte sombre de la crise de 1929 et par un *a priori* favorable à l'intervention de l'État. Les économistes néoclassiques, en particulier Robert Solow[1], vont développer une analyse profondément différente conduisant, à l'inverse, à la thèse de la croissance équilibrée.

a) Les hypothèses de travail des économistes néoclassiques

Les facteurs de production dans le modèle néoclassique

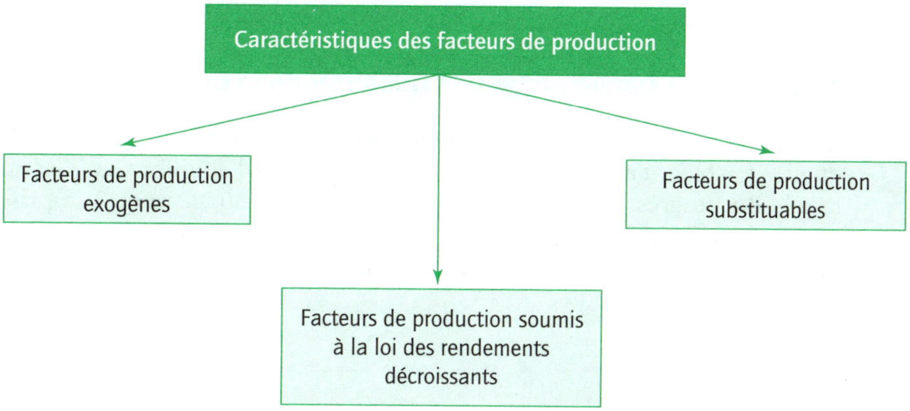

(1) R.M. Solow, « A Contribution to The Theory of Economic Growth », *Quaterly Journal of Economics*, février 1956.

b) Un modèle de croissance équilibrée

En premier lieu, les déterminants de la croissance : le travail comme le capital sont des facteurs **exogènes** dont l'accumulation produit la croissance.

De plus, comme dans l'univers néoclassique, la production fonctionne suivant **la loi des rendements décroissants** ; la productivité par tête au départ commence par s'élever avant de plafonner sous l'effet du processus d'accumulation du capital. L'accroissement continu du rapport capital/travail finit cependant par dégrader la productivité. Selon les néoclassiques, les économies développées sont donc conduites à **l'état stationnaire** et à n'évoluer qu'au rythme de l'augmentation de la population active. Cependant, comme l'élévation de la production apparaît bel et bien comme un processus durable, les néoclassiques, à la suite de Robert Solow, sont amenés à reconnaître l'impact d'un progrès technique exogène apte à contrecarrer la tendance à l'état stationnaire.

Enfin, les néoclassiques défendent la thèse « d'**une croissance équilibrée** » qu'ils justifient par l'hypothèse de parfaite substituabilité des facteurs (à la différence des keynésiens qui utilisent des fonctions de production à facteurs faiblement substituables).

2.3 La théorie de la croissance endogène

Dans les années 1980, plusieurs économistes, notamment Paul Romer, Robert Lucas et Robert Barro[(1)], néolibéraux mais aussi pour certains néokeynésiens, ont cherché à dépasser les hypothèses les plus irréalistes de la vision néoclassique et à fournir une analyse plus solide de la croissance en introduisant l'idée que le progrès technique sous différentes formes est une variable interne au système économique sur laquelle on peut agir (*cf.* chapitre 2).

L'intérêt de cette analyse est, non seulement de redonner une place et un rôle aux acteurs économiques (l'État et les entreprises notamment), mais aussi d'expliquer les différences de taux de croissance observés entre pays et ce en fonction justement de l'efficacité avec lesquels les supports du progrès technique (R&D, formation…) sont mis en œuvre.

2.4 Les courants de pensée face à la question de la croissance

Le débat sur la croissance fait intervenir en réalité de nombreux courants de pensée, le cœur du débat évoluant avec le contexte : les conditions de l'équilibre dans les années 1950-1960, le rôle du progrès technique à partir des années 1980…, jusqu'à la prise en compte des enjeux environnementaux dans les années 2000. On dresse ici un tableau synoptique de quelques courants particulièrement représentatifs.

(1) P. Romer, « Increasing Returns and Long Run Growth », *Journal of Political Economy*, 1986 ; R. Barro, « Government Spending in a Simple Model of Endogeneous Growth », *Journal of Polical Economy*, 1990 ; R. Lucas, « On The Mechanics of Economic Development », *Journal of Monetary Economics*, n°22, 1988.

Tableau synoptique des courants de pensée

Courant	Idées essentielles	Principaux auteurs
Schumpéterien (qualifié quelquefois de structuraliste)	La croissance repose sur l'innovation et le rôle des innovateurs. La croissance est soumise fondamentalement à des cycles.	J. Schumpeter (1912)
Néoclassique	La croissance dépend de facteurs exogènes soumis à la loi des rendements décroissants et garantissant une croissance équilibrée.	R. Solow (1956)
Croissance endogène	La croissance est un processus cumulatif résultant de multiples facteurs (capital humain, infrastructures publiques, recherche...) liés pour une large part au rôle de l'État.	P. Romer (1986) R. Barro (1990) R. Lucas (1988)
Keynésien et néo-keynésien	Pour les keynésiens, la croissance dépend fondamentalement du partage salaires/profits ; elle présente un caractère fondamentalement instable	R. Harrod (1939) et E. Domar (1946)
Écologiste	La croissance économique épuise les ressources naturelles. Elle n'est pas soutenable dans le long terme.	D. Meadows (1972), S. Latouche (2004)
Théorie de la régulation	La croissance est expliquée par les caractéristiques du mode d'accumulation.	M. Aglietta (1976), R. Boyer (1986)

3 L'interprétation économique des crises

La croissance économique cède la place à intervalles plus ou moins réguliers à des **crises économiques**. Ces crises peuvent être interprétées grâce à différents types d'analyses (théories des cycles et théories des crises). Cependant, la fin du XXe siècle se caractérise surtout par le retour des crises financières.

3.1 De crise en crise

a) Plusieurs types de crises

La notion de crise comporte plusieurs acceptions.

Le terme de **crise** désigne, soit le **point de retournement** de la conjoncture d'une économie, soit l'ensemble de **la période** durant laquelle une économie sombre dans la dépression ou la récession.

En allant plus loin, on observe une **variété extrême des crises** en fonction de l'espace géographique concerné (national ou international), de leur durée (conjoncturelle ou profonde et durable comme celle de 1929) ou encore de leur nature (économique, boursière, monétaire, etc.).

b) Une succession de crises

Du XIXe siècle au XXe siècle, les crises ont été nombreuses, avec un point d'orgue, la crise de 1929, alors que la croissance régulière, importante et durable des 30 Glorieuses a fait oublier un temps la possibilité même d'une crise... jusqu'à celle de 1973 qui constitue un véritable électrochoc. À partir de la fin des années 1980, les crises se succèdent à nouveau.

FOCUS . . . FOCUS . . . FOCUS . . . FOCUS . . . FOCUS . . . FOCUS . . .

Petites et grandes crises

- Au XIXe siècle et au début du XXe siècle, les crises se succèdent de façon rapprochée : 1857, 1864-1866, 1873-1877, 1882-1884, 1890-1893, 1900-1904, 1907, 1913, 1920-1922.
- La **crise de 1929**, qui ouvre la période de « la grande dépression », est une crise à part en raison de sa gravité, de son caractère généralisé et de sa durée. Elle s'étale sur plusieurs années et conduit à des changements économiques profonds (protectionnisme des années 1930, interventionnisme économique significatif par exemple aux États-Unis avec le *New Deal*, etc.).
- Après la Seconde Guerre mondiale, l'économie renoue avec la **crise**... seulement **en 1973** à la suite d'un premier choc pétrolier et sous des formes nouvelles, avec la coexistence pendant un temps d'un important chômage et d'une forte hausse des prix (notion de **stagflation**). En 1979, une nouvelle secousse intervient avec un second choc pétrolier.
- À partir de la fin des années 1980, les crises deviennent fréquentes, prenant de plus en plus la forme de **crises financières** : crise mexicaine (en 1994-1995), crise des « dragons » asiatiques (en 1997), crise russe (en 1998), crise argentine (en 2001), crise financière en 2002 avec l'effondrement des valeurs technologiques.
- Enfin, la **crise de 2008-2009** frappe par son importance (effondrement du commerce mondial, faillites nombreuses, remontée très marquée du chômage, etc.). C'est la crise la plus grave et la plus longue depuis celle des années 1930.

Les effets de la crise financière et bancaire sur l'économie réelle ont été contenus un temps grâce à la baisse massive des taux d'intérêt directeurs et des interventions massives des banques centrales d'une part, et à la mise en place de vastes plans de relance par les Etats d'autre part. Mais l'économie mondiale et tout particulièrement les pays européens ne sont pas sortis pour autant des difficultés économiques avec la mutation de la crise en crise de la **dette souveraine en 2010.** Cette situation a conduit les gouvernements notamment ceux de la zone € à s'engager dans des politiques de restriction budgétaire et d'austérité salariale aggravant au moins à court terme un chômage déjà massif et alimentant les pressions déflationnistes.

3.2 L'analyse des crises

Les crises sont toujours étroitement liées à un contexte ; il n'y a pas de théorie des crises comme l'on parle des « théories de la croissance ». Cela étant, l'économiste peut puiser dans le vivier des « théories des cycles » (puisque certaines crises peuvent s'intégrer dans une analyse en termes de cycles), mais également faire appel à des analyses souvent contextualisées des crises économiques.

On ne reviendra pas ici sur l'analyse des cycles et notamment la vision schumpétérienne présentées plus haut ; on rend compte plutôt de quelques grandes familles d'interprétation des crises économiques.

L'analyse économique des crises oppose fondamentalement les économistes pour lesquels toute crise est nécessairement **exogène** (extérieure à l'économie et en particulier au marché)…, à ceux pour lesquels elle découle de facteurs **endogènes**.

Parmi les premiers, on retrouve notamment des économistes libéraux qui raisonnent en termes de **chocs exogènes**, l'exemple type étant l'argument du choc pétrolier pour expliquer la crise de 1973. L'argument du non-respect des règles de marché est également invoqué : un excès de réglementation ou des interventions étatiques faussent le bon fonctionnement des mécanismes de marché. Dans la même perspective, les crises sont assimilées généralement à des crises de l'offre, qualifiées de « chocs d'offre » liés à des facteurs exogènes (crise climatique, conflit, etc.) mais également au progrès technique.

D'autres courants économiques influencés par les analyses keynésienne ou marxiste considèrent au contraire que les crises trouvent leur origine dans le système en lui-même. La crise est alors considérée comme **endogène** à l'économie de marché.

Ainsi, les keynésiens insistent sur les limites de l'autorégulation par les marchés et sur la possibilité d'un équilibre de sous-emploi.

Les marxistes ont des explications plus radicales en considérant que le système lui-même court à sa perte (suivant la fameuse loi de la baisse tendancielle du taux de profit). Quant au courant de la régulation influencé par le marxisme, il voit dans chaque grande crise la crise d'un **mode de régulation** (la crise de 1929 serait une crise du mode de régulation concurrentiel et celle de 1973, une crise du mode de régulation monopoliste).

Au-delà de ces grands clivages théoriques, il faut également reconnaître l'importance des spécificités et du contexte propre à chaque crise qui rentrent largement en ligne de compte dans les explications données. On prendra ici l'exemple de la crise de 1929.

FOCUS . . . FOCUS . . . FOCUS . . . FOCUS . . . FOCUS . . . FOCUS . . .

Spécificités et interprétations de la crise de 1929

Les grandes caractéristiques de la crise

La crise de 1929 conduit à la fois à une forte contraction de la production, à une baisse des prix (déflation), à un recul très important du commerce international et à un chômage massif.

Les différentes interprétations

- Pour John Maynard **Keynes** et les keynésiens, la crise de 1929 résulte avant tout d'une insuffisance de la demande.
- Pour les **marxistes**, c'est le système lui-même qui est en crise et la crise est inhérente aux caractéristiques mêmes du système capitaliste.
- Pour les économistes du **courant de la régulation**, la crise de 1929 est celle d'un mode de régulation, « le mode de régulation concurrentiel ».
- Pour les **libéraux**, dont le Français Jacques Rueff, c'est le blocage des mécanismes concurrentiels qui est en cause, à commencer par la forte rigidité des salaires (déjà) à l'époque.
- Milton Friedman et les **monétaristes** mettent en cause les responsables de la banque centrale américaine (le FED) et de la politique monétaire. Ils sont accusés d'en avoir trop fait, avant la crise… et pas assez ensuite.
- D'autres analyses encore mentionnent l'absence de leadership mondial à l'époque (thèse de Charles Kindleberger) ou l'absence de système monétaire international stable.

3.3 Le retour des crises financières

a) Différentes formes de crises financières

La fin des années 1980 voit le retour massif des crises dites « financières » qui frappent notamment nombre de pays émergents (d'Asie et d'Amérique du Sud) mais également les pays développés (avec la crise financière de 2002, celle de 2008-2009, la crise de la dette publique de la zone Euro en 2010.)

Les différents types de crises financières

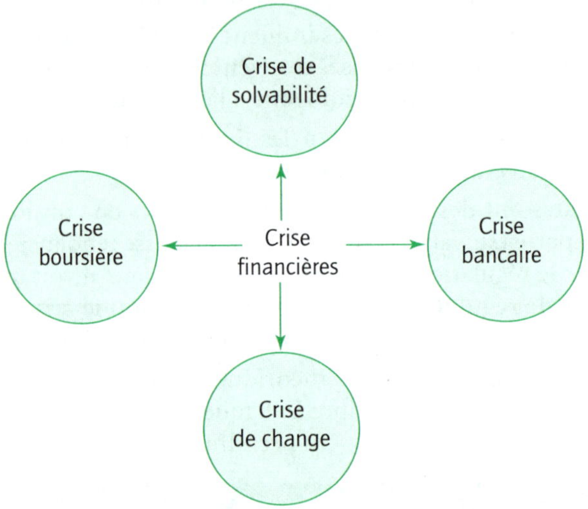

Ces crises financières sont de différentes natures : **crises boursières** (avec un effondrement brutal du cours des titres sur les marchés financiers), **crises bancaires** (avec l'entrée en faillite d'établissements bancaires), **crises de solvabilité** (difficultés de paiement d'États ou d'entreprises) et, enfin, **crises de change** (effondrement d'une monnaie).

b) Les origines des crises financières

Ces crises nombreuses, multiples souvent, se combinent ou plus exactement se succèdent. Elles peuvent être expliquées par le concours de différents facteurs dans le contexte très général d'une libéralisation totale des mouvements de capitaux.

La montée en puissance des marchés financiers et du financement par les marchés (accentuée par le phénomène de **titrisation**) s'est appuyée en particulier sur de très nombreuses innovations financières alimentant l'opacité des transactions, la spéculation mais aussi la formation puis d'éclatement des bulles financières (d'où les crises boursières).

La **titrisation** consiste à transformer un crédit en un titre de dette qui peut être ensuite acheté et vendu à tout moment par un investisseur.

La mondialisation des transactions de toutes natures a accentué les déséquilibres au plan des échanges extérieurs avec d'importants déficits porteurs d'endettement, quelquefois peu soutenables, d'où les crises de solvabilité de certains États mais, également, des crises de change marquées par l'effondrement de la monnaie nationale.

On pourrait aussi distinguer les facteurs de déclenchement des crises suivant le type de pays concerné. Les pays émergents souffrent particulièrement de la financiarisation de leur déficit (extérieur), de la mobilité extrême des capitaux mais aussi de l'inadaptation fréquente de leur parité monétaire ; quant aux pays les plus développés, ils se sont révélés également plus fragiles du fait de l'importance même des transactions financières, du recours massif à la titrisation et de la recherche systématique de taux de rentabilité élevés.

Enfin, il convient de rappeler qu'une crise financière se prolonge fréquemment par une crise économique en raison par exemple d'un rationnement du crédit ou encore d'une fuite des capitaux.

C CROISSANCE, CRISE ET INÉGALITÉS DE DÉVELOPPEMENT

Tous les pays ne sont pas égaux en matière de croissance, d'où l'intérêt de disposer de théories permettant de donner sens aux performances inégales des différents États. Le retour sur les statistiques permet justement de constater le rattrapage de certains pays, notamment asiatiques, mais également la persistance d'énormes inégalités de développement. La mondialisation, source de croissance et de richesse pour certains, est en même temps à l'origine de différents déséquilibres.

1 Les théories du développement

Traditionnellement, on oppose deux théories : celle du retard et celle en termes de dépendance. Dans les années 1990-2000, on note toujours le renouveau des thèses libérales en matière de développement étendues d'ailleurs aux anciennes économies socialistes ; tandis que l'appel au développement durable et aux institutions régulatrices se fait plus pressant.

Les difficultés économiques et financières à répétition depuis les crises des *subprimes* et de la dette souveraine renforcent enfin les tenants de la **démondialisation**

1.1 La théorie du retard

L'observation des situations économiques et sociales permet de constater immédiatement de très grandes inégalités en matière de développement ; toute la question est de savoir si le faible niveau de développement de nombreux pays est un phénomène durable ou, à l'inverse, transitoire et si, par conséquent, l'économie mondiale peut s'orienter effectivement vers une réduction généralisée des inégalités entre pays.

Les économistes libéraux considèrent généralement, à la suite des travaux de l'historien américain Walt Whitman Rostow (1960[1]), que l'état de sous-développement n'est qu'une question de temps et que tous les pays peuvent être appelés à connaître une amélioration de leur niveau de vie ; cela suppose néanmoins de franchir un certain nombre d'étapes, respectivement : l'état de société traditionnelle, les conditions préalables au démarrage, le décollage (ou ***take off***), puis les progrès vers la maturité enfin l'ère de la consommation de masse.

(1) *The Stages of Economic Growth*, 1960 ; trad. française : *Les étapes de la croissance économique*, Le seuil, 1970.

Le franchissement de ces différentes phases prend un temps très variable suivant l'étape considérée. D'une façon générale, il suppose des changements sur différents plans : économiques, sociaux, politiques, afin de produire les enchaînements vertueux attendus. Au terme de cette course d'obstacles, les pays peuvent atteindre l'ère de la consommation de masse assurant l'accumulation des richesses et la hausse du niveau de vie.

Le schéma du développement selon Rostow

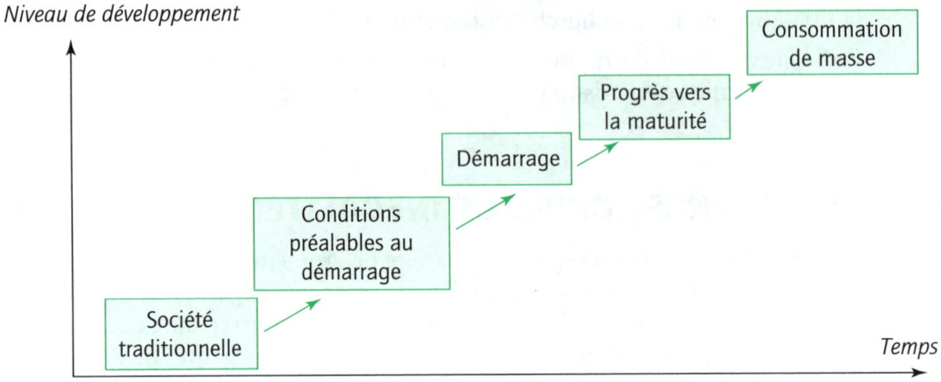

Selon cette perspective, le développement n'est plus qu'une question de temps et la croissance des uns n'empêche pas le développement des autres. Tout se résume à une question de transition et de degré d'évolution.

1.2 L'analyse en termes de dépendance

La vision proposée par Rostow a fait l'objet de nombreuses critiques : caractère mécanique et binaire, vision excessivement occidentalo-centriste, explications insuffisantes sur les dimensions démographiques et technologiques, constat de l'appauvrissement durable de certains pays, etc.

D'autres courants économiques qualifiés quelquefois de **tiers-mondistes** présentent des visions critiques en faisant valoir les **effets négatifs de la dépendance** des pays pauvres par rapport aux pays riches et préconisent des stratégies spécifiques de développement.

Cette domination des pays riches est à la fois d'ordre économique, industriel ou encore culturel; elle conduit à retarder, à déséquilibrer ou empêcher purement et simplement le développement des pays pauvres. Dans cette perspective sont mis en avant le caractère fondamentalement déséquilibré de la croissance des pays en développement (PED) et l'existence d'un dualisme (avec une différenciation entre les secteurs dédiés à l'exportation à forte productivité… et le reste de l'économie souvent à l'abandon), les formidables inégalités sociales qui en découlent à l'intérieur des PED, enfin l'état d'infériorité structurelle des PED qui sont dans un rapport de force défavorable par rapport aux pays développés si l'on suit, par exemple la thèse de la détérioration des termes de l'échange.

La **détérioration des termes de l'échange** désigne une situation économique caractérisée par une évolution des prix des exportations de matières premières produites par les PED à un rythme inférieur à celle caractérisant les prix des biens manufacturés produits par les pays développés.

Cette autre vision du développement fait elle-même l'objet de sévères critiques liées, d'une part, à l'échec des stratégies de développement préconisées par les économistes partisans de cette vision et, d'autre part, au décollage et au développement accéléré de nombreux pays émergents d'Asie et d'Amérique latine.

1.3 Les orientations contemporaines en matière de théorie du développement

Au-delà des deux courants précédents, on peut noter différentes orientations quelquefois contradictoires qui orientent les débats et les choix actuels en matière de développement.

En premier lieu, à partir des années 1980-1990, se dessine un **renouveau économique libéral** qui dénonce les erreurs commises en matière de politique de développement au nom de la « théorie de la dépendance » et qui recommande aux PED de s'engager pleinement dans des politiques libérales faites de suppression d'obstacles aux échanges, de renoncement au pilotage étatique de l'économie et d'ouverture du capital des entreprises aux capitaux privés et étrangers. Cette politique largement relayée par les organismes internationaux (FMI, OMC, etc.) fait effectivement basculer la plupart des PED dans l'économie mondialisée.

Une autre tendance qui prend partiellement le relais dans le courant des années 2000 est d'encourager l'ensemble des pays, y compris les PED, à faire le choix d'un **développement durable** acceptable socialement et surtout écologiquement. Cette vision met l'accent sur l'importance de développer les ressources locales et de privilégier, lorsque cela est possible, un développement économe en ressources rares et préservant l'environnement. Les graves déséquilibres que connaissent nombre de PED conduisent certains économistes de premier plan (Paul Krugman, Paul Samuelson, etc.) à accentuer encore un peu plus la remise en cause de la vision libérale du développement en reconnaissant que le libre-échange intégral n'est pas nécessairement profitable aux PED et qu'on peut admettre des restrictions aux échanges quand elles sont économiquement ou éthiquement justifiées.

Enfin, les **nouvelles théories de la croissance** rejettent l'idée d'un processus linéaire et déterministe. La croissance (et donc le rattrapage) est un phénomène complexe lié à de multiples facteurs où interviennent par exemple la géographie ou encore le rôle des institutions.

2 Croissance et évolutions des inégalités mondiales

Les études statistiques disponibles sont quelque peu contradictoires et ne permettent pas de fournir de vision simple et incontestable concernant la réduction (ou non) des inégalités entre les pays au XXe siècle. Ces études peuvent même conduire à des constats opposés (constat d'une réduction ou au contraire d'une aggravation des inégalités), car elles dépendent en fait très largement de choix méthodologiques (calculs en taux de change de parité de pouvoir d'achat ou en taux de change courant, pondération ou non des données par pays suivant la population, etc.). Ainsi, le seul fait d'enregistrer en moyenne une croissance plus forte du PIB n'est pas en soi suffisante pour réduire les écarts de richesse, car il faut bien entendu tenir compte de la démographie. Cela étant, il est possible de dégager quelques grandes tendances.

2.1 Mondialisation et convergence économique

L'observation économique dans une perspective historique fait apparaître un phénomène de décollage et de rattrapage de certaines zones économiques et de certains pays, lié plus ou moins directement au phénomène de la mondialisation.

La **mondialisation** désigne un état de l'économie caractérisé par un développement massif des échanges entre pays, une mobilité élevée des marchandises, des capitaux et des hommes, avec comme corollaire la perte d'autonomie des politiques nationales.

Le graphique qui suit montre ainsi le différentiel de taux de croissance de plus en plus élevé qui sépare, d'une part, les pays émergents et en développement connaissant une accélération de leur taux de croissance d'une période à l'autre et, d'autre part, les vieux pays industrialisés au taux de croissance de plus en plus faible.

Croissance annuelle moyenne sur 3 décennies par grandes zones (sur les périodes 1987-1996, 1997-2006 et 2007-2016)

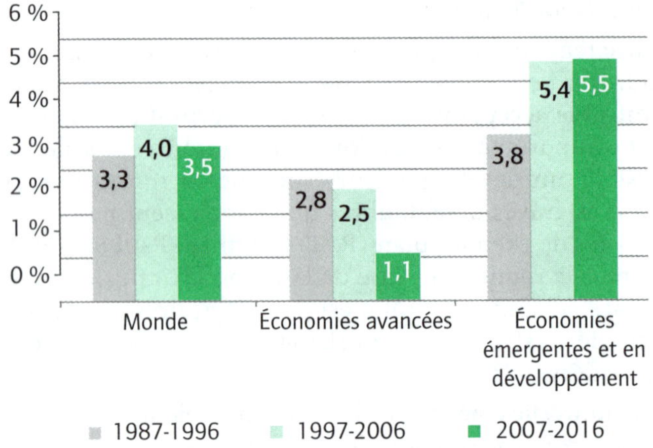

Source : « La croissance d'une décennie à l'autre », *France Stratégie*, 2017.

Certains pays du « sud » ont particulièrement su tirer partie de la mondialisation ; c'est le cas de différents pays asiatiques comptant plus de 3 milliards d'individus. Ces pays sont effectivement engagés dans un processus de rattrapage des pays développés en raison d'une progression plus rapide du revenu moyen par habitant.

La croissance des économies émergentes est si rapide que le poids agrégé des pays en développement et des pays émergents approche les 60 % du PIB mondial, contre moins de 50 % dix ans plus tôt.

Répartition du PIB mondial selon le type d'économie (PIB en parité de pouvoir d'achat)

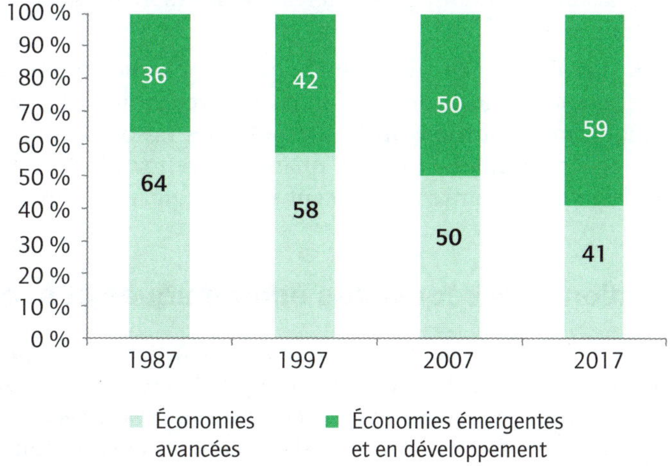

Source : *id.*

L'essor des pays émergents découle de différents facteurs dont, bien sûr, l'ouverture commerciale et financière caractéristique de la mondialisation, mais également de bien d'autres facteurs (un État puissant et très interventionniste, le maintien de mesures de protection sélectives, une histoire et une culture forte, etc.). La Chine tout particulièrement connaît un boum économique sans précédent appuyé par un engagement très important à l'exportation notamment dans le domaine industriel.

2.2 Mondialisation et persistance des inégalités

Depuis le début du XXIe siècle, le revenu par habitant augmente davantage au sein des pays pauvres que dans les pays riches : ainsi entre 2001 et 2011, le PIB par habitant a augmenté de 42 % pour les pays à faibles revenus contre 14 % seulement pour les pays riches. Il y a donc un certain recul des inégalités entre les pays.

Le développement économique touchant les pays émergents et bon nombre de pays en développement a permis aussi de réduire significativement le nombre de personnes vivant en extrême pauvreté (avec moins de 1,25 $ par jour) puisque leur nombre est passé de 1,9 milliard de personnes en 1990 à 836 millions en 2015. Cette amélioration est d'ailleurs due pour une large part à la Chine ; le pourcentage de chinois en dessous du seuil est passé de 60 à 4 % en 25 ans ! Dans le même ordre d'idées, la différence d'espérance de vie entre pays riches et pauvres s'est elle aussi réduite.

Cela étant différentes observations conduisent à nuancer le propos. Un certain nombre de pays, voire de zones économiques, non seulement n'ont pas bénéficié pas de ce mouvement de rattrapage, mais se sont même enfoncés comme s'ils avaient basculé dans « **une trappe à pauvreté** ». Ces pays, notamment d'Afrique et d'Amérique latine, ne sont pas parvenus pendant longtemps à tirer partie de la dynamique mondiale des échanges et des investissements en provenance des pays riches, souvent à cause d'une concurrence difficilement soutenable liée elle-même à différents facteurs de faiblesse.

Il semble cependant que, dans la dernière décennie, de nombreux PED progressent ; c'est le cas du continent africain, notamment l'Afrique subsaharienne, qui a renoué avec la croissance en raison d'un boom des matières premières mais également de changements internes favorables.

Au final, la croissance apparaît bien comme une **condition nécessaire** à la réduction de la pauvreté (pourcentage de population vivant avec moins d'un dollar par jour) ; elle n'est pas pour autant une **condition suffisante** pour des raisons démographiques évidentes. Enfin, la convergence des niveaux de vie, quand elle se manifeste, est relative car les écarts entre régions du monde et entre pays restent souvent gigantesques.

3 Mondialisation et déséquilibres économiques et sociaux

La question de la mondialisation ne pose pas seulement la question de l'effet d'entraînement ou non des pays dans une dynamique de croissance, mais elle interpelle également l'économiste plus généralement sur l'ensemble de ses effets économiques et sociaux. Parmi ces effets, il y a les déséquilibres massifs, fréquents et communs à l'ensemble de la planète. Ces déséquilibres se donnent à voir de multiples façons. On en donne ici quelques illustrations simples.

En premier lieu, avec l'engagement des pays dans les échanges mondiaux, la **situation économique de chaque pays** est étroitement liée à l'état de la conjoncture mondiale. Les déséquilibres économiques mineurs ou majeurs se diffusent rapidement et significativement. À titre d'exemple, les pays du Sud ont été pris dans la tourmente de la crise en 2008-2009 comme les pays riches, la plupart des pays du monde connaissant une baisse de leur taux de croissance sur cette période.

Sur un second plan, en dehors même de la situation extrême des crises économiques, la mondialisation est génératrice de déséquilibres importants ; on pense par exemple aux **déséquilibres des balances des paiements**. Ces déséquilibres sont souvent structurels (les mécanismes de rééquilibrage fonctionnent mal) ; ils s'accompagnent souvent de conséquences économiques et financières graves : fuite des capitaux, effondrement de la monnaie nationale, mise en place de politiques d'austérité, etc. On a vu d'ailleurs à ce propos que les PED sont particulièrement touchés par des crises financières depuis les années 1990 (*cf.* titre B). En fait, bien souvent sous l'emprise de la **mondialisation financière**, les déséquilibres frappent d'abord la sphère financière (monnaie, marchés financiers, etc.) avant d'atteindre l'économie réelle.

Les pays riches n'échappent pas aux effets économiques de la mondialisation ; affectés aussi par la fréquence des crises ou plus généralement par les variations brutales à la hausse ou à la baisse de la conjoncture mondiale, ils connaissent des déséquilibres fréquents aussi bien au plan des **échanges extérieurs** qu'en **matière sectorielle** et **d'emploi**. Si la mondialisation est créatrice nette d'emplois (par exemple dans les industries exportatrices), elle signifie aussi la disparition accélérée de secteurs industriels entiers avec les entreprises et les emplois qui vont avec. Ces déséquilibres sont d'autant plus difficiles à corriger que les États nations ont vu leur capacité d'intervention largement réduite (recul du secteur public, abandon des politiques interventionnistes, respect de traités internationaux, etc.), alors même que les grands groupes internationaux, souvent multinationaux, pèsent de tout leur poids et ce, indépendamment des politiques nationales.

Les effets ne sont pas seulement économiques. L'engagement dans la mondialisation signifie aussi souvent l'approfondissement de **déséquilibres sociaux et écologiques** (*cf.* titre D). Le cas de la Chine est particulièrement révélateur à cet égard : si elle connaît une croissance fulgurante (longtemps à deux chiffres et encore proche de 7 % en 2016) elle enregistre aussi une explosion des inégalités sociales et des dégâts écologiques aussi importants que rapides. Cette situation, pour « exemplaire » qu'elle soit, est celle de nombreux pays émergents.

4 Le monde entre mondialisation et démondialisation

Si, jusqu'ici, la plupart des statistiques ont témoigné d'un approfondissement de la mondialisation (nombre de pays touchés, influence des firmes multinationales, diffusion des nouvelles technologies) et de ses effets (dépendance très forte des économies, uniformatisation des modes de vie, etc.), plusieurs signes suggèrent la possibilité à terme d'une évolution en sens contraire, en d'autres termes une marche vers « une **démondialisation** ».

> Le terme **démondialisation** proposé par le sociologue altermondiste Walden Bello désigne un mouvement de déconstruction de la mondialisation compte tenu de ses nombreux effets négatifs (pertes d'emploi, délocalisations, croissance des inégalités, atteinte accélérée à l'environnement, etc.). Il se traduit concrètement par une réorientation des économies de la priorité à l'exportation vers une production pour les marchés locaux.
>
> Cette évolution peut être encouragée par les pouvoirs publics par le biais de différentes mesures fiscales, sociales, réglementaires notamment à caractère protectionniste.

Au-delà des discours économiques et politiques favorables à une telle orientation (voir en France les positions défendues par « les économistes atterrés »), on peut constater plusieurs évolutions en ce sens avec, en tout premier lieu, **le ralentissement très net de la progression du commerce mondial** ; il semble bien que, depuis la crise financière de 2008, le commerce mondial ne progresse pas plus vite que le PIB, ce qui est une rupture considérable avec les tendances passées.

On assiste également à un recul de la mondialisation financière avec le recul de l'activité internationale des établissements bancaires et la montée d'un certain protectionnisme financier.

On peut aussi repérer certains signes d'une réorientation de la stratégie des grandes entreprises vers des productions plus locales et vers la réinternalisation d'activités précédemment délocalisées. Dans le même ordre d'idées, certains grands pays exportateurs – on pense notamment à la Chine – cherchent à se recentrer sur leur marché intérieur.

D CROISSANCE, CRISE ET DÉSÉQUILIBRES SOCIAUX INTERNES

Le rapport entre croissance et inégalités se pose donc également au niveau interne à chaque pays ; c'est une question complexe qui fait intervenir le processus même de la croissance mais également les choix politiques et sociaux propres à chaque pays. Après l'exposé des travaux de l'économiste Simon Kuznets, on rend compte des observations statistiques disponibles dans ce domaine en distinguant le cas des pays du Sud et de ceux du Nord.

1 L'analyse de Kuznets

L'économiste S. Kuznets a proposé une analyse des effets à long terme de la croissance sur les inégalités internes à un pays[1].

La courbe en U renversé de Kuznets

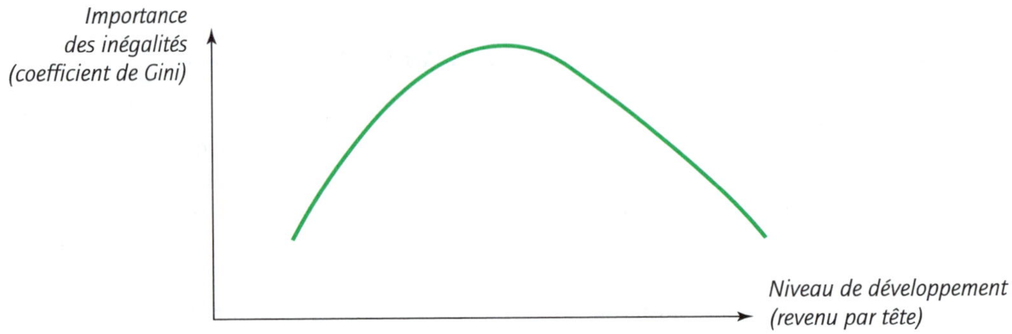

Kuznets est parti de l'observation d'une baisse des inégalités depuis le XIXe siècle dans les pays développés et a développé l'analyse suivant laquelle les inégalités commencent par s'accroître dans les premières phases du développement, avec la migration de la main-d'œuvre de secteurs à faible productivité mais égalitaires (le secteur agricole) vers des secteurs à forte productivité mais à degré élevé d'inégalités, avant de connaître finalement une stabilisation puis une réduction de ces mêmes inégalités. La progression des inégalités apparaît donc comme incontournable dans les premières phases de développement économique, mais cet effet ne serait qu'un phénomène transitoire.

2 Croissance et inégalités internes : des relations complexes

Une telle courbe en U renversé a été effectivement constatée dans les années 1960-1980 où les inégalités de PED d'Amérique latine en phase de croissance sont apparues bien plus élevées que celles caractérisant des PED en stagnation… tandis que les pays industrialisés connaissaient des inégalités plus faibles.

Les observations contemporaines ne permettent pas cependant de confirmer une telle analyse en raison de **nombreux contre-exemples** : pays en développement combinant faible croissance et grandes inégalités, croissance forte de certains pays du Sud-Est asiatique sans progression correspondante des inégalités, reprise de la croissance des inégalités dans certains pays développés notamment aux États-Unis et au Royaume-Uni, etc.

Le cas chinois apparaît à l'inverse plus conforme au schéma de Kuznets, la Chine conjuguant croissance rapide, croissance des inégalités et réduction de la pauvreté. En Chine, mais également en Inde, une fraction de la population accède effectivement à la classe moyenne, mais, dans le même temps, les inégalités se creusent notamment entre les habitants respectivement des villes et des campagnes.

(1) S. Kuznets, « Economic Growth and Income Inequality », *American Economic Review*, 1955.

D'une façon très générale, on constate d'ailleurs que **le degré d'inégalité interne est très variable**, aussi bien au sein des pays du Sud que de ceux du Nord, et qu'il peut évoluer de façon bien différente d'un pays à un autre.

FOCUS . . . FOCUS . . . FOCUS . . . FOCUS . . . FOCUS . . . FOCUS . . .

Les inégalités dans le cas français

Si, globalement, la plupart des pays développés connaissent un mouvement important de réduction des inégalités pendant les Trente Glorieuses (âge d'or de la conception de l'État providence), puis un mouvement très net de remontée des inégalités à partir de la fin des années 1970, le cas français garde une certaine singularité dans la mesure où l'on enregistre seulement une **pause** dans ce mouvement de réduction de revenus au cours des années 1990-2000. Le « **modèle français** » a ainsi longtemps résisté grâce à ses filets sociaux. Toutefois depuis 2000 la tendance à la reprise des inégalités affecte également la France.

L'observatoire des inégalités qui s'appuie sur les données de l'Insee constate que le rapport interdécile soit le rapport entre le niveau de vie des 10 % les plus riches et celui des les 10 % les plus pauvres augmente depuis 2009 ; l'évolution de l'indice de Gini (autre outil de mesure des inégalités) témoigne lui d'une aggravation sensible des inégalités dès 2005. La situation est d'autant plus saisissante qu'en fin de période les revenus des catégories aisées (les 10 % les plus riches) progressent quand ceux des plus démunis (les 10 % les plus pauvres) eux, diminuent.

Ce mouvement de progression des inégalités est très significatif, au point qu'un rapport de l'OCDE de 2015 a noté que la France a été le troisième de ses pays membres pour l'augmentation des inégalités entre 2007 et 2011.

Enfin, il est important de rappeler que les inégalités sont toujours bien plus importantes au plan du patrimoine qu'à celui des revenus. Selon l'Insee, les 10 % les plus fortunés détiennent près de la moitié du patrimoine total en 2015, alors que les 50 % les moins fortunés n'en possèdent que 8 % !

Au total, la relation entre croissance et inégalités internes (en termes de revenus) n'est ni systématique, ni unidirectionnelle ; la croissance a bien sûr des effets directs sur les inégalités mais d'autres facteurs, comme les grandes orientations économiques, les choix en matière d'organisation du marché du travail ou encore l'état du système de protection sociale, interviennent de façon très significative.

Ainsi, partout dans les pays développés, **les inégalités en matière de revenus primaires se sont accrues** depuis la fin des années 1980 à la suite notamment de politiques de modération salariale et de la progression des revenus du patrimoine ; cela étant, l'effet final reste très variable d'un pays à l'autre suivant l'ampleur des corrections dues aux revenus de transfert.

3 Les inégalités, un frein à la croissance

La très forte augmentation des inégalités dans la plupart des régions du monde, qu'il s'agisse des vieux et grands pays industrialisés (États-Unis, Royaume-Uni, France, etc.) ou des pays émergents (Chine, Inde, etc.), alors même que ces pays sont à des niveaux de développement différents et connaissent des rythmes de croissance très variables, a fini par largement invalider la courbe de Kuznets.

De plus, l'importance du phénomène des inégalités a amené un nombre croissant d'économistes à s'y intéresser de près ; c'est le cas d'Anthony Atkinson au Royaume-Uni, de Thomas Piketty ou encore d'Emmanuel Saez en France, d'où un renouvellement de l'analyse économique des relations entre croissance et inégalités, d'une part, et des recommandations précises pour réduire ces inégalités, d'autre part.

Un certain consensus émerge ainsi aujourd'hui pour considérer que **davantage d'égalité peut contribuer à soutenir la croissance**. Des études (statistiques), par exemple de l'OCDE, donnent à penser que les inégalités de revenu ont une incidence négative sur la croissance à moyen terme et ce à différents titres : ralentissement du développement de l'éducation (et par suite des possibilités de progression sociale), dégradation du consensus social, augmentation de l'instabilité politique, encouragement au surendettement, etc.

E CROISSANCE, CRISES ET DÉSÉQUILIBRES ENVIRONNEMENTAUX

La représentation de la croissance a changé avec le constat des nombreux déséquilibres écologiques qu'elle engendre. La croissance n'est plus appréhendée seulement comme un phénomène quantitatif qu'il faut encourager et promouvoir pour assurer le plein-emploi (*cf.* chapitre 2). Dans ces conditions, une partie des économistes envisage autrement la croissance afin de la rendre compatible avec la préservation des différentes ressources de la nature.

Ces nouvelles perspectives débouchent sur la proposition et la mise en place de différents instruments de maîtrise des risques environnementaux.

1 Le constat des effets négatifs de la croissance

Ce constat apparaît clairement à partir de la deuxième moitié du 20e siècle, et plus précisément à partir des années 1970, avec un point de repère majeur : les travaux du Club de Rome.

1.1 Les travaux fondateurs du Club de Rome

Le **rapport du Club de Rome** (« Halte à la croissance ») est un cri d'alarme lancé par un groupe d'experts internationaux en 1972 sur les dangers et les limites mêmes de la croissance. Ces experts avancent des prévisions très pessimistes sur les effets de la croissance à partir d'une prolongation des tendances observées dans le passé et prévoient un arrêt du processus de croissance (« **la croissance zéro** ») dans un horizon rapproché.

D'autres travaux célèbres (rapport de la commission Brundtland préconisant le développement durable en 1987, conférence sur l'effet de serre à Kyoto en 1997, etc.) jalonnent cette prise de conscience des dégâts écologiques et des risques graves induits par la marche accélérée vers la croissance.

1.2 Tour d'horizon des déséquilibres écologiques engendrés par la croissance

Aujourd'hui, les effets négatifs de la croissance sont mieux connus et peuvent être déclinés dans leurs différentes dimensions.

Le tableau suivant en donne des aperçus significatifs. Sa lecture permet de voir les effets cumulatifs de la croissance en matière écologique conduisant à l'épuisement de nombreuses ressources, à la multiplication des risques ou encore aux dérèglements climatiques.

Croissance et risques écologiques

Élément d'environnement concerné	Effets et risques encourus
	Effets généraux de la croissance
Production de déchets	• Multiplication des déchets • Coût de traitement et d'élimination croissant • Augmentation des risques sanitaires • Gaspillage d'éléments du patrimoine naturel (lorsqu'ils sont recyclables)
Émissions de gaz à effet de serre (CO2)	Réchauffement climatique avec tous les effets induits (accroissement des risques de catastrophe, problèmes sanitaires en tous genres, etc.)
Urbanisation	• Poursuite du phénomène d'urbanisation • Accroissement des besoins de transport et donc des besoins en énergie générateurs eux-mêmes de pollution. • Problèmes de logement (...)
	État de quelques ressources naturelles
Eau	• Épuisement des ressources en eau • Gaspillages • Pollution très importante liée à l'agriculture intensive Ces différents phénomènes posent des problèmes sanitaires évidents, ainsi que la question de la viabilité de nombreuses productions agricoles
Pétrole	• Diminution des réserves • Explosion du prix du brut • Pollutions induites par l'utilisation de ce type d'énergie avec en perspective le réchauffement climatique
Bois et forêts	• Recul des forêts (*cf.* l'urbanisation, l'expansion des terres agricoles, l'exploitation du bois à des fins commerciales et énergétiques...) • Avec comme effets induits la réduction de la biodiversité, un moindre renouvellement de l'eau et des sols, des effets sur le climat...

1.3 La croissance économique responsable du changement climatique

L'ensemble de ces manifestations d'une dégradation de l'environnement est attribué au changement climatique.

Le **changement climatique** désigne tout changement de climat dans le temps, qu'il soit dû à la variabilité naturelle ou à la croissance économique (et donc à l'homme). Certaines définitions insistent sur la seule contribution directe ou indirecte des activités humaines (voir par exemple la convention cadre des Nations Unies sur les changements climatiques).

Les scientifiques identifient en effet une responsabilité importante de l'activité humaine liée à la croissance économique dans ce changement climatique. Cet impact négatif de la croissance sur le climat est mesuré par les **émissions de gaz à effet de serre** (GES) et de dioxyde de carbone (CO_2). Ces émissions entraînent le réchauffement accéléré de la planète avec les multiples conséquences négatives que l'on connaît : élévation du niveau des mers, accentuation des phénomènes extrêmes (sécheresses, inondations…), désertification, réduction de la biodiversité…

Le changement climatique est donc lié (au moins pour partie) à la croissance passée et présente des vieux pays industrialisés d'Europe et d'Amérique du Nord qui sont à l'origine de l'essentiel du dioxyde de carbone relâché depuis la première révolution industrielle au XVIIIe siècle. Il existe aussi aujourd'hui « une nouvelle géographie » des émissions de gaz à effet de serre avec la montée en puissance des pays émergents et le décollage d'un certain nombre de pays en développement. Si, en 1970, les États-Unis et l'Europe représentaient à eux seuls plus de 55 % des émissions de CO_2 mondial, cette part est tombée à 25 % en 2015 ; la Chine est, depuis 2006, le premier émetteur de CO_2 (même si elle rejette encore 5 fois moins de CO_2 par habitant que les États-Unis).

2 La recherche d'une croissance compatible avec l'environnement

Les économistes n'ont que progressivement admis l'intérêt d'intégrer les variables écologiques dans la problématique de la croissance. Aujourd'hui, les analyses contemporaines de la croissance économique proposent de nouvelles perspectives allant de la notion de **développement durable** à celle plus contestée de **décroissance**.

2.1 L'intégration progressive des enjeux environnementaux par les économistes

Un passage en revue rapide de la pensée économique permet de saisir l'intérêt inégal manifesté longtemps par les économistes concernant la question des ressources naturelles et plus généralement du facteur « terre ».

Pour **les classiques**, la nature – facteur de production déterminant compte tenu des modes de production et de consommation de leur époque – est considérée comme un bien abondant et **gratuit**. Pour **Adam Smith** (1723-1790), la croissance ne connaît *a priori* pas de limites. L'économiste **Thomas Malthus** (1766-1834) s'inquiète toutefois des effets de l'accroissement accéléré de la population qui risque de ne pas permettre à terme la satisfaction des besoins de la population ; **David Ricardo** (1772-1823) souligne de son côté les limites possibles de la croissance (notion d'état stationnaire) en raison du rendement décroissant des terres

Plus tard, **les économistes néoclassiques** minimisent les conséquences d'un épuisement possible de certaines ressources naturelles en faisant l'hypothèse d'une parfaite **substituabilité** des facteurs de production et en intégrant les effets bénéfiques du progrès technique.

Dans cette perspective, l'intégration des ressources naturelles dans l'analyse économique et le constat d'une éventuelle dégradation de ce capital naturel sont contrecarrés par un progrès technique générateur d'une plus grande productivité de ce facteur et d'une substitution de facteurs de production : les facteurs, respectivement capital et travail, prennent le relais du capital naturel.

La découverte du phénomène des **externalités** par Alfred Marshall (1842-1924) et son exploitation par Cecil Pigou (1877-1959) au début du XXe siècle constituent une rupture majeure dans ce domaine ; c'est le point de départ de l'intégration des questions environnementales dans les problématiques économiques.

Il y a **externalité** (ou effet externe) lorsque les effets positifs ou négatifs d'une transaction ne sont pas pleinement reflétés par les prix de marché. C'est le cas par exemple quand une entreprise occasionne une pollution de l'environnement sans supporter le coût (social) correspondant.

Ces travaux débouchent finalement sur l'idée que, d'une façon générale, l'optimum économique (ou bien-être social) peut différer des intérêts individuels et qu'en particulier, en l'absence d'une internalisation des effets externes de l'activité économique, les biens d'environnement risquent d'être sacrifiés, entraînant pollution et épuisement des ressources naturelles. Une telle situation pose à terme la question de la poursuite de la croissance.

Les économistes avancent différentes solutions pour traiter le problème posé par les externalités, ce qui conduit aux problématiques contemporaines du rapport entre croissance et environnement et aux différents types d'instruments de protection de l'environnement.

2.2 La problématique du développement durable

La prise en compte de certains effets négatifs de la croissance déjà repérés en 1972 lors de la publication du rapport du Club de Rome est redevenue une question centrale depuis la fin des années 1990 avec le concept de développement durable, équivalent français de l'expression *sustainable development* utilisée par la Commission mondiale sur l'environnement et le développement (**commission Brundtland**) en 1987. Le réchauffement climatique joue un rôle central dans cette prise de conscience. Il a conduit à briser le consensus général des économistes en faveur de la croissance.

Le **développement durable** est un développement qui répond aux besoins présents sans compromettre la capacité des générations futures à satisfaire les leurs.

Ce concept part de l'idée que le développement des activités humaines ne peut être abandonné aux seules considérations économiques ; il doit également tenir compte d'exigences sociales, sociétales et environnementales.

Dans cette perspective, il repose sur quelques principes fondamentaux, notamment les principes de solidarité (avec les générations futures et entre les populations de la planète), de précaution (recherche d'une approche préventive en matière de risques) et de participation (consultation et intervention de tous les acteurs à la prise de décision).

Le **principe de précaution** incite à prendre les mesures préventives nécessaires pour éviter les risques importants pour l'environnement, particulièrement ceux qui ont un caractère irréversible.

Ces principes servent de fil conducteur aux orientations recherchées et mises en œuvre, quoique à des rythmes et une intensité très variables, par les institutions internationales et les différents États (au niveau macroéconomique) et par les entreprises ou les citoyens (au plan microéconomique).

La vision économique soutenant ces principes maintient le principe de la nécessité d'une croissance mais pousse à des ruptures significatives tant dans les modes de production que de consommation ; ainsi, le choix d'une agriculture durable implique l'abandon du modèle agricole productiviste mais également un changement de notre régime alimentaire.
Le développement durable se décline ensuite en de multiples politiques : production industrielle durable, consommation durable, transport durable, urbanisation durable, etc.

Principes et implications du développement durable

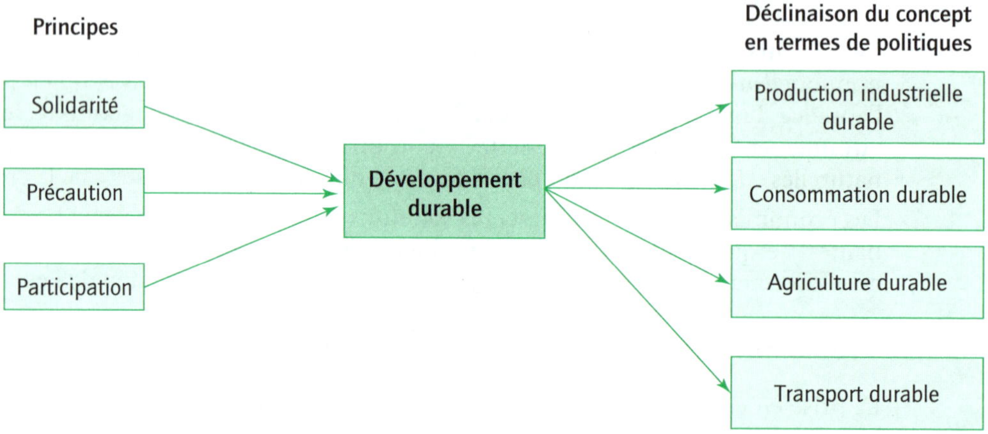

FOCUS . . . FOCUS . . . FOCUS . . . FOCUS . . . FOCUS . . . FOCUS . . .

Objectifs et moyens d'une politique durable : l'exemple des transports

Les objectifs

À titre indicatif, les orientations en matière de transport durable visent à satisfaire tout à la fois les besoins de transport et de mobilité des individus et des entreprises tout en économisant les ressources naturelles et en préservant la santé publique.

Quelques orientations générales envisageables

De tels objectifs peuvent être servis par de nouvelles orientations politiques, économiques et techniques : soutien au rail, développement des transports collectifs, diffusion de « véhicules propres », nouvelles politiques d'urbanisation et d'implantation des activités économiques…

Dans le même ordre d'idées, les économistes utilisent le concept de « croissance verte ». C'est un concept voisin mais au champ plus étroit que celui de développement durable.

La **croissance verte** est un mode de développement économique respectueux de l'environnement. Elle concerne les éco-activités (assainissement de l'eau, recyclage et valorisation énergétique des déchets, dépollution des sites, énergies renouvelables) mais aussi les secteurs traditionnels (transport, agriculture et bâtiment).

2.3 Du développement durable à la décroissance

Les politiques proposées dans le cadre d'un développement durable se mettent donc en place, mais lentement et de façon très irrégulière suivant les États, les acteurs considérés… et le champ concerné. Si bien que, dans de nombreux cas, les dégâts écologiques persistent, sinon s'aggravent. L'inertie de la relation de la croissance à l'écologie conduit certains économistes minoritaires à défendre une thèse radicale, celle de la « décroissance ».

FOCUS . . . FOCUS . . . FOCUS . . . FOCUS . . . FOCUS . . . FOCUS . . .

La thèse de la décroissance

Les hypothèses de départ

Les partisans de cette thèse, tels l'économiste roumain Nicholas Georgescu-Roegen ou le Français Serge Latouche, partent des hypothèses suivantes : le caractère inéluctable des catastrophes écologiques compte tenu de la croissance en cours, le fait que ce sont les pays les plus pauvres qui sont les premiers et les plus directement touchés par les dérèglements des écosystèmes, l'incapacité même des politiques de développement durable à prévenir ces dangers, et enfin la remise en cause radicale d'une croissance conçue généralement comme une fin en soi bien plus que comme un moyen.

Les moyens de la décroissance

Dans de telles perspectives, ces économistes recommandent l'engagement dans une politique de décroissance qui toucherait en premier lieu les pays industrialisés. Les moyens préconisés pour conduire cette reconversion des économies développées sont partiellement esquissés : développement d'une économie relationnelle (à base d'échanges de services), relocalisation des activités humaines (pour développer les relations de proximité), retour à des méthodes de production et de consommation traditionnelles…

Les limites de cette thèse

Cette thèse fait l'objet de vives critiques, y compris par les tenants du développement durable qui font valoir plusieurs transformations en cours de la croissance : le poids dorénavant majeur dans le PIB des activités tertiaires à forte utilité sociale et à impact faible sur l'environnement, le recours dans l'industrie à de nouvelles technologies économes en énergie sans oublier les capacités très importantes de production d'énergie renouvelables.

3 La recherche de solutions au changement climatique

L'ampleur des risques et des pollutions liés à la croissance a conduit les économistes à proposer différentes solutions qui constituent autant d'outils au service d'un développement (plus) durable. Les négociations sur le climat avancent cependant lentement et produisent des résultats considérés comme très insuffisants au regard des risques induits par la croissance.

3.1 Une panoplie d'instruments de lutte contre la pollution

Avantages et inconvénients des différents instruments

Type d'instrument	Avantages	Inconvénients
Interdiction totale (exemple : cas des gaz CFC)	Adaptée si une réinternalisation est impossible	• Problème de la capacité à faire respecter l'interdiction • Risque de pollution par substitution
Norme	Adaptée si une réinternalisation est impossible	• Problème de fixation du niveau des normes • Caractère uniforme de la norme
Écotaxes	• Solution incitative • Simplicité de mise en œuvre • Donne les moyens aux pouvoirs publics de financer les réparations	• Problème de la fixation de l'écotaxe • Simple « signal prix »
Permis de polluer	• Solution incitative • Force « d'un signal quantité » • Permet d'atteindre des objectifs déterminés de pollution	• Système complexe et coûteux à mettre en œuvre • Les petits pollueurs échappent à ce système • Privatisation de l'environnement

Ces différents instruments sont tous mis en œuvre avec une intensité variable suivant les États et la période considérée.

On peut noter que les taxes environnementales représentent aujourd'hui moins de 7 % des prélèvements obligatoires en Europe (données 2014), un pourcentage en recul sur la dernière décennie, la France occupant la dernière place de l'UE…

Le système des permis à polluer a connu un certain succès ; c'est la solution retenue au protocole de Kyoto en 1997 et entrée en vigueur en 2005. Initialement, ce système réservé seulement aux grandes entreprises reposait sur la remise gratuite de quotas qui pouvaient ensuite être échangés sur un marché. À partir de 2013, ces quotas ont été attribués à l'issue d'une procédure d'enchères. Le bilan a été jusqu'ici considéré comme décevant compte tenu d'un surplus notable de quotas et donc d'un prix très faible des quotas, mais les choses pourraient s'améliorer avec la réduction progressive du nombre de quotas.

3.2 Un quart de siècle de négociations internationales aux effets encore limités

L'accord de Kyoto constituait le socle d'un premier engagement d'un très grand nombre de pays de la planète dans la réduction des gaz à effet de serre.

Le **protocole de Kyoto** est un traité international proposant un calendrier de réduction des émissions de gaz à effet de serre considérés comme la cause majeure du réchauffement climatique, grâce à la mise en place de marchés de permis d'émission négociables.

Cet accord a eu des suites avec une décélération notable des émissions de CO_2 dans les pays développés. Ce résultat est néanmoins très insuffisant car il tient, dans une large mesure, à la récession et au ralentissement économique dans le prolongement de la crise des *subprimes*.

Ce résultat est aussi insuffisant car de grands pays et grands pollueurs (tels les États-Unis ou le Canada) se sont tenus à l'écart de cet accord. De plus, les émissions de CO_2 ont fortement augmenté dans les pays émergents qui n'étaient pas concernés par l'accord. Enfin, la première insuffisance de cet accord est qu'il n'était pas juridiquement contraignant… Or, cette non-implication de tous les pays et l'absence de sanctions atténuent nécessairement tous les efforts engagés ; cela est d'autant plus vrai que le climat est un bien commun.

FOCUS . . . FOCUS . . . FOCUS . . . FOCUS . . . FOCUS . . . FOCUS . . .

Le climat, un bien commun

Les économistes distinguent les biens et services en plusieurs catégories selon qu'ils présentent, ou non, deux caractéristiques : celle d'excluabilité et celle de rivalité (*cf.* chapitre 6 du Manuel d'Économie DCG 5, Dunod Éditeur).

La plupart des « biens naturels », tels que l'environnement, les forêts, l'eau ou encore les terres cultivables, sont non exclusifs et rivaux, et sont des biens dits « communs » (ou encore ressources communes).

Or, la caractéristique d'un bien commun est qu'il profite à tous (la propriété de non-excluabilité fait que toute réduction des émissions par un pays profite à tous les autres) et donc que chaque pays peut avoir intérêt à s'affranchir de toute contrainte…, tout en profitant des efforts des autres (un comportement qualifié en économie de « passager clandestin »).

Ce risque appelle des mesures de régulation contraignantes des pouvoirs publics et des institutions internationales pour éviter « la tragédie des communs ».

Après plusieurs rencontres sans résultat notable (Copenhague en 2009, Varsovie en 2013), la COP 21 qui s'est tenue à Paris en 2016 soulève de grands espoirs avec l'objectif retenu de rester en dessous des deux degrés de réchauffement, la perspective affichée d'en finir avec les énergies fossiles à l'horizon 2050, ou encore la mise en place d'un dispositif d'indemnisation pour aider les pays les plus touchés par le réchauffement climatique. Cependant, l'issue de cet accord va dépendre fondamentalement des négociations à venir (les pays parviendront-ils à s'entendre sur des actions de reporting, à décliner des engagements nationaux précis et ambitieux, à fournir les financements nécessaires, etc.) et comporte d'ores et déjà d'importantes limites tant en matière d'objectifs sectoriels que de moyens.

F ENJEUX ENVIRONNEMENTAUX ET RESPONSABILITÉ SOCIALE DES ENTREPRISES

À côté des ses dimensions macroéconomiques, la croissance interpelle au quotidien les acteurs et notamment les entreprises. Au-delà de l'enjeu essentiel de la croissance et de la rentabilité financière (conditions de développement voire de survie des entreprises), se pose aujourd'hui la question de leur **responsabilité sociale et environnementale** (RSE), expression microéconomique de l'engagement pour un développement durable.

Après avoir défini le concept de RSE, l'on fera l'inventaire des différents outils à la disposition des entreprises avant de s'interroger sur la portée de ces nouvelles pratiques et sur leurs conséquences sur la croissance des économies.

1 Les contours de la responsabilité sociale et environnementale des entreprises

La responsabilité sociale et environnementale (RSE) des entreprises est une notion relativement récente.

Très présente aujourd'hui dans la littérature économique et managériale, elle cohabite avec une multitude de termes voisins : éthique, entreprise citoyenne, responsabilité sociale voire développement durable, etc.

Dès lors il convient de bien préciser ce que recouvre ce concept.

Les composantes de la RSE des entreprises

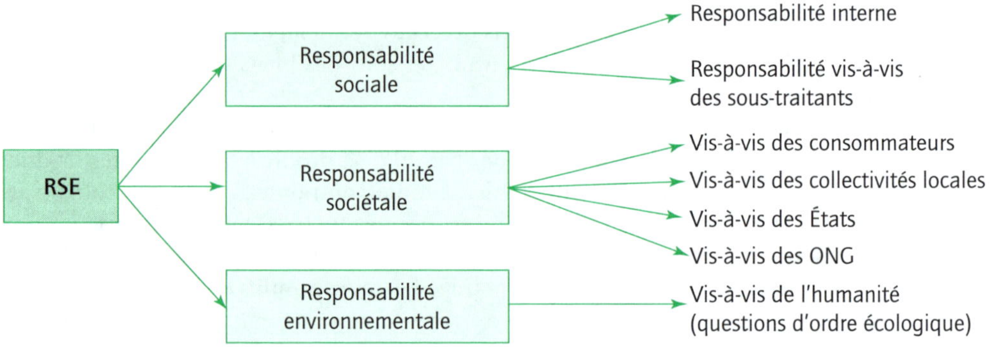

La **responsabilité sociale et environnementale (RSE)** des entreprises, équivalent français de *corporate social responsability,* fait référence à un ensemble de responsabilités et de bonnes pratiques en matières sociale et environnementale, que les entreprises entendent assumer au-delà de leurs objectifs financiers traditionnels et des contraintes légales.

La RSE comporte donc plusieurs volets suivant le champ considéré (social, sociétal ou environnemental), d'une part, et les parties prenantes impliquées (salariés, consommateurs, États, organisations, collectivités territoriales, l'humanité dans son ensemble), d'autre part.

Elle conduit les entreprises à se soucier des conditions de travail et de rémunération de leurs salariés et de celles relevant de leurs sous-traitants, à veiller à la préservation de l'environnement (en termes de consommation de ressources naturelles, de gestion des déchets, etc.).

À ce stade, il convient d'ores et déjà de noter la multiplicité des formes que peut revêtir la RSE et le fait qu'elle peut donner lieu à des arbitrages, des actions et des résultats totalement différents selon le domaine et la partie prenante considérés.

Un dénominateur commun à ces pratiques reste leur montée en puissance explicable elle-même par une multitude de facteurs (montée des risques de tous ordres, extension du cadre réglementaire et injonctions des pouvoirs publics, pressions sociétales et citoyennes, effacement de l'État providence, etc.).

2 Les outils et les pratiques de la RSE

Proposer un inventaire exhaustif des outils et des pratiques en matière sociale et environnementale serait une gageure tant les pratiques mêmes sont nombreuses et variables d'une entreprise à l'autre, d'un État à un autre.

Cela étant, il est possible de recenser quelques grandes familles d'outils :

FOCUS . . . FOCUS . . . FOCUS . . . FOCUS . . . FOCUS . . . FOCUS . . .

Les outils de la RSE des entreprises

Les codes de conduite

De nombreuses entreprises se sont dotées de **chartes et codes de (bonne) conduite** pour améliorer et rendre plus transparentes leurs pratiques sociales et environnementales, par exemple en encadrant leur politique salariale et en édictant des normes salariales à destination de leurs fournisseurs. La limite ce type de démarche reste l'absence de contrôle de ces pratiques par un organisme externe et leur hétérogénéité même.

Les normes et labels

Ils constituent des formes plus achevées de RSE car le respect de normes ou l'apposition de labels signifient que l'entreprise considérée respecte un cahier des charges précis (labels) ou certaines procédures (normes). La supériorité de ces outils réside aussi dans l'existence d'une validation par un auditeur externe sanctionnée par une opération de certification. Parmi les normes les plus connues, on peut citer la norme environnementale (ISO 14001), la norme sociale (SA 8000) et la norme sociétale (ISO 26000). ISO 26000 définit désormais la RSE à l'échelle internationale, mais son application est entièrement volontaire. Elle n'est ni certifiable, ni labelisable !

Les rapports sociaux

Nombreuses sont les entreprises qui aujourd'hui élaborent un **rapport social** et environnemental dans le cadre (ou en marge) de leur rapport annuel. Cette disposition est d'ailleurs obligatoire pour les entreprises françaises cotées depuis la loi NRE (2001). Ces rapports, qui constituent certes un net progrès – en fournissant l'information –, sont cependant d'un intérêt inégal compte tenu de leur standardisation insuffisante. Enfin la loi « Grenelle 2 » de 2010 approfondit le cadre réglementaire français en étendant l'obligation à d'autres entreprises, en précisant les thématiques et en imposant la vérification par un organisme tiers indépendant.

La notation

Elle consiste à fournir une évaluation des performances sociales et environnementales d'une entreprise. L'évaluation assurée par des agences spécialisées et destinée en priorité aux gestionnaires de fonds contribue à alimenter l'investissement socialement responsable.

3 Évaluation des pratiques et impacts possibles de la RSE

Le développement de la responsabilité sociale et environnementale des entreprises fait l'objet aujourd'hui d'évaluations régulières qui permettent d'en évaluer grossièrement la portée. L'avenir et le succès de ces pratiques dépendent cependant de différents facteurs qui, en définitive, n'éliminent pas les incertitudes entourant l'orientation vers le développement durable.

3.1 L'état des pratiques en matière de RSE

La consultation et l'analyse des rapports sociaux et environnementaux des entreprises ainsi que la notation des entreprises par des agences spécialisées donnent une idée de l'importance des pratiques et de leurs effets.

Plusieurs indicateurs convergent pour montrer la sensibilité importante des entreprises à la problématique de la RSE et l'enregistrement de progrès à la fois au plan quantitatif et qualitatif : nombre croissant des entreprises produisant des rapports sociaux et environnementaux, référence croissante à la *Global Reporting Initiative* (GRI) pour la conception de ces rapports, généralisation du processus de normalisation, structuration d'agences de notation sociale et environnementale, développement d'indices boursiers socialement responsables, etc.

FOCUS . . . FOCUS . . . FOCUS . . . FOCUS . . . FOCUS . . . FOCUS . . .

Les entreprises françaises bien placées en termes de RSE

Les études disponibles en matière de pratiques RSE (Écovadis en 2017, Oekom research AG en 2016, etc.) font état, année après année, de progrès mais « à un rythme lent » (conclusion d'Oekom research AG dans son édition de 2016).

Elles font aussi apparaître que les pays européens en général, et la France en particulier, sont particulièrement performants en matière de RSE. Un grand nombre d'entreprises françaises se classent d'ailleurs parmi les premières dans les classements internationaux.

Cette amélioration généralement observée ne doit pas dissimuler les limites et les incertitudes entourant ces démarches :

– elles reposent tout d'abord sur l'application de dispositions légales et ne touchent qu'une fraction des entreprises, généralement les plus grandes et les plus exposées sectoriellement ou médiatiquement ;
– ces pratiques souffrent souvent d'un manque de continuité, sont souvent difficiles à appréhender faute de standards internationaux ou d'impositions légales ;
– les démarches restent souvent teintées de superficialité ;
– enfin, des écarts significatifs demeurent entre les effets d'annonce et les progrès réels enregistrés.

Les pratiques de RSE en restent encore souvent à un combat d'image et à des déclarations d'intention, au point de faire de la RSE une simple « cosmétique du développement durable ».

3.2 Les conditions de validité des démarches de RSE

La responsabilité sociale et environnementale reste, il faut le rappeler, une démarche volontaire des organisations et notamment des entreprises, supposée aller au-delà des seules obligations légales.

La première condition de succès de ce type de pratique reste sa capacité dans le long terme à améliorer la position commerciale voire financière des entreprises s'engageant dans cette démarche.

FOCUS . . . FOCUS . . . FOCUS . . . FOCUS . . . FOCUS . . . FOCUS . . .

Les bénéfices possibles d'une «démarche RSE»

• D'abord au **plan commercial** et de **l'image** :

– amélioration de la position concurrentielle;

– gains de parts de marché auprès des consommateurs et citoyens militants des causes sociales et environnementales;

– développement d'une image positive sur le long terme.

• Également au **plan** plus directement **financier** :

– réduction de coûts (suppression de gaspillages, réutilisation de déchets);

– obtention plus facile et éventuellement à moindre coût de ressources financières (placements et fonds éthiques);

– élimination de coûts cachés (liés à la suppression de facteurs de mauvais climat social);

– réduction des coûts liés aux risques de tous ordres.

• Enfin, la démarche RSE est un aiguillon favorable à la **dynamisation interne** de l'entreprise :

– stimulation de la créativité;

– source d'innovation;

– élément clé d'une culture d'entreprise.

Cela étant, une démarche RSE implique des investissements et de nombreuses charges additionnelles de tous ordres, le plus souvent immédiates alors que la plupart des bénéfices attendus de ce type de pratiques relèvent plutôt du moyen et long terme et comportent une bonne dose d'aléatoire. Les études statistiques portant sur les liens entre profit et responsabilité sociale semblent majoritairement indiquer une corrélation positive (jusqu'à un certain point), mais les liens restent ténus, marqués par une forte réversibilité (sensibilité à la conjoncture) et les travaux sont souvent contradictoires.

En d'autres termes, pour devenir significatives et s'inscrire dans la durée dans un système d'économie de marché, ces pratiques doivent faire la preuve d'une efficacité commerciale et financière à tout le moins dans le moyen et long terme, faute de quoi les entreprises risquent de s'en tenir aux seules obligations légales. L'absence de rentabilité à court terme les expose même directement à l'opposition d'actionnaires soucieux d'un profit immédiat et élevé.

La deuxième grande condition de validité de ces démarches se rapporte à la question de leur sincérité et de l'efficacité de ces démarches aux plans sociaux et environnementaux : s'agissant de démarches volontaires souvent non contractualisées, le risque est grand que des objectifs d'image en restent au niveau d'une déclaration d'intention et de simples effets de communication; c'est le risque encouru par exemple dans le cas des plans et chartes d'environnement mis en avant par de nombreuses entreprises. La réussite effective de ces démarches suppose alors la **réunion de certaines conditions** :

– d'une part, l'existence de pressions possibles des parties prenantes (boycott, menaces de réglementation…) qui élèvent immédiatement la rentabilité des actions de dépollution non profitables initialement;

– d'autre part, l'existence de systèmes ou d'autorité de contrôle indépendants pour apporter l'information nécessaire sur les pratiques mises en œuvre effectivement.

Ces pratiques en développement rapide voient finalement leur succès conditionné par de nombreux facteurs :

– l'existence (ou non) de moyens d'action des parties prenantes (externes), notamment des pouvoirs publics ;
– l'affirmation de structures d'information et d'expertise (agences de notation et contrôleurs) ;
– enfin, la capacité à générer un avantage concurrentiel pour les firmes s'engageant dans ce type de démarche.

L'action volontaire des entreprises en matière sociale et environnementale reste malgré tout souvent considérée comme insuffisante ou instable, ce qui peut justifier de nouvelles réglementations ou encore la médiatisation des bons et mauvais comportements des entreprises (principe anglo-saxon du « *name and shame* »).

L'essentiel/Summary

La croissance est une question centrale en économie, à la fois par l'importance des enjeux qui lui sont associés, par la richesse des questions d'actualité qu'elle pose, et enfin par les contributions nombreuses des plus grands économistes à son propos.

Pour aborder la croissance, il convient tout d'abord de maîtriser le vocabulaire c'est-à-dire les grands concepts et les indicateurs économiques associés. On aborde à cette occasion les grands débats en rapport avec les problèmes posés par l'indicateur de référence qu'est le PIB.

La compréhension du phénomène de la croissance conduit ensuite à rappeler un certain nombre de grandes références théoriques.

Les théories des cycles et surtout les théories de la croissance fournissent à cet égard une aide précieuse en proposant plusieurs types d'explication : caractère cyclique de l'innovation, multiplicité des déterminants de la croissance, rôle variable de l'État suivant le pays considéré, etc. D'autres analyses sont également présentées pour expliquer les crises économiques et financières nombreuses depuis la fin des années 1980.

De grandes problématiques sont par ailleurs générées par les déséquilibres de la croissance.

Le premier type de déséquilibre concerne la question des inégalités de développement que l'on cherche à expliquer en présentant les différentes théories du développement et en traitant des effets de la mondialisation.

Le second type de déséquilibre concerne les inégalités de développement internes à chaque pays. L'évaluation de ces inégalités comme de leur interprétation reste cependant délicate compte tenu de la variété des situations observées.

Les rapports entre croissance et environnement donnent lieu à la mise en évidence d'un troisième grand type de déséquilibre qui concerne l'écologie. Les effets négatifs de la croissance sur l'environnement sont nombreux, et la vision des économistes quant aux finalités et aux orientations à promouvoir en matière de croissance a suivi une évolution, liée en particulier au concept de développement durable. Ils envisagent ainsi différents instruments de protection de l'environnement mais souvent difficiles à mettre en place.

Dans un contexte marqué par l'omniprésence du marché et l'impératif du développement durable, certaines dimensions plus microéconomiques de la croissance retiennent l'attention, en particulier le développement des pratiques dites de « responsabilité sociale » des entreprises. Ces pratiques, pour intéressantes qu'elles soient, n'en restent pas moins fragiles et tributaires de nombreux facteurs internes et externes aux entreprises.

Growth is a central issue in economics, because of what is at stake and because of the interest of the current questions it raises, and finally because of the contributions of leading economists to the subject.

To understand the concept of growth, it is necessary to master the vocabulary, i.e., the major concepts and associated economic indicators. It addresses the crucial debates regarding problems posed by GDP benchmark data.

L'essentiel/Summary

Understanding the phenomenon of growth subsequently leads to a certain number of important theoretical references.

The theories of cycles and especially the theories of growth are of great help by offering various explanations : cyclical nature of innovation, multiple determinants of growth, the role of the state varying with the country concerned, etc. Other analyses are likewise presented to explain the numerous economic and financial crises since the end of the 1980s.

Moreover, the imbalances of growth raise crucial issues.

The first type of imbalance concerns inequalities of development which can be explained through different theories of development and by taking into account the effects of globalisation.

The second type of imbalance concerns inequalities of development which are inherent to each country. The evaluation of these inequalities and of their interpretation remains difficult given the variety of observed situations.

The links between growth and the environment point out to a third type of imbalance regarding ecology. The negative effects of growth on the environment are numerous, and the economists'point of view on the goals and trends to promote growth has evolved, particularly in relation to the concept of sustainable development.

They envision different methods to protect the environment, but these are often difficult to implement.

In a context where the market is omnipresent and sustainable development is imperative, some more microeconomic aspects of growth are put forward, particularly the development of corporate social responsibility. As interesting as these methods may be, they remain fragile and dependent on numerous internal and external factors to firms.

RÉFÉRENCES CLÉS

MOTS CLÉS

En français	En anglais
Biens communs	Common-pool goods
Changement climatique	Climate change
Code de conduite	Code of conduct
Crise	Crisis, recession, downturn
Crise boursière	Crash
Crise financière	Financial crisis
Croissance	Growth
Croissance endogène	Endogenous growth
Croissance verte	Green growth
Croissance zéro	Zero growth
Cycle économique	Economic cycle
Décroissance	Negative growth
Démondialisation	Deglobalisation
Déséquilibre économique	Economic imbalance
Développement durable	Sustainable development
Écotaxe	Green tax
Espérance de vie	Life expectancy
Externalités	Externalities
Indicateur de développement humain (IDH)	Human development index (HDI)
Inégalités	Inequalities
Mode de régulation	Regulation
Mondialisation	Globalisation
Norme	Standard
Notation sociale et environnementale	Social and environmental rating
Permis de polluer	Cap-and-trade system, emission trading scheme
Principe de précaution	Precautionary principle

☞

RÉFÉRENCES CLÉS

☞

En français	En anglais
Produit intérieur brut (PIB)	Gross domestic product (GDP)
Produit national brut (PNB)	Gross national product (GNP)
Protocole de Kyoto	Kyoto Protocol
Rapport du club de Rome	Club of Rome report
Rapport social	Social reporting
Responsabilité sociale et environnementale (RSE)	Corporate social responsibility (CSR)
Revenu national brut (RNB)	Gross national revenue GNR)
Stagflation	Stagflation
Termes de l'échange	Terms of trade
Théories de la croissance	Theories of growth
Titrisation	Securisation
Trend (tendance)	Trend

DATES CLÉS

[1945 – 1974] Période des 30 Glorieuses

1972 Publication du Rapport *Halte à la croissance* par le Club de Rome

1987 Rapport de la commission Brundtland

1997 Adoption du Protocole de Kyoto

2001 Loi sur les Nouvelles régulations économiques (NRE)

2009 Sommet de Copenhague

2010 Adoption du projet de loi Grenelle 2

RÉFÉRENCES BIBLIOGRAPHIQUES

- C. Aubertin et F.D. Vivien, *Le développement durable : enjeux politiques économiques et sociaux*, La documentation française, 2005.
- « L'économie durable », *Alternatives économiques*, n° 83, 4e trimestre 2009.
- « Les inégalités économiques en question », *Problèmes économiques*, La documentation française, n° 2865, décembre 2004.
- « Faut-il dire adieu à la croissance ? », *Alternatives économiques*, n° 97, 3e trimestre 2013.
- *Placer la croissance verte au cœur du développement*, OCDE, 2013.
- S. Moati, « Comment sortir de la dictature du PIB ? », *Alternatives économiques*, p. 32 et 33, n° 84, 2e trimestre 2010.

RÉFÉRENCES CLÉS

- « Inégalités, Quels effets sur la croissance ? », *Problèmes économiques*, La documentation française, n°3105, février 2015.
- « La fin de la mondialisation ? », *Alternatives économiques*, n°364, janvier 2017.
- « COP 21, quelles solutions au changement climatique ? », *Problèmes économiques*, La documentation française, n°3119, octobre 2015.

SITES INTERNET

1) Données statistiques sur la croissance (France, Europe, Monde)

- www.economie.gouv.fr/cedef/indicateurs-conjoncture-économique (indication des sites fournissant les principaux indicateurs de conjoncture écononomique)
- http://epp.eurostat.ec.europa.eu/ (données macroéconomiques sur les pays européens)
- www.oecd.org (données macro économiques sur les pays de l'OCDE)

2) Réflexions, analyses et programmes sur le développement durable

- www.developpement-durable.gouv.fr (Ministère de la Transition écologique et solidaire)
- www.agora21.org (portail d'informations sur le développement durable)
- www.oecd.org/ puis choisir le thème de la croissance verte et du développement durable
- www.decroissance.info (informations sur l'optique de la décroissance)

APPLIQUER LE COURS

Application 5 Thèmes et questions de réflexion

1. Quel(s) agrégat(s) retenir pour mesurer la croissance et le développement économique et social ?
   What aggregates should be used to measure growth and social and economic development?
2. La thèse de la décroissance est-elle envisageable ? Et à quelles conditions ?
   Can the theory of negative growth be envisioned? And under what conditions?
3. Comment expliquer les inégalités de développement ?
   How can one explain development inequalities?
4. La responsabilité sociale et environnementale des entreprises est-elle une pratique rentable pour les entreprises ?
   Is corporate social and environmental responsibility profitable for companies?
5. Quels sont les principaux outils de la responsabilité sociale et environnementale ?
   What are the main tools of social and environmental responsibility?
6. Quelles sont les lignes de fracture entre les grandes théories de la croissance ?
   What are the dividing lines between the major theories of growth?
7. Le concept de croissance durable est-il véritablement mis en application ?
   Is the concept of sustainable growth really put into practice?
8. Quelles sont les différentes solutions économiques possibles pour préserver l'environnement économique ?
   What are the different possible economic solutions for preserving the economic environment?
9. Le développement durable est-il compatible avec la recherche du plein-emploi ?
   Is sustainable development compatible with the pursuit of full employment?
10. Est-il possible de « partager » la croissance ?
    Is it possible to "share" growth?

Une réponse succincte aux cinq premières questions est proposée en fin d'ouvrage.

Cas 5 Extrait de texte en anglais

La croissance verte : pourquoi ?

The gains from growth, while distributed unevenly around the world, have been dramatic. Over the past 150 years life expectancy increased by around thirty years in most regions, including some of the least developed parts of the world. OECD countries experienced a three-fold increase in both the amount of time and money spent on leisure since the late nineteenth century, while health status and education and labour market opportunities also grew.

Many of the economic, technological, social and institutional changes that helped to drive growth in the twentieth century are yet to be delivered to a vast number of people. There is therefore considerable potential for further growth and improvements in living standards. The question is whether this potential can be realised.

The growth dynamic that has yielded these improvements in living standards has entailed substantial costs to the physical environment on which human well-being ultimately depends. It is increasingly apparent that the way in which we use natural resources could place higher living standards and even conventionally measured growth at risk.

Thus the world faces twin challenges : expanding economic opportunities for a growing global population ; and addressing environmental pressures that, if left unaddressed, could undermine our ability to seize these opportunities ; green growth is where these two challenges meet and about exploiting the opportunities which lie within. It is about fostering economic growth and development while ensuring that natural assets continue to provide the resources and environmental services on which our well-being relies. It is also about fostering investment and innovation which will underpin sustained growth and give rise to new economic opportunities. (...).

The central feature of a green growth framework (...) is recognition of natural capital as a factor of production and its role in enhancing well-being. In sum, strategies for greening growth focus on a broader concept of progress than just GDP (Gross Domestic Product) growth and aim to provide clear and stable policy signals to investors and consumers so as to :

- Achieve economic gains from eliminating sources of inefficiency in the use of natural capital.
- Encourage innovation which can deliver high rates of balanced growth.
- Foster new economic opportunities from the emergence of new green
- markets and activities.
- Ensure that eliminating inefficiencies, fostering innovation and seizing new growth opportunities avoid the risk of bottlenecks and systemic crises.

OECD Report, Towards Green Growth.

1) Questions de compréhension

Trouvez dans le texte le mot anglais correspondant aux mots suivants :

espérance de vie	
apporter, produire	
non résolu	
saper (2 réponses)	
durable	
cadre	
renforcer	
blocage	

Choisissez parmi les propositions celle dont le sens correspond au texte :

a) The gains from growth, while distributed unevenly around the world, have been dramatic :

- The gains have been substantial
- The gains have been dangerous
- The gains have been tragic

b) Many of the economic, technological, social and institutional changes that helped to drive growth in the twentieth century are yet to be delivered to a vast number of people

- Many of the changes have not reached a vast number of people yet
- Many of the changes have benefited a majority of people
- Many of the changes have been transferred to a vast number of people

c) The growth dynamic that has yielded these improvements in living standards has entailed substantial costs to the physical environment

- The growth dynamic has entitled substantial costs...
- The growth dynamic has brought substantial costs...
- The growth dynamic has failed substantial costs...

d) It is about fostering economic growth

- It is about neglecting economic growth
- It is about ignoring economic growth
- It is about favouring economic growth

2) Questions grammaticales

Structures verbales

Observez les structures verbales suivantes :

- Emissions continue to grow
- To get the biggest polluters to share...

- Working on climate change.../ sequestering CO_2....

Dans les phrases suivantes utilisez la structure verbale appropriée :

- .... (set up) a real market of pollution rights may prove difficult
- When it comes to........... (cut) carbon emissions, economic powers are reluctant to........... (make) sacrifices.
- We will stop deforestation by........................ (compensate) native populations for the loss of income.
- If America starts........................ (take) measures, China and India will follow
- Westerners are used to.................. (waste) energy, they should be more committed to........................ (recycle)
- Politicians prefer..................... (please) the voters to................ (tackle) the tough issues

Le comparatif et le superlatif

Mettez l'adjectif entre parenthèses à la forme qui convient :

- Because of climate change, temperatures are becoming (high × 2)
- In spite of global warming, it's (cold) winter we've ever had
- (warm) temperatures, (thin) the ice cap
- The situation has become much (bad) since the beginning of the century
- India and China pollute nearly (much) the US

3) Questions économiques

1. Indiquez quelques bienfaits de la croissance économique enregistrée depuis plus d'un siècle.
   Show some benefits economic growth has provided in the last century
2. Quels sont les deux défis auxquels doit répondre « la croissance verte » ?
   What are the two challenges that « green growth must face ?
3. Que recouvre la stratégie de croissance verte que l'OCDE entend promouvoir depuis 2011 ?
   What is included in the « green growth » strategy that the OECD has wanted to promote since 2011 ?

4) Thème de réflexion

À partir du texte et de vos connaissances, vous traiterez la question de l'opportunité et de la faisabilité de la croissance verte.

CHAPITRE 6

Marché et économie non marchande

L'activité économique repose sur trois piliers, comme le montre Karl Polanyi (*La grande transformation*, 1944). Le premier d'entre eux est l'économie marchande, où la rencontre entre les besoins et les biens s'opère par le marché. Le deuxième est l'économie non marchande qui prend en charge les activités délaissées par le marché ; on y trouve à la fois les administrations publiques (économie non marchande publique) et les institutions sans but lucratif au service des ménages (économie non marchande privée). Le dernier pilier est celui de l'économie non monétaire qui, il faut bien le dire, échappe quelque peu aux statistiques officielles tant elle est difficile à mesurer en totalité ; l'économie non monétaire peut cependant être considérée comme non marchande au sens où nous l'entendrons ici, par référence à la comptabilité nationale qui y inclut les activités domestiques.

La comptabilité nationale française, elle, distingue la production marchande (PM), la production pour emploi final propre (PEFP) et l'autre production non marchande (APNM).

> La **production marchande (PM)** est la « production écoulée ou destinée à être écoulée sur un marché » ; elle concerne les produits vendus à un prix « économiquement significatif », c'est-à-dire à un prix supérieur à la moitié de leur coût de production.
> La **production pour emploi final propre (PEFP)** représente une production réalisée par un agent pour son propre compte, et non destinée à être vendue.

La PEFP comprend surtout les services de logement que se rendent à eux-mêmes les ménages propriétaires de leur habitation (dans le cas où ils loueraient à d'autres ce logement, le service rendu serait comptabilisé comme une production marchande) ou lorsqu'ils emploient du personnel domestique, ou encore lorsqu'ils réalisent une production agricole autoconsommée (légumes du potager par exemple).

> L'**autre production non marchande** est ainsi dénommée car elle fait suite à la production pour emploi final propre qui n'est pas, elle non plus, échangée sur un marché. Elle représente la production qui est « fournie à d'autres unités, soit gratuitement, soit à un prix économiquement non significatif », c'est-à-dire inférieur à la moitié du coût de production.

L'autre production non marchande est ainsi constituée de services non marchands bien souvent indivisibles (défense nationale, police par exemple) et dont la valeur est mesurée au coût de production (essentiellement constitué de salaires et traitements) puisqu'on ne peut établir pour eux un prix de vente.

La définition de la production retenue par la comptabilité nationale inclut donc les activités domestiques mais aussi l'économie souterraine au sens où ce sont des activités légales mais non déclarées. Bien entendu, ces productions ne peuvent être estimées que de manière indirecte et approximative. En revanche, la définition de la production nationale exclut toutes les activités illégales telles que la production de drogues interdites.

Au cours du temps, le poids de la production non marchande a progressé dans la production totale au détriment de la production marchande. D'ailleurs, la production non marchande privée, par le biais de l'économie sociale et solidaire, a fait l'objet d'attentions particulières de la part des pouvoirs publics français, notamment avec le décret du 15 décembre 1981 qui crée la Délégation à l'économie sociale, mais aussi avec la création d'un Secrétariat à l'économie solidaire en 2000, ou encore avec le Secrétariat à l'ESS à l'origine du projet de loi Hamon sur l'ESS (2014). Mais celle-ci prend sa source dans des temps plus reculés avec les utopies socialistes du XIXe siècle, ou encore dans le rapport sur le « Palais de l'économie sociale » rédigé par Charles Gide à l'Exposition universelle de 1900 à Paris. D'emblée, l'économie non marchande privée se pense à la fois en termes de substitution ou de complémentarité à l'économie marchande.

Ainsi nous sommes amenés à nous demander, tout d'abord, quelles sont les justifications de l'existence de productions non marchandes privées et publiques, à travers les défaillances du marché. Ensuite, nous verrons quels sont le poids et le rôle de l'économie non marchande privée en économie de marché.

A LES CARACTÉRISTIQUES DE L'ÉCONOMIE NON MARCHANDE EN ÉCONOMIE DE MARCHÉ

L'économie de marché s'oppose à l'économie planifiée. Elle organise la rencontre entre les besoins humains et la production par le biais des marchés, lesquels fonctionnent de manière plus ou moins flexible. Le marché apparaît alors comme le plus efficace des modes d'allocation des ressources, au moins lorsqu'on l'oppose au plan.

Cependant, les marchés ne peuvent garantir la production de tous les biens pour lesquels des besoins existent ; une part de l'activité économique devient dans ce cas non marchande, dans le sens où elle conduit à une production hors de la logique du marché. La part de la production non marchande s'accroît dans le total de la production puisque celle-ci passe de 12,3 % en 1970 à 21 % en 2015.

1 Le marché concurrentiel est un mode d'allocation des ressources efficace

1.1 Définition et logique du marché

Le **marché** est le lieu de rencontre réel ou fictif entre l'offre et la demande d'un bien ou service. Cette rencontre aboutit à la fixation d'un prix et à la détermination de la quantité échangée du bien ou service.

Une économie de marché est donc une économie dont le principal mode d'allocation des ressources est le marché : marché des biens et services, marché des capitaux, marché du travail. Cela signifie que, dans cette logique, les consommateurs expriment une demande sur le marché, laquelle est entendue par les producteurs qui s'efforcent d'y répondre en quantité, qualité et prix. Il s'agit là de ce que John Kenneth Galbraith[1] nomme la « filière normale », filière dans laquelle le consommateur est souverain (« le client est roi »).

Filière normale

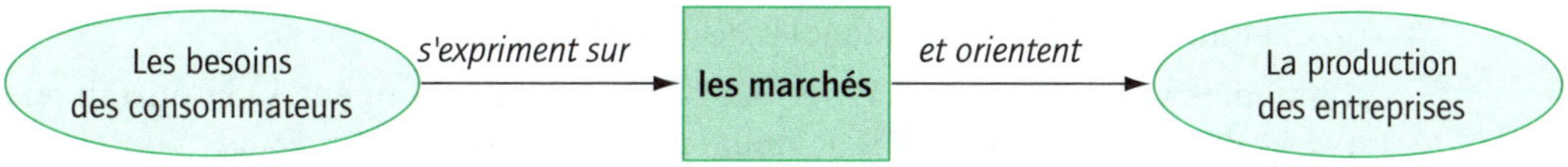

Cependant, si Galbraith met en avant une filière normale, c'est que le fonctionnement du système capitaliste lui paraît substituer, au contraire, une « filière inversée ». Selon la logique de cette inversion, ce sont les producteurs qui proposent des biens sur les marchés et font naître des besoins chez les consommateurs, au besoin à grand renfort d'actions mercatiques.

Filière inversée

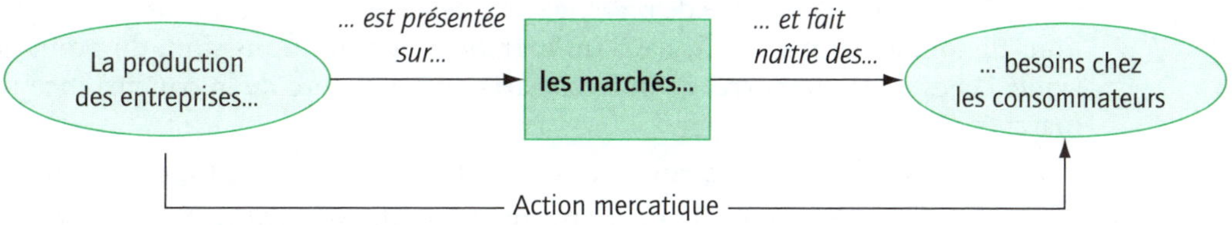

On peut imaginer d'autres modes d'allocation des ressources que le marché. Longtemps, par exemple, le plan, dans les ex-pays socialistes du bloc de l'Est de l'Europe et en particulier en URSS, a joué ce rôle.

1.2 La supériorité du marché sur le plan

Le planificateur central (l'État) doit *a priori* connaître les demandes des consommateurs pour orienter de manière autoritaire les productions des entreprises publiques. La rencontre entre les besoins et les capacités de production ne s'opère pas par le marché mais grâce à une collecte centralisée d'informations. On sait cependant qu'il est difficile pour un État de connaître précisément les désirs de consommations de tous les citoyens. Le marché apparaît ici supérieur au plan, autrement dit à l'économie décentralisée.

FOCUS . . . FOCUS . . . FOCUS . . . FOCUS . . . FOCUS . . . FOCUS . . .

Économie de marché et Économie planifiée

L'effondrement du communisme en Union Soviétique et en Europe de l'Est est certainement l'événement majeur des cinquante dernières années. Les pays communistes croyaient que des organismes de planification centrale au sein du gouvernement étaient les mieux placés pour guider l'activité économique. Ces organismes décidaient quels biens et services devaient être produits, en quelles quantités et qui devait les produire et les consommer. L'idée sous-jacente

(1) *The new Industrial State*, 1967. Trad. française : *Le nouvel État industriel*, Gallimard, 1968.

à cette planification centralisée était que seul le gouvernement pouvait organiser l'activité économique de manière à assurer le bien-être du pays entier.

Aujourd'hui, la plupart des pays qui ont fait l'expérience de l'économie dirigée ont abandonné ce système et cherchent à mettre en place une économie de marché. Dans une économie de marché, les décisions de l'organisme central de planification sont remplacées par les décisions de millions d'entreprises et d'individus. Les entreprises décident de leur production et de leurs emplois. Les individus choisissent l'entreprise pour laquelle ils vont travailler et ce qu'ils achèteront avec leurs revenus. Ces firmes et ces ménages sont en relation au sein du marché, où les prix et l'intérêt individuel guident les décisions à prendre.

À première vue, le succès des économies de marché est étonnant. On pourrait en effet penser que les décisions désordonnées de millions d'entreprises et de ménages poussés par un intérêt égoïste déclencheraient un abominable chaos. Ce n'est pourtant pas le cas. Les économies de marché ont fait la preuve de leur remarquable efficacité pour organiser l'activité économique de manière à promouvoir un bien-être économique généralisé.

N.G. Mankiw, *Principes de l'économie*, Économica, 1998, p. 74.

La supériorité de l'économie de marché sur le plan peut se comprendre au regard des conditions de fonctionnement efficace d'un marché. Ces conditions sont, du point de vue théorique, celles de la concurrence pure et parfaite, ou encore de la concurrence pure sur des marchés parfaits.

Pour qu'il y ait concurrence pure, deux conditions doivent être tout d'abord remplies :

- les agents économiques doivent être preneurs de prix *(price takers)*, c'est-à-dire qu'ils considèrent les prix comme des données sur lesquelles ils ne peuvent seuls exercer une influence (hypothèse d'exogénéité des prix) ;
- les agents peuvent entrer ou sortir d'un marché sans coût ni limite (hypothèse de fluidité du marché).

Il convient de s'arrêter un instant sur cette dernière condition. En effet, la présentation traditionnelle de la concurrence pure et parfaite insiste plus volontiers sur la seule condition de libre entrée sur le marché.

Mais, selon Baumol, Panzar et Willig (*Contestable market in the theory of industry structure*, 1982), la concurrence n'est pas liée au nombre d'offreurs et de demandeurs sur un marché, mais à la possibilité d'entrée et de sortie du marché. Ainsi, sur un marché contestable, même un nombre réduit d'offreurs conduirait ceux-ci à se comporter comme s'ils étaient en situation de concurrence, ce qui permet d'éviter des hausses démesurées de prix. Un marché contestable est un marché sur lequel l'entrée est libre, c'est-à-dire que de nouveaux concurrents peuvent chercher à s'accaparer les profits qui y sont réalisés (possibilité de contester la situation actuelle du marché). Cependant, la sortie du marché doit elle aussi être libre pour que celui-ci soit qualifié de contestable. Une sortie libre du marché signifie que l'entreprise peut se retirer de la concurrence sans pertes dommageables (les coûts supportés à la sortie doivent demeurer restreints sinon aucune entreprise ne prendrait le risque d'entrer sur le marché). Entrées et sorties sont donc liées. C'est la déréglementation qui a rendu contestables des marchés qui étaient jusque-là en situation de monopole. On pense notamment aux transports aériens qui étaient pour la plupart le résultat d'accords bilatéraux entre compagnies de pays reliés par une ligne aérienne. Désormais, les lignes aériennes européennes peuvent être « contestées » par l'ensemble des compagnies aériennes, sans que celles-ci soient de la nationalité du pays de départ ou du pays d'arrivée de la ligne. L'entrée sur la ligne (Paris-Nice) est libre, et la sortie peu coûteuse (les avions qui y étaient consacrés peuvent être affectés à d'autres lignes).

Pour que le marché soit parfait, deux autres conditions sont nécessaires :

– les agents connaissent à tout moment l'ensemble des biens et services disponibles et leurs prix respectifs (hypothèse d'information parfaite) ; en France, par exemple, l'affichage des prix est obligatoire ;

– les biens échangés sont parfaitement homogènes quelle que soit l'entreprise qui le produit (hypothèse d'homogénéité des biens échangés).

La théorie économique a pris pour habitude de raisonner à partir de ce modèle de base, quitte à en relâcher certaines des conditions pour faire apparaître des situations qui rendent mieux compte de la réalité observée (la concurrence imparfaite entre autres).

Si l'on conserve toutefois le modèle de base, on sait que le marché est le mode d'allocation des ressources le plus efficace (avec le monopole totalement discriminant) puisque le surplus collectif y est le plus grand. On entend par là l'efficacité au sens de Pareto, à savoir que la situation atteinte à l'équilibre de marché est telle qu'on ne peut améliorer le bien-être d'un individu sans être malheureusement obligé de détériorer celui d'au moins un autre (optimum de Pareto).

On peut voir que, dans le cas de la fixation d'un prix plafond (fixé en deçà du prix d'équilibre jugé trop élevé par les autorités publiques) par exemple dans le but de favoriser l'accès au bien pour le plus grand nombre, la demande excède l'offre. Nombreux sont en effet les individus qui disposent d'un prix de réserve (le prix qu'ils sont disposés à payer pour obtenir le bien) plus élevé que le prix affiché. Cependant, pour ce même prix, moins nombreux sont les producteurs qui peuvent se permettre de fabriquer le bien (ceux dont le coût marginal de production est égal au prix de vente). Il en résulte une situation de pénurie : une partie de la demande est rationnée. Quels sont les individus qui obtiendront alors une unité de bien ? Probablement ceux qui se sont présenté les premiers, qui ont eu la possibilité de « faire la queue » (exemple des billets vendus pour une compétition sportive). Un marché noir peut se développer ; ceux qui ont obtenu un bien sont tentés de le revendre à ceux qui n'en ont pas obtenu et qui disposaient pourtant d'un prix de réserve plus élevé. Acheteur et vendeur voient alors leur satisfaction augmenter, prouvant par là que l'allocation précédente, qui résultait de la fixation par l'État d'un prix plafond, n'était pas optimale. On peut imaginer que ceux qui achètent sur le marché noir un billet donnant droit à une place pour assister à un match de coupe du monde de rugby à 1 000 euros entrent dans la catégorie de ceux qui ont un prix de réserve très élevé ! En revanche, ceux qui avaient obtenu le billet par tirage au sort au prix de 100 euros et qui sont prêts à le vendre à 1 000 euros, appartiennent à la catégorie de ceux qui considèrent plus satisfaisant de disposer de 1 000 euros en monnaie sonnante et trébuchante que d'aller assister à une rencontre de rugby. L'utilité qu'ils pourraient obtenir en achetant d'autres biens avec ces 1 000 euros, et en suivant la rencontre à la télévision, est supérieure à celle ressentie en regardant le match depuis les tribunes.

On peut d'ores et déjà faire remarquer que le « marché noir » relève de l'économie marchande : les biens échangés le sont à un prix de marché.

En vertu de ce qui précède, la théorie économique énonce alors ce que l'on nomme le premier théorème fondamental de l'économie du bien-être.

Selon le **premier théorème fondamental de l'économie du bien-être**, tout équilibre de marché concurrentiel est optimal/efficace au sens de Pareto.

A priori, toute intervention de l'État qui viendrait perturber le fonctionnement concurrentiel du marché (exemple du prix plafond) éloignerait de l'équilibre optimal au sens de Pareto. Mais le premier théorème fondamental de l'économie du bien-être renferme en lui-même une justification de l'intervention de l'État, pour peu que les conditions théoriques de la concurrence pure sur des marchés parfaits ne soient pas remplies. Selon les cas, on entre alors dans l'économie non marchande.

2 Le fonctionnement efficace du marché suppose des conditions souvent irréalistes, ce qui laisse la place à d'autres modes d'allocation des ressources

Nombreuses sont les situations réelles où l'une au moins des conditions de la concurrence pure sur des marchés parfaits n'est pas observée. Le marché lui-même ne rend pas suffisamment compte des formes d'échanges qui s'observent dans nos sociétés modernes. On peut ainsi mettre en avant une économie non marchande que nous appellerons « publique », et qui s'appuie sur l'intervention de l'État, et une économie non marchande que nous nommerons « privée », laquelle repose sur des formes diverses de solidarité entre individus hors marché et État.

Le total de l'économie non marchande représente, au titre de ce que l'Insee nomme les « services administrés », près de 21 % de la valeur ajoutée crée sur le territoire national en une année par l'ensemble des branches (2015).

2.1 Les défaillances de marché et l'économie non marchande publique

Nous n'évoquerons pas ici les défaillances de marché qui résultent des interrelations entre agents économiques, telles que les externalités. Elles montrent seulement que, dans certains cas, les productions réalisées ne sont pas optimales au sens de Pareto. Cependant, elles n'induisent en rien un développement de l'économie non marchande, même s'il est vrai que les frontières entre biens publics et externalités sont poreuses : on peut montrer que le fondement de l'existence de biens publics réside dans la production d'externalités (Lévêque, *Économie de la réglementation*, 1998).

a) Le cas des monopoles naturels

Leur origine repose sur des rendements croissants.

Un **monopole naturel** est une situation de marché dans laquelle l'offre est représentée par une seule entreprise en raison de l'existence de rendements croissants dans le secteur considéré.

Dans ce cas, en effet, le coût marginal de production est décroissant et inférieur au coût moyen qui est, lui aussi et par force, décroissant. Une entreprise qui réalise la totalité de la production du marché parviendra toujours à le faire à un coût moyen inférieur à celui qui serait obtenu en concurrence pure sur un marché parfait (avec un grand nombre de producteurs preneurs de prix). On peut montrer que la gestion privée du monopole naturel conduit à une perte de surplus collectif (la « charge morte » du monopole), justifiant la nationalisation de l'entreprise qui de monopole naturel devient monopole public. L'État, qui gère le monopole dans l'intérêt collectif, et non dans l'intérêt particulier de l'entreprise, est amené à fixer un prix qui maximise le surplus collectif. Il se trouve que cette tarification (au coût marginal) correspond à un prix de vente inférieur au coût moyen : il ne s'agit plus d'un prix de marché (aucune entreprise privée ne peut durablement vendre à perte) mais d'un prix administré. On entre alors dans le domaine de l'économie non marchande (la comptabilité nationale, rappelons-le, considère « l'autre production non marchande » comme une production vendue à un prix inférieur à la moitié de son coût de production).

b) Le cas des biens publics

Les biens publics relèvent eux aussi de l'économie non marchande. Nous savons qu'ils vérifient deux caractéristiques bien particulières : la non-rivalité et la non-exclusion.

Un **bien** est dit « **non rival** » lorsque la consommation de ce bien par plusieurs individus en même temps est possible.

Le bien est considéré comme indivisible. C'est le cas d'une séance de cinéma, d'un feu d'artifice. Le fait qu'un individu assiste à un feu d'artifice, ou à une séance de cinéma (dans la limite de l'effet d'encombrement), n'empêche pas les autres individus d'y assister en même temps.

Un **bien public** est dit « **non exclusif** » lorsqu'il est impossible d'exclure un individu de la consommation de ce bien.

Pour illustrer cette non-exclusivité, on ne peut interdire à personne d'observer le feu d'artifice depuis son balcon, sa terrasse ou son jardin. Tout le problème est là. On comprend que des individus rationnels ont tout intérêt à ne pas révéler leurs préférences cachées pour le bien public, faisant financer la production de ce bien par les autres. Si une mairie devait demander à chaque administré une contribution pour le financement du feu d'artifice du 14 juillet, il serait rationnel pour chacun de faire savoir qu'il n'est pas intéressé, pour ne pas payer et profiter quand même du spectacle financé par ceux qui ont révélé leur préférence en payant. Bien entendu, si tous les agents sont rationnels, aucun ne révélera sa préférence pour le feu d'artifice et personne ne paiera pour financer un tel spectacle ; le bien public ne sera pas produit alors que le plus grand nombre le désirait pourtant. On retrouve là le paradoxe de l'action collective de Mancur Olson selon lequel « personne ne participera à une action collective à laquelle chacun a intérêt à ce que tout le monde participe » (*La Logique de l'action collective*, 1966). En somme, il est rationnel pour chaque individu de se comporter en « passager clandestin », c'est-à-dire de profiter de la production d'un bien sans en payer le prix puisqu'on ne peut être exclu de sa consommation.

Ainsi, la poursuite des intérêts individuels ne conduit pas toujours à l'intérêt collectif. La « main invisible » qui le permettait (Adam Smith, *Recherche sur la nature et les causes de la richesse des nations*, 1776) doit être remplacée par une intervention de l'État. Celui-ci peut décider de produire les biens publics (défense nationale, justice, police) et de les distribuer à titre gratuit, ou quasi gratuit. Plus exactement, les agents économiques consomment ce type de biens et services sans bourse délier, certes, mais en les finançant par des prélèvements obligatoires. Bien entendu, l'État peut choisir des critères de financement des biens publics qui conduisent à faire payer différemment les agents économiques, occasionnant par là même une redistribution des revenus. On sait en effet, depuis le théorème de l'électeur médian de Duncan Black (*Une analyse des processus de prise de décision politique*, 1948), qu'un vote majoritaire avantage les individus qui désirent fortement le bien public (ceux qui disposent d'un prix de réserve, ou encore une disposition à payer le bien public, supérieure à l'impôt mis en place pour le financement).

FOCUS . . . FOCUS . . . FOCUS . . . FOCUS . . . FOCUS . . . FOCUS . . .

Le théorème de l'électeur médian (Duncan Black, 1948)

Pour décider ou non de la production d'un bien public, on peut choisir la procédure du vote majoritaire. Il s'agit d'un vote qui a pour but de déterminer l'impôt à payer pour chaque individu d'une population, en vue de produire un bien public. C'est le cas, par exemple, lorsque la population doit se prononcer sur le projet porté par un ou des candidats à l'occasion d'une élection politique. Imaginons la procédure de vote suivante : on classe les individus par ordre de disposition à payer le bien public décroissante (prix de réserve du bien public). En effet, on comprend aisément que tous les électeurs n'accordent pas la même importance au bien public (construction d'un grand stade par exemple).

Considérons ces dispositions à payer t_1, t_2,..., t_n pour n individus, telles que $t_1 > t_2 > ... > t_n$. Supposons que l'État procède par tâtonnement (enchère descendante) : il annonce d'abord t_1 et compte ainsi le nombre de personnes disposées à payer un tel impôt (il n'y en aura qu'une dans ce cas puisque tous les t_i sont différents). Bien entendu, lorsque l'impôt descend à t_3, les individus qui ont des dispositions à payer égales à t_1 et à t_2 se prononcent toujours en faveur de la production du bien public (ils payent dans ce cas moins que leur prix de réserve) et ainsi de suite. En vertu du principe majoritaire, le résultat du vote conduit à l'adoption du projet pour un impôt t qui correspond à l'individu qui fait basculer le vote vers la majorité.

Si n est un nombre pair il s'agira du $\frac{n}{2}+1$ième individu, du $\frac{n+1}{2}$ième individu si n est un nombre impair.

L'impôt adopté est celui qui correspond à la disposition à payer de l'individu médian, notée t_m (celui qui partage l'effectif des votants en deux parts égales de 50 %). Le montant total de l'impôt prélevé sur la population est alors $T = n.t_m$, ce qui dépend clairement de la disposition marginale à payer le bien public de l'électeur médian. Plus les électeurs désirent le bien public, plus t_m est élevé et plus le bien public sera produit en quantité importante (selon les préférences des électeurs, par exemple, la dimension d'un jardin public que souhaite créer une commune peut permettre d'accueillir 600 promeneurs, 800 promeneurs ou 1 000 promeneurs). Par conséquent, si tout le monde paye le même impôt t_m, tous les électeurs qui disposent d'un prix de réserve supérieur à t_m consomment le bien public pour une somme inférieure à celle qu'ils étaient disposés à payer, et tous ceux qui font état d'une disposition à payer inférieure à t_m payent plus que ce qu'ils étaient prêts à verser pour consommer le bien public. Pour éviter une telle « tyrannie de la majorité », l'État est amené à différencier les impôts payés par les citoyens.

Tout ce qui précède consiste en une prise en charge par l'État des défaillances du marché. Les mécanismes de redistribution entre agents économiques sont étatiques, et supposent une solidarité « forcée », une forme de « charité publique ». Par exemple, l'éducation nationale est financée par tous les ménages qui payent des impôts, y compris par ceux qui n'ont pas d'enfants. Cette économie non marchande publique peut apparaître comme une restriction du choix de consommateur : une partie de ce qu'il consomme est choisie par la collectivité.

FOCUS . . . FOCUS . . . FOCUS . . . FOCUS . . . FOCUS . . . FOCUS . . .

La souveraineté limitée du consommateur

Certaines consommations sont « socialisées », c'est-à-dire qu'elles sont décidées par la collectivité sans que le consommateur ait un choix direct et réel. Pour une part cette socialisation est inévitable : l'armée, la police, la justice sont au service de tous. Il s'agit de services publics collectifs n'assurant des prestations qu'au bénéfice général de la collectivité, et non de tel ou tel citoyen en particulier. D'autres services publics bénéficient directement à des individus (l'école, les soins, l'aide au logement). Cependant, le rôle de l'individu se limite à payer, obligatoirement, et à consommer, presque obligatoirement. C'est la collectivité qui prend les décisions, qui fixe le niveau des prestations et la manière de les répartir entre les citoyens. Au total, les consommations ainsi décidées par la collectivité et qui échappent donc aux choix individuels sont en augmentation constante. Elles représentent aujourd'hui un cinquième de la consommation totale.

Certains s'en inquiètent. Ils observent que le domaine des choix individuels se restreint au profit de celui des choix collectifs. Or, même dans la meilleure des démocraties, ces choix sont imposés à la collectivité par une partie de la population. D'autre part, la mise en œuvre des décisions publiques passe nécessairement par une bureaucratie qui est souvent puissante et parvient à imposer ses propres vues ou ses propres intérêts.

Enfin, la prise en charge de nouveaux services par l'État nous rend de plus en plus dépendants des institutions et des réglementations. Nous perdons notre liberté et notre autonomie. C'est le sens de cette mise en garde d'Ivan Illitch (*La Convivialité*) : « Passé un certain seuil, la société devient une école, un hôpital, une prison. Alors commence le grand enfermement. »

Michel Didier, *Économie, les règles du jeu*, Économica, 1992.

Il convient de préciser que, si l'équilibre de marché est optimal au sens de Pareto, cet optimum peut ne pas être jugé juste. En effet, si l'allocation des ressources par le marché conduit à attribuer la totalité des biens à un seul individu, les autres n'obtenant rien, l'équilibre de marché obtenu est bien optimal au sens de Pareto, puisqu'on ne peut améliorer le sort de ceux qui n'ont rien qu'en ponctionnant l'individu qui possède tout. L'équilibre de marché peut donc être efficace, au sens de Pareto, mais peu équitable. L'État peut alors intervenir pour tenter de concilier efficacité économique et équité, notamment en redistribuant les revenus entre les individus, et en laissant faire le marché pour atteindre un optimum de Pareto jugé plus équitable. Il cherche ainsi une répartition plus juste des richesses produites, non par une planification centralisée mais en procédant à une redistribution des dotations initiales entre les agents (l'impôt sur le revenu, l'impôt sur les successions par exemple) et en les laissant agir librement ensuite pour exprimer leurs besoins sur les marchés.

La théorie économique énonce alors ce que l'on appelle le second théorème fondamental de l'économie du bien-être être qui, à quelques nuances près, correspond à la réciproque du premier.

> Selon le **second théorème fondamental de l'économie du bien-être**, toute allocation optimale au sens de Pareto peut être obtenue par un mécanisme de marché.

En somme, si l'équilibre de marché sans intervention de l'État est jugé peu équitable par les autorités publiques, celles-ci peuvent procéder à une redistribution de revenus entre agents économiques pour orienter le marché, en laissant faire les agents, vers un nouvel équilibre considéré comme plus juste. Autrement dit, puisque l'équité (justice sociale) et l'efficacité économique ne vont pas forcément de pair, l'intervention de l'État est justifiée, du point de vue théorique, par une redistribution des revenus (solidarité institutionnelle).

c) Une remise en cause des missions de service public

Le fonctionnement des services publics obéit à deux grands principes : le principe de continuité en vertu duquel les services nécessaires à la vie sociale ne sauraient être interrompus, et le principe d'égalité qui garantit qu'aucune discrimination tarifaire et de service ne peut avoir lieu. Le problème se pose de savoir si les services publics peuvent être rendus par des entreprises privées ou doivent nécessairement être produits par l'État. Il faut dire que l'Union européenne souhaite introduire de la concurrence dans ce domaine au nom d'une plus grande efficacité attendue. La Commission européenne a par exemple fixé comme ligne d'horizon la date du 1er juillet 2007 pour la libéralisation du marché de l'électricité. Depuis ce jour, les consommateurs peuvent faire jouer la concurrence en matière de distribution d'électricité, comme c'était déjà le cas pour les entreprises depuis le 1er juillet 2004.

Dans ce cas, le désengagement de l'État conduit à une remise en cause de la notion de service public, et particulièrement de la péréquation tarifaire qui permet d'offrir un tarif unique pour le service rendu (exemple : un même timbre-poste pour n'importe quel envoi de courrier de moins de 50 g en France métropolitaine). On peut comprendre qu'une logique lucrative amène à différencier les services rendus et les prix pratiqués (acheminer de l'électricité pour une nouvelle construction en haute montagne coûte plus que d'installer un nouveau compteur dans un lotissement qui s'agrandit).

Jusque-là, les services publics trouvaient leur fondement dans les rendements croissants de l'activité même (réseaux) ou dans la volonté, de la part des autorités publiques, de rechercher une plus grande équité par le biais de la péréquation tarifaire par exemple (*cf. biens publics* et *second théorème de l'économie du bien-être*).

Lorsqu'il s'agit de réseaux, la logique du monopole naturel s'applique et il est préférable qu'une seule entreprise propose le bien considéré. Cependant, la gestion privée du monopole fait apparaître une charge morte (perte de surplus collectif) qui conduit à privilégier une gestion publique (une tarification au coût marginal qui fait apparaître une perte pour l'entreprise publique, ou une tarification au coût moyen dite de Ramsay-Boîteux, qui garantit un profit nul). Toutefois, dans ce dernier cas, il est toujours possible de dissocier le service de production/distribution de celui d'entretien et d'extension du réseau de distribution, à l'image du Réseau ferré de France (RFF), utilisé par la SNCF, ou du Réseau de transport d'électricité (RTE) emprunté par EDF : le premier peut être soumis à la concurrence dans les limites du service universel défini par les instances européennes, le second relève du secteur public. Mais, à l'image des dysfonctionnements qui se font jour du fait de cette séparation, l'État français souhaite de nouveau regrouper les deux entités. On se rappelle en effet que la SNCF a commandé, indépendamment de RFF, des wagons trop larges qui nécessitent de refaire les quais d'un grand nombre de stations du RER en région parisienne (2014).

Le service universel vise à garantir un minimum d'équité entre les usagers de l'ancien service public, désormais clients d'un service privé. En effet, si les anciens monopoles publics doivent relever d'une logique de marché, l'Union européenne a tout de même contraint les entreprises privées à proposer des missions mimima de service public, dit services d'intérêt économique général (SIEG), encore appelés « services universels ». Les pouvoirs publics ont ainsi la possibilité d'imposer des prix plafonds ou de définir les prestations à fournir. Par exemple, dans la distribution du courrier, la directive européenne de 1997 définit le service universel de la poste comme celui qui garantit « tous les jours ouvrables et pas moins de 5 jours par semaine, au minimum une levée et une distribution au domicile de toute personne physique ou morale ».

2.2 La solidarité en dehors de l'État ou l'économie non marchande privée

Un grand nombre de services sont rendus aux agents économiques en dehors des circuits habituels que représentent l'État et le marché.

Il s'agit de services proposés par des organismes de droit privé pour un prix inférieur à leur coût de production. Dans le cadre de l'économie sociale, les mécanismes de redistribution qui en résultent sont choisis par les agents, la solidarité est voulue et non imposée par l'État, un peu comme une forme de « charité » privée dont les objectifs diffèrent de la charité chrétienne.

Il convient toutefois de préciser les contours de cette économie non marchande. D'ailleurs, nombreux sont les termes pour désigner cette part de l'activité économique qui échappe à la fois à la logique du marché et à celle de l'intervention de l'État : économie plurielle, économie alternative, économie sociale, économie sociale et solidaire, tiers secteur, économie non lucrative de marché, économie non monétaire…

L'**économie sociale** correspond à l'ensemble des activités économiques à but non principalement lucratif. Elle comprend les productions de biens et services réalisées par les associations, les mutuelles, les coopératives et les fondations.

Les termes **tiers secteur** et **économie alternative** montrent que cette forme d'économie non marchande ne relève ni de l'État, ni du marché, et propose donc une alternative, un troisième choix entre État et marché. Le terme d'« économie solidaire », largement diffusé par le sociologue et économiste Jean-Louis Laville dans les années 1990[1], a connu son heure de gloire dans la société française lors de la création du secrétariat d'État de Guy Hascöet en avril 2000. L'appellation d'« **économie plurielle** » se substitue aujourd'hui plus volontiers à celle d'**économie solidaire** laquelle rappelait par trop la charité publique (intervention de l'Etat) et privée (œuvres caritatives), ce qui donnait une vision réductrice. Mais, en même temps, cette appellation passe sous silence la réciprocité que sous-entend l'économie « solidaire ». En effet, la logique de l'économie solidaire repose sur des engagements réciproques, en opposition avec la passivité présumée d'un bénéficiaire d'allocations publiques, ou d'un consommateur. On lui associe parfois l'expression « d'économie sociale » qui entre dans le droit français par le décret du 15 décembre 1971 créant la Délégation à l'économie sociale, ce qui donne finalement l'expression Economie sociale et solidaire (ESS) pour qualifier le secrétariat d'Etat chargé de ce domaine depuis 2014.

(1) L'économie solidaire : une perspective internationale, *Desclée de Bronwer, 1994.*

FOCUS . . . FOCUS . . . FOCUS . . . FOCUS . . . FOCUS . . . FOCUS . . .

Charte de l'économie sociale (1980)

1. Les entreprises de l'économie sociale fonctionnent de manière démocratique. Elles sont constituées de sociétaires solidaires et égaux en devoirs et en droits.
2. Les sociétaires, consommateurs ou producteurs [...] s'engagent librement suivant les formes d'action choisies (coopératives, mutualistes ou associatives) à prendre les responsabilités qui leur incombent en tant que membres.
3. Tous les sociétaires étant au même titre les propriétaires des moyens de production (elles) s'efforcent de créer dans les relations sociales internes des liens nouveaux par une action [...] de formation et d'information.
4. [...] Elles affirment leur droit au développement dans le total respect de leur liberté d'action.
5. (Elles) se situent dans le cadre d'un régime particulier d'appropriation, de distribution ou de répartition des gains. Les excédents d'exercice ne peuvent être utilisés que pour leur croissance et pour rendre un meilleur service aux sociétaires qui en assurent seuls le contrôle.
6. Elles s'efforcent de participer au développement harmonieux de la société dans une perspective de promotion individuelle et collective.
7. Les entreprises de l'économie sociale proclament que leur finalité est le service de l'homme.

Cité par Claude Vienney, *L'Économie sociale*, coll. Repères, La Découverte, 1994.

Ainsi, l'économie plurielle est un concept peut-être plus à même de traduire la diversité des activités économiques.

L'**économie plurielle** est un concept qui rend compte de la diversité des modes d'allocation des ressources dans l'économie : économie marchande, économie non marchande et économie non monétaire.

L'économie marchande, par le biais de l'impôt prélevé, finance l'économie non marchande. En contrepartie, celle-ci représente une aide pour l'économie marchande dans la mesure où les redistributions de revenus permettent de soutenir la consommation, voire de subventionner certaines productions. De plus, l'économie non marchande, par le biais de l'**État social** (l'expression **État providence** est celle qu'utilisent les adversaires de l'intervention de l'État, en particulier le député Émile Ollivier en 1864), confère aux citoyens une assurance contre les risques sociaux (Assedic par exemple), voire une assistance en dernier ressort pour les plus démunis (la couverture maladie universelle, le minimum vieillesse, le revenu de solidarité active). En revanche, les analyses ne prennent pas suffisamment en compte une partie occultée de l'activité économique, celle qui relève de l'économie non monétaire et qui pourtant contribue à la production de richesses.

L'**économie non monétaire** correspond à la production et aux échanges de biens et services qui ne donnent pas lieu à une transaction monétaire officielle : les activités domestiques, le bénévolat, l'entraide, les formes de travail non rémunérées d'une manière générale.

Cette économie non monétaire joue cependant un rôle non négligeable dans l'économie : elle est source de lien social, d'amélioration de la qualité de vie. En outre, elle remplit un véritable rôle de socialisation des individus, d'apprentissage des savoirs, savoir-faire et savoir-être (*i.e.* de capital humain) dont bénéficient les entreprises du secteur marchand.

Les trois pôles de l'activité économique réelle

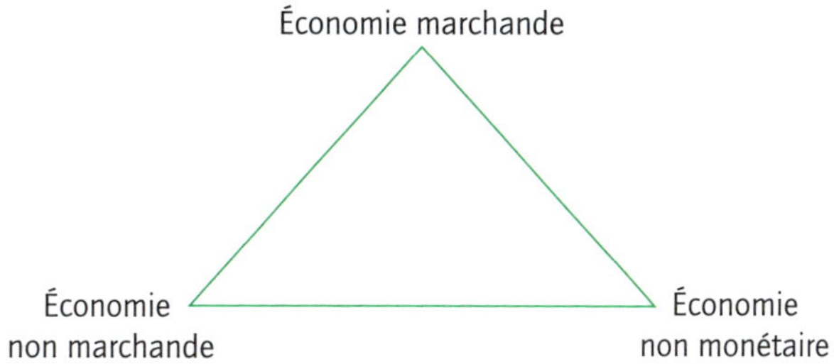

Toutefois, on aurait tort de croire que les frontières entre économie non-marchande, économie marchande et économie non monétaire sont étanches. L'économie solidaire ou plurielle serait donc une « hybridation » des trois types d'économie, avec la volonté de dépasser la conception selon laquelle l'économique serait séparé du social. Par exemple, un concert proposé gratuitement par une collectivité locale à ses administrés est en concurrence avec d'autres spectacles qui se déroulent au même moment et qui relèvent de l'économie marchande. De plus, les associations qui proposent des services à leurs membres, voire à l'ensemble d'une population de proximité non constituée de membres, sont bien souvent subventionnées par une collectivité locale (économie non-marchande), mais aussi par une entreprise privée (mécénat en provenance de l'économie marchande). Dans ce dernier cas, les entreprises de l'économie marchande souhaitent obtenir une crédibilité de citoyen en finançant des actions qui relèvent de l'économie solidaire : en quelque sorte, plus que la notoriété (le seul fait d'être connues) elles cherchent à se constituer une image (le fait d'être connues en bien) et œuvrent dans le sens du projet d'économie solidaire.

Mais que regroupe exactement le secteur de l'économie sociale et solidaire ? On y trouve aussi bien des entreprises coopératives que des mutuelles, des associations, des fondations, dans des secteurs aussi divers que l'assurance, la banque, l'industrie, la santé, la culture le tourisme.

Le fondement de l'économie solidaire, on le rappelle, se trouve dans les limites des secteurs privés et publics. Ainsi, tant du côté de la demande que de l'offre, des expériences parfois anciennes « pour faire de l'économie autrement » ont émergé : des producteurs qui s'efforcent de promouvoir d'autres types de relations internes et externes à l'entreprise, des consommateurs qui s'organisent pour faire entendre leurs voix en matière de qualité des produits et de transparence des processus de production, des collectifs d'usagers qui tentent d'orienter la conception et la production des services publics qu'ils jugent nécessaires.

Dans tous les cas, les actions entreprises dans le cadre de l'économie solidaire ne peuvent s'expliquer par le seul intérêt matériel des individus qui y participent. En outre, l'économie solidaire ne peut se satisfaire d'une communication hiérarchique au sein de la société, entre les représentants de l'État et les citoyens d'une part, ou entre les entreprises et les consommateurs d'autre part. Elle cherche à instituer des relations responsables, et non d'assistance, qui peuvent reposer sur un contrat avec des partenaires privés, ou une convention d'objectifs avec les institutions publiques et parapubliques. Dans l'idéal de ce type d'économie, les citoyens sont parties prenantes dès le départ d'un projet économique à travers les « espaces publics de proximité » qui sont de véritables lieux « permettant aux personnes de prendre la parole, de débattre, de décider, d'élaborer et de mettre en œuvre des projets économiques » (texte présenté dans le dossier parlementaire de l'Inter-réseaux économie solidaire, Irés).

Au total, l'économie solidaire souhaite réconcilier l'esprit d'entreprise et d'initiative avec la solidarité. Des services sont ainsi rendus aux citoyens par des organismes de droit privé pour un prix inférieur à leur coût de production : l'économie sociale procède donc à une redistribution de revenus dans le cadre d'une solidarité « choisie », d'une forme de « charité » privée.

B LE POIDS ET LE RÔLE DE L'ÉCONOMIE NON MARCHANDE PRIVÉE EN ÉCONOMIE DE MARCHÉ

Il importe à présent de mesurer l'influence de l'économie non marchande privée en économie de marché. On peut s'intéresser alors aux deux grands visages qu'elle emprunte : celui des coopératives et mutuelles d'un côté et celui des associations et fondations de l'autre. Nous rappelons bien entendu que l'économie dite sociale n'est pas véritablement non-marchande au sens de la comptabilité nationale. Les productions vendues le sont à un prix supérieur à la moitié du coût de production, mais l'esprit qui anime la gestion de ces entreprises en fait des acteurs à part, lesquels se sont bien souvent construits en opposition à la logique de rentabilité financière des entreprises de capitaux de l'économie marchande.

FOCUS . . . FOCUS . . . FOCUS . . . FOCUS . . . FOCUS . . . FOCUS . . .

Coopératives, mutuelles, associations

« Si les entreprises de l'économie sociale ne sont pas toutes d'intérêt public, elles sont toutes d'intérêt général. Donc, vous comprendrez ma méfiance sur les distinctions entre marchand et non-marchand et vous comprendrez donc que les modes d'approche ou même de financement ne soient pas si différents quand on parle des coopératives, des associations et des mutuelles. »

T. Jeantet, Conférence reprise dans T. Jeantet et R. Verdier, *L'Économie sociale*, CIEM, coll. « Tiers secteur », 1984.

1 Coopératives et mutuelles, un compromis entre marché et économie non marchande

La coopérative représente une forme d'organisation originale qui tranche avec la forme de la société privée. Elle s'appuie sur le facteur humain prioritairement au facteur capital, ce qui en fait à la fois son intérêt et sa limite.

1.1 L'originalité de la gouvernance des entreprises du secteur coopératif

a) La primauté de l'homme et du projet social sur l'économique

L'entreprise de l'économie sociale, **coopérative** ou **mutuelle**, est un groupement de personnes (physiques ou morales) qui mettent en commun des moyens (travail et capital) dans le but de réaliser un projet économique et social partagé, sans rechercher le profit.

On distingue essentiellement des coopératives de consommateurs, des coopératives de producteurs et des coopératives agricoles. Tout cela est rassemblé sous le nom générique de SCOP (Sociétés COopératives et Participatives) qui comprend aussi bien des sociétés coopératives de production (SCOP proprement dites) et des SCIC (sociétés coopératives d'intérêt collectif).

Le capital de ces entreprises est privé, au sens où il appartient à des personnes privées. Toutefois, ces entreprises se démarquent radicalement des sociétés de capitaux puisqu'elles ne sont que des sociétés de personnes qui fonctionnent selon un principe démocratique : une personne = une voix. Cela signifie que chaque membre de la coopérative ne dispose que d'une seule voix, quelle que soit sa part du capital possédé. On rappelle que dans une société de capitaux, en règle générale, un titre (action) confère un droit de vote à l'assemblée des actionnaires et un droit au dividende (part du bénéfice réalisé divisé par le nombre de titres émis).

Ainsi, les détenteurs de parts sociales d'une coopérative sont appelés sociétaires et les revenus qu'ils perçoivent ne dépendent pas non plus de leur part du capital possédé.

Dans une SCIC, les mécanismes coopératifs et participatifs sont identiques à ceux de la SCOP. Toutefois, les membres associés au capital sont par définition de toutes natures : salariés mais aussi celles et ceux qui souhaitent s'impliquer dans le projet : clients, bénévoles, collectivités territoriales, partenaires privés, etc.

Pour un sociétaire, la finalité n'est donc pas le profit mais la participation à un projet commun qui lui tient à cœur, la volonté de satisfaire les besoins des membres sans passer forcément par une logique de marché.

La diversité des organisations productives

Types d'organisation	Exemples concrets	Pouvoir de décision	Finalité
Entreprise individuelle	Exploitation agricole, artisan	Le chef d'exploitation, le chef d'entreprise	Produire et travailler à son compte
Entreprise d'économie sociale	Macif, Croix rouge, Banque populaire, Essilor	Le conseil d'administration élu par les membres	Réaliser un projet commun, répondre aux besoins des membres
Entreprise publique	SNCF	Le PDG, le ministre de tutelle	Servir l'intérêt général de la nation
Société de capitaux	Microsoft, Carrefour	Les actionnaires majoritaires	Faire fructifier les capitaux placés dans l'entreprise

D'après *Semaine de la coopération à l'école*, édition 2007, Groupement national de la Coopération.

On peut retenir quatre grands principes qui caractérisent les sociétés coopératives :

– les membres, personnes physiques ou morales, bénéficient de la **double qualité** de sociétaire (associé de la coopérative) et de bénéficiaire des services qu'elle rend (en tant que client pour une coopérative d'achat, de fournisseur pour une coopérative agricole, de salarié dans les coopératives ouvrières de production) ;

– toutes les personnes qui bénéficieront des services de la coopérative obtiendront de droit la **qualité d'associé** ;
– le principe de **démocratie**, selon lequel à chaque personne correspond une voix à l'assemblée générale des membres, quel que soit l'apport en capital ;
– une part du profit est destinée aux réserves et, lorsqu'il est admis, le **partage du reste du profit** se fait de manière proportionnelle à la participation de chaque personne à l'activité de la coopérative.

FOCUS . . . FOCUS . . . FOCUS . . . FOCUS . . . FOCUS . . . FOCUS . . .

La double qualité coopérative

« Le principe central d'organisation d'une entreprise d'économie sociale est celui de la double qualité qui désigne le fait que les acteurs sociaux qui constituent les bénéficiaires de l'action entreprise sont également les sociétaires de l'action entreprise. Dans une coopérative de production, les salariés sont les sociétaires ; dans une mutuelle, les mutualistes sont à la fois assurés et assureurs ; dans une coopérative de consommation, les consommateurs sont associés, etc.

Le principe de la double qualité trouve son origine dans les travaux de Georges Fauquet sur les coopératives. Les associations coopératives, affirme G. Fauquet, articulent deux éléments conjoints : une association de personnes et une entreprise commune. L'association de personnes est opposée au groupement impersonnel de capitaux, et la règle fondamentale de son fonctionnement est « une personne, une voix ». Chaque association coopérative est une démocratie. *L'entreprise coopérative est créée et gérée pour satisfaire les besoins des associés.* Les entreprises coopératives ont pour but de répondre aux besoins de leurs membres associés, et l'entreprise est le moyen de parvenir à ce but. L'auteur souligne l'existence de formes intermédiaires entre le modèle coopératif et le modèle capitaliste. Il affirme que c'est l'application de la règle d'égalité des personnes dans les assemblées qui constitue le trait distinctif de l'association coopérative.

Ainsi, la démocratie est-elle le trait essentiel de l'institution coopérative.

Il faut sans doute réviser la conception de G. Fauquet pour la traduire dans l'ensemble des organisations d'économie sociale. En effet, il est fréquent de ne pas trouver l'identité parfaite entre usagers et sociétaires dans les associations, par exemple dans le secteur caritatif ou dans celui de l'aide sociale. L'affirmation de la double qualité comme principe central de l'économie sociale équivaut ici à fixer comme horizon politique – ou comme l'un des objectifs – la participation des bénéficiaires à l'administration de l'entreprise, c'est-à-dire leur droit et leur devoir d'être membre de l'assemblée générale. »

L'Économie sociale de A à Z, Alternatives économiques, guide pratique n° 22, 2006.

Pour ce qui concerne les mutuelles, elles sont régies par le code de la mutualité et le code des assurances. Leurs activités doivent s'exercer « au moyen des cotisations de leurs membres » et consister à « mener, dans l'intérêt de ceux-ci ou de leurs familles, une action de prévoyance, de solidarité et d'entraide » (article L. 111.1 du code de la mutualité).

Chaque sociétaire dispose d'une voix à l'assemblée générale des sociétaires. En outre, aucun partage des bénéfices n'est prévu entre les mutualistes : soit ils servent au financement des œuvres sociales, soit ils sont utilisés pour réduire les cotisations de l'exercice suivant.

FOCUS . . . FOCUS . . . FOCUS . . . FOCUS . . . FOCUS . . . FOCUS . . .

Loi Hamon : les nouvelles règles pour les entreprises, en vue de l'obtention de l'agrément Economie Sociale et Solidaire et des financements dédiés

« 1. Qui peut prétendre exercer une activité économique sociale et solidaire ?

C'est tout l'enjeu des premiers articles du projet de loi. Dresser une définition claire de l'économie sociale et solidaire. Aux termes du texte, appartiennent ainsi à ce secteur les entreprises poursuivant un but autre que le seul partage des bénéfices, adoptant une gouvernance démocratique et respectant certaines règles de gestion. Les bénéfices doivent ainsi être majoritairement consacrés à l'objectif du maintien ou du développement de l'activité de l'entreprise. Mais encore, des limitations ont été inscrites quant au partage et à la distribution des réserves obligatoires.

Sont ainsi concernées des entreprises de droit privé (coopératives, mutuelles, etc.), des fondations ainsi que des associations déclarées loi 1901. Les sociétés commerciales peuvent également prétendre à intégrer ce secteur, sous réserve de respecter certaines obligations de gestion.

De nombreux amendements ont été déposés en vue d'intégrer de facto l'ensemble des entreprises exerçant dans les services à la personne. Sur ce point, Valérie Fourneyron a tenu à rappeler que le secteur ne se caractérisait pas par l'addition de différents secteurs d'activités, mais bel et bien par un mode particulier d'entreprendre. […]

3. Comment bénéficier de l'agrément « entreprise solidaire d'utilité sociale » ?

Les entreprises pourront se prévaloir de leur appartenance à l'économie sociale et solidaire à travers l'obtention d'un agrément. Pour en bénéficier et se le voir remettre par les chambres régionales de l'économie sociale et solidaires, elles devront là encore démontrer que son objectif d'utilité sociale « a un impact significatif sur le compte de résultat ou la rentabilité de l'entreprise ». Mais encore, la politique de rémunération devra être strictement encadrée, puisque la moyenne des sommes versées, primes comprises, aux cinq salariés ou dirigeants les mieux payés n'excède pas sur une année un plafond fixé à sept fois le Smic, ou du salaire minimum de branche s'il est supérieur. Un plafond fixé à 10 fois pour le salarié ou le dirigeant le mieux rémunéré de l'entreprise. Ces entreprises ne pourront pas entrer en bourse.

4. Quels sont les avantages réservés aux entreprises agréées ?

L'intérêt de l'obtention de cet agrément ne se limitera pas à une simple reconnaissance du mode de gestion de l'entreprise ou de l'utilité de son activité pour la société. En effet, le secteur pourra bénéficier de nouvelles aides spécifiques, afin d'accélérer son développement. Les financements seront donc facilités, notamment via l'ouverture d'un fonds dédié par la Banque publique d'investissement, à hauteur de 500 millions d'euros.

Le texte évoque également le cas des pôles territoriaux de coopération économiques, regroupant sur un même territoire des entreprises du secteur. Après les avoir reconnues, l'État promet de les soutenir dans le cadre d'appels à projets, dont les modalités seront fixées par décret.

5. À quels contrôles seront soumis les entreprises ?

Forcément, l'obtention de l'agrément n'aura rien de définitif. Les entreprises devront en effet prouver qu'elles respectent sur la durée les règles de fonctionnement du secteur. Le contrôle de ces bonnes pratiques sera réalisé au niveau des chambres régionales de l'économie sociale et solidaire, qui auront toute légitimité pour intenter des actions en justice, afin d'obtenir le respect des règles par les entreprises contrevenantes. Elles seront par ailleurs chargées de tenir à jour la liste des entreprises répertoriées dans le secteur de l'économie sociale et solidaire. »

L. Gallet, « Loi sur l'Économie sociale et solidaire (ESS), le guide pour l'entreprise », *L'Express*, 16.05.2014 © 2014 L'Express. Tous droits réservés.
Numéro de document : news·20140516·EWL·xpr1544073

b) Une histoire qui prend sa source dans la contestation des excès du capitalisme

Il convient de préciser que l'économie sociale n'est pas le fruit de la réflexion d'un auteur isolé, elle est d'abord une réalité dont les fondements sont anciens. Il est toujours possible de remonter dans le temps jusqu'à la cité idéale de Platon (427-347) ou, encore plus proche de nous, à *l'Utopie* de Thomas More (1516) dont le titre de l'ouvrage constitue un « jeu » de mot puisqu'il est constitué du mot grec « topos » et d'un « u » privatif qui signifie qu'il s'agit d'un lieu qui n'existe pas… mais qui est proche de « eutopia », lieu de bonheur.

On l'aura compris, l'âge d'or de la réflexion en termes d'économie sociale est le XIXe siècle avec les socialistes utopistes qui ont pour nom, en France, Pierre-Joseph Proudhon, Charles Fourier, Louis Blanc et, en Angleterre, William King et Robert Owen. Ils constatent que la révolution industrielle ne profite pas à tous et que nombreux sont les laissés-pour-compte du capitalisme. Cette misère est d'ailleurs décrite dans les romans sociaux d'Émile Zola, mais aussi à travers le fameux rapport du docteur Villermé (1840) intitulé *Tableau sur l'état physique et moral des ouvriers dans les manufactures de coton de laine et de soie* qui a débouché sur la loi limitant le travail des enfants en 1841 (8 h par jour pour les enfants de moins de 12 ans). Friedrich Engels, lui-même fils d'entrepreneur allemand, décrivait la sortie des usines comme le retour de guerre d'une armée, tant il observait de fatigue sur les visages et de personnes éclopées. Très tôt, les socialistes utopistes imaginent des formes d'organisation de la production dans lesquelles la recherche du profit n'est pas le seul objectif.

L'économie sociale naît donc du réformisme, non du réformisme de l'État cher à Hegel, mais du réformisme social par l'idée de mettre en commun ses efforts (coopérer) pour obtenir à plusieurs ce qui est impossible à un seul. Cette idée n'est pourtant pas nouvelle puisqu'on la trouvait déjà, par exemple, au début du XIIIe siècle quand les fruitières locales mettaient en commun le lait pour fabriquer du fromage de gruyère dans le Jura et en Franche-Comté.

Cependant, c'est véritablement avec les « Équitables Pionniers de Rochdale » en 1844 en Angleterre que commence l'ère moderne de ce que l'on peut appeler désormais la coopération.

FOCUS . . . FOCUS . . . FOCUS . . . FOCUS . . . FOCUS . . . FOCUS . . .

La coopérative de Rochdale (près de Manchester, Royaume-Uni)

« La coopérative de Rochdale a été créée en 1844. De très nombreux auteurs ont étudié et commenté l'expérience considérée aujourd'hui comme celle qui a fixé les règles de la coopération moderne. Le « système de Rochdale » va en effet avoir une influence décisive sur l'ensemble du mouvement coopératif mondial.

En 1844, la création du magasin de Rochdale intervient alors que le mouvement ouvrier anglais a déjà tenté l'expérience coopérative et constaté ses limites ; il s'est engagé dans l'organisation politique, luttant désormais pour son émancipation essentiellement au moyen de la grève.

La réunion en vue de la création de la coopérative a lieu au lendemain d'une grève qui échoue. Il s'agit dans un premier temps d'acheter en commun pour payer moins cher et réaliser une première épargne. Ensuite, on procède à l'achat d'un magasin. Les membres de Rochdale observent que les coopératives de consommation déjà constituées admettent la vente à crédit, n'exigent pas des coopérateurs le choix préférentiel de l'achat coopératif et répartissent le bénéfice en proportion du capital versé, ils s'engagent au contraire à pratiquer une plus grande solidarité que celle dont avaient fait preuve leurs prédécesseurs. Les règles qu'ils fixèrent à leur société ont prévalu dans la majorité des coopératives de consommation, et pour certaines, dans l'ensemble des coopératives. Ce sont les suivantes :

Concernant le fonctionnement :

- Vente et achat au comptant,
- Vente au prix courant de détail du marché,
- Distribution de l'excédent (ristourne) au prorata des achats.

Concernant la structure de la société :

- Principe démocratique « une personne, une voix »,
- Qualité d'associé du sociétaire : le sociétaire remplit ses devoirs de coopérateur,
- Non-limitation du nombre des sociétaires,
- Sélection des membres sur la base de l'honnêteté,
- Neutralité politique et religieuse,
- Destination d'une partie du bénéfice aux œuvres sociales et au logement. »

L'Économie sociale, Utopies, pratiques, principes,
Presses de l'économie sociale, 2e édition.

En France, Jean-Baptiste André Godin fut le fondateur, en 1859, du célèbre « familistère de Guise, inspiré des « phalanstères » de Fourier. Un phalanstère constitue la base de la vie sociale, une association de travail pour un nombre déterminé d'individus qui représentent une « Phalange ».

FOCUS . . . FOCUS . . . FOCUS . . . FOCUS . . . FOCUS . . . FOCUS . . .

Godin et le familistère de Guise

« En 1842, Godin découvre la théorie de Fourier dans un journal local : "Pour la première fois, dit-il, je trouvais la pensée affirmant la justice, et les lois de son équilibre applicables à toutes les actions humaines" (*Solutions sociales,* p. 139).

Le familistère qu'il conçoit est une "association coopérative du capital et du travail", qui administre une entreprise de production d'appareils de chauffage domestique et de cuisine en fonte émaillée. Cette entreprise fut à la fin du XIXe siècle la première mondiale pour la production d'appareils de chauffage domestique. Elle fonde sa réussite économique sur une innovation technique permanente. (C'est Godin qui le premier utilise la fonte à la place du fer dans la construction des poêles.) L'excédent dégagé par le travail permet de réaliser un habitat collectif (en famille) extrêmement moderne (grands espaces, eau chaude, éclairage au gaz, vide-ordures aux étages, système de ventilation naturelle, etc.), ainsi que des services très étendus : un système mutualiste complet, des services médicaux gratuits, des magasins communs (épicerie, boucherie, boulangerie, vins, liqueurs, mercerie, étoffes, chaussures, vêtements, combustibles, débits de boissons, salles de jeu, restaurants, etc.), des buanderies, une "nourricerie" pour les enfants de 0 à 2 ans, un "pouponnat" (pour les 2-4 ans), un "bambinat" (pour les 4-6 ans) accessibles à tout moment pour une heure ou pour la journée, une école laïque, gratuite et obligatoire jusqu'à 14 ans où garçons et filles suivent le même enseignement, le paiement des études supérieures des enfants, un théâtre – situé au centre de l'ensemble et relié à la fois à l'école élémentaire et à la bibliothèque –, des cours du soir, des associations sportives, musicales, des salles de conférence, une piscine, des jardins, un parc, des écuries, étables, porcheries et basses-cours, etc.

L'usine du familistère employa selon les périodes entre 1 000 et 2 000 salariés, et le familistère abrita entre 1880 et 1968 environ 2 000 familistériens, dits "associés". La première condition pour devenir associé est d'être instruit. L'instruction est considérée par Godin comme étant la clef de la réussite du familistère : un travailleur ne peut devenir associé sans s'impliquer dans un apprentissage qui revêt un aspect moral et un aspect professionnel. "Nommé dans un conseil, l'illettré ne peut par lui-même prendre connaissance d'aucun document" et il est "toujours placé dans une condition d'infériorité du point de vue des services qu'il peut rendre" (conférence du 2 juin 1881, *Le Devoir,* tome 5, p. 386). L'éducation s'exprime ensuite dans la créativité et l'innovation exprimée dans le travail. Elle est la condition de la réussite sociale et économique. C'est pourquoi J.-B. André Godin entreprit dès les premières années de son installation de donner des cours du soir pour les employés. »

L'Économie sociale. Utopies, pratiques, principes,
Presses de l'économie sociale, 2e édition.

Toutefois, suite au congrès ouvrier de Marseille en 1879, le monde ouvrier, agité par les anarcho-syndicalistes et les marxistes, refuse de s'investir plus longtemps dans la voie de la coopération, par le biais des sociétés coopératives ouvrières de production (SCOP), dans le sens où elle divise le prolétariat et ne s'inscrit pas dans le dogme de la « lutte des classes ». Le mouvement ouvrier s'engage alors dans la création de syndicats revendicatifs qui militent pour la dictature du prolétariat. En effet, avec les SCOP, l'apparition d'une classe d'individus à la fois « prolétaires » (ils vendent leur force de travail pour obtenir un moyen de subsistance) et « bourgeois capitalistes » (ils sont propriétaires privés des moyens de production) fait voler en éclat l'idée même de classes sociales marxistes. La propriété privée n'est plus le critère de distinction des classes car, par définition d'une classe d'équivalence en mathématiques, un même élément ne peut appartenir à deux classes distinctes. La « conscience de classe » ne peut plus être la même, la révolution prolétarienne n'a plus lieu d'être.

On comprend dès lors la méfiance à l'égard des SCOP de la part des syndicats de tradition révolutionnaire en France.

c) Les spécificités des SCOP

Les SCOP proposent une structure juridique à même de garantir l'originalité de la démarche coopérative.

	SA classique	SA SCOP	SARL classique	SARL SCOP
Associés (minimum)	7	7 parmi les salariés	2	2 parmi les salariés
Capital minimum	37 000 €	18 500 €	Fixé librement	30 €, soit au minimum 1 part de 15 € par associé
Capital fixe/ variable	Fixe	Variable	Fixe ou variable (rare)	Variable
Commissaire aux comptes	Oui	Oui	Non, sauf si 2 seuils réglementaires sur 3 sont atteints [1]	Non, sauf si : – 2 seuils réglementaires atteints sur 3[1], – émission de parts sociales réservée aux salariés, – option de révision coopérative annuelle.
Révision coopérative	Non	Oui	Non	Oui
Taxe professionnelle	Oui	Non, si au moins 50 % du capital détenu par les associés salariés.	Oui	Non, si au moins 50 % du capital détenu par les associés salariés.
Participation aux résultats	Obligatoire si > 50 salariés, dans la proportion de 5 % du résultat.	• Obligatoire si > 50 salariés, mais mise en place dans toutes les SCOP, souvent de 40 % à 50 % du résultat. • Défiscalisée d'IS et non imposable au titre de l'IRPP.	Obligatoire si > 50 salariés, dans la proportion du 5 % du résultat.	• Obligatoire si > 50 salariés, mais mise en place dans toutes les SCOP, souvent de 40 % à 50 % du résultat. • Défiscalisée d'IS et non imposable au titre de l'IRPP.
Impôt sur les sociétés	Oui, au taux de droit commun.	• Oui, au taux de droit commun. • Possibilité de défiscalisation à 100 % sous 4 conditions : – signature d'un accord de participation, – mise en réserves égale au montant mis en participation, – réserves affectées en PPI (2) à investir dans les 4 ans, – aucune distribution de dividende.	Oui, au taux de droit commun.	• Oui, au taux de droit commun. • Possibilité de défiscalisation à 100 % sous 4 conditions : – signature d'un accord de participation, – mise en réserves égale au montant mis en participation, – réserves affectées en PPI[2] à investir dans les 4 ans, – aucune distribution de dividende.
Pouvoir des associés	Proportionnel au capital détenu.	1 associé = 1 voix, sauf application de dispositions particulières pour les associés extérieurs.	Proportionnel au capital détenu.	1 associé = 1 voix sauf application de dispositions particulières pour les associés extérieurs.

☞

	SA classique	SA SCOP	SARL classique	SARL SCOP
☞ **Statut du PDG ou du gérant**	• Salarié ou non. • Pas d'assurance chômage.	• Assimilé à un salarié, s'il est rémunéré. • Assurance chômage.	• Salarié ou non. • Pas d'assurance chômage.	• Assimilé à un salarié s'il est rémunéré. • Assurance chômage.
Réserves	Réserve légale : 5 % du résultat obligatoire.	• Réserve légale : 15 % du résultat. • Fonds de développe-ment doté chaque année. • Les réserves sont exonérées d'IS si accord de participation. • Tiennent lieu de PPI (2). • Leur montant est proche de 45 %.	Réserve légale : 5 % du résultat obligatoire.	• Réserve légale : 15 % du résultat. • Fonds de développement doté chaque année. • Les réserves sont exonérées d'IS si accord de participation. • Tiennent lieu de PPI (2). • Leur montant est proche de 45 %.
Capital individuel	• Pas de rembourse-ment. • Peut être vendu suivant valeur de l'entreprise sur le marché.	Remboursé en cas de départ.	Pas de remboursement (sauf si capital variable). Peut être vendu suivant valeur de l'entreprise sur le marché.	Remboursé en cas de départ.
Valorisation du patrimoine	La plus-value est distribuée aux associés lors de la cession de parts ou lors de la liquidation ou lors d'une distribution de réserves.	• La plus-value correspond aux réserves qui restent dans le patrimoine de la SCOP. • Pas de plus-value aux associés à leur départ de la SCOP ou en cas de boni de liquidation, sauf consti-tution d'une réserve de revalorisation des parts.	La plus-value est distribuée aux associés lors de la cession de parts ou lors de la liquidation ou lors d'une distribution de réserves.	• La plus-value correspond aux réserves qui restent dans le patrimoine de la SCOP. • Pas de plus-value aux associés à leur départ de la SCOP ou en cas de boni de liquidation, sauf constitu-tion d'une réserve de revalorisation des parts.
Répartition du résultat	Libre, avec priorité à la rémunération du capital social (dividendes).	Trois parts : – salariés : part travail, sous forme de complément de salaire ou de participation bloquée pendant 5 ans, – entreprise : réserves, – associés : intérêts au capital.	Libre, avec priorité à la rémunération du capital social (dividendes).	Trois parts : – salariés : part travail, sous forme de complément de salaire ou de participa-tion bloquée pendant 5 ans, – entreprise : réserves, – associés : intérêts au capital.

1) Seuils :
- *total du bilan : 1,5 million d'euros,*
- *chiffre d'affaires HT : 3 millions d'euros*
- *nombre moyen de salariés : 50*

(2) PPI : provision pour investissements

Tableau réalisé par la Confédération générale des SCOP, www.scop.coop

1.2 Les limites du mouvement coopératif

Le poids du secteur coopératif, sans être négligeable, demeure faible en termes de création de richesses

FOCUS . . . FOCUS . . . FOCUS . . . FOCUS . . . FOCUS . . . FOCUS . . .

Chiffres 2015 de la Confédération générale des SCOP

Population entreprises et emplois

- 2 855 coopératives adhérentes, dont 2274 SCOP et 526 SCIC
- 51 500 salariés (hors filiales)
- 27 330 associés salariés
- 80 % : pourcentage de salariés associés après 2 ans d'ancienneté
- Taille moyenne : 20,3 salariés
- 4,5 milliards d'euros de chiffre d'affaires

Quelques entreprises du secteur coopératif

- Banques : Crédit Agricole, Caisse d'Épargne, Crédit Mutuel, Banques populaires
- Assurance : MAIF, GMF, MATMUT

L'extension du secteur coopératif semble limitée du fait de sa nature même. Le principal obstacle réside dans l'accès aux capitaux pour financer son développement. Il s'agit en effet d'un mal endémique qu'il semble difficile d'éradiquer. Puisque les sociétés coopératives n'offrent qu'une propriété limitée du capital aux investisseurs, ceux-ci sont peu enclins à se tourner vers ce type de société. Ce sont des sociétés de personnes, personnes qui ne peuvent faire appel qu'à leur patrimoine personnel (forcément limité). Toute augmentation de capital se heurte à la fortune personnelle des membres et au peu d'intérêt des sociétés de capital-risque, voire à la dilution de la propriété dudit capital, gênante pour l'esprit coopératif. Il est toutefois possible de proposer aux investisseurs des **titres participatifs**, c'est-à-dire des actions sans droits de vote, lesquels donnent droit à versement d'une part des bénéfices en fonction du capital détenu, et non selon la participation à l'activité de la société coopérative. Toutefois, pour qu'un placement soit attractif vis-à-vis d'un investisseur extérieur à la société, il faut qu'il procure, à l'idéal, un rendement élevé pour un risque modéré, comme pour tout placement auprès d'entreprises du secteur privé traditionnel. À ce sujet, les entreprises du secteur coopératif, en concurrence sur les mêmes marchés que les entreprises capitalistes, font preuve de performances semblables. La différence, qui est pourtant de taille à rebuter un investisseur, vient de la faible liquidité des titres émis par les sociétés coopératives. Il n'existe pas un marché secondaire d'ampleur suffisante pour pouvoir assurer la liquidité des titres (un placement financier revêt trois caractéristiques fondamentales : le rendement, le risque, la liquidité). Un marché des titres d'occasion étroit est donc le principal obstacle au développement de ce type de société.

Cependant, il est à noter que le secteur coopératif lui-même développe des structures de « capital-risque solidaire » à travers les **Cigales** (Club d'investisseurs pour une gestion alternative et locale de l'épargne solidaire). Ces clubs, d'une durée de vie de cinq ans, proposent une mise en commun de l'épargne pour financer la création et le développement d'entreprises du secteur coopératif par des apports en capital. Au terme des cinq ans, les titres sont revendus et la somme récupérée est partagée entre les membres du club au prorata de leurs apports. Bien entendu, ces « **investissements éthiques** » et « **finances solidaires** » (pour des prêts à 0 %) se portent sur des projets choisis non seulement pour leur rentabilité mais aussi pour leur dimension sociale et environnementale.

Malgré cela, le problème de financement des entreprises coopératives demeure aigu. Les projets proposés ne peuvent concerner que des investisseurs en phase avec l'esprit solidaire, et non les puissants investisseurs financiers à la recherche de création de valeur. En conséquence, il arrive bien souvent que les Scop et mutuelles filialisent une partie de leur activité auprès d'entreprises de droit privé, créées pour l'occasion, qui ont le statut juridique de société de capitaux (SA). Ce faisant, elles perdent un peu de leur âme si les sociétaires se désintéressent de la gestion au profit des partenaires financiers extérieurs. On trouve dans ce cas les grandes banques coopératives et les grandes mutuelles d'assurance (le Crédit Agricole a racheté le Crédit Lyonnais, la Mutuelle d'Assurance des Instituteurs de France a créé Filia Maif, etc.). Paradoxalement, c'est lorsqu'elles rencontrent le succès et que leur taille devient comparable à celles des sociétés de capitaux, que l'esprit coopératif se dilue : les membres ne se comprennent plus comme sociétaires mais comme de simples clients, et ne participent d'ailleurs que très peu aux élections des dirigeants prévues par les statuts. Aujourd'hui, il est bien difficile, au regard des services rendus quotidiennement, de faire la différence entre une banque coopérative et une banque commerciale, même si les banques coopératives sont celles qui sont les plus engagées dans les placements éthiques.

Enfin, lorsque les sociétaires ne participent plus à la définition du projet de la société, il arrive quelque fois, comme ce fut le cas en Grande-Bretagne dans les années 1990, que la société change de statut, avec l'accord des sociétaires bien entendu, pour se transformer en société de capitaux.

2 Le cas du secteur associatif, ou l'économie non marchande privée

On peut distinguer ici, certes de manière un peu arbitraire, ce qui relève des associations proprement dites et donc de l'économie non marchande, et ce qui a trait à l'économie non monétaire par le biais des systèmes d'échange local (SEL), lesquels sont bien souvent mis en place par des associations. Nous ne nous intéresserons donc pas ici à la partie domestique de l'économie non monétaire lorsqu'elle relève d'une activité isolée des autres agents économiques (bricolage domestique, jardinage potager, etc.).

2.1 Le poids et le rôle du secteur associatif en France

L'ensemble des associations (dites « loi 1901 ») est connu à travers les déclarations d'associations auprès des préfectures ainsi que par le biais des enquêtes sur les adhésions des ménages.

Le « boom associatif », que l'on connaît maintenant depuis plus de trente ans, n'indique pas forcément une modification des rapports de production (au sens marxiste) mais plutôt des mouvements d'opinion, une mobilisation des individus autour de thèmes fédérateurs (environnement). Il s'inscrit aussi dans une logique d'extension du temps libre (congés payés, durée hebdomadaire du travail) et d'allongement de la durée de la retraite (vieillissement de la population).

FOCUS . . . FOCUS . . . FOCUS . . . FOCUS . . . FOCUS . . . FOCUS . . .

L'histoire des associations

« ***Aux origines***

Les hommes et les femmes ont toujours eu besoin de s'associer. Ainsi on retrouve, en Égypte à l'époque de la construction des pyramides, des structures qu'on peut considérer comme les ancêtres des associations de secours mutuel.

De même, la vie économique et politique du Moyen Âge a largement reposé sur des formes d'organisation à caractère associatif (communes, confréries, monastères, corporations…).

La IIIe République établira en 1901 la liberté d'association.

Cette loi est fortement marquée par les idées libérales : c'est la liberté qui prévaut et notamment celle du contrat.

La loi de 1901 reconnaît la liberté pour tout citoyen d'être ou non membre d'une association. Celle-ci peut être créée sans autorisation ou déclaration préalable sous réserve qu'elle ait un objet licite et qu'elle respecte les lois et règlements en vigueur. Si son objet paraît illicite au préfet, celui-ci doit saisir le juge, seul compétent pour interdire la création ou la dissolution d'une association.

L'article 1 est toujours en vigueur. Il définit l'association comme : « La convention par laquelle deux ou plusieurs personnes mettent en commun d'une façon permanente leurs connaissances ou leurs activités dans un but autre que de partager les bénéfices. Elle est régie, quant à sa validité, par les principes généraux du droit applicables aux contrats et obligations ».

Il en résulte que les associations sont libres de s'organiser. Elles n'ont aucune obligation d'être déclarées.

Seules celles qui le sont peuvent avoir des moyens juridiques leur permettant vraiment de s'organiser matériellement : droit aux subventions, au compte bancaire, à être employeur, à ester en justice. Les associations reconnues d'utilité publique ont seules pleine capacité juridique (notamment en matière de dons et legs) mais elles doivent alors adopter des statuts types.

Les préfectures diffusent des modèles de statut pour faciliter la vie des petites associations mais ces modèles ne comportent aucune mention obligatoire.

Succès grandissant des associations au XXe siècle

Nombre de grandes associations qui existent encore aujourd'hui ont été créées au début du XXe siècle. Beaucoup d'associations ont survécu ou se sont reconstituées dans la clandestinité pendant la Seconde Guerre mondiale. Le mouvement associatif a pris un nouvel essor après la Libération dans les secteurs de la jeunesse, de la protection de l'enfance, des sports, de la culture et de l'éducation populaire.

Le paysage associatif contemporain

Depuis les années 70, le mouvement associatif fait preuve d'une vitalité remarquable. Plus d'associations ont été créées durant les trente dernières années que depuis 1901 !

Aujourd'hui, on estime à 1 million le nombre d'associations en activité et, chaque année, 70 000 associations nouvelles se créent (contre 20 000 dans les années 70). »

www.associations.gouv.fr, mars 2012.

On recense en France 1,3 million d'associations en activité, 70 000 sont créés chaque année ; on les trouve surtout dans le sport, les loisirs, la vie sociale et la culture (ces quatre pôles représentent à eux seuls près de 65 % du total des associations). Elles brassent un budget cumulé qui approche les 60 milliards d'euros.

Les budgets sont très variables, selon la taille des associations : 2/3 des associations ont des budgets annuels inférieurs à 7 500 €. Seules 5 % des associations, soit environ 40 000, disposent de budgets supérieurs à 150 000 € ; 92 % ont des budgets inférieurs à 75 000 €.

Leurs ressources proviennent à 54 % de subventions publiques (État et collectivités locales, Caisse nationale d'allocations familiales, Caisse nationales de l'assurance vieillesse), à 32 % des recettes d'activité privée, à 12 % des cotisations et à 5 % des dons. Il est à noter que le mécénat de la part des entreprises demeure très peu développé en France au contraire des pays anglo-saxons (9 % des associations seulement en bénéficient en France). Il concerne surtout les associations de grande taille notamment dans le secteur humanitaire. Les financements publics sont liés aux domaines de compétences des collectivités : les communes interviennent sur l'ensemble du champ associatif même si elles privilégient les secteurs culturels, des loisirs et des sports, les conseils généraux financent principalement les associations du secteur social de grande taille, les régions et l'Europe se concentrent sur les secteurs de l'éducation et de la formation.

Budget cumulé du secteur associatif

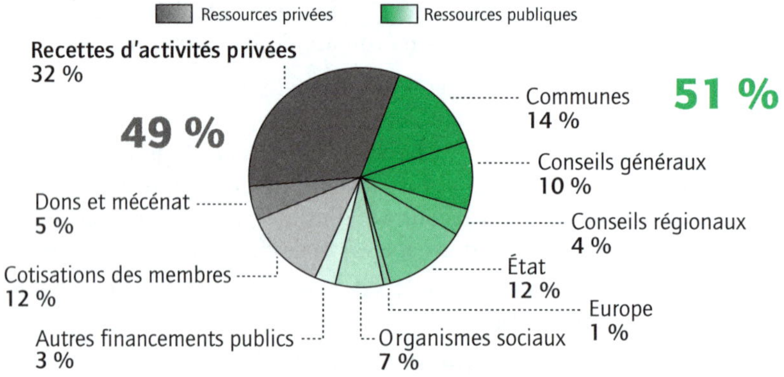

Total : 59 391,2 millions d'euros

Le Monde, 7 décembre 2006, p. II.

Les associations fonctionnent grâce au travail de 12 millions de bénévoles et de 1,6 million de salariés (5 % des salariés français), et comptent 21 millions de membres (un individu peut bien entendu être membre de plusieurs associations).

La loi du 23 mai 2006 a créé un nouveau contrat de volontariat associatif, qui ne relève pas du code du travail. Ainsi, le **volontariat** est un statut qui vient compléter les statuts de salarié et **bénévole** de l'association. Il organise la reconnaissance et la protection sociale des personnes volontaires. Celles-ci se voient proposer des contrats de deux ans maximum sans rémunération salariale. En outre, la durée cumulée des missions accomplies par un volontaire pour le compte d'une ou plusieurs associations ou fondation ne peut excéder trois ans. Une indemnité non imposable peut être versée au volontaire dans la limite de 50 % de la rémunération à l'indice brut 244 de la fonction publique, soit 627 euros mensuels.

Bien entendu, le statut de volontaire associatif est incompatible avec toute activité rémunérée, et la personne volontaire ne peut percevoir une pension de retraite publique ou privée, le RSA, le complément de libre choix d'activité de la prestation d'accueil du jeune enfant (PAJE) ou une assurance chômage. Sous certaines conditions, le service civil volontaire (SCV) peut être articulé avec un contrat de volontariat associatif. Pour encourager le SCV, l'État prend en charge 90 % de l'indemnité versée au volontaire associatif, 100 % des cotisations sociales et verse même 175 euros par mois à titre de contribution à l'encadrement et à la formation du volontaire. La tendance est donc à la professionnalisation du bénévolat/volontariat.

Cependant, on aurait tort de croire que le secteur associatif est fondamentalement coupé du secteur marchand. D'abord parce que les associations sont quelquefois employeurs (150 000 associations employeurs dont 40 000 font travailler plus de 10 salariés), ont parfois des activités commerciales et payent à ce titre l'impôt sur les sociétés et la TVA.

FOCUS . . . FOCUS . . . FOCUS . . . FOCUS . . . FOCUS . . . FOCUS . . .

Les «associations-entreprises»

« Une association à but non lucratif ne doit pas générer de profit et doit être à gestion désintéressée. Une association est, en principe, exonérée de tout impôt sur les sociétés et de la TVA. Au fil des années et du développement de la vie associative, la limite entre une association à but non lucratif et une entreprise du secteur marchand est parfois devenue très floue. Aussi, les services fiscaux ont-ils procédé à des redressements, considérant l'association comme une entreprise déguisée.

La question de la fiscalité des associations a fait l'objet de nombreux débats, les associations pratiquant de plus en plus d'activités commerciales afin de financer leur fonctionnement et leurs actions associatives. Tout en rappelant la non-soumission des associations aux impôts commerciaux, l'instruction du 15 septembre 1998 précise que ces organismes sont soumis à ces impôts dès lors qu'ils exercent des activités lucratives. Cette réglementation n'empêche pas les associations-entreprises de se développer. On les repère ainsi soit parce qu'elles disposent d'un nombre important de salariés, soit parce qu'elles fournissent des prestations à leurs adhérents concurrençant le secteur privé. Ainsi, une association dispensant des conseils juridiques à ses adhérents concurrence les cabinets de conseil du secteur privé. Les cotisations et participations aux frais sont à un faible montant. De plus, les adhérents ne viennent que par opportunité et ne restent pas au sein de l'association. Il en est de même dans le domaine de l'environnement. De nombreux bureaux d'études prennent le statut associatif mais en réalité fournissent des conseils à leurs adhérents clients concurrençant ainsi le secteur privé. De telles structures paracommerciales devraient revêtir un autre statut : celui d'une entreprise ou un statut intermédiaire.

Reste que la limite entre une association et une entreprise est parfois difficile à entrevoir. Une association offrant des repas à un prix modeste de 2 euros à des résidents immigrés concurrence-t-elle le marché ? Elle a une activité commerciale mais elle ne concurrence pas le secteur privé dans le sens où les personnes concernées ne sont pas économiquement viables. En outre, elle a nécessairement une mission d'intérêt général voire de service public. »

Rapport de Jean-Pierre Decool au Premier ministre, mai 2005.

En outre, au regard de la loi 1901, les associations sont libres d'acquérir des titres de valeurs mobilières et d'exercer les droits que confèrent ces titres. Ainsi, elles peuvent créer des filiales sous forme de sociétés anonymes, et se trouver indirectement dans le champ des sociétés à buts lucratifs.

En dehors de cette logique de filialisation privée, les associations peuvent disposer de fonds importants en provenance de donateurs privés, fonds dont elles doivent étaler l'utilisation dans le temps… et qu'elles décident de placer sur les marchés financiers pour les faire fructifier plutôt que de les laisser dormir. Par exemple, les **organisations non gouvernementales** (ONG) ont reçu près de 148 millions d'euros de dons en quatre semaines après le tsunami de 2004. Placer ces fonds sur les marchés financiers devient donc une nécessité, et l'esprit associatif, en partie fondé sur une opposition à la logique financière de l'économie capitaliste, s'en accommode désormais fort bien : l'important est que les sommes recueillies soient gérées sans gaspillage et au profit de l'objet de l'association.

2.2 L'émergence d'un nouveau type de solidarité organisée : les SEL

La solidarité par le biais de l'économie monétaire trouve ses limites dans la quantité de monnaie que possèdent les individus qui souhaitent organiser entre eux cette solidarité. Cela explique pourquoi les **SEL** (système d'échange local) se sont créés dans les territoires touchés par le sous-développement économique, la pénurie d'emploi et de monnaie.

a) Qu'est-ce qu'un SEL?

Il s'agit d'un regroupement d'individus, dans le cadre d'une association, qui décident de créer une monnaie à usage local en vue de pratiquer des échanges équitables de biens et services entre eux. Chaque membre indique les biens et services qu'il est prêt à échanger (confiture maison, formation pour faire des confitures, apprentissage de la poterie, etc.) et les biens et services qu'il souhaite obtenir. Le tout constitue un « marché » ou bourse des échanges, ou encore un catalogue récapitulatif des offres et des demandes de chaque membre. Ces bourses d'échange sont organisées à intervalle régulier (tous les 15 jours, tous les mois, tous les trimestres).

Renouant avec la théorie de la **valeur travail** (Smith et Ricardo, Marx), la mesure des échanges se fait en temps de travail. Par exemple, une minute de travail peut valoir un « grain de sel ». Ainsi, l'échange est équitable dans la mesure où un grain de sel ne peut être échangé que contre un autre grain de sel (une heure de formation à la confection de confitures contre une heure de peinture du portail du jardin, ou une heure de cours d'économie). Cette monnaie n'a pas besoin d'être matérialisée, une simple écriture en compte sur le cahier de chaque membre permet d'enregistrer à la fois le montant de l'échange et le solde du compte de chacun. Les membres sont vivement encouragés à ne pas se laisser constituer des soldes créditeurs trop importants sur leur compte (thésaurisation de grain de sel) en vue de dynamiser les échanges. Dans ce dernier cas, des taux d'intérêt négatifs sont parfois envisagés par certains SEL.

Il est vrai que les SEL trouvent leur fondement dans les utopies socialistes du XIXe siècle. Cependant, si les projets d'Owen et de Fourier prenaient racine dans des sociétés pauvres, les SEL émergent aujourd'hui dans des économies développées ou des poches de précarité subsistent, et notamment en milieu rural éloigné, où l'économie non monétaire est bien souvent une réalité préexistante aux SEL. Dans un esprit militant, on retrouve des SEL aussi en milieu urbain, organisés par des individus qui ne sont pas en situation de précarité.

b) Les SEL sont des vecteurs de solidarité

Pour reprendre Durkheim (*De la division du travail social*, 1893), la division sociale du travail dans les sociétés modernes, loin d'éclater la société en miettes, est source de lien social. Il est en effet nécessaire de s'adresser aux autres pour obtenir les biens et services que l'on ne produit plus soi-même lorsque la société divise le travail de production de biens et services entre ses membres. Le plus souvent aujourd'hui, le lien s'établit sur le marché et, pour éliminer le problème de la double coïncidence des besoins que fait naître le troc, l'invention de la monnaie représente un progrès certain ; mais il s'agit d'un rapport marchand et monétaire qui, pour beaucoup, prolonge la guerre de tous contre tous (Hobbes, *Le Léviathan*, 1651) dans l'attribution des richesses. La monnaie est le pouvoir d'achat du fruit du travail des autres, et la transaction monétaire, le « doux commerce » de Montesquieu, n'en cache pas moins des rapports de force, une violence contenue que beaucoup n'entrevoient même pas, mais que d'autres rejettent.

Lorsque les individus en recherche de solidarité ne possèdent que peu de monnaie (situation de précarité sociale) et/ou qu'ils sont méfiants à son égard, ils s'orientent généralement vers des formes d'**économie non monétaire**, par le biais des Systèmes d'échange local.

En réalité, le SEL n'est autre que la formalisation de pratiques anciennes de voisinage : des paysans qui s'aident mutuellement dans les moments forts de la vie agricole, un voisin qui fait part de son expérience dans la réparation automobile, un autre qui aide les enfants de ses amis à faire leurs devoirs, un autre encore qui vient donner un coup de main pour déménager, creuser un puits, tuer le cochon, faire des conserves, des confitures, etc. Ce type traditionnel d'entraide fonctionne à partir d'un réseau de relations (capital social au sens de Pierre Bourdieu). C'est parce que des individus se connaissent, se côtoient et s'apprécient qu'ils en viennent à l'entraide. On pourrait dire que le capital social est le point de départ de cette solidarité.

Dans les SEL cette logique n'est pas absente : c'est certes parce que des individus se connaissent et se fréquentent qu'ils en viennent à créer un réseau d'entraide. Toutefois, la logique inverse est aussi à l'œuvre : c'est surtout pour constituer un réseau, tisser du **lien social** que la solidarité est organisée. Bâtir et participer à une organisation d'entraide et d'échange, c'est la garantie d'échanger autre chose que les fruits de son travail, c'est s'assurer une insertion dans la vie locale, créer du lien social entre des individus qui se croiseraient sans cela en n'échangeant qu'un bonjour de politesse. C'est finalement rassembler ceux qui se ressemblent puisqu'ils ont fait le même choix d'adhésion à un SEL. D'ailleurs, les SEL organisent régulièrement des moments de convivialité (fêtes, banquets, pique-niques) qui peuvent être interprétés comme des moyens visant à renforcer la cohésion entre les membres.

FOCUS . . . FOCUS . . . FOCUS . . . FOCUS . . . FOCUS . . . FOCUS . . .

Les motivations à la participation à un SEL

« Pour certains, l'accent est mis sur l'économique : le SEL permet à ses membres de subvenir à certains de leurs besoins sans avoir à donner de l'argent.

Pour d'autres, le SEL est surtout un acte de résistance constructive, de militantisme, contre la mondialisation et ce qu'elle engendre d'iniquité et de misère.

Pour d'autres encore, c'est l'aspect relationnel qui prime : le SEL permet la véritable rencontre avec l'autre, est un moyen de combattre l'exclusion ; au-delà de la "rencontre", c'est un véritable réseau de solidarité(s) qui peut se tisser.

D'autres encore insisteront sur ce que le SEL permet d'épanouissement personnel, grâce notamment à l'adoption de critères de valeur plus humains, à la possibilité de devenir utile à un groupe, etc.

Enfin, certains privilégieront le côté "intellectuel", voyant dans le SEL le lieu idéal pour réfléchir sur le système économique dominant, la monnaie, les relations humaines, etc., et d'expérimenter des voies alternatives.

Le SEL, en vérité, c'est tout ça, et bien plus encore ! Si la diversité entre les gens et les groupes est importante, il y a néanmoins un "air de famille" frappant : une certaine volonté d'améliorer son quotidien et, de petits pas en petits pas, conduire le monde vers une société plus équitable, plus adulte, plus humaine. La route est longue, elle doit être pavée de respect de la liberté d'autrui, de tolérance.

À partir de ces réflexions, certains ont imaginé que tous les groupes SEL pourraient se réunir autour du texte d'une charte qui définirait "l'esprit du SEL".

Cela n'est encore qu'un projet, soumis à la réflexion de chacun. En effet, l'une des qualités assez répandue chez les gens des SEL est qu'ils chérissent leur liberté, et le mot "charte" fait parfois peur. »

www.selidaire.fr

Avec le SEL, l'important n'est pas seulement que la monnaie est absente des rapports sociaux, mais plus exactement que la monnaie officielle (l'euro) apparaît en creux sous sa dimension politique en sus de son aspect technique. Les SEL obligent à repenser le rapport à l'argent, mais aussi les limites de l'intervention de l'État dans les relations sociales.

c) Les SEL : une échappatoire à l'État et au marché

Il faut comprendre en effet que les SEL proposent des échanges qui échappent à la **fiscalité** : pas de TVA sur la transaction, pas de cotisations sociales sur les heures de travail effectuées. Inutile d'évoquer l'impôt sur les bénéfices, lequel n'est pas ici concerné puisque, par définition, les échanges sont équitables. Ainsi, les premières expériences de SEL en France ont tourné court, au bout d'un an, soit sous la pression de la Banque de France parce qu'une monnaie papier viole son monopole d'émission monétaire (Nice, 1933), soit sous celle du Trésor public en raison de l'insoumission à l'impôt (Lignères-en-Berry en 1957 et Marrans en Charente-Maritime en 1959). Aujourd'hui, ils sont parfois accusés d'abriter une nouvelle forme de « travail au noir ».

De ce fait, on peut considérer que les échanges échappent à l'impôt et que les individus y participant se soustraient au financement des biens publics dont ils profitent pourtant. Cependant, une analyse coût/avantage devrait prendre en considération le fait que les membres d'un SEL sont éligibles ou non à l'impôt sur le revenu et aux impôts locaux. Dans le cas où ils ne le sont pas, leur participation à un SEL ne modifie que très peu les choses (le non-paiement de la TVA), et peut être source de bien-être social qui amène à un moindre recours aux biens publics (santé, assistance sociale). Toutefois, bien conscients de ce problème, certains SEL proposent de payer un impôt en « grain de sel », c'est-à-dire en heure de travail qu'ils mettent à la disposition de l'État et des collectivités locales pour accomplir des travaux d'intérêt général.

Par ailleurs, les SEL, tout comme les associations, s'élèvent parfois en véritables concurrents des entreprises de statut privé, dans la mesure où ils substituent une offre non-marchande à une offre marchande. On peut suivre un cours de danse auprès d'un membre comme on le ferait dans une entreprise privée, on peut faire réparer ses volets par le biais du SEL comme en faisant appel à un artisan. Cependant, on peut se demander si l'on est vraiment en présence de concurrence déloyale lorsque l'individu qui bénéficie du bien ou du service, par le biais du SEL, ne dispose pas de moyens financiers suffisants pour avoir recours à une entreprise privée. Dans le cas contraire, la question peut effectivement se poser.

FOCUS . . . FOCUS . . . FOCUS . . . FOCUS . . . FOCUS . . . FOCUS . . .

Les SEL en manque de statut

« La loi n'encadre pas suffisamment l'entraide dispensée par les systèmes d'échanges locaux. Résultat : l'un d'entre eux vient d'être condamné.

Les promoteurs des systèmes d'échanges locaux (SEL) viennent de subir leur premier revers judiciaire. Le tribunal correctionnel de Foix (Ariège) a condamné, mardi, trois adhérents d'un SEL pyrénéen à une amende de 2 000 francs avec sursis. Les juges ont estimé que le fait de réparer une toiture en échange de quelques pâtes de "tofu" (une préparation alimentaire à base de soja) s'apparentait à un travail clandestin. Une première en France, où plus de 20 000 personnes sont adhérentes des SEL, ces associations qui proposent d'échanger des biens et des services sans faire circuler d'argent.

Les SEL existent depuis 1994. Perçus comme un rempart contre l'exclusion, ils n'ont encore jamais été inquiétés par les pouvoirs publics. Le tribunal de Foix en a jugé autrement, considérant qu'une activité d'entraide pouvait aussi être assimilée à un travail non déclaré, donc à une forme de concurrence déloyale.

Les trois personnes condamnées à Foix doivent verser un franc de dommage et intérêts à la Fédération du bâtiment et des travaux publics et à la Chambre syndicale des artisans et petites entreprises de l'Ariège, parties civiles. "C'est aberrant. La femme qui devait faire réparer son toit n'avait pas les moyens de faire appel à une entreprise. Sans le SEL, elle aurait demandé une aide à la mairie. Bref, elle pouvait être assistée, mais pas aidée", commente, amer, François Terris, l'un des fondateurs des SEL de l'Ariège, qui envisage de faire appel.

Point faible

Pour les pionniers du système d'échange local, ces trois condamnations mettent en évidence les carences des textes sur l'entraide. "Si on ne définit pas plus précisément le régime de l'entraide, toutes nos activités peuvent être considérées comme illégales. Il faut changer la loi", poursuit François Terris. En France, seule l'entraide agricole est encadrée. Elle intervient lorsqu'un agriculteur se fait aider par un ami pour les travaux des champs. Pour les travaux non agricoles, en revanche, l'entraide doit rester ponctuelle et non extensive.

Dans certains cas, les SEL peuvent ainsi s'apparenter à une centrale de services répétitifs. C'est le point faible du système. "Évidemment, on peut imaginer qu'un artisan dissimule son travail dans un SEL et propose ses services aux adhérents après une journée de travail. Mais c'est purement théorique. Nous n'avons jamais vu cela. Si un artisan veut faire du travail au noir, c'est qu'il veut de l'argent. Or, dans un SEL, on n'obtient pas d'argent. À Foix, les deux personnes qui réparaient la toiture n'étaient pas des ouvriers professionnels. L'un était professeur, l'autre sociologue", commente Armand Tardella, fondateur du premier SEL d'Île-de-France, à Saint-Quentin-en-Yvelines, en 1995.

Les responsables de SEL n'admettent pas non plus que l'on qualifie leurs associations d'économie parallèle, alors qu'elles sont reconnues d'utilité publique en Grande-Bretagne où l'État les subventionne. "Il faut arrêter de nous considérer comme des ghettos pour pauvres. C'est de l'entraide, du bon voisinage au niveau local. Rien n'est systématique. On ne trouve pas tous les services dans un SEL. Certes, il y a un problème d'argent à la base, mais on ne survivrait pas s'il n'y avait pas ce besoin de solidarité et d'échange entre voisins", explique Armand Tardella. "Nous ne sommes pas contre le principe de payer des impôts mais nous n'avons pas d'argent."

Pour payer des impôts sur leurs échanges, les SEL acceptent de donner des grains de SEL, c'est-à-dire leur travail. Certains envisagent, pourquoi pas, des travaux d'intérêt général pour rendre service à leur commune et payer leur dette à l'État. »

A. Bouilhet, *Le Figaro*, 08.01.1998, repris sur www.selidaire.fr

L'essentiel/Summary

En somme, ce sont les limites à l'efficacité économique, mais aussi à l'équité (justice sociale) des marchés, qui expliquent l'existence d'une économie dite non marchande. D'ailleurs, celle-ci trouve sa source dans la contestation de l'ordre capitaliste que l'on observe chez les socialistes utopistes du XIXe siècle, et chez le défenseurs d'un État social (ou État providence comme le nomment les adversaires de l'intervention de l'État au XIXe siècle). L'économie non marchande privée, au sens où elle ne relève pas du secteur public, se retrouve dans ce que l'on nomme aujourd'hui l'économie solidaire ou économie plurielle, somme des économies marchande, non marchande et non monétaire.

Dès le départ, tout comme le socialisme hésite entre révolution et réformisme, l'économie solidaire est pensée en termes de substituabilité au marché ou en termes de complémentarité. On retrouve aujourd'hui encore cette logique en économie de marché : l'économie solidaire se partage entre la production de biens et services marchands, par le biais de mutuelles et coopératives, et la production de services non marchands, notamment par le biais de l'État, des organismes de sécurité sociale et des associations. Le développement des systèmes d'échanges locaux (SEL), dans lesquels la monnaie est abandonnée au profit du troc, montre que l'économie non marchande emprunte aussi de nouvelles voies.

Ainsi, l'économie non marchande prend en charge les productions délaissées par le marché, mais se pose aussi, dans certains cas, en concurrent des marchés.

In a nutshell, the existence of a so-called non-commercial economy can be explained by the limits to markets' economic efficiency as well as to their ability to provide social justice. In fact, this economy finds its source in the opposition to the capitalist order among the utopian socialists of the 19th century and among the advocates of a social State – or Welfare State, the term coined by opponents to state intervention in the 19th century. Nowadays, the private non-commercial economy, "private" in that it does not fall within the province of the public sector, is found in what is called the social economy, or the plural economy, the sum of the market, non-market and non-money economies.

From the start, in the same way as socialism wavered between revolution and reformism, the social economy was thought in terms of either substituting for the market or being complementary to it. This dual approach can still be found in today's market economy : the social economy is split between the production of commercial goods and services – through mutual societies and cooperatives – and the production of non-commercial services, notably through the State, social security bodies and non-profit associations. The development of Local Exchange Trading Systems (LETS), in which money is replaced by barter, shows that the non-market economy has also been following new orientations.

Thus, the non-market economy is concerned with types of production not taken care of by the market, but in some cases it also acts as a competitor to markets.

RÉFÉRENCES CLÉS

MOTS CLÉS

En français	En anglais
Économie marchande	Market economy
Économie non marchande	Non-market economy
Économie non monétaire	Non-money economy
Production marchande	Market production
Production non marchande	Non-market production
Marché	Market
Économie de marché	Market economy
Économie planifiée	Planned economy
Concurrence pure et parfaite	Perfect competition
Marché contestable	Contestable market
Défaillances de marché	Market failures
Externalités	Externalities
Biens publics	Public goods
Bien non rival	Non-rival good
Bien non exclusif	Non-excludable good
« Passager clandestin » ou « cavalier libre »	Free rider
Théorème de l'électeur médian	Median voter theorem
Équité	Equity, social justice
Service(s) public(s)	Public service(s) (utilities)
Entreprise (privée ou publique) assurant un service public	Utility company
Entreprise de service public responsable des infrastructures	Public utility
Service universel (ou service d'intérêt économique général)	Service of General Economic Interest (SGEI)
Solidarité	Solidarity
Économie sociale, économie solidaire	Social economy

☞

☞

En français	En anglais
Coopérative	Cooperative
Coopérative agricole	Agricultural cooperative
Coopérative de consommateurs	Consumers' cooperative
SCOP	Worker cooperative, producer cooperative
Mutuelle	Mutual society
Investissement/placement éthique	Ethical investment
Association	Non-profit association
Organisation caritative	Charity
Bénévolat	Voluntary work, volunteering
Volontariat	Non-paid / paid voluntary work
Système d'échange local (SEL)	Local Exchange Trading System (LETS)

DATES CLÉS

1844 : Création de la coopérative de Rochdale, près de Manchester, Royaume-Uni
1859 : Création du familistère de Guise
1900 : Charte sociale de Charles Gide
1981 : Délégation à l'économie sociale
2000 : Secrétariat à l'économie solidaire
2005 : Rapport Decool

RÉFÉRENCES BIBLIOGRAPHIQUES

- C. Vienney, *L'Économie sociale*, Coll. Repères, La Découverte, 1994.
- T. Jeantet, *Économie sociale*, La Documentation française, 2009.
- J.-L. Laville, *Une Troisième Voie pour le travail*, Desclée de Brouwer, 1999.
- J.-L. Laville, *L'Économie solidaire : une perspective internationale*, Desclée de Brouwer, 2007.
- K. Polanyi, *La Grande Transformation : aux origines politiques et économiques de notre temps*, 1944.
- « L'Économie sociale et solidaire de A à Z », *Alternatives économiques*, 2e édition, 2009.
- J.-F. Draperi, *L'Économie sociale. Utopies, pratiques, principes*, Presses de l'économie sociale, 2e édition, 2005.

RÉFÉRENCES CLÉS

SITES INTERNET

- www.insee.fr
- www.scop.org
- www.scop.coop
- www.associations.fr
- www.selidaire.fr

APPLIQUER LE COURS

Application 6 Thèmes et questions de réflexion

1. Économie marchande et économie non marchande : substitution ou complémentarité ?
   Market economy and non-market economy : substitution or complement ?
2. Le capital risque est-il susceptible de s'intéresser aux organisations de l'économie sociale ?
   Is venture capital likely to be interested in the way social economy is organised ?
3. Peut-on considérer que les organisations de l'économie sociale font concurrence aux entreprises du secteur marchand ?
   Can it be said that social economy organisations compete with companies in the private sector ?
4. Le consommateur est-il souverain ?
   Is the consumer king ?
5. Le marché est-il un mode d'allocation optimale des biens ?
   Is the market the optimal way to allocate goods ?
6. Les SEL : abandon de la monnaie ou création d'une monnaie nouvelle ?
   Local exchange trading systems : abandoning money or creating a new currency ?
7. Comment expliquer la part peu importante des SCOP dans la production française ?
   How can we explain that workers' cooperatives represent such a small percentage of French production ?
8. Comment produire les biens publics ?
   How can public goods be produced ?
9. Dans quelle mesure l'intervention de l'État se justifie-t-elle en économie de marché ?
   To what extent is State intervention justified in a market economy ?
10. Efficacité économique et équité sont-elles conciliables ?
    Can economic efficiency and equity be reconciled ?

Une réponse succincte aux cinq premières questions est proposée en fin d'ouvrage.

SE PRÉPARER À L'EXAMEN

Cas 6 Extrait de texte en anglais

John Lewis structure complicates pay scrutiny

When you work for the John Lewis Partnership, you extoll until you die the virtues – and perks – of working for a business owned by staff.

The partnership, set up in 1929 by John Spedan Lewis to balance commercial success with the happiness and fulfilment of staff, has become the standard by which other businesses are measured. The store chain's name crops up every time MPs rail against the mistreatment of shop-floor workers and excessive executive pay.

The perks for JLP workers are legendary : a share of profits, free life insurance, access to JLP-owned hotels at subsidised rates and the rest. And the pay restraint at the top is apparent : the highest-paid boss, chairman Sir Charlie Mayfield, receives at most 75 times that of the average pay of workers. Last year he took home £1m in basic pay with an additional £500,000 in partnership bonus and pension payments.

MPs are now calling for all executive remuneration schemes to be simplified and for companies to declare how much the pay of top executives exceeds that of the average worker. However, many forget that the partnership structure is unusual, and that the incentives needed to align management with owners are more complex for public companies owned by shareholders. They also gloss over the fact that the market is as tough for JLP as for any retailer, and it has been revising contract terms and cutting costs as hard as any of its rivals.

Last week, JLP warned employees' partnership bonuses – the annual share of profits awarded as a percentage of salary – would be "significantly lower than last year". Chairman Sir Charlie blamed "the challenging market outlook" and the need to invest for the future.

Last year, JLP blamed higher pension costs and lower property profits for the drop in the staff bonus, which was the fourth cut since 2013.

JLP's profits have fallen from £354m in 2012 to £305m in 2016. The pension scheme set in place in the 1960s has eaten into profits and become a huge risk to the group's long-term survival, says Sir Charlie.

Something had to be done. So now staff must wait five years before they can join the pension scheme, rates have been cut and retirement ages have been extended.

Other retailers have done the same. It is just not what we expect from John Lewis.

In the 1930s staff had to work longer and harder to become partners and fulfilment was measured differently. Workplace practices have been updated while keeping true to JLP's founding principles.

"We have three objectives : better jobs for better performance on better pay," says Sir Charlie. And his remuneration is straightforwardly aligned to these goals. If average pay rises, so should his. Fair enough for a business owned by its workers.

But bosses of publicly quoted retailers have different masters – shareholders. Accordingly, their pay is tied to investor returns and metrics such as sales or profit per employee.

Those who think JLP should be a blueprint for all employers miss the fact that JLP's structure is unusual – it only has to keep staff happy. And even then not all of them all of the time.

Adapted from The Financial Times January 15, 2017.

1) Questions de compréhension

Choisissez entre les deux propositions celle qui correspond au sens du texte :

a) John Lewis Partnership is a

- publicly quoted company
- co-op (or cooperative)

b) JLP is owned by

- its workers
- its shareholders

c) At JLP, staff is

- mistreated
- pampered

d) JLP's boss receives

- a higher pay than any other CEO
- a decent compensation

e) For JLP, the economic context is not as hard as for other retailers

- JLP makes business in the same conditions as any other retailer

f) JLP staff will receive a

- lower bonus in 2017
- higher bonus in 2017

g) For JLP staff,

- the retirement age has been postponed
- the pension scheme has been abandoned

h) At JLP, CEO pay is adjusted

- to the workers 'pay
- to the shareholders 'returns

2) Questions grammaticales

Les quantitatifs

RAPPEL : *Much, little, a little s'utilisent avec des noms indénombrables. Many, few, a few s'utilisent avec des noms au pluriel. Much et many s'utilisent surtout dans des phrases négatives, interrogatives et avec « too »*

Complétez les phrases suivantes avec les quantitatifs suivants : much, many, little, a little, few, a few

a) The Government thinks public services cost too........

b) .... attention is paid to customer satisfaction by private companies.

c) In Health, for instance, only......... prevention awareness campaigns are organised

d) Private companies providing hospital cleaning employ too........ cleaners. This way, they save............ money.

e) When hospitals don't have................... patients, they have to close.

f) .... people in England, especially unionists protest against privatisation.

« Enough » et « too »

RAPPEL : « enough » se place devant les noms mais après les adjectifs et les adverbes. « too » (trop) s'utilise avant un adjectif ou un quantitatif.

Complétez les phrases suivantes en utilisant « enough » ou « too » :

a) If public services are not competitive, they will be replaced by private companies. (enough)

b) Actually, public schools will close if they don't register students. (enough)

c) Hospitals will close if they don't have patients. (enough)

d) When hospital cleaning is given over to the private sector, there are few cleaners. (too)

e) When railway services are managed by the private sector, they don't invest; consequently there are many accidents. (too, enough)

f) Governments tend to consider public services expensive. (too)

3) Questions économiques

1. Rappelez les spécificités de l'entreprise John Lewis Partnership.
   List the specifities of John Lewis Partnership
2. Quels sont les avantages dont bénéficient les salariés-actionnaires ?
   What are the benefits for employees who are also shareholders ?
3. En quoi ce modèle d'entreprise inspire-t-il le Parlement britannique ?
   To what extent does this firm model inspire the British Parliament ?

4) Thème de réflexion

À partir de vos connaissances et du texte précédent vous vous interrogerez sur les avantages et inconvénients de l'actionnariat salarié.

CHAPITRE 7

Protection sociale et solidarité

La **protection sociale**, thème économique majeur, est aussi à bien des égards un thème citoyen par ses implications sociales et politiques. C'est un problème sensible pour des sociétés riches et développées qui se sont dotées au fil du temps de systèmes de protection importants face aux différents risques de la vie et qui doivent envisager des changements significatifs compte tenu d'évolutions économiques ou démographiques lourdes de conséquences sociales et financières. Ce constat induit de multiples questions relatives aux évolutions souhaitables, aux changements envisageables, à l'intérêt ou non de s'aligner sur d'autres modèles, à la part à réserver aux solutions collectives ou individuelles, etc.

Pour aborder ces différentes questions qui constituent autant de débats pas toujours tranchés, le titre A est consacré à **la caractérisation du périmètre de la protection sociale et à ses justifications théoriques**. Puis sont examinées **les grandes caractéristiques du système français de protection sociale en référence à quelques idéaux types**. La protection sociale est un domaine en devenir, faisant face à de nombreuses difficultés et soumis à des changements nombreux parfois profonds ; c'est pourquoi le titre C traite des **difficultés, enjeux et réformes de la protection sociale en France**.

La protection sociale comporte aussi de **nombreuses dimensions thématiques** faisant intervenir des déterminants sociaux, financiers ou techniques spécifiques qu'il convient d'aborder plus en profondeur, d'où le titre D dans lequel sont exposées deux grandes problématiques : **la santé** et **les retraites**.

A LES CONTOURS ET LES JUSTIFICATIONS DE LA PROTECTION SOCIALE

La protection sociale comporte de nombreux qualificatifs et concepts voisins. La définition des principaux mots clés est, dans ces conditions, un préalable précieux à la compréhension générale du système. La protection sociale est une construction qui s'est faite en rencontrant souvent de fortes oppositions, aussi est-il utile d'en apprécier les principaux éléments de justification.

1 Les mots de la protection sociale

Un ensemble de termes (protection sociale, État providence, Sécurité sociale, assurances sociales, etc.) couvre les concepts usuels de la protection sociale. Aucun ne rend parfaitement compte de l'aire de la protection sociale, d'où le recours au vocable plus pertinent de « système national de protection sociale ».

1.1 Les concepts usuels

La **protection sociale** est constituée par un ensemble de droits sociaux assurés à chacun par la collectivité pour couvrir différents types de risques (maladie, vieillesse, chômage, etc.). Elle repose sur une **logique de solidarité** entre les citoyens et fait intervenir à la fois des institutions et des mécanismes de prévoyance collective.

Il convient d'insister ici sur l'**approche collective** qui doit être bien distinguée des démarches individuelles que pourraient adopter les agents en utilisant une partie de leur propre épargne à se couvrir personnellement contre les différentes formes de risques.

Du fait même de la mise en jeu de cette logique de solidarité, la protection sociale s'appuie largement dans les sociétés modernes sur l'intervention de l'État, qualifié alors d'« **État providence** ».

L'**État providence** comporte plusieurs définitions. Au sens large, il désigne un état interventionniste sur les plans économique et social, alors que la définition au sens strict réserve l'appellation à un État agissant de façon active en matière de protection sociale, en assurant en particulier une couverture contre les différents risques sociaux.

La protection sociale ne doit pas être confondue systématiquement avec l'État providence car elle ne passe pas systématiquement par l'intervention de l'État ; plusieurs organismes relèvent par exemple dans le cas français du **droit privé**, et sont en tout ou partie indépendants de l'État. En allant plus loin, les mutuelles mais aussi les entreprises interviennent de façon significative dans le processus de financement collectif de la protection sociale à côté et indépendamment de l'État (*cf.* titre B).

Un troisième mot clé est celui de « **sécurité sociale** » qui recouvre globalement mais non systématiquement les concepts précédents.

La **sécurité sociale** désigne l'ensemble des organismes chargés en France de collecter des cotisations sociales et de verser les prestations sociales concernant les risques maladie, invalidité, famille et vieillesse.

La sécurité sociale comporte donc une dimension nationale reconnue ; elle recouvre assez largement le spectre de la protection sociale à l'exception notable de la couverture du risque « chômage » qui relève lui de l'assurance chômage et du tandem UNEDIC/Pôle emploi. La sécurité sociale prend appui sur l'État providence dont certaines fonctions cependant dépassent la seule protection sociale (par exemple le financement et la gestion des services publics).

Aux termes de protection sociale, de sécurité sociale et d'État providence sont rattachés généralement ceux d'**assurances sociales** (obligatoires).

> Le système de l'**assurance sociale** repose sur un principe de couverture **mutuelle** des risques sociaux et d'ouverture de droits sociaux moyennant le versement de cotisations sociales.

L'assurance sociale renvoie directement à la protection sociale dans la mesure en particulier où cette assurance est **obligatoire** et repose sur une logique de **solidarité** (redistribution des actifs vers les inactifs, des bien portants vers les malades, etc.). Toutefois, l'expression d'« assurances sociales » ne recouvre que l'une des modalités de la protection sociale à côté notamment de la logique de l'**assistance** (principe de solidarité qui n'exige pas des bénéficiaires qu'ils aient versé une contribution préalable sous forme de cotisation par exemple).

> Le système reposant sur une logique d'**assistance** autorise le versement d'un minimum de ressources (RSA, minima sociaux, allocation logement, etc.) sous conditions de ressources indépendamment des versements effectués ou non par les bénéficiaires.

1.2 Notion de système national de protection sociale

La multiplicité de ces termes usuels qui se superposent sans qu'aucun d'entre eux ne recouvre en totalité la richesse et la variété de la protection contre les grands risques sociaux amène de nombreux spécialistes du domaine social tels que le sociologue Jean-Claude Barbier et l'économiste Bruno Théret[1] à préférer d'autres concepts, en particulier celui de « **système national de protection sociale** ».

Ainsi, le concept de **système national de protection sociale** intègre à la fois les interventions de l'État et les systèmes gérés collectivement par les partenaires sociaux, mais également la couverture des risques dans un cadre familial ou encore par le recours à des services privés achetés sur le marché.

2 Les théories justificatrices de la protection sociale

La protection sociale résulte bien sûr de facteurs historiques bien identifiés : recul des solidarités familiales et villageoises, urbanisation, extension du rôle de l'État en relation souvent avec les périodes de conflit, revendications ouvrières…

(1) J.-C. Barbier et B. Théret, *Le nouveau système français de protection sociale*, coll. Repères, La Découverte, 2009.

Différentes perceptions et réalités de la protection sociale

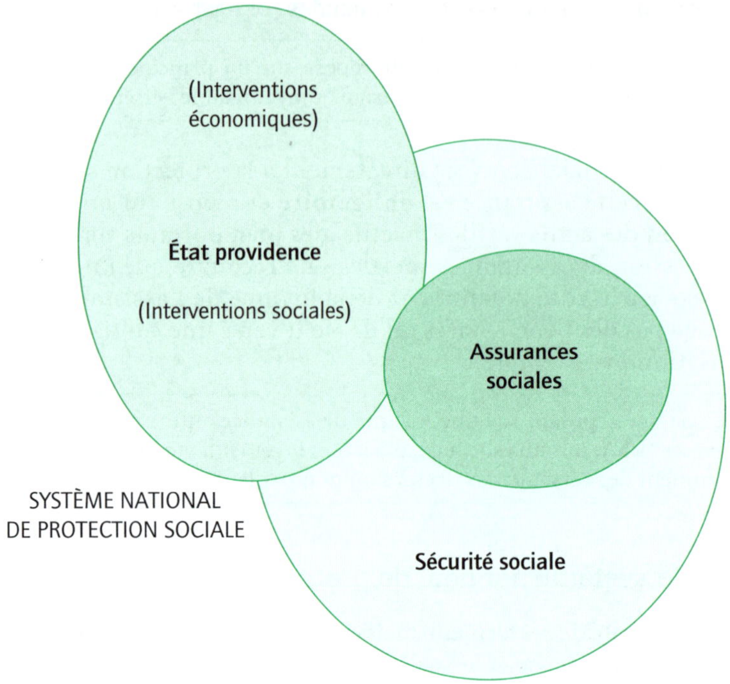

Au-delà même des faits, des économistes, des philosophes et des sociologues ont fourni à cette protection sociale différentes justifications d'ordres économique, politique ou social dont on dresse ici un panorama succinct.

Les justifications de la protection sociale

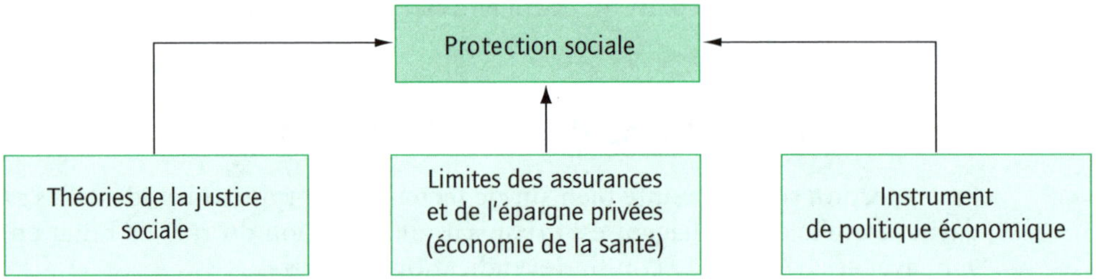

2.1 Les théories de la justice sociale

La **justice sociale** touche au caractère équitable (ou non) de la distribution des ressources entre les membres d'une société ou d'un pays.

> La **justice sociale** peut être définie comme le respect d'un principe de répartition des richesses conforme aux valeurs de la société considérée.

Elle pose donc la question de **l'utilité d'une redistribution** et ouvre (ou non) ce faisant la porte à **un système collectif de protection sociale**. L'attention portée à la justice sociale fait intervenir la morale et en appelle au besoin à l'action politique ; elle peut s'incarner dans des règles de droit ou encore dans la conception de certaines institutions.

Plusieurs conceptions en matière de justice sociale cohabitent, allant de la justification de la redistribution et de la protection sociale (collective)... au refus de toute redistribution.

• Parmi les défenseurs de la justice sociale, on compte habituellement les **courants d'inspiration socialiste** qui mettent en avant les limites et les excès de la propriété privée comme de l'héritage et appellent à la redistribution.

• Il y a également les **doctrines personnalistes** qui mettent en avant la dignité de l'être humain et le droit de tous les hommes à un minimum social.

• Les **libéraux** ont des visions globalement réservées voire franchement hostiles à la justice sociale. Certains défendent toutefois l'idée d'un soutien étatique à la justice sociale dans la lignée des « utilitaristes ».

FOCUS . . . FOCUS . . . FOCUS . . . FOCUS . . . FOCUS . . . FOCUS . . .

La notion de justice selon les utilitaristes

L'**approche utilitariste** est déjà fort ancienne puisqu'elle a pour origine les travaux des philosophes et économistes anglais des XVIIIe et XIXe siècles (J. Bentham et J.S. Mill). Leur conception de la justice sociale est fondée sur le principe de la redistribution de richesses au profit des plus pauvres en référence au concept « d'utilité sociale ». Le raisonnement repose sur les deux hypothèses suivantes : un objectif de **maximisation par l'État de l'utilité sociale** qui n'est autre que la somme des utilités individuelles et le principe bien connu de la décroissance de l'utilité marginale. Dans de telles conditions, la redistribution des revenus est source (jusqu'à un certain point) d'un accroissement de l'utilité sociale, et donc du bonheur.

D'autres soutiennent au contraire l'idée d'une inégalité de la répartition compatible avec la justice sociale sous condition (thèse de la justice sociale du philosophe américain John Rawls[(1)]). En effet, pour J. Rawls, il existe des inégalités justes (liées au mérite) et efficaces (elles profitent à tous puisqu'elles incitent à la performance).

Enfin, pour les plus radicaux, l'idée même de justice sociale a peu de sens, elle serait même dangereuse (l'économiste Hayek[(2)] voit par exemple dans la justice sociale un instrument d'action au service des intérêts corporatistes de groupes de pression).

2.2 Les thèses relatives aux limites de l'assurance et de l'épargne privées

Sur un autre plan, l'économie de la protection sociale, plus particulièrement celle de la santé, mobilise différents arguments pour expliquer les limites, les dangers, voire l'impossibilité de faire reposer le système de la santé sur le seul recours aux marchés privés ; elle justifie par conséquent l'appel aux pouvoirs publics et à la mise en œuvre de solutions collectives dans ce domaine.

(1) *A Theory of Justice*, 1971. Trad. française : *Théorie de la justice*, Le Seuil, 1987.
(2) F. A. Hayek, *Law, Legislation and Liberty*, 1978. Trad. française : *Droit, législation et liberté*, tome 2, PUF, 1995.

FOCUS . . . FOCUS . . . FOCUS . . . FOCUS . . . FOCUS . . . FOCUS . . .

Les justifications de l'intervention publique en matière de santé

Sachant que deux grandes fonctions de la protection sociale sont respectivement l'**assurance** et l'**épargne privée**, les défenseurs de la protection sociale soulignent les dangers et les limites des systèmes privés en la matière et l'intérêt de solutions collectives. Différents arguments sont invoqués dans cette perspective.

• Les ménages sont considérés dans cette perspective comme insuffisamment prudents : ils auraient facilement tendance à épargner ou à s'assurer insuffisamment face aux grands risques sociaux. L'**État** exerce de ce point de vue un **comportement de tutelle**… qu'il réalise en imposant une couverture obligatoire.

Les justifications peuvent être appuyées en reprenant le langage de la nouvelle théorie microéconomique en termes de **problèmes informationnels** : les individus ne disposent pas d'une information suffisante sur les risques qu'ils encourent, ne les anticipent pas convenablement, choisissent une couverture volontairement incomplète par opportunisme…

• L'ampleur de nouveaux risques d'ordre macroéconomique affectant une forte proportion de la population les rend aussi **difficilement mutualisables** ; seul l'**État** peut organiser la couverture de tels risques en l'amortissant sur plusieurs générations (avec la possibilité de reporter la dette éventuelle correspondante sur les générations futures).

• Certains cas sont encore plus évidents ; on pense aux situations où la **probabilité de risque est proche de l'unité** (cas des maladies chroniques et congénitales) ; il n'y a plus alors d'assurance privée possible et la couverture ne peut que relever de la solidarité nationale. Un raisonnement similaire peut être tenu dans le cas de la **probabilité de coûts de risques non évaluables**…

Base de la nouvelle théorie microéconomique, l'**économie de l'information** renouvelle ainsi en profondeur la façon d'appréhender économiquement les questions de protection sociale en mettant l'accent sur la fréquence des situations d'information asymétriques, par exemple en matière d'assurance et ouvre de nouvelles perspectives en matière de gestion des différents champs de la protection sociale.

2.3 La protection sociale comme instrument de politique économique

La protection sociale peut aussi être appréhendée ou défendue au titre de ses effets favorables sur l'activité économique ; elle n'est plus considérée comme une fin en soi, mais plutôt comme un moyen d'action macroéconomique. Il est fait ici référence à l'analyse keynésienne qui, pour mémoire, met l'accent sur les effets favorables de la demande sur l'offre et l'emploi, effets d'autant plus importants qu'ils peuvent s'appuyer sur une propension marginale à consommer élevée[1]. Les pensions de retraite ou encore les indemnités maladie jouent de ce point de vue le rôle de revenus supplémentaires dopant la demande et relançant l'offre.

(1) Voir à ce propos le Manuel DCG 5, Économie, Dunod Éditeur.

Lecture keynésienne des effets d'entraînement des prestations sociales

Versements de prestations sociales → Hausse de la consommation → **Accroissement de l'offre (production)** → **Augmentation de l'emploi**

Il va sans dire que les effets sont d'autant plus favorables que les prestations sociales réduisent les inégalités et profitent aux ménages les plus modestes à forte propension à consommer. De plus, les prestations sociales sont largement déconnectées de la conjoncture économique : les dépenses sociales sont en effet versées indépendamment de l'activité économique (à la différence des recettes fiscales) et permettent précisément d'atténuer les effets déflationnistes d'une conjoncture défavorable.

B LE SYSTÈME FRANÇAIS ET LES DIFFÉRENTS MODÈLES D'ÉTAT PROVIDENCE

La protection sociale peut être appréhendée d'une façon générale en référence aux deux grands modèles alternatifs que sont les modèles dits beveridgien et bismarckien. Ce qui conduit à présenter les grandes typologies en usage en matière de protection sociale. Dès lors, on peut caractériser le modèle français après avoir rappelé les grandes dates de sa construction.

1 Les deux formes canoniques de l'État providence

Chaque système national de protection sociale comporte ses propres caractéristiques ; néanmoins il est souvent fait référence à un premier niveau à deux grandes formes, l'une et l'autre européennes, qui ont servi d'exemple pour les autres pays.

1.1 Le modèle bismarckien

Ce premier modèle porte le nom du chancelier Otto von Bismarck qui a institué au cours de la décennie 1880 un système d'assurances sociales en Allemagne. C'est à lui que l'on doit le premier système généralisé de protection sociale.

Ce système comporte les caractéristiques suivantes :

- il est de type **assurantiel**, c'est-à-dire que les actifs cotisent eux-mêmes pour se couvrir contre les grands risques sociaux tels que la maladie, la vieillesse ou encore le chômage ;
- ces cotisations sont obligatoires et proportionnelles **aux salaires** et ce sont elles qui ouvrent des droits aux salariés ;
- c'est un système d'assurance horizontal par **branche** qui appelle une **logique de cogestion**. En vertu du principe « qui paye gère », les représentants des travailleurs et des employeurs sont en effet amenés à gérer le système de protection sociale ; l'**État** ne joue alors qu'un rôle d'instigateur des règles du jeu.

FOCUS . . . FOCUS . . . FOCUS . . . FOCUS . . . FOCUS . . . FOCUS . . .

Un premier État providence dès le XIXe : l'Allemagne bismarckienne

D'un point de vue pratique, un premier système d'assurance-maladie est mis en place en 1883 pour une partie des ouvriers de l'industrie avec une gestion des fonds confiée à des institutions contrôlées en partie par des représentants des ouvriers; puis viendront un deuxième système d'assurance concernant les accidents du travail en 1884 et un premier système d'assurance vieillesse-invalidité en 1889.

1.2 Le modèle beveridgien

Ce second modèle est celui de la Grande-Bretagne et porte le nom de l'économiste Lord William Beveridge qui publia un rapport célèbre sur le ***Welfare State*** (mot à mot « **état** de bien-être ») pendant la Deuxième Guerre mondiale dans le but de lutter contre la misère. Il est à l'origine de la notion actuelle d'**État providence**.

Ce modèle comporte les caractéristiques suivantes :

- ici, la notion de **solidarité** remplace la notion d'**assurance**, c'est-à-dire que tous les citoyens ont droit à être protégés contre l'ensemble des risques sociaux; ce qui compte, c'est l'individu en tant que tel et non le travailleur;
- la conception d'un modèle reposant sur les trois principes d'universalité, d'uniformité et d'unité (on parle à son propos de **modèle des « 3 U »**) :
  - l'universalité signifie que toute la population doit être couverte,
  - l'uniformité caractérise un système dans lequel les prestations sont versées selon les besoins quel que soit l'effort contributif et sont calculées pour couvrir les besoins fondamentaux de l'individu; elles sont forfaitaires et indépendantes du niveau de salaire,
  - l'unité s'appuie sur une gestion confiée à un service public, en l'occurrence il s'agira du National Health Service (NHS) qui est un service de santé publique permettant à tout citoyen d'accéder à un système public et gratuit de santé;
- comme la solidarité s'exerce à l'échelle de la nation (et non plus d'un groupe social particulier), les ressources doivent provenir de l'**impôt** (dont l'assise est plus large que celle des cotisations sociales).

1.3 Mise en perspective des deux modèles

Caractéristiques majeures des deux modèles de référence

	Modèle bismarckien	Modèle beveridgien
Période et localisation	Allemagne (années 1880)	Angleterre (années 1940)
Contexte	Exode rural et révolution industrielle	Les suites de la crise de 1929 et de l'entrée en guerre
Logique d'assurance	Professionnelle	Universelle

☞

	Modèle bismarckien	Modèle beveridgien
Individu concerné	Le travailleur	Le citoyen
Conditions d'accès aux prestations	Avoir cotisé	Être dans le besoin
Gestion confiée	Aux partenaires sociaux	Aux élus de la nation (État)
Moyen de financement	Cotisations sociales	Fiscalité

Source : d'après P. Batifoulier *et alii*, *La Protection sociale*, 2000.

Comme on peut le voir dans le tableau, les deux modèles s'opposent point par point même si les évolutions ultérieures conduiront à certains rapprochements.

2 Typologie des systèmes de protection sociale

Les systèmes de protection sociale ne se réduisent pas à ces deux formes « extrêmes » et les pays développés notamment européens ont développé dans la deuxième moitié du XIXe siècle des systèmes mixtes et parfois spécifiques compte tenu de nombreuses variables économiques, politiques, sociologiques, etc.

Dans ces conditions, les économistes ont proposé plusieurs typologies des systèmes de protection sociale en multipliant les paramètres d'analyse sur les systèmes concrètement en vigueur. On présente ici la plus connue, due au Danois Gøsta Esping-Andersen[1].

2.1 La diversité des modèles de protection sociale

G. Esping-Andersen a construit une typologie d'État providence à partir de la prise en compte de trois paramètres clés : le degré de **démarchandisation** (*decommodification*), les effets de la redistribution en matière de stratification sociale, enfin la contribution respective de l'État, du marché et de la famille au financement de la protection. Cette typologie est d'autant plus intéressante qu'elle met l'accent sur plusieurs enjeux essentiels de la protection sociale.

FOCUS . . . FOCUS . . . FOCUS . . . FOCUS . . . FOCUS . . . FOCUS . . .

Les indicateurs retenus dans la typologie d'Esping-Andersen

• La démarchandisation désigne le degré de liberté plus ou moins important dont dispose tout individu pour vivre convenablement sans pour autant nécessairement travailler et avoir un emploi (vendre sa force de travail). Ici interviennent par exemple les règles plus ou moins restrictives d'éligibilité aux allocations, d'importance des droits garantis, etc. La qualité des droits sociaux permet de distinguer trois grandes logiques possibles : universaliste, assurantiel et assistantiel.

(1) *Three Worlds of Welfare Capitalism*, Polity Press, 1990. Trad. française : *Les trois mondes de l'État providence, Essai sur le capitalisme moderne*, PUF, 1999.

• Les effets de la redistribution sur la stratification sociale peuvent conduire à une société plus ou moins égalitaire.

• La façon dont l'État, le marché et la famille contribuent au financement de la protection est un indice également important du caractère plus ou moins collectif de la protection sociale.

Les travaux d'Esping-Andersen conduisent, par suite, à identifier trois grands régimes d'État providence, représentés dans le tableau suivant.

Les trois régimes d'état providence d'Esping-Andersen

	Libéral	Corporatiste	Socialiste
Couverture	Marginale	Professionnelle	Universelle
Critère d'accès	Niveau de ressources	Travail	Citoyenneté
Mode de financement	Fiscal	Contributif (cotisations sociales obligatoires)	Fiscal
Type de redistribution	Verticale	Horizontale	Verticale
Principes de fonctionnement	Sélectivité	Contributivité	Universalité
Mode de régulation	Autorités publiques (État central)	Caisses gérées par les partenaires sociaux	État décentralisé

Source : d'après F.-X. Merrien, *Cahiers français* n° 330, 2006.

2.2 Les gradations de l'État providence

Cette classification présente plusieurs intérêts au plan de l'analyse des systèmes de protection sociale. En effet, elle permet d'abord de faire apparaître trois grandes catégories génériques d'État providence, de positionner les différents systèmes de protection sociale nationaux suivant ces différents idéaux types, enfin de les classer sur une échelle de performance en fonction d'un critère essentiel, celui de l'autonomie plus ou moins grande par rapport au **marché** (critère de démarchandisation).

La première situation correspond au ***Welfare State*** libéral, sorte de **régime minimal** dans lequel la charge de protection contre les risques sociaux est abandonnée pour l'essentiel au marché et à la famille. L'**État** n'a vocation à agir que de façon résiduelle au bénéfice des individus les plus fragiles. On reconnaît ici les situations prévalant par exemple au Royaume-Uni depuis les années « Thatcher » (années 1980) et surtout aux États-Unis. Ainsi, aux États-Unis, la protection sociale des habitants relève pour l'essentiel de l'assurance privée et de l'épargne volontaire à l'exception des personnes âgées et de quelques groupes sociaux spécifiques. Le *Patient Protection and Affordable Care Act* (réforme « Obama Care ») entré en vigueur en 2013 améliore cependant la protection sociale en rendant de fait obligatoire l'assurance maladie.

Le système **corporatiste** est une généralisation du modèle bismarckien repérable dans plusieurs pays européens (l'Allemagne, l'Autriche, les Pays-Bas, etc.). La finalité de ce système consiste dans la protection des travailleurs contre les grands risques sociaux à l'aide d'un système contributif (cotisations sociales obligatoires adossées au travail).

Enfin, le dernier système, qualifié de **socialiste** (ou encore de social-démocrate), correspond à un degré élevé de protection sociale concernant tous les citoyens (système universaliste), soutenu par une offre importante de services sociaux, le tout sous l'égide d'un État interventionniste. On peut parler de **régime maximaliste**. C'est le système souvent associé aux régimes de l'Europe du Nord (les pays scandinaves).

Cette typologie est loin d'épuiser les débats, car elle ne rend pas parfaitement compte de la variété des situations, comme en témoigne par exemple le cas français (*cf. infra*).

3 Les grandes caractéristiques du modèle français

Le système français de protection sociale a déjà une longue et vieille histoire. À bien des égards, il s'apparente à un système mixte qui a emprunté ses caractéristiques principales aux deux grands modèles de référence bismarckien et beveridgien. C'est un système enfin à l'organisation très complexe dont on présente ici à grands traits la structure organisationnelle.

3.1 Principaux points de repère historiques

Le système de protection sociale s'est établi progressivement en France avec quelques initiatives avant la Seconde Guerre mondiale (loi des assurances sociales de 1930) et un flux ininterrompu de décisions et de créations d'institutions et de dispositifs après 1945.

FOCUS . . . FOCUS . . . FOCUS . . . FOCUS . . . FOCUS . . . FOCUS . . .

Quelques dates clés en matière de protection sociale

1893 Loi d'assistance médicale gratuite aux indigents

1930 Loi sur les assurances sociales (Seuls sont couverts les salariés de l'industrie et du commerce.)

1945 Création de la Sécurité sociale

1958 Création de l'assurance-chômage

1988 Loi instituant le revenu minimum d'insertion (RMI)

1993 Réforme des retraites (dans le secteur privé)

1999 Institution de la couverture maladie universelle (CMU)

2003 Réforme Fillon des retraites (privé-public)

2004 Réforme de l'assurance maladie

2007 Réforme des régimes spéciaux de retraite

2009 Généralisation du revenu de solidarité active (RSA)

2010 Réforme Woerth des retraites

2014 Réforme Ayrault des retraites

Schématiquement, on peut dégager **trois temps forts** :
– de la fin du XIXe siècle au début du XXe, la mise en place de plusieurs lois relevant d'une logique d'assistance,
– puis l'année 1930 avec la naissance de la notion de protection sociale obligatoire,
– enfin l'ordonnance de 1945 qui aboutit à la création et à la généralisation de la Sécurité sociale.

L'**ordonnance de 1945** occupe cependant une place à part car elle voit l'édification des **grandes caractéristiques du système français** toujours en vigueur, soit : la mise en place et l'extension à tous les salariés des différentes assurances obligatoires (vieillesse, maladie, etc.), le choix d'un financement par cotisation sur les revenus professionnels tant des salariés que des employeurs, le choix en faveur d'une gestion paritaire par les représentants respectivement des salariés et des employeurs, enfin le principe de l'unification et de la généralisation de la Sécurité sociale à toute la population.

3.2 Le caractère mixte du système français de protection sociale

Traits généraux du système français

Système français

- Assurances obligatoires pour tous
- Gestion décentralisée et paritaire
- Financement essentiellement par cotisations mais aussi de plus en plus par l'impôt et la CSG
- Prestations sociales proportionnelles assorties de minima sociaux

Le système français de protection sociale constitue ainsi une formule mixte qui a emprunté différents aspects aux deux grands modèles de référence : il combine de façon globale des méthodes bismarckiennes avec des objectifs beveridgiens.

Il tient du modèle germanique les caractéristiques de son financement (avec une dominante de ressources provenant des cotisations des travailleurs), également l'absence d'unicité du système de gestion avec le maintien de nombreux régimes particuliers et le principe d'une gestion paritaire par les partenaires sociaux.

À l'inverse, il a emprunté au modèle britannique certains aspects relevant de la solidarité : en effet, tous les individus peuvent bénéficier d'une couverture de l'absence de revenus dans les cas où ils sont dans l'incapacité de subvenir à leurs besoins, et cela indépendamment de leur position sur le marché du travail comme de leur contribution financière au système (cas des allocations familiales, du dispositif du RSA, etc.). Ainsi, la logique de l'assistance (appelée en France communément « **aide sociale** ») prend le relais de la logique de base qui, elle, relève de l'assurance, ce qui conduit les observateurs à évoquer une **dualisation du système de santé** en distinguant les populations qui relèvent de l'assurance ou au contraire de l'assistance.

Enfin, certains traits d'évolution notamment en matière de financement (montée de la contribution des impôts et de la CSG) tendent à tirer le système dans un sens toujours plus beveridgien.

3.3 Les dimensions organisationnelles et financières du système français

a) Une couverture des risques partagée entre la Sécurité sociale et l'Unedic

La protection sociale en France relève de deux grandes familles d'organismes : la Sécurité sociale stricto sensu d'une part, et l'Unedic d'autre part.

En effet, la Sécurité sociale couvre contre tous les risques grâce à son organisme collecteur, l'Urssaf, à l'exception notable du risque « chômage » qui relève de l'assurance-chômage et de l'Unedic. Depuis 2011, l'URSSAF collecte l'ensemble des cotisations sociales y compris celles concernant le chômage.

La gestion distincte de ces deux familles de risques tient à plusieurs raisons contingentes : hostilité initiale de certaines catégories sociales à « la généralisation de la Sécurité sociale », inexistence du problème de chômage à l'époque de l'ordonnance de 1945 et absence de pression sociale pour couvrir ce risque, etc.

b) Une gestion paritaire avec une forte présence de l'État

Les organismes sociaux (Urssaf et Unedic) sont gérés traditionnellement suivant une approche paritaire associant syndicats et organisations patronales ; il vaut mieux cependant parler de **tripartisme** car l'État intervient à plusieurs niveaux au plan de la protection sociale.

En effet, l'ordonnance de 1945 a conféré à l'État un rôle clé de contrôle et de tutelle sur la Sécurité sociale en lui accordant également le soin de définir les procédures de nomination des dirigeants des caisses et d'agir par voie réglementaire en fixant le niveau des cotisations et des prestations.

Le rôle de l'État ne cesse d'ailleurs de croître avec son intervention grandissante au plan du financement de la protection sociale, mais aussi avec la mise en place du vote annuel d'une **loi de financement de la protection sociale** qui vise à définir *a priori* les ressources disponibles pour la Sécurité sociale. Si la majorité des prestations restent contributives, la loi de financement de la sécurité sociale (LFSS) multiplie les instruments de limitation budgétaire avec la définition d'enveloppes, de plafonds et de taux d'évolution des dépenses.

c) Un système d'une grande complexité

L'organisation de la Sécurité sociale est une architecture complexe comportant **quatre branches de risques**, plusieurs **régimes** différents (ensemble de personnes définies par leur activité professionnelle et soumises à la même réglementation) et un millier d'organismes locaux et nationaux.

Les branches de la Sécurité sociale

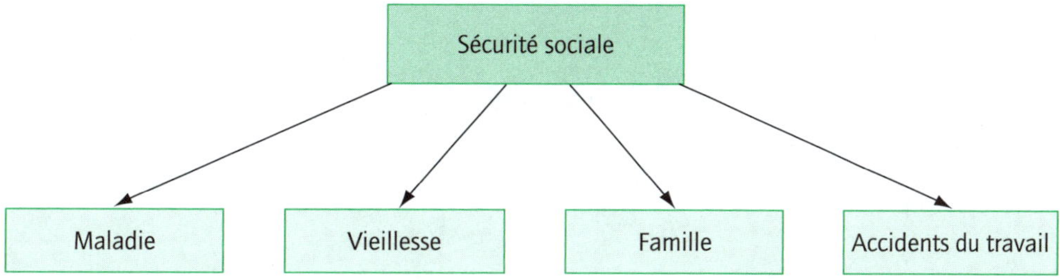

FOCUS . . . FOCUS . . . FOCUS . . . FOCUS . . . FOCUS . . . FOCUS . . .

La diversité des régimes au sein de la Sécurité sociale

Les très nombreux régimes existants peuvent être regroupés en quatre grandes familles d'importance et de situation très variables.

• Le régime **général** assure la couverture la plus étendue d'une très grande partie de la population.

• Le régime **agricole** et celui des **non-salariés** qui rassemblent des populations de travailleurs spécifiques ont vu leurs conditions (contributions et prestations) s'aligner progressivement sur les standards du régime général.

• Il y a enfin les **régimes spéciaux** (environ une centaine) réunissant des personnels notamment de la fonction publique et des entreprises publiques qui jouissent dans l'ensemble de niveaux de prestations plus favorables que celles du régime général. Les dernières réformes des retraites tendent cependant à rapprocher les régimes spéciaux du régime général.

Les grandes familles de régimes de la Sécurité sociale

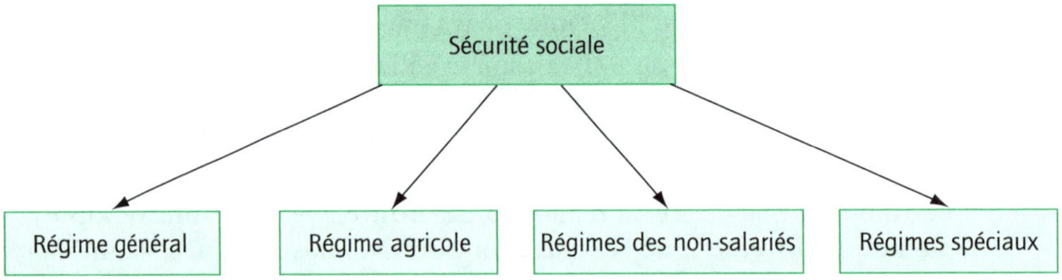

La complexité est accrue encore par la coexistence de très nombreux dispositifs de couverture ; en effet, les différents risques sont couverts fréquemment par des dispositifs mixtes : certains relèvent de l'assurance, d'autres de l'assistance.

d) Deux postes financiers majeurs

Parmi ces risques, deux pèsent aujourd'hui d'un poids essentiel : le risque-vieillesse en liaison avec le vieillissement de la population et le risque-santé.

Répartition des prestations par nature (données 2014 en %)

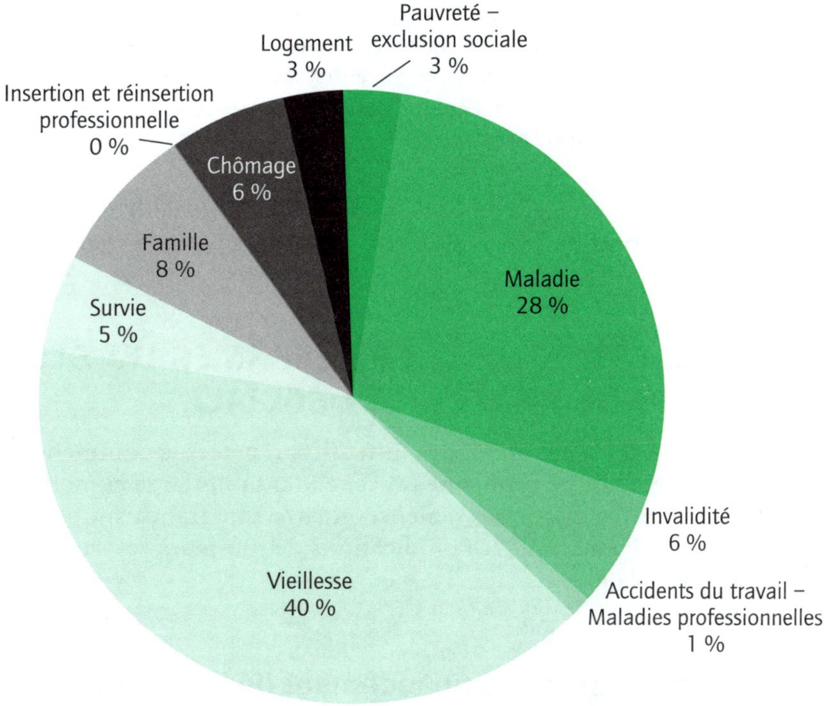

Source : d'après données des comptes de la protection sociale en 2014, édition 2016.

e) Le poids dominant et en déclin du financement par les cotisations sociales

La couverture de ces risques est assurée par un ensemble de ressources de diverses origines : cotisations sociales respectivement salariales et patronales, mais également contributions étatiques sous forme de concours de l'État servant à financer les dépenses d'intervention sociale (RSA, etc.) et à assurer l'équilibre de certains régimes spéciaux et d'impôts et taxes affectées (CSG et CRDS).

Ressources de la protection sociale (en 2014)

Type de ressources	En %
Cotisations sociales	62,0
Ressources fiscales et budgétaires • Impôts et taxes affectées • Contributions budgétaires	35,3 (25,1) (10,2)
Autres ressources	2,7
Ensemble des ressources	100,0

Source : d'après données des comptes de la protection sociale en 2014, édition 2016.

La **contribution sociale généralisée** (**CSG**) créée en 1991 est un **système hybride** d'impôt et de cotisation. Comme l'impôt, elle a un caractère universel et elle est partiellement non déductible du revenu soumis à impôt; comme les cotisations sociales, elle est proportionnelle, pour partie déductible du revenu imposable… et ne rentre pas dans le budget de l'État.

La **contribution au remboursement de la dette sociale** (**CRDS**) est une taxe créée en 1996 pour assurer l'apurement de la dette sociale.

L'essentiel du financement repose sur les cotisations sociales (à 62 % environ en 2014) mais on observe la contribution significative de l'État (environ 35 %) et la montée en puissance de la CSG.

C DIFFICULTÉS, ENJEUX ET RÉFORMES DU SYSTÈME FRANÇAIS DE PROTECTION SOCIALE

La protection sociale connaît des difficultés répétées, à commencer par celles touchant à son financement. Le problème est cependant plus large et met en cause le bien-fondé de plusieurs caractéristiques majeures du système français. Cela nous amène à présenter de façon schématique les implications de plusieurs réformes contemporaines de la protection sociale.

1 Le problème récurrent du financement de la protection sociale

Le déficit chronique de la Sécurité sociale constitue en effet l'expression la plus évidente et la plus immédiate des difficultés de la protection sociale. Derrière ces difficultés, à l'origine d'un « effet de ciseaux », on retrouve différents facteurs, les uns touchant aux recettes et les autres aux dépenses.

1.1 Un déficit chronique

La protection sociale connaît des difficultés chroniques (avec le fameux « trou de la Sécu »). Ainsi, le régime général de la Sécurité sociale a-t-il toujours été déficitaire depuis 1990, à trois années près, et, pendant plusieurs années, toutes les branches ont contribué à ce déficit.

Le « **trou de la Sécu** » est le qualificatif courant et familier désignant le déficit global des organismes de Sécurité sociale.

Cela étant, depuis 2011, le déficit se réduit chaque année significativement, passant à partir de 2014 en dessous de la barre des 10 milliards de déficit (pour ce qui concerne le régime général). En 2015, le déficit est dû pour l'essentiel à la branche maladie, alors que la branche vieillesse s'approche de l'équilibre.

Solde annuel du régime général de la Sécurité sociale de 1990 à 2015 (en milliards d'euros)

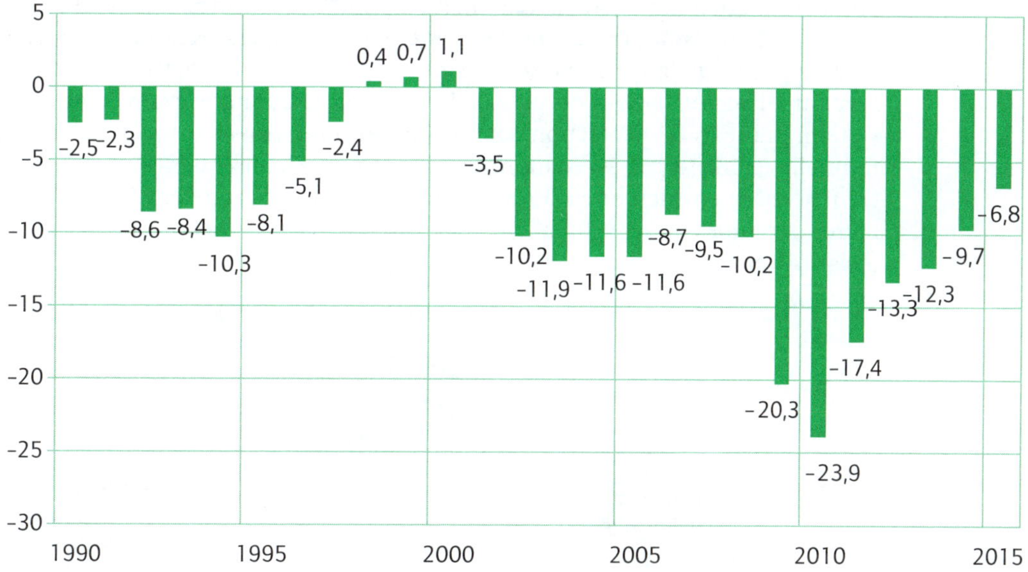

Source : d'après données du rapport de la Commission des comptes de la Sécurité sociale en 2016.

La question du déséquilibre, en l'occurrence du déficit, n'est en soi pas nécessairement un problème, d'autant que le budget a toujours de bonnes chances d'être déséquilibré dans un sens ou dans un autre en raison du caractère imprévisible des dépenses (mais également des recettes), d'où d'ailleurs le caractère incontournable du bouclage des comptes de la Sécurité sociale en fin d'année.

Le problème se situe surtout dans l'importance de ce déficit pendant de nombreuses années, particulièrement après la crise de 2008, et dans son caractère récurrent, si bien que les préoccupations comptables sont devenues centrales dans l'appréhension de la protection sociale et tendent à éclipser les progrès sociaux qu'elle a permis de réaliser.

1.2 Les facteurs à l'origine d'un effet de ciseaux

Ce déficit récurrent s'explique à la fois par la faiblesse des recettes et par la forte montée générale des dépenses :

- l'**insuffisance des recettes** résulte fondamentalement de la faiblesse de la croissance économique qui se traduit d'une part par un ralentissement de la croissance de la masse salariale sur laquelle repose le calcul des cotisations sociales et d'autre part par un chômage élevé qui réduit le nombre même de cotisants ;

– les **dépenses sont orientées systématiquement vers le haut** sous l'influence de multiples déterminants : des facteurs démographiques avec notamment le vieillissement de la population qui non seulement augmente le poids des retraites, mais accroît également les dépenses de maladie ; en second lieu les effets du progrès technique qui, en permettant l'amélioration de la qualité des soins et des techniques chirurgicales, conduit simultanément à l'accroissement du prix de la santé ; sans oublier certaines caractéristiques du système français de protection sociale (le remboursement jusqu'à 100 % par certaines mutuelles n'incite pas à l'économie) ou encore les conséquences de certaines mesures (renchérissement des honoraires médicaux). Enfin, il convient d'ajouter que les dernières décennies ont été globalement caractérisées par l'amélioration et la généralisation de la couverture des risques.

Principaux facteurs à l'origine du déficit

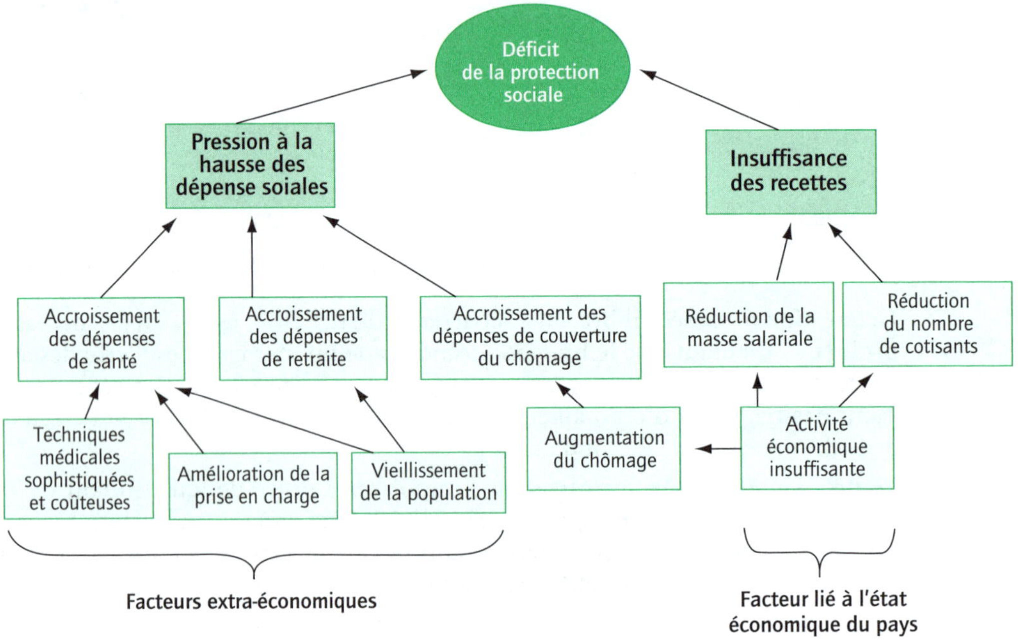

En d'autres termes, la conjonction de facteurs économiques (la faiblesse de la croissance), de phénomènes démographiques (le vieillissement de la population) et d'un système social protecteur (qualité des soins, proportion des remboursements, généralisation de la couverture des risques) conduit à « un **effet de ciseaux** » : les recettes ne parviennent pas structurellement à couvrir la croissance soutenue des dépenses.

1.3 Des problématiques similaires en Europe

Les problèmes de protection sociale ne sont pas une spécificité française car des difficultés similaires se retrouvent dans les autres pays européens, avec en particulier un niveau élevé de dépenses sociales et une tendance à leur augmentation significative dans la plupart des pays, notamment d'Europe du Sud, jusqu'à aujourd'hui.

Dépenses de protection sociale de quelques pays européens (en pourcentage du PIB)

	1993	2005	2010	2014
Zone euro (19 pays)	–	25,4	27,8	28,4
Allemagne	26,1	27,8	28,5	27,8
Espagne	23,4	19,6	24,2	24,9
France	28,7	28,8	30,9	32,2
Italie	25,2	24,4	27,6	28,8
Royaume-Uni	27,7	24,9	28,3	27,2

Source : d'après données Eurostat.

Les niveaux de dépenses atteints sont élevés et posent de sérieux problèmes de financement à plusieurs de ces pays, des situations facilement explicables par la proximité sociale, économique, démographique (*cf.* le vieillissement général de la population, commun à tous les pays européens) ou encore culturelle et qui se traduisent partout par la mise en place de réformes plus ou moins similaires (par exemple l'allongement de la durée de vie active).

La situation française est cependant particulièrement sensible et aiguë compte tenu du taux particulièrement élevé atteint par les dépenses sociales, d'une part, et de leur accroissement notable y compris en pourcentage du PIB, d'autre part. En 2013, la France se classe d'ailleurs au second rang de l'UE en termes de prestations sociales en pourcentage du PIB, derrière le Danemark.

On notera, dans le même temps, la contribution positive des systèmes européens de protection sociale; généreux, ils ont joué un rôle de stabilisateur automatique en particulier pendant la première phase de la crise (2008-2009). Grâce à la hausse des prestations, le revenu disponible brut des ménages a continué de croître en dépit de la récession.

2 La diversité des problèmes posés par la protection sociale

Les enjeux de la protection sociale sont bien sûr multiples et ne se bornent pas aux seules dimensions financières et comptables. Ainsi, la question même de la légitimité et du bon fonctionnement de l'**État providence** est posée. Quant à la protection sociale *stricto sensu*, elle fait l'objet de remises en cause de plus en plus ouvertes à partir des années 1990, et bien au-delà du seul problème de l'équilibre des comptes.

2.1 Une crise à plusieurs dimensions

Les problèmes de la protection sociale peuvent être d'abord envisagés à un niveau supérieur qui est celui-là même de l'État providence. Cette analyse a été développée par exemple par l'historien Pierre Rosanvallon[1] au début des années 1980; elle est importante à connaître compte tenu du rôle clé de l'État dans la redistribution et la régulation de la protection sociale.

(1) *La crise de l'État providence*, Le Seuil, 1981.

Selon P. Rosanvallon, il convient de parler d'une triple crise de l'État providence : crise de financement, crise d'efficacité, mais aussi crise de légitimité.

FOCUS . . . FOCUS . . . FOCUS . . . FOCUS . . . FOCUS . . . FOCUS . . .

La crise de l'État providence selon P. Rosanvallon

La **crise du financement** a été déjà abordée en détail au travers précisément de la dimension de la protection sociale. Il convient de noter cependant sa prégnance accrue depuis le traité de Maastricht qui assigne des limites précises au déficit public (pour mémoire, somme des déficits éventuels du budget de l'État, mais aussi des collectivités territoriales et bien entendu de la Sécurité sociale). Cette « solidarité » de fait entre les différents budgets soumis globalement à une contrainte commune ne peut que rendre encore plus aiguë la contrainte du financement pour chacun d'entre eux.

La deuxième critique concerne l'**efficacité même de l'État providence** avec au plan macroéconomique l'échec de plus en plus patent des politiques de relance keynésiennes dans les décennies 1970-1980.

Enfin la troisième critique, peut-être la plus grave, porte sur la **légitimité** même de cet **État providence** qui rend compte de la désaffection progressive des citoyens pour certaines formes de l'intervention de l'État mais aussi de la difficulté croissante de celui-ci à répondre à leurs attentes.

2.2 La remise en cause de plusieurs piliers du système français de protection sociale

Le constat précédent concerne bien évidemment au premier chef la protection sociale : source de déficits répétés, accusée de contribuer à la perte de compétitivité des entreprises nationales (en raison du poids important des cotisations sociales), considérée comme inadaptée pour soutenir ceux qui sont le plus dans le besoin (les non-cotisants) compte tenu de son orientation bismarckienne, enfin toujours en difficulté pour promouvoir les réformes nécessaires en raison d'une gestion paritaire conflictuelle et d'un compromis social de plus en plus difficile à trouver.

Ainsi, la crise de la Sécurité sociale ne porte pas seulement sur la question du déficit chronique mais aussi et de plus en plus sur les déficiences patentes du système en matière de service rendu : **la protection sociale offerte par la Sécurité sociale est d'autant moins généralisée que les mesures de restriction des assurances sociales en ont exclu un nombre croissant de personnes.**

FOCUS . . . FOCUS . . . FOCUS . . . FOCUS . . . FOCUS . . . FOCUS . . .

Trois caractéristiques de plus en plus discutées

Avec les années 1990 plusieurs des caractéristiques majeures du système français sont remises en cause :

– le fait de fonder les droits acquis sur le (seul) **travail** ;

– le principe d'un financement essentiellement par les **cotisations sociales** ;

– une gestion confiée pour l'essentiel aux **seuls intéressés** (la fameuse gestion paritaire).

Ces différentes observations permettent de mieux comprendre la cascade de réformes qu'a connue et que connaît toujours le système de protection sociale, les motifs de ces réformes comme les raisons de leur échec ou de leurs insuffisances et surtout les transformations de plus en plus substantielles du système français..

3 Des plans de redressement aux réformes structurelles

Il s'agit ici précisément d'identifier un certain nombre d'orientations qui traduisent des changements de fond du système jusqu'à en modifier le positionnement par rapport au modèle bismarckien retenu depuis la Seconde Guerre mondiale. On commentera ensuite ces différentes orientations suivant leur point d'application (recettes ou dépenses).

3.1 L'identification de quelques ruptures majeures

Face à la détérioration persistante des comptes sociaux, les pouvoirs publics ont été amenés à prendre régulièrement des mesures correctives sous forme de plans de redressement quasi-annuels jusqu'à leur institutionnalisation en 1996 avec le vote annuel d'une loi de financement de la Sécurité sociale. Les orientations retenues ont toujours un même profil : **la recherche d'une réduction ou d'un plafonnement des dépenses notamment en matière de santé et une volonté d'accroître les ressources (au départ les cotisations sociales, ensuite la CSG)**. On ne fera pas ici l'inventaire détaillé des mesures, d'autant que le titre D est consacré à l'étude thématique de la protection sociale. On se borne ici à pointer quelques mutations contemporaines essentielles qui concernent plusieurs risques simultanément et à en restituer la cohérence d'ensemble.

Quelques grandes « ruptures »

Recettes	Dépenses
Fiscalisation de la protection sociale (avec la CSG)	Développement des dépenses d'assistance (orientation beveridgienne) Lutte contre l'exclusion
	Modèle de financement *a priori* des dépenses (avec le vote de la loi annuelle de financement de la Sécurité sociale)
Extension des mécanismes de marché (recettes & dépenses)	

La présentation en termes d'actions respectivement sur les recettes et les dépenses ne doit pas abuser le lecteur : il ne s'agit pas seulement de mesures « comptables » mais bel et bien de mesures impliquant une révision en profondeur de l'organisation et du fonctionnement du système.

3.2 Une fiscalisation croissante de la protection sociale

Il faut d'abord observer le recours à de nouvelles ressources qui modifient sensiblement le sens et les orientations de la protection sociale.

Traditionnellement, le financement de la protection sociale repose en France sur les cotisations sociales si bien que la France est, sur ce plan, le pays « le moins étatisé » d'Europe. Cependant, cette orientation est apparue de plus en plus inadaptée pour des raisons tant économiques que sociales :

- d'abord l'augmentation des dépenses ne pouvait pas permettre la croissance éternelle des taux de cotisation ;
- en second lieu, l'action sur les cotisations sociales tendait à pénaliser les entreprises utilisant particulièrement le facteur travail, cela dans un contexte de mondialisation (*cf.* la problématique du coût du travail), alors même que le développement de l'exclusion impliquait l'appel à de nouvelles ressources.

Dans ces conditions, la mise en place de la **CSG,** mi-impôt, mi-cotisation sociale a permis de collecter des ressources de plus en plus importantes avec l'intérêt majeur de s'appliquer à toutes les catégories de revenus y compris les revenus du capital et les pensions de retraite. Conçue initialement pour financer les quelques prestations « non contributives » (c'est-à-dire non couvertes par les cotisations sociales), elle tend de plus en plus à remplacer le financement traditionnel assuré par les cotisations sociales (*cf.* les politiques publiques d'exonération de charges sociales).

La CSG n'est pas à proprement parler un impôt mais plusieurs de ses caractéristiques l'apparentent à lui (elle est d'ailleurs en droit français assimilée à un impôt). Dans ces conditions, la fiscalisation de la protection sociale est une première transformation marquante, alors même que les contributions budgétaires stricto sensu jouent un rôle de plus en plus restreint.

3.3 Une recherche de maîtrise des dépenses et d'orientation dans une logique de solidarité

Plusieurs changements interviennent également du point de vue des dépenses.

En premier lieu, les pouvoirs publics ont pris acte de l'importance croissante des populations peu ou mal couvertes par le régime traditionnel des assurances sociales. Ce phénomène a été amplifié certes par l'extension du chômage mais surtout par la réduction de nombreuses prestations et l'évolution défavorable des conditions d'éligibilité à certaines allocations. Les mesures de restriction ont ainsi fini par exclure un nombre croissant de personnes de la protection sociale assurantielle. On peut parler d'ailleurs à ce titre de **crises endogènes** de la Sécurité sociale.

C'est la raison pour laquelle toute une série de mesures relevant de la **solidarité** (**logique d'assistance**) a progressivement vu le jour depuis la fin des années 1980, dont les plus emblématiques sont le revenu minimum d'insertion (RMI) créé en 1988, la couverture médicale universelle (CMU) créée en 1999 et l'entrée en vigueur en 2009 du **revenu de solidarité active** (RSA).

Le **revenu de solidarité active (RSA)** offre un revenu minimum aux plus démunis et a été conçu avec l'objectif de favoriser l'insertion économique et sociale de ses bénéficiaires. C'est un complément de revenu pour les travailleurs pauvres et un minimum social pour ceux qui ne travaillent pas.

En second lieu, et dans un but à la fois de rationalisation mais aussi de rationnement des dépenses, l'État a entendu accroître son rôle en tant que **régulateur du système** avec la mise en place d'une loi annuelle de financement de la Sécurité sociale. Sans limiter strictement les dépenses (c'est techniquement difficile !), cette loi contribue cependant à organiser un rationnement des dépenses à coups d'enveloppes, de plafonds et d'objectif de taux de progression des dépenses. Cette évolution confortée par d'autres mesures traduit une orientation vers une **régulation administrée** voire une « **planification de la santé** ».

3.4 Une politique d'extension du recours aux mécanismes de marché

Le pilotage de la protection sociale comporte des dimensions bien différentes qui vont, elles, dans le sens d'une individualisation et d'« une privatisation » de la protection sociale. La France s'engage dans cette direction avec le lien de plus en plus étroit établi entre cotisation et prestation conduisant finalement à une réduction de la couverture sociale garantie par les assurances sociales. C'est la raison pour laquelle les Français dépendent de plus en plus de la protection sociale complémentaire reposant sur des mutuelles ou carrément sur des assurances privées (d'où le concept de « marché providence »). Cela est particulièrement visible après les multiples réformes relatives aux retraites et à l'assurance-maladie. Il va sans dire que ces compléments privés et individualisés de protection concernent (seulement) ceux qui peuvent se les offrir.

FOCUS . . . FOCUS . . . FOCUS . . . FOCUS . . . FOCUS . . . FOCUS . . .

Les effets incertains de la généralisation des complémentaires santé

La loi de 2013 entrée en vigueur en 2016 et prévoyant une généralisation de la couverture complémentaire santé n'a pas, jusqu'ici, fondamentalement amélioré la situation : les assurés ayant remplacé leur contrat individuel par un contrat complémentaire collectif ont souvent vu, paradoxalement, les remboursements diminuer (nombre d'entreprises ont choisi de couvrir leurs salariés avec des paniers de soins a minima).

Au total, le système de protection sociale enregistre des transformations profondes avec cependant le maintien affirmé de l'État providence. Les grandes orientations retenues traduisent la difficulté mais aussi la nécessité de mettre en place des réformes assurant le difficile équilibre entre l'efficacité économique et la justice sociale. Ces observations n'épuisent pas bien sûr le débat ; ainsi, d'autres orientations sont régulièrement avancées : on pense par exemple à la possibilité d'une TVA sociale ou à l'application d'un principe « pollueur-payeur » aux entreprises en matière d'emploi.

D DEUX DIMENSIONS THÉMATIQUES : LES DOSSIERS DE LA SANTÉ ET DE LA RETRAITE

La protection sociale peut être appréhendée globalement dans ses objectifs, ses grandes orientations et ses transformations de fond ; elle peut aussi être appréciée avec un regard plus fin en analysant séparément les situations concernant chaque type de risque. Sont développés ici les cas de deux grands secteurs d'application de la protection sociale, ceux de la santé et de la retraite.

1 La santé : la régulation étatique plutôt que la privatisation

Comprendre la dynamique du système de santé suppose tout d'abord qu'on identifie quelques caractéristiques structurelles de ce système. L'analyse des enjeux requiert ensuite de connaître les grands contributeurs et leur poids relatif. Il est alors possible de prendre la mesure des grandes réformes en matière de santé et d'en apprécier la portée.

1.1 Des dépenses de santé tirées vers le haut par l'offre et la demande

Les dépenses de santé représentent un **poids particulièrement élevé** en France : à titre indicatif elles représentaient, en 2012 près de 12 % du PIB en France, soit le pourcentage le plus élevé de l'Union européenne. Elles constituent aussi généralement un poste essentiel pour sa contribution négative au déficit de la Sécurité sociale.

Elles présentent également la particularité d'être tirées vers le haut par des forces s'exerçant à la fois sur l'offre et sur la demande.

Du point de vue de **la demande**, la santé est classée comme un **bien « supérieur »** dont la consommation est légitime (elle est supposée améliorer l'état de santé de la population) et dont la part est appelée à croître, non seulement en valeur absolue mais aussi en valeur relative dans le budget des ménages (lois d'Engel).

Les dépenses de santé sont alimentées par plusieurs facteurs propres à la demande, qu'il s'agisse du vieillissement de la population, de l'augmentation du nombre de chômeurs et d'exclus (plus fragiles et plus vulnérables aux problèmes de santé) ou encore de l'élévation générale du niveau de vie (qui conduit à se préoccuper plus de sa santé et à faire appel plus facilement aux praticiens).

C'est ici une particularité importante du risque santé ; l'**offre** joue également un rôle clé car les soins médicaux n'ont lieu que moyennant l'intervention des médecins : producteurs de soins, ils décident également de la consommation médicale des patients, d'où la thèse économique de « la demande induite » (par l'offre). Ainsi, l'accroissement du nombre de prescripteurs (médecins), la multiplication de leurs actes ou encore l'accroissement de la rémunération de ces mêmes actes tirent vers le haut les dépenses de santé, phénomène renforcé encore par la sophistication croissante des techniques chirurgicales.

Offre, demande et dépenses de santé

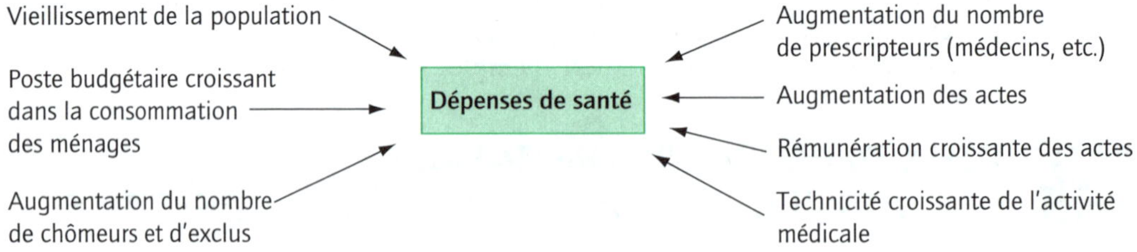

On comprend dans ces conditions pourquoi l'action des pouvoirs publics pour maîtriser les dépenses passe toujours par des actions de contrôle à la fois de la demande et de l'offre de soins.

1.2 L'importance du financement collectif

On dispose de statistiques précises sur l'origine du financement de la santé qui font apparaître quelques points essentiels : la contribution déterminante du financement collectif (*cf.* le poids de la Sécurité sociale) et une grande stabilité d'ensemble de la part des différents contributeurs sur la dernière décennie. Cela relativise globalement l'importance des transformations récentes opérées dans le domaine de la santé, même si des évolutions très contrastées sont repérables suivant les lieux et types de consommation.

Structure de financement des dépenses de soins et de biens médicaux

	2001	2010	2015
Sécurité Sociale	77,0	76,3	76,8
État et CMU-C org de base	1,3	1,3	1,4
Organismes complémentaires	12,1	13,4	13,3
• dont mutuelles	7,4	7,5	7,0
• dont sociétés d'assurance	2,4	3,5	3,7
• dont institutions de prévoyance	2,3	2,4	2,6
Ménages	9,7	9,0	8,4
Total	100,0	100,0	100,0

Source : DREE, Comptes de la santé.

La consultation de statistiques détaillées fait apparaître ainsi des écarts importants en matière de contribution de la Sécurité sociale suivant le type de soins : supérieure à 90 % pour les dépenses hospitalières à l'hôpital public, atteignant 100 % pour les patients souffrant d'affection de longue durée, elle n'atteint pas 35 % pour les soins dentaires. On retrouve les enjeux de la couverture du panier de soins et une différence de fait entre « **petits** » et « **gros** » **risques**, la Sécurité sociale ayant vocation à financer en priorité les risques jugés « les plus lourds ».

1.3 Maîtrise des dépenses, CMU et privatisation limitée

Ce titre montre le caractère complexe et diversifié de quelques grandes tendances repérables concernant les dépenses de santé ; il signale au passage la difficulté sinon l'impossibilité de donner une seule image des transformations actuelles du système de santé.

D'innombrables mesures jalonnent l'histoire récente du système de santé avec trois dates particulièrement importantes.

FOCUS . . . FOCUS . . . FOCUS . . . FOCUS . . . FOCUS . . . FOCUS . . .

Quelques dates importantes de réforme du système de santé

1995 Plan Juppé comportant la mise en place des lois de financement de la sécurité sociale

2000 Création de la Couverture médicale universelle (CMU)

2004 Réforme structurelle de l'assurance-maladie

Les mesures en matière de santé comportent généralement des décrets visant à contrôler la demande (déremboursement des médicaments, création du forfait hospitalier, etc.) et à contrôler sinon à rationner l'offre (numerus clausus en matière de recrutement de praticiens, limitation du volume des actes de la médecine ambulatoire, etc.).

Trois types de mesures retiennent particulièrement l'attention.

La recherche d'une maîtrise des dépenses de santé et d'une régulation étatique du système

Cette recherche passe bien entendu par des mesures classiques de contrôle de la demande et de l'offre (*cf. supra*), mais elles se sont enrichies de la fixation chaque année « **d'un objectif national de dépense d'assurance-maladie** » (Ondam) voté annuellement par le Parlement qui a fini par contraindre effectivement l'augmentation annuelle des dépenses de santé par une multitude de mesures assurant un pilotage et un contrôle de celles-ci (définition de références médicales obligatoires dites RMO, création d'agences régionales de l'hospitalisation dites ARH en 1996, dotées de compétence de planification et de financement pour les hôpitaux, etc.).

La **réforme de 2004** prolonge la tendance avec la création d'une Haute autorité de la santé, le développement de bonnes pratiques médicales ou encore la multiplication et la diffusion de protocoles de soins.

La création de la couverture médicale universelle en 2000

Ici, il ne s'agit plus de rationner les soins, mais d'assurer une couverture santé aux plus démunis dont on sait que le nombre a très fortement augmenté depuis les années 1980.

> La **couverture médicale universelle** permet non seulement de n'exclure personne de la protection maladie (CMU de base), mais également d'assurer une couverture complémentaire aux personnes qui n'ont pas les ressources nécessaires pour cotiser à une mutuelle (CMU complémentaire)

Elle joue d'ailleurs un rôle essentiel. Ainsi, au 31 décembre 2015, environ 4,85 millions de personnes affiliées au régime général bénéficient de la couverture maladie universelle complémentaire (CMU-C) ; 39 % d'entre elles bénéficient également de l'affiliation à la CMU de base sous critère de résidence pour le régime obligatoire.

Une privatisation (encore) limitée

Différentes mesures prises à partir des années 1980 ont contribué **à abaisser significativement la prise en charge de différents types de dépenses de santé par la Sécurité sociale,** avec entre autres la création en 1983 d'un forfait hospitalier (qui est une contribution des malades aux frais hospitaliers) augmenté ensuite à plusieurs reprises, des vagues successives de déremboursement de nombreux médicaments, etc. Ces différentes mesures vont dans le sens d'une **privatisation accrue de la fourniture de soins**. L'effet a été cependant largement atténué par la prise en charge d'une grande partie de ces charges nouvelles par les mutuelles.

La **réforme de 2004** qui a mis en place la définition de parcours de soins coordonnés avec le choix d'un médecin traitant par chaque patient et l'obligation de passer par lui pour consulter éventuellement un spécialiste correspond d'abord à une nouvelle volonté de contrôler et de limiter les dépenses de santé ; la possibilité de consulter directement un spécialiste moyennant des dépassements d'honoraires non remboursés par la Sécurité sociale peut élargir à terme le périmètre des soins à la charge des patients et ouvrir de nouveaux espaces à une « marchandisation » de la santé.

2 Les retraites : priorité au système de financement par répartition

La question des retraites appelle pour commencer une réflexion sur un déterminant majeur, celui de la démographie, qui met en péril l'équilibre des systèmes fondés sur une logique de répartition.

Le caractère aigu et immédiat des problèmes d'équilibrage des régimes de retraite a conduit à la mise en place de réformes successives reposant pour l'essentiel sur l'aménagement du système de financement par répartition.

2.1 Les problèmes posés au financement des retraites par répartition

Derrière la question des retraites est posée fondamentalement la question des incidences de l'évolution démographique qui met en difficulté le système dominant actuel de financement des retraites par répartition.

Un système **de retraite par répartition** est un mode de financement par prélèvement de cotisations effectué sur le revenu des actifs, reversé ensuite sous forme de pensions aux retraités. Ce système instaure par conséquent une **solidarité intergénérationnelle** puisque ce sont les actifs qui paient les pensions des retraités. De plus, les ressources correspondantes ne sont pas placées sur les marchés financiers (comme dans le système alternatif de la capitalisation) dans la mesure où elles transitent immédiatement d'un individu (actif) à un autre (retraité).

a) Les incidences démographiques

Ce système est mis en difficulté de façon durable par **trois phénomènes indépendants :** le *papy-boom* lié au surplus de naissances de l'après-Deuxième Guerre mondiale, l'allongement de la durée de vie et la réduction de la natalité.

L'interaction de ces trois facteurs conduit à dégrader le pivot du système de répartition qui est le rapport du nombre d'actifs au nombre d'inactifs car, pour que le système par répartition fonctionne, il faut bien sûr que le nombre d'actifs soit suffisant par rapport au nombre de retraités.

Le phénomène du ***papy-boom*** concerne la période la plus immédiate. Il comporte un effet **contraignant et transitoire** en élevant de façon significative le nombre d'inactifs dans les trois décennies à venir.

L'allongement de **la durée de vie** des individus est un phénomène fort ancien et s'inscrivant dans la durée que l'on peut mesurer à l'aide de l'indicateur de « l'espérance de vie à la naissance ».

L'**espérance de vie à la naissance** (ou à l'âge 0) représente la durée de vie moyenne – autrement dit l'âge moyen au décès – d'une génération fictive soumise aux conditions de mortalité de l'année.

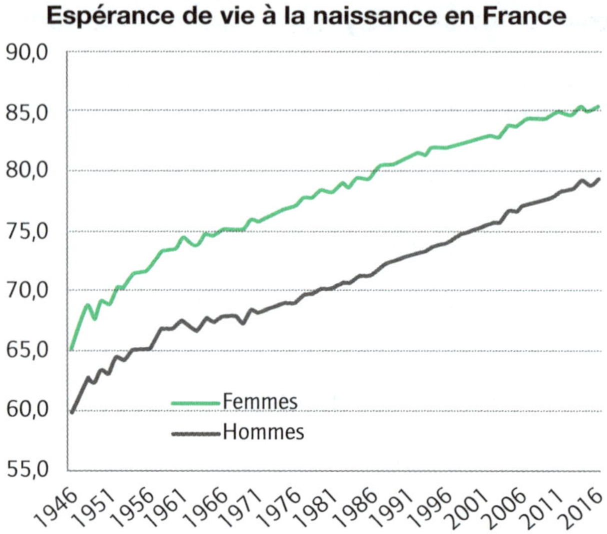

Source : Centre d'observation de la société, Insee, 2017.

Cette espérance de vie ne cesse de croître. En 2016, elle est de plus de 79 ans pour les hommes et de plus de 85 ans pour les femmes ; de plus, un trimestre est gagné chaque année (à l'exception de 2015 où un recul a été observé), ce qui est en soi un progrès social majeur. Cette tendance exerce donc une pression durable et multiple en élevant la charge de financement des retraites à législation constante (en matière de départs à la retraite) en poussant à la hausse les dépenses de santé et en renforçant l'importance du risque de « dépendance ». Ce facteur pose donc directement la question de la révision et de l'adaptation du système de retraite.

Le troisième facteur est celui de la baisse de l'**indice de fécondité des femmes** (qui a atteint 1,66 en 1993 avant de remonter ensuite).

L'**indice de fécondité** mesure le nombre d'enfants qu'aurait une femme tout au long de sa vie si les taux de fécondité observés demeuraient inchangés.

Ce troisième élément joue lui aussi défavorablement sur la période à venir et ce de façon irréversible puisque les actifs cotisants potentiels qui ne sont pas nés ne naîtront jamais en tout état de cause, ce qui dégrade nécessairement le ratio actif/inactif. Cela étant, la situation sous l'angle de ce dernier facteur est moins préoccupante compte tenu de la remontée très sensible de l'indice de fécondité (1,93 en 2016) qui est l'un des plus élevés d'Europe.

b) Un financement sous tension permanente

Avant même de parler de financement, il convient tout d'abord de rappeler que les prestations vieillesse-survie sont (de loin) le premier poste de la protection sociale ; elles représentent à elles seules 45 % de l'ensemble des prestations en 2014.

Ce poids s'est aussi longtemps donné à voir dans l'importante contribution de ce poste au déficit de la Sécurité sociale. Les chiffres figurant au tableau suivant montrent cependant une réduction forte et rapide du déficit de la branche vieillesse, une évolution qui peut être mise au compte, dans une large mesure, des réformes structurelles conduites depuis 1993 (puis en 2003, 2010 et 2014).

Soldes par branche du régime général (en milliards d'euros)

	2005	2010	2012	2015
Maladie	– 8,0	– 11,6	– 5,9	– 5,8
Accidents du travail	– 0,4	– 0,7	– 0,2	0,7
Vieillesse	– 1,9	– 8,9	– 4,8	– 0,3
Famille	– 1,3	– 2,7	– 2,5	– 1,5
Total régime général	– 11,6	– 23,9	– 13,4	– 6,9

Source : données de la direction de la Sécurité sociale, 2017.

Les menaces pesant sur les régimes de retraite sont bien connues à la suite de nombreux rapports, tel le rapport Charpin (1999) selon lequel le nombre de personnes à charge de 10 actifs passera de 4 à 7 personnes entre les années 2000 et 2040 ; ce rapport a été élaboré, précisons-le, avant la réforme des retraites de 2003.

L'évaluation de la charge de financement à venir et des tensions prévisibles reste cependant délicate compte tenu de la **multiplicité des facteurs** agissants ; ainsi le nombre de cotisants, qui est un paramètre clé, dépend lui-même de multiples facteurs : taux de fécondité, taux d'activité, taux de chômage ou encore taux d'immigration.

Certains de ces taux (tel le taux de fécondité) peuvent fortement évoluer et pas toujours de façon prévisible ; on peut aussi agir significativement sur d'autres tels le taux d'immigration.

Enfin, le **contexte économique,** en un mot la croissance, peut modifier radicalement les données du financement, ce qui explique l'existence de scenarii très différents sur le moyen terme mais aussi le principe retenu dans la réforme des retraites de 2003 de réévaluer périodiquement la situation en la matière.

2.2 Aménagement du système de répartition et encouragement de la capitalisation

Après un examen des différentes solutions possibles aux problèmes du financement des retraites, nous présentons l'état des réformes engagées.

a) Différents axes de réforme possibles

Deux grandes pistes peuvent être envisagées pour améliorer l'équilibre du système de retraites, la première consistant à faire évoluer le système de financement par répartition retenu depuis la Deuxième Guerre mondiale et la seconde à développer un autre système, dit « par capitalisation ». Derrière cette alternative existent en fait de nombreuses modalités pratiques envisageables.

Tous les pays européens ont engagé des réformes combinant ces mesures y compris la création de fonds de réserve pour pallier aux difficultés de financement des régimes de retraite.

Les axes possibles de réforme du système de retraite

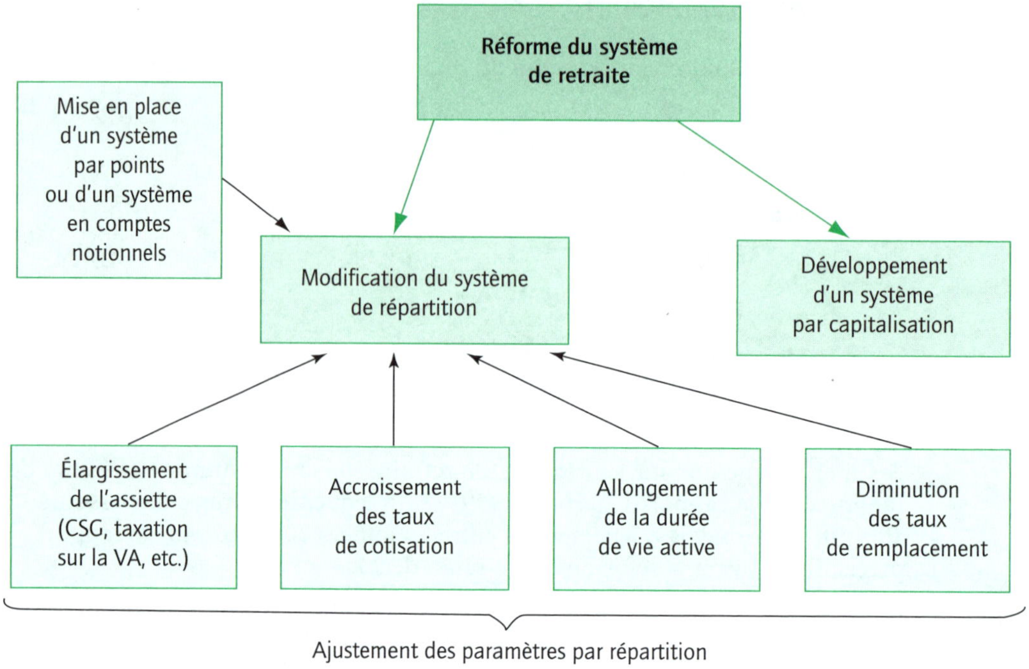

FOCUS . . . FOCUS . . . FOCUS . . . FOCUS . . . FOCUS . . . FOCUS . . .

L'ajustement des paramètres du système de répartition

Différentes solutions peuvent permettre d'aménager le système de répartition, mais elles comportent chacune des inconvénients :

• L'**allongement de la durée de la vie active** (solution la plus évidente *a priori* et utilisée partout) bute cependant sur l'hostilité fréquente des principaux intéressés et pose également le problème de la capacité et de la volonté des entreprises à assurer un emploi aux travailleurs âgés. En effet, le sous-emploi des « seniors » conduit mécaniquement en définitive à un abaissement de leurs pensions faute d'aligner un nombre suffisant d'annuités pour bénéficier d'une retraite complète. Cette solution a été utilisée à de très nombreuses reprises en France depuis la loi de 1993.

• L'**accroissement des taux de cotisation** est une solution difficile à mettre en œuvre car elle ne peut qu'alourdir le prix du travail dans une économie mondialisée et soumise en partie au dumping social et fiscal. De surcroît, elle est contraire à la position de la Commission européenne qui incite les pays membres à la baisse des prélèvements obligatoires. Cette solution a encore été mobilisée en 2014 avec la décision de relever progressivement le taux de cotisation d'assurance vieillesse déplafonné.

• La **diminution de taux de remplacement** (c'est-à-dire du rapport pension de retraite/dernier salaire d'activité perçu) est toujours difficile à faire accepter socialement. Elle peut avoir aussi des effets défavorables sur la conjoncture économique en tirant vers le bas les revenus et donc la demande des ménages..

• L'**utilisation de cotisations assises sur des assiettes plus larges** est aussi une solution fréquemment envisagée mais qui n'est pas sans poser d'autres problèmes (mode de calcul, problème de la compétitivité, etc.).

Au-delà de l'ajustement des **paramètres** du système par répartition, il est possible d'envisager une rupture plus radicale avec un changement des mécanismes mêmes du système par répartition en s'inspirant de réformes conduites dans d'autres pays.

Les deux pistes les plus couramment avancées sont celle du système par points et du système en comptes notionnels qui sont donc deux alternatives au système actuel par annuités.

Un **système par points** est un système dans lequel le cotisant acquiert des points en fonction des cotisations versées et du prix d'achat de ce point. Lorsque le cotisant prend sa retraite, le montant de la pension équivaut à la somme des points acquis au cours de la vie professionnelle, multipliée par la valeur du point à cette date.

Un **système en comptes notionnels** consiste pour un assuré à se voir ouvrir un compte individuel fictif d'épargne retraite, sur lequel il accumule des droits en contrepartie de ses cotisations. Ces cotisations sont seulement virtuelles dans la mesure où elles servent à financer les pensions des retraités actuels. Au moment de la liquidation, le « capital » est transformé en rente actuarielle ; c'est-à-dire que la valeur actualisée des pensions perçues pendant toute la période de retraite doit correspondre au montant des cotisations accumulées et actualisées.

Le premier système existe déjà en France pour les retraites complémentaires ; le second a été retenu par différents pays notamment la Suède.

Ces systèmes présentent différents avantages : souplesse, lisibilité des droits, facilité de pilotage et possibilité d'auto-équilibrer les régimes de retraite en jouant sur la valeur du point ou sur le montant du capital versé. Mais ils ont un coût qui peut être très important pour l'assuré : l'ajustement à opérer pour financer le déséquilibre démographique revient à baisser le niveau des pensions.

Enfin, il est possible de changer totalement de système et de mode de financement en se tournant vers la solution de la « **capitalisation** ».

Un système **de retraite par capitalisation** est un mode de financement, cette fois-ci individuel, basé sur l'épargne accumulée et placée notamment sous la forme de placements collectifs sur le marché financier. L'épargne « capitalisée » permet à l'individu de toucher une rente pendant sa retraite.

Largement développé dans de nombreux pays (États-Unis, Royaume-Uni, Pays-Bas, etc.), ce système peut emprunter un très grand nombre de formes différentes : dispositifs d'entreprises, de branche mais aussi plans d'épargne individuels, régimes à prestations définies ou à cotisations définies, etc. Il comporte différents avantages dont en particulier la possibilité de déconnecter *a priori* les questions du financement comme de l'équilibre du système de retraite des contingences démographiques ; cela étant, il pose aussi de multiples et sérieux problèmes dont le premier est de rendre aléatoire le niveau des pensions, d'où les hésitations de nombreux pays à développer massivement cette solution.

Pour éclairer les enjeux du débat répartition/capitalisation, on dresse ici un inventaire de quelques grands arguments en la matière.

Atouts et dangers d'un système par capitalisation

Avantages	Inconvénients
• Affranchissement du financement des retraites des contraintes démographiques (en particulier celle de la baisse du nombre d'actifs par rapport aux retraités)	• L'allongement de la durée de vie suppose également le prélèvement de **ressources additionnelles** (pour maintenir le niveau de la retraite). • Risque d'**inégalités intergénérationnelles** (les retraites dépendant de l'état conjoncturel des marchés à la date de la liquidation des droits).
• Rendement supérieur pour un même montant de cotisations	Nombreux contre-arguments • Le rendement de la capitalisation n'est supérieur au rendement des cotisations dans un système de répartition qu'**à condition** que le taux d'intérêt soit toujours plus élevé que le taux de croissance de la valeur ajoutée (hypothèse très discutable à long terme). • La généralisation de la capitalisation risque d'accroître l'instabilité financière... et d'**abaisser les taux de rendement**.
• La capitalisation accroissant l'épargne favorise donc l'investissement et la croissance	• Argument valable **seulement** pour les États et les périodes où les taux d'épargne sont très faibles • Par ailleurs les possibilités d'épargner sont très **inégales** (*cf.* la distribution des revenus) ; ce qui pose un problème d'équité et induit par conséquent la mise en place par les pouvoirs publics de cotisations obligatoires ou de mécanismes de compensation (la capitalisation perd alors une large partie de ses avantages théoriques).

Source : d'après J.-C. Barbier *et alii*, *Le Nouveau Système français de protection sociale*, 2005.

Ainsi, le débat sur les arbitrages à faire entre système de répartition et de capitalisation est très complexe et marqué par de grandes incertitudes sans oublier la dimension idéologique évidente.

Enfin, la crise financière et économique de 2008-2009 a eu des conséquences immédiates et très significatives sur les pensions versées dans les pays ayant donné une grande place au système par capitalisation. La chute des marchés financiers a abaissé notablement la valeur des investissements des fonds de pension et a eu des conséquences sévères pour certains retraités et surtout pour les cotisants proches de l'âge de la retraite.

b) Les évolutions très progressives du système français de retraite

Le système français a connu au cours de son histoire plusieurs changements successifs avec un premier projet de loi en 1790, puis un premier système de retraite par capitalisation pour la fonction publique en 1853 (qui devra être renfloué par l'État)... et remplacé plus tard par un régime par répartition. Avec les années 1930, la France opte pour un régime par capitalisation qui finira par échouer à la suite de la crise économique (érosion monétaire). Enfin, après la Seconde Guerre mondiale, la France choisit un système par répartition qui fonctionnera avec succès pendant les Trente Glorieuses. À partir des années 1980-1990, les évolutions démographiques et la mise en débat des logiques de solidarité conduisent à de grandes réformes (réforme Balladur en 1993, réforme Fillon-Raffarin en 2003).

FOCUS . . . FOCUS . . . FOCUS . . . FOCUS . . . FOCUS . . . FOCUS . . .

Quelques dates importantes de réforme du système de retraite

1946 Mise en place de l'assurance-vieillesse (avec le choix d'un système de répartition)

1982 Abaissement de l'âge de départ de l'âge de la retraite de 65 à 60 ans

1993 Réforme Balladur concernant le régime général du secteur privé

2003 Réforme Raffarin des retraites

2007 Réforme des régimes spéciaux

2010 Réforme Woerth des retraites

2014 Réforme Ayrault des retraites

Les trois réformes marquantes postérieures aux Trente Glorieuses illustrent à la fois l'orientation fondamentale d'un maintien du système de répartition quitte à en revisiter de façon substantielle les modalités et une ouverture à d'autres solutions (la capitalisation). Les dangers et les aléas de la capitalisation (notamment dans le contexte de grandes turbulences des marchés financiers), l'impossibilité de basculer brutalement d'un système à un autre (il y aurait « une génération sacrifiée » qui devrait à la fois supporter les prestations versées aux anciens et le coût de sa propre retraite) et l'attachement des Français à leur système par répartition inclinent les pouvoirs publics à la plus grande prudence en la matière.

- La **réforme Balladur** a concerné le (seul) régime général du secteur privé, réformé suivant plusieurs modalités complémentaires : allongement de la durée de la vie active portée progressivement de 37,5 à 40 ans, modification de la base de calcul des pensions (avec la prise en compte des 25 meilleures années et non plus des 10) enfin une indexation du calcul des pensions sur l'indice des prix (et non plus sur l'évolution générale des salaires), ce qui revient à ne plus faire profiter les retraités de l'augmentation du pouvoir d'achat. Cette réforme **accroît** donc **la durée de la période d'activité** mais **dégrade** surtout le **niveau des pensions** (beaucoup d'actifs partiront sans atteindre la durée légale ; les pensions sont calculées et réactualisées suivant des modalités moins avantageuses).

- La **réforme de 2003** est à la fois une **généralisation des mesures précédentes** au secteur public, une **amplification** de ces mesures avec l'allongement de la durée de vie active et une certaine **porte ouverte au développement de formules de capitalisation**.

De façon plus précise, la durée de la vie active est portée progressivement de 40 à 42 ans pour le privé, de 37,5 à 40 ans puis 42 ans en 2020 pour le public,. Sans supprimer formellement l'âge de 60 ans comme référence pour le départ à la retraite, la réforme organise un système de « départ à la carte » qui pénalise de façon significative les personnes partant à la retraite avec un nombre insuffisant d'annuités par un système de décote et qui, inversement, encourage les seniors à rester au-delà de 40 (42) ans par un système de surcote.

Si le système de financement par répartition est globalement maintenu, la réforme de 2003 cherche cependant à encourager le développement de **formules par capitalisation**. Dans cette perspective, différents dispositifs d'épargne retraite individuels ou collectifs (d'entreprise) ont été mis en place avec notamment le **plan d'épargne retraite populaire (Perp)** d'une part et les **plans d'épargne retraite collectifs (Perco)** d'autre part. Ces dispositifs à l'ampleur encore restreinte bénéficient, notamment dans le cas du Perco, d'avantages fiscaux importants (abondement des entreprises exonéré de charges sociales et déductibles du revenu imposable, plus-values exonérées d'impôt sur le revenu pour le salarié bénéficiaire).

L'ensemble des dispositions prises à l'occasion de la réforme de 2003 ne se sont pas avérées suffisantes pour garantir durablement l'équilibre des régimes de retraite.

• Devant l'aggravation brutale et accélérée du déficit de la branche vieillesse, les pouvoirs publics ont promulgué **en 2010 une nouvelle loi portant réforme des retraites**. Cette loi comporte de nouvelles mesures visant à différer les départs en retraite : l'**âge d'ouverture des droits** est repoussé progressivement de 60 à 62 ans, tandis que l'**âge de départ à taux plein** passe de 65 à 67 ans.

La loi Woerth s'est avérée elle-même insuffisante, en particulier dans un contexte économiquement durablement dégradé, d'où une nouvelle loi en 2014, **la loi Ayrault**, qui crée quelques nouveaux droits pour les salariés (tel l'ouverture d'un compte pénibilité) mais qui multiplie surtout les mesures visant à réduire les déficits (hausse des taux de cotisations salariales, allongement de la durée de cotisation jusqu'à 43 ans en 2035, etc.).

L'essentiel/Summary

La protection sociale fait régulièrement parler d'elle en raison de ses difficultés en matière de financement et des implications des multiples réformes qui l'affectent.

La définition des principaux concepts clés de la protection sociale est un point de départ nécessaire pour préciser son périmètre.

La mise en place d'un système de protection sociale ne s'est pas imposée d'elle-même et elle fait d'ailleurs toujours l'objet de multiples débats et confrontations entre économistes. Il y a ceux qui sont partisans de son extension et ceux qui préfèrent une « réduction de la voilure », à tout le moins des changements dans ses orientations et ses méthodes de financement.

La diversité des systèmes de protection sociale avec la distinction de différents types de conception et d'organisation de l'État providence permet de préciser les caractéristiques du système français : assez nettement marqué par le modèle bismarckien à ses origines, il paraît évoluer aujourd'hui dans un sens plus beveridgien.

Plus précisément, les différentes crises traversées par le système de protection sociale français ont conduit à un certain nombre de transformations : fiscalisation, développement des dépenses d'assistance, développement des procédures de régulation par les pouvoirs publics, également extension des mécanismes de marché.

L'analyse plus approfondie de deux grands secteurs d'application de la protection sociale (la santé et les retraites) permet d'affiner le diagnostic et de vérifier cas par cas que l'État providence a été pour l'essentiel maintenu, même si les réformes mises en œuvre sont à maints égards fragiles et sont loin de clore les débats.

Social protection is often in the forefront of public discussion owing to the funding difficulties the system has been facing and to the implications of the numerous reforms that have been implemented.

Giving a definition of the main key concepts is a necessary starting point to understanding the full scope of the field.

The setting up of a social protection system was not at first a self-evident need and it is still in fact the subject of much debate and confrontation of views among economists.

There are those who advocate extending it, while others would prefer to "trim the sails", or at least to see a shift in its orientations and funding methods.

Analysis of the diversity of social protection systems as well as the different conceptions and modes of organisation of the welfare state allows us to identify the characteristics of the French system : while at its inception it was strongly influenced by the Bismarckian model, it now seems to be shifting towards a more Beveridgian approach.

More specifically, the various crises experienced by the French system of social protection have led to a number of mutations – towards an increasingly tax-funded system, greater expenditure on welfare assistance, tighter control of expenditure by public authorities, and extension of market mechanisms.

L'essentiel/Summary

Finally, a more in-depth analysis of two major sectors of welfare provision – health and pensions – gives us the opportunity to refine our diagnosis and to confirm in each case that the welfare state has for the most part been preserved, even though the reforms implemented remain flimsy in many respects and are not about to put an end to debate over the issue.

RÉFÉRENCES CLÉS

MOTS CLÉS

En français	En anglais
Acte médical	Medical procedure
Actifs	Workers
Allocations, prestations	Benefits, allowance(s)
Allocations chômage	Unemployment benefits
Allocations familiales	Family allowance(s)
Assurances sociales	Social insurance
Assurance maladie	Health insurance
Assurance-vie	Life insurance
Branche (de risque)	« Risk area »
Contribuable	Taxpayer
Cotisations sociales	Social contributions
Couverture médicale universelle (CMU)	Universal health insurance
Dépenses sociales	Social expenditure
Épargne privée	Private savings
Espérance de vie (à la naissance)	Life expectancy (at birth)
État providence	Welfare State
Fonds de pension	Pension funds
Hôpital	Hospital
Inactifs	Non workers
Indice de fécondité	Fertility rate
Invalidité	Disability
Justice sociale	Social justice
Logique d'assistance	Assistance logic
Logique d'assurance	Insurance logic
Logique de solidarité	Solidarity rationale
Médecin	Doctor, GP (General Practitioner) (GB)
Modèle beveridgien	Beveridgian model

☞

RÉFÉRENCES CLÉS

☞

En français	En anglais
Modèle bismarckien	Bismarckian model
Prestations sociales	Social security benefits
Privatisation	Privatisation (BE), privatization(AE)
Protection sociale	Social welfare
Régime général	General scheme, general plan
Régimes (de Sécurité sociale)	Socail security plans
Retraité	Pensioner, retired
Retraite anticipée	Early retirement
Retraite par capitalisation	Funded pension scheme
Retraite par répartition	Contributory pension system, pay-as-you-go
Revenu de solidarité active (RSA)	Program providing income supplement for the working poor
Revenu minimum d'insertion (RMI)	Guaranteed minimum welfare payment
Sécurité sociale	French social security system
Service national de santé britannique	National Health Service (NHS)
Soins	Care, treament
Système de santé	Health care system
Système par annuités	Pension system based on time worked
Système par points	Pension system based on points accrued and value of points
Vieillissement	Ageing (BE), aging (AE)

DATES CLÉS

1945 : Création de la Sécurité sociale

1958 : Création de l'assurance-chômage

1988 : Loi instituant le revenu minimum d'insertion (RMI)

1993 : Réforme des retraites (dans le secteur privé)

1995 : Plan Juppé de réforme de la Sécurité sociale

1999 : Création de la couverture maladie universelle (CMU)

2003 : Seconde réforme des retraites (privé/public)

2004 : Réforme de l'assurance-maladie

RÉFÉRENCES CLÉS

2007 : Réforme des régimes spéciaux

2010 : Réforme Woerth des retraites

2014 : Réforme Ayrault des retraites

RÉFÉRENCES BIBLIOGRAPHIQUES

- « Le modèle social français », *Cahiers français*, La documentation française, n° 330, 2006.
- F. Coulomb, « Étude comparée de quelques grands systèmes de retraite », p.128 à 134, in *La vieillesse*, volume 1, ouvrage collectif, Ellipses, mars 2010.
- M. de Montalembert (sous la direction de), *La protection sociale en France*, La Documentation française, 6e édition, 2013.
- OCDE, *Les pensions dans les pays de l'OCDE – Panorama des systèmes de retraite*, OCDE, 2009.
- M. H. Raynier, *Protection sociale*, Dunod, coll. Express, 2e édition, 2005.
- D. Argoud, « La protection sociale en crise », *Problèmes économiques*, hors série n°8, La documentation française, 2016.
- G. Nezosi, *La protection sociale*, La documentation française, 2016.

SITES INTERNET

- http://ec.europa.eu/social/ (informations sur la protection sociale dans les pays de l'Union européenne.
- www.securite-sociale.fr/ (portail de la Sécurité sociale française)
- www.cor-retraites.fr/ (Conseil d'orientation des retraites)
- www.observatoire-retraites.org (site de l'Observatoire des retraites)
- www.travail-emploi.gouv.fr (site du Ministère du Travail)
- www.solidarites-sante.gouv.fr (site du Ministère des solidarités et de la santé)

APPLIQUER LE COURS

Application 7 Thèmes et questions de réflexion

1. Quelles sont les différentes conceptions possibles de l'État providence ?
   What are the different possible models of the Welfare State ?
2. Quels sont les avantages et inconvénients respectifs d'un système par répartition et d'un système de capitalisation ?
   What are the advantages and disadvantages of the "pay-as-you-go" and "funded" systems ?
3. Quelles sont les origines des difficultés de la protection sociale en France ?
   What do the difficulties of the French social welfare system come from ?
4. Pourquoi peut-on parler aujourd'hui d'une dualisation du système français de protection sociale ?
   Why can we talk about the duality of the French welfare system today ?
5. Quelles sont les différentes positions théoriques en matière de protection sociale ?
   What are the different theoretical positions regarding social welfare ?
6. L'évolution du système français de protection sociale va-t-il dans le sens de l'étatisation ou de la privatisation ?
   Is the French system of social welfare evolving towards state funding or private funding ?
7. Peut-on parler d'un démantèlement de l'État providence en France ?
   Can we talk about the dismantling of the French welfare state ?
8. Peut-on parler d'évolutions convergentes en Europe en matière de protection sociale ?
   Can we talk about converging trends in European social welfare ?
9. Comment le système français de protection sociale prend-il en charge le phénomène de l'exclusion ?
   How does the French system of social protection take care of the problem of exclusion ?
10. De quelle(s) façon(s) et à quel titre(s) les entreprises françaises interviennent-elles dans la protection sociale de leurs salariés ?
    In what way(s) and under what capacity (ies) do French firms contribute to their employees' social protection ?

Une réponse succincte aux cinq premières questions est proposée en fin d'ouvrage.

SE PRÉPARER À L'EXAMEN

Cas 7 Extrait de texte en anglais

Fair shares and grey matters[1]

The financial pressures generated by the gradual ageing of Western societies are now widely recognised, even if the action taken to cope with these pressures has been fragmented and maybe even perverse. Obviously, pension provision is one of the key issues, though by no means the only one, for finding ways of persuading people to stay longer in the workforce will be equally important. [...]

So what should be done? Different developed countries have chosen a different balance between private sector and state provision, but all have some mixture of these. In the US and some European countries such as the UK, the Netherlands and Switzerland, the emphasis has been on the private sector carrying a large part of the burden. In much of the rest of continental Europe, the taxpayer will have to bear a larger portion of the costs.

There are some interesting modifications to this, such as compulsory saving, pioneered in Singapore and proposed by the Turner Commission for the UK. But, basically, people either save for their own pensions, through a company scheme or on their own, or they rely on the generosity of future taxpayers. The situation has been made worse by the way state pensions are organised, with each generation of working people paying the previous one's pensions. Working people pay into state social security schemes thinking they are saving for their pension, but actually they are paying the pensions of the present retired. That worked all right when there were four or five workers for every pensioner. But a combination of lower birth rates and longer lives means that within a generation there will be only two workers for each pensioner in most of Europe and only one in some countries, notably Italy. Nearly all state security systems have large actuarial deficits.

A lot of solutions have been proffered but, as the Turner report pointed out, either people have to retire later, or they have to save more, or they have to put up with very low incomes in retirement - or some combination of all three. There is no magic wand.

Robin Blackburn would disagree. In his book, Âge Shock : How Finance is Failing us, he outlines his plan for some form of compulsory levy[2] on company profits that would fund a much more generous state pension scheme. He calls it a share levy - a levy on dividends carried by the shareholders rather than the company, and therefore not to be passed on in higher prices. The rich would pay since they own most of the shares. The money would be invested by the State for the good of all.

Well, you can see from that where the author is coming from : he is deeply critical of the entire capitalist system. He is particularly critical of the US and UK system, and particularly trusting of the State's ability to make just decisions on our behalf. For people who take a similar view of the world this will be seductive stuff. There are at least two powerful practical objections.

The first is that this is not going to happen. No developed country would dare give such an anti-enterprise signal if it wished to attract investment. Companies are mobile; the rich people he says should pay more are mobile. [...]

(1) Double jeu de mots : • "fair share" = part équitable, "fair shares" = actions équitables ;• "grey matter" = matière grise, "Grey matters" = questions relatives aux cheveux blancs (les personnes âgées).

(2) Prélèvement.

The second is that governments - even a fundamentally honourable one such as the UK - have a record of deceit(1) about finance. By rights, if governments were making proper provision for the pressures of ageing they would be running surpluses, not deficits. The true cost of public-sector pensions has not been fully revealed. [...]

What will happen everywhere will be some mixture of state and private provision. [...]

There are a lot of legitimate criticisms of the financial services industry, including its level of costs, and there are lots of legitimate criticisms about corporate governance more generally. But a combination of condemnation of the private sector and the elevation of a wise state scheme (funded by the private sector) as a solution to the pension problem has a curious "class struggle" overtone(2). Pensions should be taken out of politics, not seen as some way of bashing the company sector and their shareholders.

Hamish McRae, *The Independent*, January 26th 2007.
(Hamish McRae is chief economics commentator of *The Independent*).

1) Questions de compréhension

Résumé

Remettez dans l'ordre le résumé du texte qui suit :

	The solution is a mix of people staying longer at work, saving more for their pensions or having very small ones
	With state-funded pensions, each generation pays for the previous one
	Everywhere private pensions are compensating for diminishing state pensions
	In Western countries people are getting older and older, social programs cost more and more
	It is also possible to tax the dividends of shareholders
	Governments have to find means to raise new financial resources
	The problem is that birth rates are low and people live longer
	The taxpayer has to contribute more, the private sector is called upon to finance pensions
	With globalisation, companies and funds are mobile
	There are fewer and fewer workers who pay for retirees

Vocabulaire

Choisissez le (ou les) meilleur(s) équivalent(s) :

1. the action taken to cope with these pressures *(line 2)* :
    - the action taken to increase these pressures
    - the measures taken to deal with these constraints
    - the measures taken to face these constraints

(1) Tromperie
(2) Accent, sous-entendu.

2. the private sector carrying a large part of the burden *(line8)* :
   - the private sector bearing a large part of the costs
   - the private sector carrying a large part of the profits
   - the private sector bearing a large part of the benefits
3. compulsory saving (*line 10)* :
   - mandatory saving
   - optional saving
   - compulsive saving

4) they have to put up with very low incomes *(line 21)* :
   - they have to refuse very low incomes
   - they have to accept very low incomes
   - they have to be satisfied with very low incomes
5) criticisms about corporate governance *(line 42)* :
   - criticisms about institutional management
   - criticisms about body building
   - criticisms about private strategy
6) some way of bashing the company sector *(line 45)* :
   - some way of encouraging the company sector
   - some way of hitting the company sector
   - some way of benefitting the company sector

2) Questions grammaticales

Les mots de liaison

Après avoir remis en ordre le résumé (voir question 1), ajoutez des mots de liaison là où cela est pertinent : so, therefore, but, yet, and, as a consequence, to conclude, hence, besides, indeed.

Rappel : Les mots de liaison servent d'articulations au discours et sont regroupés par fonction : cause, conséquence, addition, concession... Il est très utile de les connaître.

Phrasal verbs

Utilisez le verbe entre parenthèses et une particule adverbiale pour former un « phrasal verb »

Rappel : Un « phrasal verb » est composé d'un verbe simple (put, give, get, take...) et une particule adverbiale qui en modifie le sens. Ils sont parfois utilisés avec une préposition.

1. "I'd like to speak to Peter" "Wait a minute, he is already on the phone". (*hold*)
2. When asked about the error in the calculation, the accountant insisted that it was not her fault. (*point*)
3. Jean was asked to take care of the guests until the conference started. (*look*)
4. He promised to investigate the problem before the end of the week. (*look*)
5. They were unable to finish their task and decided to continue the following week. (*carry*)

6. We had to monitor the builders' progress once a week while the project was under way. (*check*)

7. They realised that they would be in serious financial difficulties if they didn't reduce employees' costs. (*cut*)

8. He was determined not to stop trying even though he knew it was going to be difficult to succeed. (*give*)

3) Questions économiques

1. Comment sont financées les pensions de retraite au Royaume-Uni ?
   How are pensions funded in the United Kingdom ?
2. Quelles sont les différentes solutions couramment envisagées pour faire face au problème de déficit des systèmes collectifs de financement des retraites, selon la commission Turner?
   What different solutions are currently considered to cope with the deficit problem of collective systems for financing retirement, according to the Turner commission ?
3. La France a-t-elle fait les mêmes choix en matière de financement des retraites que le Royaume-Uni ?
   Has France made the same choices as the United Kingdom regarding pension funding ?

4) Thème de réflexion

À partir du texte et de vos connaissances, vous présenterez les problèmes posés par le financement des retraites et les différentes solutions envisageables.

ENTRAÎNEMENT

ÉLÉMENTS DE MÉTHODOLOGIE
LISTE INDICATIVE DE SUJETS RÉCENTS
SUJETS D'ANNALES CORRIGÉS

Éléments de méthodologie

1. Présentation de l'épreuve

Les caractéristiques et le programme de l'épreuve n° 6 du DSCG vous sont présentés en début d'ouvrage, pages VIII et IX.

2. Se préparer pendant l'année

Cette épreuve suppose deux types de préparation : une préparation en économie et une préparation en anglais.

■ *Connaître le programme*

Le candidat doit d'abord maîtriser les grands concepts, les principales références théoriques et les problématiques de fond en économie (abordés pour une bonne part dans le *programme d'économie de DCG*). Ces points nourriront l'exposé du candidat et font souvent l'objet de questions durant l'entretien. Un travail suivant les cas de révision ou de mise à niveau est donc indispensable.

De plus, il doit aussi connaître les différents thèmes constitutifs du programme de DCG qui sont des approfondissements ciblés du programme de DCG.

Connaître le programme c'est non seulement maîtriser les notions et *problématiques* relatives à chaque thème mais également identifier *les passerelles* entre chacun d'entre eux. En effet, les sujets proposés lors des oraux sont fréquemment transversaux; mieux vaut y avoir réfléchi avant!

■ *Suivre l'actualité économique*

Rien ne remplace les cours, la consultation de manuels de DSCG… et le suivi de l'actualité qui inspire de nombreux sujets. Lire régulièrement **les grands journaux et magazines économiques français** (*Le Monde*, *Les Échos*, *Alternatives économiques* etc.) et suivre quelques émissions économiques à la télévision sont à ce niveau bien utile.

Le suivi de l'actualité gagnera à être complété par la consultation de journaux ou magazines en langue anglaise (*The Economist*, *The Financial Times*, *The Guardian*, etc.) puisque le document fourni avec le sujet est tiré de supports de presse anglophone.

■ *S'entraîner à l'oral*

L'épreuve, rappelons-le, est orale. Il ne suffit pas de connaître, encore faut-il être capable de restituer convenablement ces connaissances et de communiquer avec aisance avec le jury. Il y a tout un travail de préparation et d'entraînement à faire pour faire face à un jury, savoir répondre, parler clairement et pas trop vite, être capable de maintenir l'attention du jury…

■ *Se préparer à l'entretien en anglais*

Le candidat doit être en mesure d'avoir également un entretien en anglais. Cela suppose une formation et un entraînement à cette dimension spécifique de l'épreuve. L'importance et la spécificité de cette question sont abordées ci-après (« Méthodologie de la présentation orale en anglais »).

Se mesurer à l'examen en faisant des sujets d'annales

Le point de jonction de ces différentes préparations est bien sûr la simulation à partir de sujets tombés au DSCG. De ce point de vue, tout candidat peut utilement passer en revue les sujets tombés ces dernières années et en tester un certain nombre. Dans cette optique, nous proposons plus bas quelques sujets avec des éléments de corrigé.

Pour être en phase avec le jury

Le jury comporte normalement trois interrogateurs dont au moins un enseignant d'économie et gestion et un enseignant d'anglais. Ces enseignants appartiennent aussi bien à l'enseignement secondaire qu'à l'enseignement supérieur. Le troisième membre du jury est, suivant les cas, un enseignant ou quelquefois un professionnel.

D'une façon générale, on ne peut donc que conseiller au candidat de se préparer **longtemps à l'avance** à cette épreuve : acquérir une culture économique, être à l'aise à l'oral, s'entretenir en anglais ne s'improvise pas ! Le nombre élevé de notes éliminatoires à cette épreuve (notes inférieures à 6) en témoigne.

3. Méthodologie de la présentation orale en anglais

L'entretien en anglais **est inclus** dans l'épreuve orale d'une heure. Cet **échange** dure environ 20 min et fait suite au traitement du sujet en français. L'interrogation en anglais donne lieu à une **série de questions** conduisant le plus souvent à revenir sur le texte en anglais, à en vérifier la **bonne compréhension** par le candidat et à faire préciser **les liens** que ce texte peut avoir avec la problématique proposée.

Introduction

Vous devrez en règle générale présenter rapidement le document et montrer immédiatement que vous avez saisi le lien qui existe entre le sujet donné et le texte-support en anglais.

EXEMPLE

The article published in/on deals with/is about...................................

The link with the topic of discussion is obviously................ /The text is linked to the topic through............

Compte rendu du texte

- La plupart des textes sont structurés comme le présente le tableau ci-après. Pour comprendre le texte, il vous sera utile d'identifier la structure choisie par l'auteur. Vous pourrez montrer dans vos réponses que vous avez compris le raisonnement de l'auteur.

Structure n° 1	Structure n° 2	Structure n° 3
Faits (*where/when/who/what*)	Faits (*where/when/who/what*)	Faits (*where/when/who/what*)
Causes	Le pour	Le passé
Conséquences	Le contre	Le présent
Remèdes (optionnel)	Synthèse	Le futur

- Prêtez attention à la source : magazine anglais ou américain, date de publication, nom du journal, etc.
- Portez également une attention particulière aux temps des verbes et aux mots de liaison, ils vous donnent des indications précieuses sur les différentes articulations du texte.
- Voici une série de verbes que vous pouvez utiliser pour introduire vos phrases :
  write / describe / explain / show / comment on / raise the question / suggest /outline /underline focus on / add / denounce / point out / emphasize /stress...

■ *Développement*

- Vous serez amené à revenir sur le lien entre sujet et texte-support et le développer. Vous pourrez réutiliser la problématique que vous avez dégagée en français.
- Vous devrez nourrir le développement de connaissances personnelles. Il vous faut par conséquent vous tenir au courant de l'actualité économique anglo-saxonne en lisant régulièrement des magazines tels que *the Economist.*
- On vous demandera souvent de comparer l'extrait de texte – décrivant généralement la situation d'un pays anglo-saxon – avec son équivalent français (exemple : comparer la réforme des retraites en Grande-Bretagne avec celle menée en France) ; la lecture régulière de journaux ou magazines français est donc vivement recommandée.
- Voici quelques expressions qui pourront vous aider à introduire vos idées :

...pour introduire votre développement	...pour donner votre opinion
It gives us the opportunity to raise the issue of... Let's compare with... Concerning the same topic, we can add... It may be interesting to look at the problem from a different angle...	In my opinion (view)... To my mind,... I am convinced that... As far as I am concerned... Personally, I would...

4. Préparer son exposé

a) Rappel des différentes phases de l'exposé

Phase d'accroche et annonce du sujet

Contenu	Utilité
Date Chiffre Événement Citation	Annoncer de façon élégante le sujet

Définition – réflexion

Contenu	Utilité
Définition de tous les termes du sujet ; Montrer les grands enjeux notamment en s'appuyant sur les définitions	De quoi allons nous parler ? Sur quoi faut-il porter notre analyse ?

Problèmatique

Contenu	Utilité
Présenter sous la forme d'UNE question, l'axe d'analyse qu'il VOUS semble falloir privilégier sur ce sujet.	Montrer au jury votre capacité à proposer une analyse « personnelle » pertinente au regard du sujet proposé.

Développement

Contenu	Utilité
Présenter un plan en deux parties, décomposées elles mêmes en deux sous parties.	Présenter clairement l'articulation logique de VOTRE RÉPONSE à la problématique.

Conclusion

Contenu	Utilité
Synthèse Élargissement	Résumer l'articulation logique du développement. Proposer une perspective d'ouverture vers d'autres sujets.

b) Quelques conseils pour construire la prestation

Prise de connaissance du sujet

Différents cas de figure sont envisageables.

Un sujet mettant en relation deux termes peut être proposé. Il s'agira alors de voir les liens d'interdépendance entre les deux termes sans tomber dans une analyse mécanique du sujet. En effet, si un lien réciproque existe entre les deux termes, il se peut que la relation de cause à effet ne fonctionne essentiellement que dans un sens. C'est au candidat, en fonction du sujet proposé, de déterminer ce qu'il convient le mieux de faire.

Autre cas de figure, le sujet est présenté sous la forme d'une question. Si cette question possède une dimension analytique (« les brevets vous semblent-ils encore utiles aujourd'hui ? »), alors cette question pourra tout à fait être reprise comme problématique. En revanche, si la question semble appeler une réponse descriptive (« Comment réformer les retraites ? »), le candidat devra trouver par lui-même un angle analytique (« Faut-il remettre en cause le système par répartition ? »).

La construction du plan détaillé

Nous pouvons ici aussi considérer deux approches mais qui ne sont, en aucun cas, exclusives.

- Dans une première approche, le candidat ayant pris connaissance du sujet peut recenser les connaissances qu'il maîtrise et qui sont pertinentes pour le traitement du sujet. Il s'agira alors ensuite de faire un travail de synthèse afin de faire émerger quatre blocs qui constitueront autant de sous-parties. La dernière étape aura pour objectif de mettre en évidence les deux grandes parties et les sous parties associées.

- Dans une seconde approche, le candidat cherche à apprécier les grands débats autour de la question posée. Cela revient à se poser la question, pourquoi le sujet a-t-il été posé ? Quelles grandes polémiques fait-il naître ? L'idéal serait de trouver deux, trois ou quatre grands axes d'analyse correspondant à autant de parties ou de sous-parties.

Comme nous l'avons dit, les deux approches ne sont pas exclusives l'une de l'autre. La seconde doit faciliter la construction d'un plan et doit lui donner son sens, la première facilite la construction, cette fois, du plan détaillé.

L'objectif n'est pas simplement de trouver quatre blocs qui feront office de sous-parties. Le candidat doit construire un plan autour d'une démonstration dans laquelle les sous-parties sont à relier entre elles. Cette démonstration doit constituer la réponse à la problématique. Il peut sembler, à cet égard, plus pertinent de trouver un plan avant de poser une problématique. L'articulation logique de vos idées doit en effet vous aider à déterminer la question à laquelle répond votre plan. Vous aurez alors trouvé une problématique qui aura le mérite de correspondre de façon cohérente au plan que vous allez développer.

■ *Quelques conseils pour la présentation*

Une prestation à l'oral de qualité passe par une facilité d'expression au service de la démonstration présentée. Toutefois, la rigueur et les ruptures de rythme au cours de l'exposé contribuent à rendre la prestation plus agréable à écouter. Pour ce faire, le candidat doit absolument penser à s'appuyer sur la structure de son exposé afin de mettre en valeur le sérieux de la présentation et faciliter l'écoute du jury par des annonces claires du passage d'une partie à une autre. Il ne faut pas hésiter à indiquer sur la feuille de présentation un signal visuel bien visible (une étoile par exemple) pour se souvenir qu'entre chaque partie, il est indispensable d'élever un peu la voix pour rendre bien audible la transition entre chaque bloc.

Il est important de bien débuter et de bien finir l'exposé. Pour ce faire, le candidat a tout intérêt à rédiger la première et la dernière phrase.

5. Le passage devant le jury

■ *L'exposé*

Disposer ses feuilles de préparation devant soi, en ayant pris soin de n'utiliser que le recto, et en ayant numéroté chacune d'elle.

Poser une montre sur la table et repérer précisément l'heure à laquelle doit se terminer votre exposé. Celui-ci doit durer 20 minutes maximum, c'est donc que vous pouvez faire moins, mais toutefois plus d'un quart d'heure. Ne jouez pas la montre, cela se voit trop, pensez seulement à développer certains points de votre exposé si vous constatez qu'il vous reste du temps. Jetez régulièrement un regard sur votre montre (à la fin de l'introduction, de chaque partie et sous-partie, par exemple).

Bien rédiger le début de l'introduction (la première phrase suffit) paraît nécessaire pour amorcer votre exposé et régler correctement votre débit, plutôt que de commencer à chercher ses mots dès le début.

Ne pas être esclave de ses notes ; il est donc nécessaire de ne pas avoir tout rédigé dans la préparation de son exposé. Les idées présentées sous forme d'énumérations sont un bon moyen d'éviter de n'avoir qu'à lire. D'ailleurs, si tout l'exposé devait être rédigé, la lecture des feuilles de brouillons conduirait probablement à un exposé trop court et peu vivant.

Bien annoncer les parties de votre exposé en fin d'introduction : « dans un premier temps nous nous demanderons si... puis en second lieu nous verrons que... ». Annoncer également les sous-parties, en début de partie, et utiliser les mots qui les signalent clairement au moment où vous les traitez : « tout d'abord », « ensuite », « enfin ». En effet, l'enchaînement des parties et des sous parties doit être marqué (effort de transition) de sorte que les membres du jury puissent se situer, à tout moment, dans l'exposé du candidat.

Utiliser un vocabulaire économique, un langage universitaire et non familier. Si vous avez tendance à parler trop vite, n'hésitez pas à écrire un mot (en rouge par exemple, PAUSE) qui vous rappelle que vous devez ralentir lors du déroulement de votre plan. Maîtrisez les silences (courts), notamment en fin d'introduction, de sous-parties et de parties. Ils sont le signe d'une bonne communication.

Pensez à regarder tous les membres du jury, et pas seulement celui qui vous a engagé à commencer votre exposé. Une bonne communication s'adresse à tous.

Essayez de ne pas jouer avec votre stylo, de ne pas faire trop de gestes avec vos mains, demeurez le dos bien en appui au fond de votre chaise, les mains sur la table, jointes si elles ont tendance à vous échapper.

Le moment des questions

Ce n'est bien entendu pas le moment de se relâcher car l'épreuve n'est pas terminée. On reconnaît en général quelques règles à respecter :

- on peut reformuler à haute voix la question posée par le jury pour se donner un temps de réflexion, écrire les mots clefs de la question pendant que le jury la pose ;
- ne pas donner de réponse immédiate puisque celle-ci est en général l'aboutissement d'un processus de réflexion. Par exemple, à la question « la croissance nécessite-t-elle une politique industrielle » il convient de présenter des arguments qui penchent pour le « oui », des arguments qui penchent pour le « non » avant de répondre, et non de commencer par répondre oui ou non ;
- lorsqu'il n'y a pas de réponse toute faite à la question, le jury apprécie fortement les candidats qui s'efforcent de réfléchir à voix haute en proposant une définition pour chaque mot de la question (par exemple, ce qu'on entend par « croissance », par « politique industrielle »), en pesant le pour et le contre, en évoquant des auteurs qui ont traité de ce sujet, en déroulant un raisonnement ;
- éviter les réponses du type « je l'ai dit dans ma première partie » car, si le jury fait revenir le candidat sur un point de l'exposé c'est pour en savoir plus que ce qu'il a entendu, ou mieux comprendre, etc. ;
- d'une manière générale, bâtir une réponse un peu comme à l'écrit, rester clair et précis, c'est-à-dire faire des réponses courtes, concises ;
- tenter d'engager un véritable dialogue avec le jury, ne pas irriter le jury par des attitudes péremptoires.

D'une manière générale, au moment des questions soyez ouverts. Cela passe par l'attitude du corps : des bras croisés signalent, par exemple, une posture défensive peu engageante pour un dialogue.

On peut recenser trois types de questions :

- tout d'abord celles qui portent sur ce qu'a dit le candidat dans son exposé : il s'agit de lui faire préciser des choses, revenir sur des erreurs, des contresens, prolonger une réflexion, faire ressortir les dimensions théoriques des idées évoquées ;
- ensuite celles qui portent sur le sujet lui-même, dans la mesure où le candidat n'aurait pas vu toutes les dimensions du sujet, ou aurait réalisé un hors sujet : le but est de voir si le candidat est capable de rebondir à partir des pistes de réflexion que lui fournissent les membres du jury ;
- enfin, des questions qui sortent du sujet proprement dit pour tester les connaissances du candidat, toujours en référence au programme ; il convient là de vérifier que le candidat n'est pas tombé sur le seul sujet qu'il connaissait, ou le seul qu'il ne connaissait pas !

Liste indicative de sujets récents

Cette liste n'a rien d'exhaustif; elle n'a comme seul but que de montrer la variété des sujets posés ces dernières années

Exemples de sujets 2013

1) Les politiques environnementales : leurs instruments et leur efficacité

   Annexe : *The Economist, April 16th 2013*

2) Comment réformer les retraites ?

   Annexe : *Reforming public pensions, The notional solution*

   Jan 31 st 2013, London, adapted from The Economist

3) Quelle place pour l'économie sociale et solidaire dans une économie mondialisée ?

   Annexe : *The Guardian (2013-04-03)*

4) Le renouveau de la politique industrielle française

   Annexe : *France launches public investment bank, October 17, 2012, Financial Times*

5) La croissance est-elle compatible avec la préservation de l'environnement ?

   Annexe : *Many « mays » but few « musts »*

   A limp agreement at the UN's vaunted environmental summit – June 23 rd 2012, The Economist

6) Dans quelle mesure la Banque Centrale Européenne doit-elle accepter un peu plus d'inflation ?

   Annexe : *Michael Heise wrote in The Economist, Oct 31 st 2012*

7) Les inégalités de revenu sont-elles un frein à la croissance économique ?

   Annexe : « Inequality Is Hoding back the Recovery » by Joseph E. Stiglitz, January 19, 2013 New York Times

8) Les pays ont-ils tous un avantage au libre-échange ?

   Annexe : *The Poor Get Poorer, NYTimes, by Robert B. Reich, Published April 2, 2006*

Exemples de sujets 2015

- Croissance économique et développement durable. (Annexe : Zakri Abdul Hamid, Anantha Duraiappah, *www.project-syndicate.org*, May 14th 2014.)
- Les avantages de l'intégration économique régionale. (Annexe : Preston Alex, What would happen if Britain left the EU ?, *The Guardian*, 19 April 2015.)
- Les enjeux d'une sortie de l'Union européenne. (Annexe : Business Leaders more worried about Brexit than Grexit, adapted from *The Financial Times*, April 30th 2015.)
- Quel modèle de croissance pour la Chine ? (Annexe : Stevenson Alexandra, As growth slows, China pins hopes on consumer spending, *New York Times*, 19 January 2014.)
- Les NTIC : vers une troisième révolution industrielle ? (Annexe : M. Faustman, The rise of the 'Uberized economy' and what it means for business, *Entrepreneur*, 18 May 2014.)

- Innovation et concurrence. (Annexe : Stiglitz Joseph E., Creating a Learning Society, *www.project-syndicate.org*, June 3, 2014.)
- Les enjeux de la mondialisation pour les pays en développement. (Annexe : Global chains value : opportunities and challenges for development, extract from *World Trade Report 2014.*)
- L'économie française est-elle compétitive ? (Annexe : Guillou Sarah, French competitiveness : The object of a suppl policy, *www.ofce.sciences-po.fr*, october 13th, 2014.)
- Les effets de la mondialisation de l'économie sur les systèmes de protection sociale. (Annexe : Wall Katherine, The end of the welfare state ? How globalization is affecting state sovereignty, *Global Policy Journal*, 17th August 2012.)
- Une monnaie peut-elle se passer d'État ? (Annexe : The Other Side of the Bitcoin, adapted from *The Independent*, November 2013.)
- Quelles marges de manœuvre pour une politique industrielle française ? (Annexe : Chassany Anne-Sylvaine and Stothard Michael, Emmanuel Macron chooses realism over romance, Abridged from *Financial Times*, April 21, 2015.)

Également :

- Un marché mondial des permis d'émission peut-il constituer la réponse au réchauffement climatique ?
- Que peut-on attendre d'une libéralisation accrue des échanges commerciaux ?
- Pourquoi vouloir réduire les inégalités de revenus ?
- Les caractéristiques de la croissance chinoise.
- Les crises de l'État providence.

Exemples de sujets 2016

- Inflation et politique monétaire. (Document : Do-Nothingism, a Fine Idea for the Fed, Adapted from *The New York Times*, May 28th, 2016.)
- L'économie solidaire : une béquille pour les économies en austérité ? (Document : Graham-Harrison Emma, Mixed fortunes as solidarity economy takes root in Greece, Abridged and edited from *The Guardian*, Friday 17 July 2015.)
- Quel rôle peut jouer l'État dans une économie mondialisée ? (Document : The UK's Google tax deal is far from a 'major success', *Newskeek*, February 1st, 2016.)
- Les enjeux de l'innovation et de la connaissance. (Document : Flick Lauren, Debunking myths about manufacturing jobs, CNBC, June 17th 2015.)
- Politique monétaire de la BCE et croissance économique. (Document : Bank of England warns Brexit could do serious harm to UK economy, *The Guardian*, April 14, 2016.)
- Énergie fossile et développement des pays. (Document : Naim Moisés, The hidden effect of cheap oil, *The atlantic.com*, March 31, 2015.)
- La transition énergétique : quels effets pour la croissance économique ? (Document : Hopelessness and determination : climate change, *The Economist*, December 19th 2015.)

- Les accords commerciaux bilatéraux et régionaux remettent-ils en cause les principes du libre échange ? (Document : Global trade after the failure of the Doha Round, *New York Times*, Jan 2016.)
- Les enjeux économiques du « Brexit » pour la Grande-Bretagne. (Document : So what will Brexit really mean ?, *The Economist*, Sept. 7th 2016.)
- La Grèce : vers une sortie de la crise ? (Document : Time to end the Greek debt tragedy, *New York Times*, May 13th, 2016.)
- Le numérique, une révolution industrielle comme une autre ? (Document : Jacking up prices may not be the only way to balance supply and demand for taxis, Adapted from *The Economist*, May 14th 2016.)
- La régulation financière peut-elle permettre le retour de la croissance dans les économies développées ? (Document : Grenville Stephen, The problem with global financial regulation, *Business Spectator*, Jan 13, 2016.)
- Faut-il freiner le développement de « l'économie des petits boulots » permis par le développement de l'économie immatérielle ? (Document : Sundararajan Arun, The "gig economy" is coming. What will it mean for work ?, Abridged and edited from *The Guardian*, Sunday 26 July 2015.)
- La globalisation financière sert-elle l'économie ? (Document : A world of hidden wealth : why we are shining a light offshore ?, Adapted from *The Guardian*, April 3, 2016.)

Également :

- La croissance de la Chine ne repose-t-elle aujourd'hui que sur sa politique de change ?
- Portée et limites de l'intervention de l'État en économie de marché.
- Quels rôles pour les États face aux firmes multinationales ?

Sujets d'annales corrigés

Sujet 1 • 2012

1. Énoncé

« Connaissance et croissance économique »

Annexe : *Sharing the knowledge, Jun 7th 2012, by R. A. Washington,* The economist (www.economist.com)

DOCUMENT

Albert Einstein was a singular genius. The Albert Einstein model of discovery, however – the solitary mind producing remarkable insight – was not particularly unusual for his time. For much of the period from the beginning of the industrial revolution, scientific and technical advances – including the occasional stroke of brilliance – were within the reach of the diligent amateur and the garage tinkerer. That is no longer the case. As the stock of human knowledge increases, the time needed to move oneself to the knowledge frontier grows. In a 2009 paper, Benjamin Jones notes :

"If knowledge accumulates as technology advances, then successive generations of innovators may face an increasing educational burden. Innovators can compensate through lengthening educational phases and narrowing expertise, but these responses come at the cost of reducing individual innovative capacities, with implications for the organization of innovative activity-a greater reliance on teamwork-and negative implications for growth. Building on this "burden of knowledge "mechanism, this paper first presents six facts about innovator behaviour. I show that age at first invention, specialization, and teamwork increase over time in a large micro-data set of inventors. Furthermore, in cross-section, specialization and teamwork appear greater in deeper areas of knowledge, while, surprisingly, age at first invention shows little variation across fields. A model then demonstrates how these facts can emerge in tandem. The theory further develops explicit implications for economic growth, providing an explanation for why productivity growth rates did not accelerate through the 20th century despite an enormous expansion in collective research effort.

The growing "burden of knowledge" needed to move science forward has increased the age at which researchers begin making contributions, while also increasing instances of collaboration on research. This helps explain why a huge increase in resources dedicated to research over the 20th century didn't lead to an acceleration in productivity growth. The productivity of research itself has been falling. Or to use Tyler Cowen's phrase, the low-hanging fruit has been picked."

Mr Jones implies that this may have negative implications for long-run economic growth. It could, but I'm not certain that it must. I'll give you a couple of reasons why.

The first is that it has become dramatically easier in just the past two decades to leverage research resources thanks to stunning improvements in computing power and communication technology. Powerful, easy-to-use statistical software is only about 20 years old. Widespread broadband access is far younger. The potential of the massive processing power of a system like Watson is only just being explored. For most of the industrial revolution, technological change was labour augmenting, enabling men and women to produce far more textile or agricultural output than had previously been the case. The past two decades have given the world enormous gains in human-capital-augmenting technology. It's now remarkably easy to share data around the world, mine massive data sets for interesting relationships, test those relationships with powerful statistical software, and publish and share results with audiences the world over, all in a matter of hours. As we improve these technologies and become better at using them, research productivity may enjoy surprisingly rapid growth.

Second, the relationship between the discovery of new knowledge and economic growth is not straightforward. Scientific knowledge accumulated in Europe and Asia for centuries before finally touching off sustained economic growth. Seemingly small leaps in knowledge may also contribute to decades of growth. It takes a long time for institutions and economies to rearrange themselves to take best advantage of new technologies. The industrial revolution once again supplies a blueprint for these processes. Scientific and technical advances were clearly critical to the revolution, yet growth itself was largely driven by the slow transformation of society into a geography capable of applying old technologies at massive scale. Populations that had been mostly rural for millenia suddenly concentrated in enormous urban centres supported by huge infrastructure investment. On a smaller (but still massive) scale, consider the growth benefits of reorganisations built around assembly lines, highways, and container shipping.

Information and communication technology – as it exists right now, not even assuming future progress – offer the potential for similar bursts of growth. Growth will take similarly transformative reorganisations within society and across geographies. That doesn't happen overnight. It also doesn't happen on its own. Governments need to be willing to accommodate change, and conditions need to be in place to allow private individuals and businesses to experiment with new and innovative deployments of existing technologies.

That's another reason the burden of knowledge issue is less of a concern to me than it may be to others. Advancement of the scientific frontier is growing more difficult. Yet deployment of existing technologies to more productive ends may well be growing easier. Consider the tacocopter. The tacocopter is a not-quite-real-not-quite-a-joke business idea that became a brief internet sensation back in March. The concept is stunningly simple : order tacos on your iPhone and a quadracopter drone will deliver them to your doorstep. As you can read here, the plan would face technical and (especially) regulatory hurdles if implemented today. Yet the potential, for this or similar experiments, is obvious. Cheap, agile drone technology is available now. Building apps is trivially easy. Mapping and location technology and data are getting better all the time. If not drone copters, perhaps 3D printers or autonomous vehicles. It's a short leap from the ridiculous to the transformative. And the ideas needed to transfer these technologies to everyday life are increasingly the domain of entrepreneurs rather than academics. One doesn't need 20 years of study to spot profit opportunities.

The takeaway should be that it doesn't appear to be necessary to generate a steady or accelerating flow of revolutionary scientific and technical innovation to maintain sustainable growth. It seems to take long enough to wring growth out of existing technologies that a society committed to research can accumulate insights in bursts sufficient to power growth during droughts. Put more simply, a lack of big discoveries doesn't strike me as the binding constraint on growth. Conceivably it is the pace of entrepreneurial adaption that matters. I'm most inclined to think that its the pace of *societal evolution* that is most binding : growth proceeds at the fastest pace that legal and social institutions can tolerate.

Think of the challenges that would face the would-be tacocopter entrepreneurs. Consider that issues surrounding liability and law, rather than technology, now appear to be the biggest obstacle to autonomous vehicles. Look at the legal struggles faced by innovative services like Uber and Airbnb. Disruptive innovations are bumping against a broad array of regulatory hurdles that built up during a very different era of economic growth.

Or take an area of great personal interest to me : land-use policy. The information technology revolution seems to have increased the importance of and returns to clustering in high-skill sectors. I recently attended a discussion on the economic study of innovation, at which one of the participants pointed to this fascinating paper :

Are scientific knowledge flows embodied in individuals, or "in the air"? To answer this question, we measure the effect of labor mobility in a sample of 9,483 elite academic life scientists on the citation trajectories associated with individual articles (resp. patents) published (resp. granted) before the scientist moved to a new institution. We find that article-to-article citations from the scientific community at the superstar's origin location are barely affected by their departure. In contrast, article-to-patent citations, and especially patent-to-patent citations, decline at the origin location following a star's departure, suggesting that spillovers from academia to industry are not completely disembodied. We also find that article-to-article citations at the superstar's destination location markedly increase after they move. Our results suggest that, to be realized, knowledge flows to industry may require more face-to-face interaction than those to academics."

Emphasis mine. Proximity matters in turning ideas into applications. It also matters in turning applications into employment. The Bay Area is booming precisely because of the importance of knowledge clusters.

But the Bay Area is the least productive large metropolitan area in the country in terms of adding new housing, thanks largely to very restrictive rules on new construction. And so you end up with stories like this, on concerns that high real estate costs will check the Bay Area's boom and prevent it from benefitting low- and middle-income households.

The burden of knowledge is an important dynamic, but it's not the aspect of innovation that concerns me most. My greatest concern is that Americans may have lost their ability to tolerate the messiness of disruptive growth. The problem is not a shortage of ideas. It's that ideas gather dust on shelves, the better to preserve the views of rich, satisfied homeowners.

R.A. Washington, *Sharing the knowledge.*

2. Corrigé

a) Questions économiques en relation avec le sujet posé et le document joint (non corrigées)

Ces questions vous sont proposées à titre d'éléments de réflexion. Elles correspondent au type de questions qui ont pu être posées par le jury aux candidats lors de l'examen, à l'issue de leur exposé.

■ *Q1 à Q4 : questions portant directement sur le texte*

Q1 Quelle est la place de l'innovateur aujourd'hui ?

Q2 Quel lien entre accumulation et formation ?

Q3 L'innovation s'inscrit-elle uniquement dans un processus scientifique et technique ?

Q4 Comment peut-on apprécier la productivité de la recherche ?

■ *Q5 à Q10 : questions allant au-delà du texte*

Q5 Quel rôle joue le « capital humain » dans le processus de croissance ?

Q6 Pourquoi la connaissance est-elle un bien économique particulier ?

Q7 Dans quelle mesure le PIB intègre-t-il les investissements immatériels ?

Q8 Quels sont les obstacles à la transmission des savoirs ?

Q9 La recherche développement relève-t-elle de l'investissement public ou de l'investissement privé ?

Q10 Pourquoi la problématique de la connaissance renvoie-t-elle à la théorie de la « croissance endogène » ?

b) Proposition de corrigé

■ *Accroche*

Dans une lettre à Robert Hooke en 1675, Isaac Newton reprend la célèbre formule : « si j'ai vu plus loin, c'est en montant sur les épaules des géants ». Il met alors l'accent, comme le fait le texte proposé, sur le caractère cumulatif de la création de connaissances. Phénomène cumulatif qui est au service du progrès et d'un autre phénomène d'accumulation à savoir la croissance économique. Ceci nous amène donc à nous intéresser au lien entre connaissance et croissance économique.

■ *Délimitation du sujet*

La croissance se définit comme l'augmentation de la richesse nationale mesurée par l'évolution du PIB, en d'autres termes, la somme des valeurs ajoutées. On peut ainsi s'interroger sur la valeur « ajoutée » par la connaissance. Pendant longtemps, la connaissance dans le processus économique a été rapprochée de l'idée d'innovation. Elle était alors assimilée à des savoirs scientifiques et techniques détenus par un petit nombre d'agents.

Il apparaît aujourd'hui que la connaissance recouvre différentes formes de savoirs moins explicites (savoirs tacites, savoirs collectifs) qui ont la particularité de se diffuser dans toute l'organisation et d'être détenus par l'ensemble des membres de la firme. La connaissance ne serait plus à l'origine uniquement de grappes d'innovations dans une approche cyclique de l'économie mais serait un facteur essentiel de la performance des processus de production dans une logique de « routines organisationnelles ».

Mais l'analyse du lien croissance économique et connaissance doit être approfondie en considérant que cette dernière constitue un bien économique très spécifique (bien non exclusif, bien non rival, bien cumulatif) qui induit des comportements des agents s'éloignant de ce qu'il est coutume de constater dans les mécanismes économiques traditionnels. Il n'est pas étonnant alors de voir la puissance publique jouer un rôle stratégique afin de faire des savoirs des facteurs clés de performance économique.

Une articulation harmonieuse semble émerger lorsque l'on rapproche la connaissance de la croissance économique. Un nouveau système économique, bien loin du modèle tayloriste, aboutirait au bien être collectif en raison des résultats obtenus mais également grâce à un processus de connaissances partagées. Toutefois, ce scénario séduisant ne va pas sans poser quelques interrogations. En effet, si nous revenons à la définition de la croissance économique, cette dernière renvoie à la notion de PIB, de produit intérieur brut. Le « produit » implique qu'il y a « production » et pose la question de l'équilibre dans nos systèmes économiques entre matériel et immatériel. Le produit « intérieur » paradoxalement nous amène également à envisager la question à l'échelle internationale, l'économie de la connaissance s'inscrirait alors dans une logique de jeu à somme positive ou de jeu à somme nulle. Nous serions amenés à remettre en cause les équilibres nationaux et internationaux qu'une croissance économique basée sur la connaissance pourrait générer.

■ *Problématique*

En final, nous pouvons nous poser la question essentielle suivante : faut-il se réjouir de la place prépondérante qu'occupe la connaissance dans les processus de croissance ?

Présentation du plan

Nous répondrons, dans un premier temps, en considérant la connaissance dans une perspective d'innovation-rupture. Si la connaissance apparaît comme un facteur indispensable à la poursuite d'une croissance économique durable, nous nous apercevrons que ce processus n'est pas sans limites inquiétantes. Toutefois, la connaissance joue un rôle qui dépasse le processus d'innovation. Nous présenterons donc tous les espoirs que l'on peut fonder dans une croissance qui se construit dans une dynamique de savoir partagé au sein des processus de production. Cependant, il s'agira aussi de ne pas tirer de conclusions trop optimistes sur un nouveau système économique qui peut être également source d'exclusion.

Développement

I. LA CONNAISSANCE RESTE AU CŒUR DE L'ÉTERNEL PROCESSUS DE CRÉATION DESTRUCTRICE

La connaissance est ici au service de l'innovation et nous pousse à aborder la croissance sous l'angle des cycles économiques. Cette dynamique schumpétérienne du développement s'inscrit dans une logique de compétition qui, par nature, est rarement un jeu à somme positive.

1.1 La connaissance, variable centrale dans la théorie des cycles

- La connaissance est appréhendée ici comme un facteur clé synonyme d'innovation. Nous nous inscrivons dans le cadre des travaux sur les cycles longs de Kondratiev qui amènent également à évoquer la théorie des grappes d'innovations chère à Schumpeter. La croissance découlerait des progrès réalisés dans les produits et les processus. La connaissance, pour sa part, est assimilée ici à des savoirs techniques et scientifiques détenus par un faible nombre d'agents.
- Nous ne sommes plus toutefois dans l'ère de l'inventeur-innovateur-entrepreneur. L'externalité de la connaissance passe aujourd'hui par des investissements en recherche – développement considérables dans certains secteurs d'activité. Nous retrouvons ici toutes les spécificités de la connaissance comme bien économique qui appellent des réponses adaptées à ces particularités.
- Se pose alors la question de l'articulation entre recherche privée et recherche publique qui passe par une réflexion sur l'estimation entre bénéfice social et bénéfice privé espérés (K.M. Brown). On peut mentionner également les travaux de P. Romer sur le rôle joué par la connaissance technologique dans la théorie de la croissance endogène.

1.2 Le processus d'accumulation des connaissances peut connaître quelques limites

- On peut s'interroger sur le caractère immuable des cycles. Les capacités d'innovation vont elles permettre cette fuite en avant sur laquelle reposent les économies développées. En maniant l'ironie et de façon excessive, ne peut-on pas considérer qu'à l'avenir la difficulté ne résidera pas dans la capacité à trouver de nouveaux besoins à satisfaire plutôt que dans la capacité à les satisfaire. La course à l'innovation aujourd'hui ne s'appuie-t-elle pas sur un raccourcissement du cycle de vie des produits ?
- La connaissance en tant qu'avantage concurrentiel se doit d'être protégée. On peut développer ici sur le rôle des brevets (degré de protection optimale sur le plan social et privé) mais aussi de l'intelligence économique. Le débat doit également se comprendre dans le cadre de la concurrence internationale. Le « partage de la connaissance » aboutit-il au partage des bénéfices attendus de la connaissance ? Les transferts technologiques vers les pays émergents en contrepartie de contrats industriels ne vont-ils pas s'avérer à terme comme une stratégie suicidaire ?
- Certaines craintes existent aussi sur la capacité des systèmes économiques à générer de la connaissance source d'innovations. Le texte évoque notamment la contrainte que représente pour les chercheurs l'indispensable nécessité de s'approprier l'ensemble des connaissances existantes (« fardeau des connaissances »). La baisse de la productivité des chercheurs s'expliquerait peut être alors par la difficulté de « monter sur les épaules des géants ».

Transition : Au cœur du processus d'innovations garant d'une croissance durable, la connaissance joue un rôle essentiel mais qui ne garantit en rien le partage des bénéfices qu'elle peut générer. Toutefois, il n'est plus envisageable de réduire la connaissance aux savoirs scientifiques et techniques, il faut l'aborder comme une variable au cœur des processus productifs, variable dont les effets semblent ici aussi très contrastés.

II. LA PRODUCTION DE CONNAISSANCES NE GARANTIT PAS UNE CROISSANCE ÉQUILIBRÉE

L'économie fondée sur la connaissance semble caractériser le fonctionnement des pays développés. **La connaissance, entendue comme les différentes formes de savoir que détiennent les firmes en tant qu'organisation, apparaîtrait alors en tant que variable clé du jeu concurrentiel qu'il faudrait identifier, transmettre et dont il faudrait amplifier les externalités.** Toutefois, l'incomplétude de ce processus de partage des connaissances nous pousse à nous interroger sur le caractère équilibré d'une croissance fondée sur la connaissance.

2.1 La connaissance au service de nouvelles formes de performances

- Un certain nombre de théories proposent une approche différente de la connaissance comme source de croissance. Nous pouvons citer bien sûr les travaux déjà anciens de G. Becker sur le capital humain qui aborde l'acquisition de connaissances comme un investissement. Sous un angle différent qui étudie la connaissance dans une approche plus collective, les travaux de Nelson et Winter montrent l'importance de processus d'apprentissage organisationnel à travers la mise en œuvre de routine.
- La performance économique passe par une capacité à mettre en œuvre une transmission efficace des savoirs. Dans ce domaine, les travaux de référence restent ceux de Nonaka et Takeuchi qui distinguent des problématiques différentes selon que les savoirs sont tacites ou explicites.
- Cette volonté d'une connaissance mieux partagée au service de la performance économique passe bien évidemment par des investissements publics dans la connaissance. Nous retrouvons alors les travaux de R. Lucas quant au rôle de l'éducation dans le modèle de croissance endogène. Cette remarque nous amène à évoquer le rôle que joue la croissance économique sur l'accumulation de connaissances.

2.2 De la finalité de la production de connaissances

- Au regard de l'importance stratégique de la connaissance sur la croissance économique, les acteurs ne s'inscrivent pas obligatoirement dans une démarche coopérative. La rentabilité de l'investissement formation n'est pas toujours assurée pour les firmes au regard du comportement opportuniste que pourraient adopter certains salariés. Les problématiques de rétention du savoir en raison du pouvoir qu'il procure ne sont pas non plus à négliger. Enfin, les stratégies en matière d'éducation à l'échelle des États à travers les échanges d'étudiants nécessiteraient peut être une analyse coût-avantage, notamment sur le long terme, plus approfondie.
- La croissance construite autour de la variable connaissance demande aussi à repenser le fonctionnement du marché du travail et le rôle joué par la formation. Les travaux de Heckman et de Mincer montrent, à ce propos, les risques d'exclusion et de renforcement du dualisme.
- En final, si on peut constater que les activités de recherche et développement sont rarement l'objet de délocalisations, il est toutefois important de s'interroger sur l'équilibre entre activité matérielle et activité immatérielle dans des économies fondées sur la connaissance. Si une croissance construite sur le développement des savoirs est souvent une croissance intensive favorable à une bonne maîtrise de l'inflation et à un renforcement de la compétitivité, qu'en est-il de son impact sur le marché du travail ?

Conclusion

Nous nous étions posé la question de savoir s'il fallait se réjouir de la place prépondérante de la connaissance dans les processus de croissance. Il est indéniable qu'un système économique construit autour de la notion de savoir paraît des plus séduisants. Séduisant parce que le savoir est source de progrès et ce à une très grande échelle et dans des domaines essentiels au bien être des populations. Séduisant parce que la connaissance apparaît comme une source de motivation plus épanouissante que la simple rémunération obtenue pour réaliser de façon répétitive de tâches élémentaires. Cependant, l'innovation est perçue aujourd'hui comme une finalité en soi car elle garantit la pérennité des économies des pays développés face à la concurrence des pays émergents. De même, la connaissance au cœur des processus de production peut être synonyme d'exclusion en raison de son lien étroit avec le phénomène de désindustrialisation.

La réponse à la question posée, si l'on souhaite qu'elle soit affirmative, renvoie aux défis en matière d'éducation et de formation que les économies développées doivent relever.

Sujet 2 • 2013

1. Énoncé

« Quelle place pour l'économie sociale et solidaire dans une économie mondialisée ? »

DOCUMENT

Housing associations : the sleeping giant of social enterprise growth

The opportunities inherent in housing associations' spending power are yet to be fully grasped by the social enterprise sector

While the economic slump has forced all sectors into survival mode, one important part of the sociale sector is weathering the storm comparatively well. Housing Associations (there are 1700 registered in the UK with a combined annual spend of £13bn) are what you might call a sleeping giant when it comes to the growth of social enterprise. In truth the housing associations sector has hardly been sleeping in the last decade. A powerful lobby, an economic force and a major influence on all kinds of social policy it certainly is. Part of the reason is that for the last three decades, some £40bn of public money in the form of grants has made it possible for housing associations to lever in £60bn of public money in the form of grants has made it possible for housing associations to lever in £60bn of private finance – creating a £15bn surplus. And because there are no dividends for shareholders, this sum has been reinvested, enabling them to grow.

But as far as the social enterprise sector is concerned, the opportunity inherent in housing associations' spending power combined with their ability to innovate, their multiple anchors in our most deprived communities and their openness to social enterprise is yet to be fully grasped. (Here, it is important to make a nerdish but important point. Housing associations are in fact social enterprises by most definitions. We are talking not about introducing new friends but about reuniting older and younger siblings, as the UK social enterprise movement grows up).

In recent years we've watched as increasing numbers of housing associations have taken steps to encourage and foster social enterprise in their communities. According to The Green Light Report, produced by the National Housing Federation, their main motives are to create employment for their tenants (91 %), deliver wider community benefit (78 %), and improve service delivery for their tenants (69 %). The lack of available grants means that housing associations, like many other organizations, are now seeing social enterprises as a more sustainable way of delivering social benefit.

Yet the potential remains largely untapped. As Mark Richardson, author of the Green Light report explains: "[Housing associations and social enterprises] are both working for the benefit of the community and in many instances, its poorest residents. They should make perfect partners in this endeavour, but often struggle to engage with each other."

The report identified some sobering facts for the social enterprise sector. Key among them is the fact that, of housing associations' collective £13bn annual spend, social enterprises don't appear to be getting nearly the amount of business they could and should. Of the associations surveyed in the report, 69 % spent less than £50,000 a year with social enterprises and 66 % have no social enterprises on a preferred suppliers list.

It is time the wider social enterprise sector got moving on this. In deprived areas, where public sector cuts have been particularly hard felt, housing associations are in a unique position : they have assets, strong balance sheets; they do their own purchasing and procurement (meaning each has an internal market from their own supply chain); and they have a route to many disadvantaged people from local labour markets.

This means that housing associations can do a lot both with and for social enterprises. Firstly, through encouraging entrepreneurial tenants to start up with support, advice and money. Secondly, by procuring and commissioning from local social enterprises. Thirdly, through setting up new social enterprises to address unmet needs, or spinning out existing services into social enterprises. And fourthly, by absorbing, integrating and backing local social enterprises to help them be more stable and achieve more impact.

There are lots of drivers for the increasing interest in social enterprise among housing associations, including the Localism Act, Green Deal and Right to Provide. The most obvious one is the Social Value Act, of which many housing associations find themselves on both sides (in that they are commissioned by local authorities, but also commission goods and services themselves).

It seems obvious from the above that more trading and joint-working between social enterprises and housing associations is necessary – both sides win, and the overall winners are the disadvantaged communities we are all aiming to help. The housing sector's done the research that tells us the housing associations are open for business. It's time for more social enterprises to get knocking on their doors. They are right across the country – please start building links with your local housing associations today.

The Guardian (2013-04-03)

2. Corrigé

a) Questions économiques en relation avec le sujet posé et le document joint (non corrigées)

Ces questions vous sont proposées à titre d'éléments de réflexion. Elles correspondent au type de questions qui ont pu être posées par le jury aux candidats lors de l'examen, à l'issue de leur exposé.

■ *Q1 à Q5 : questions portant directement sur le texte*

Q1 Qu'est-ce qui explique la santé du secteur du logement social au Royaume-Uni ?

Q2 Quels sont les objectifs affichés par les entreprises de logement social ?

Q3 Quels sont les atouts des entreprises de logement social ?

Q4 Comment les entreprises de logement social peuvent-elles aider au développement des entreprises de l'économie sociale ?

Q5 Comment l'Etat manifeste-t-il son intérêt pour les entreprises de l'économie sociale ?

■ *Q6 à Q10 : questions allant au-delà du texte*

Q6 Quels effets la crise économique a-t-elle sur le secteur du logement social ?

Q7 Comment le logement social est-il financé en France ?

Q8 Quels sont les atouts de l'économie sociale et solidaire (ESS) en matière d'emploi ?

Q9 Quels sont les obstacles au financement des entreprises de l'économie sociale et solidaire ?

Q10 Comment expliquer l'existence d'une économie sociale et solidaire ?

b) Proposition de corrigé

■ *Accroche*

On peut évoquer le développement du microcrédit, tant dans les pays en développement que dans les pays développés, l'existence des SEL. Ce qui relève de l'ESS.

Aussi, nous nous demanderons quelle peut être la place de l'économie sociale et solidaire dans une économie mondialisée.

■ *Délimitation du sujet*

Définitions

- Économie sociale : elle correspond à l'ensemble des activités économiques à but non principalement lucratif. Elle comprend les productions de biens et services réalisées par les associations, les mutuelles, les coopératives et les fondations.
- Économie solidaire : elle rassemble également des activités non marchandes qui reposent sur des engagements réciproques.
- On peut également discuter ici des autres appellations possibles de l'ESS : économie plurielle, tiers secteur, économie alternative. Il s'agit de montrer que cette forme d'économie ne relève ni de l'Etat, ni du marché.
- Économie mondialisée : le processus de globalisation des marchés est caractéristique de la mondialisation de l'économie. Il faut entendre par là un processus d'extension de l'économie de marché à l'ensemble de la planète, par le biais d'une libre circulation des marchandises, des services, des monnaies, des capitaux et des hommes, et qui se traduit par une interdépendance croissante des économies.

Apport du texte

Le texte traite de l'opportunité d'un rapprochement entre le secteur du logement social et les entreprises de l'économie sociale, tant en matière de financement, que de conseil en management que de relations commerciales;

Contexte, questionnement sur le sujet

- Les pays concernés par la mondialisation sont aussi bien les pays émergents que les pays développés. On peut distinguer à l'intérieur de ces pays des populations affectées par cette mondialisation (secteur abrité et secteur exposé à la concurrence internationale).
- On sait que la mondialisation revêt plusieurs dimensions : commerciale, financière et humaine, du fait des migrations internationales. Cette ouverture des économies aux échanges les rend de plus en plus interdépendantes les unes des autres et contribue à la transmission des fluctuations de l'activité économique entre elles. La croissance américaine profite à ses partenaires commerciaux, tout comme le développement de la Chine représente une chance pour tous les investisseurs avec, au premier chef, les entreprises à rayonnement mondial. D'ailleurs, la mondialisation se repère au poids que les entreprises mondiales représentent dans le total des échanges de marchandises (30 %). A cet égard, la Corée du Sud a vu naître des entreprises de taille mondiale (Hyundai, Daewoo, Samsung) lorsqu'elle a fait le pari du développement économique par le biais d'une stratégie de stimulation des exportations.
- La mondialisation commerciale fait des gagnants, comme la Corée du Sud dont le niveau de vie se rapproche des pays du Nord, mais aussi des perdants, comme les pays

d'Afrique subsaharienne, car la compétition est rude. Elle est donc souvent présentée comme la responsable des maux que connaissent aussi bien les pays en développement que les pays développés : les problèmes de développement pour les premiers, les soucis liés aux délocalisations et au chômage pour les seconds. Mais elle est aussi reconnue comme un facteur de dynamisation de la croissance et des échanges internationaux, malgré les crises financières récurrentes qu'elle favorise, dans les pays émergents notamment, mais aussi dans les pays développés (subprimes, dettes souveraines).

- En clair, ce sont les excès de la mondialisation qui sont décriés, non la mondialisation elle-même. Certains militent même pour une autre mondialisation (ATTAC), mais une mondialisation tout de même. D'ailleurs, le débat porte plus souvent sur la mise en place d'une gouvernance mondiale qui permettrait de gérer, d'encadrer et de réguler le phénomène de mondialisation. Isolément, les Etats sont souvent considérés comme impuissants à le faire.
- La logique de marché suffit-elle à contrecarrer les excès de cette mondialisation ? Dans le cas contraire, l'intervention des États est-elle efficace ? N'y a-t-il pas là une place pour l'économie sociale et solidaire ? N'est-ce pas une vision réductrice de celle-ci ?

Débat théorique, théories en présence

- On peut présenter les défaillances du marché (externalités, biens publics, asymétries d'information), lesquelles amènent habituellement à une intervention de l'État. Mais il se peut que cette intervention soit elle-même sous-optimale, justifiant par là une autre forme d'organisation des activités économiques, comme l'ESS.
- Il existe des biens publics mondiaux pour lesquels ni le marché (par définition des biens publics) ni les États ne parviennent à proposer une production (préservation de l'environnement, stabilité financière). Peut-être y-a-t-il là un rôle pour l'ESS ?
- La gestion des ressources communes (biens qui vérifient le principe de non-exclusion mais pas le principe de non-rivalité, tels que les bancs de poissons) est également un cas difficile aussi bien dans une logique de marché que dans celle d'une intervention étatique (comportement possible de « free rider » pour un État). À nouveau un rôle pour l'ESS ?

Problématique

L'économie sociale et solidaire doit-elle être un complément ou un substitut à la mondialisation libérale de l'économie ?

Annonce des parties

1) L'économie sociale et solidaire, une réponse aux excès de la mondialisation

2) L'économie sociale et solidaire une alternative à la mondialisation libérale

1) L'ÉCONOMIE SOCIALE ET SOLIDAIRE, UNE RÉPONSE AUX EXCÈS DE LA MONDIALISATION

1.1 Les excès du capitalisme…

- Pollution et dégradation des ressources naturelles
- Creusement des inégalités de revenu
- Phénomène de paupérisation d'une partie de la population
- Difficultés à accéder à un logement et au crédit bancaire

- Climat social tendue dans les entreprises

1.2… peuvent être corrigés par l'ESS

- Le principe démocratique des entreprises de l'économie sociale (un homme = une voix), constitue une réponse au mal-être au travail, par le biais d'une plus grande participation/responsabilisation, et également un frein au creusement des inégalités de rémunération.
- Le réinvestissement des bénéfices au profit de l'innovation et de la préservation de l'emploi, dans les entreprises de l'économie sociale et solidaire, s'oppose à la recherche de toujours plus de dividende et de plus-value boursière.
- Une logique productive de l'ESS, en lieu et place d'une logique financière et spéculative de l'économie capitaliste mondialisée.
- Les SEL, une réponse aux difficultés économiques et sociales que rencontrent les personnes à revenus modestes, en mal d'insertion. La logique est celle de la responsabilisation de personnes, non l'assistance.
- Le commerce équitable, une réponse au commerce inégal.

Transition : Si l'ESS est efficace pour limiter les effets pervers de la mondialisation, elle a aussi vocation à proposer une alternative à la mondialisation libérale de l'économie.

2) L'ÉCONOMIE SOCIALE ET SOLIDAIRE UNE ALTERNATIVE LIMITÉE À LA MONDIALISATION LIBÉRALE

2.1 Une opposition à la logique de marché

- Le modèle coopératif permet de défendre une agriculture raisonnée, proposant des produits de qualité, plus soucieuse de l'environnement, de la santé des consommateurs.
- Les Associations pour le Maintien d'une Agriculture Paysanne (AMAP) permettent de rapprocher, dans une logique de confiance et de solidarité, les consommateurs et les exploitations agricoles locales. Elles garantissent la viabilité des exploitations, et contribuent à réduire la consommation globale d'énergie (les produits consommés ne viennent plus du bout du monde…). Les prix suivent une logique d'équité et ne reflètent pas une confrontation offre/demande (*cf.* la théorie du « juste prix » de Saint Thomas d'Aquin)
- Il est possible de gérer les ressources communes dans une logique coopérative (*cf.* les travaux d'Elinor Ostrom), en faisant preuve de solidarité envers les générations futures.
- La recherche du profit n'est pas la fin des entreprises de l'ESS. Celles-ci s'efforcent d'être pérennes, de sauvegarder l'emploi et la qualité des relations sociales

2.2 L'économie sociale et solidaire occupe une place encore limitée

- L'ESS se retrouve aussi bien dans le secteur social (63 % de l'emploi total du secteur) que dans le domaine de l'épargne et du crédit (les banques mutualistes représentent 30 % du secteur) ou dans celui de l'assurance (46 % du PIB du secteur relève des mutuelles), de la production de biens et services (SCOP). Son poids demeure cependant limité : 10 % des emplois mais seulement 6 % de la valeur ajoutée brute (chiffres INSEE pour l'année 2012).

- L'ESS se heurte à un problème de financement du développement de ses activités (cf. le texte fournit concernant le financement du logement social au Royaume-Uni). À côté des subventions publiques, cotisations des membres, autofinancement, emprunts, le recours aux capitaux privés est rendu difficile en raison du statut juridique (sociétés de personnes) des entreprises de l'économie sociale.
- On peut également se demander si, pour certaines entreprises de l'ESS, le modèle à suivre ne serait pas celui des entreprises privées capitalistes. Elles ont en effet tendance à filialiser une partie de leurs activités auprès d'entreprises de droit privé qu'elles créent pour l'occasion (banques coopératives, mutuelles d'assurance).

Conclusion

Bilan

[*Il faut ici résumer simplement les idées dans l'ordre où elles ont été présentées.*]

Nous nous étions demandé si l'ESS pouvait être un complément ou un substitut à la mondialisation libérale de l'économie.

Nous avons vu dans un premier temps que l'ESS peut être complémentaire d'une économie de marché :

- car la mondialisation est source d'effets pervers relatifs à la montée du chômage, au mal-être des populations, au gaspillage des ressources naturelles, effets que l'ESS peut amortir ;
- l'ESS propose un modèle de conduite des activités économiques où l'homme est replacé au centre, où les personnes sont responsabilisées et non assistées.

Nous avons montré, ensuite, que l'économie sociale et solidaire s'efforce de proposer une alternative à la mondialisation libérale :

- elle s'oppose tout d'abord à la logique de marché, dans la mesure où la recherche du profit à court terme ne représente pas un objectif prioritaire. Dans ce cas, les prix des biens et services qu'elle produit ne résultent pas nécessairement d'une confrontation offre/demande, aussi bien dans l'agriculture que dans le secteur de la santé par exemple, mais plutôt d'une logique coopérative où consommateur et producteur sont partenaires ;
- cependant, le poids de l'économie solidaire demeure limité. Le financement des activités par des capitaux privés demeure difficile. Plus encore, certaines entreprises de l'économie sociale et solidaire tendent à ressembler à leurs consœurs du secteur privé capitaliste, au point que l'on peut se demander si elles n'ont pas perdu leur âme coopérative.

Élargissement

Alors que les marchés se mondialisent, l'économie sociale et solidaire agit surtout au niveau local. Certes, le Forum social mondial se présente comme une alternative à la mondialisation libérale qu'incarne le Forum économique mondial qui se tient chaque année à Davos, en Suisse. Est-ce suffisant ? On peut se demander si cette prise de conscience citoyenne des limites de notre mode de développement n'est pas source de nouvelles missions pour les États. Une gouvernance mondiale peut-elle voir le jour ?

Sujet 3 • 2016

1. Énoncé

« Quelles solutions face à la persistance du chômage en France ? »

DOCUMENT

François Hollande has one last chance to tackle rising jobless rates

In his New Year message President François Hollande declared a double state of emergency in France : one to fight terrorism, the other to tackle unemployment. The image was a stretch, but the self-criticism apt*. In 2012 Mr Hollande was elected on a pledge to curb joblessness and make "youth" his priority. Yet unemployment has since climbed from 9.7 % to 10.1 % ; youth unemployment is more than twice this, and still rising. On January 18th the government will unveil new plans to train young job-seekers and encourage job creation. But it looks likely to be too little, too late.[...]

Not only do young people in France find it difficult to get work, but when they do it is often short-lived. The labour market is divided into "insiders", those with permanent, protected, full-time jobs, and "outsiders", whose work is insecure and temporary. Only 5 % of those over 50 are on short-term contracts ; but the figure rises to nearly 30 % for those under 25, who often drift for years on back-to-back temping. (In France only a fifth of temps are in permanent jobs three years later, compared with almost half in Britain, according to the OECD.) For employers faced with the mind-numbing rules governing permanent jobs (and the need to make a case to a labour tribunal before shedding them), using temps and interns is a way to eke out some flexibility. [...]

For years, the French left refused to link the country's poor record on job creation to its over-protective labour law. But now, in an important acknowledgment, Manuel Valls, the Socialist prime minister, has called the 3,800-page labour code "unreadable", and promised to simplify it. (He has ruled out changes to the 35-hour working week, however.) Mr Hollande has vowed to train 500,000 job-seekers through apprenticeships and other schemes. Yet in a pre-election year it is proving difficult for the government's reformists–such as Emmanuel Macron, the economy minister, who wants bolder deregulation in order to encourage firms to create jobs–to prevail over those who fear upsetting unions and the Socialists' friends on the left.

Given the amount of public money that France pumps into subsidising jobs, the wonder is that it has not dented youth unemployment. But French rules on schemes like apprenticeships or subsidised job creation change faster than firms can fill in the forms, or decipher the alphabet soup of acronyms such schemes are known by. The number of apprenticeships fell in 2013 and 2014, in part because apprentices were siphoned into other new aided-job schemes Mr Hollande had devised.

"Technically we could cut the unemployment rate in half," says Nicolas Bouzou, a French economist ; "the difficulty is political." Much of the French left regards ideas such as a lower minimum wage for younger workers, as Britain allows, to be exploitation, not a way into the job market–even though, by default, self-employed youngsters work for less than the statutory minimum. There is still a residual snobbery within the education system about vocational training. And France's biggest unions, for all their revolutionary rhetoric, have become talented and conservative defenders of insider privileges, at the price of shutting too many young people out of decent jobs altogether.

* apt : adapted

Fighting french unemployment. Mode d'emploi, The Economist, January 16th 2016.

2. Corrigé

a) Questions économiques en relation avec le sujet posé et le document joint (non corrigées)

Ces questions vous sont proposées à titre d'éléments de réflexion. Elles correspondent au type de questions qui ont pu être posées par le jury aux candidats lors de l'examen, à l'issue de leur exposé.

■ *Q1 à Q5 : questions portant directement sur le texte*

Q1 Quel est le niveau du taux de chômage à la date de publication de l'article (le 16 janvier 2016) ? Quel est le niveau de cet indicateur concernant les (seuls) jeunes ?

Q2 Quelle différence y a-t-il entre les « *insiders* » et les « *outsiders* » ?

Q3 Pourquoi les choix politiques (en l'occurrence ceux de la « gauche française ») sont-ils fréquemment mentionnés dans ce texte ?

Q4 Quelle est la critique faite à propos du code du travail ?

Q5 Quel(s) problème(s) pose(nt) les emplois dits « aidés » ?

■ *Q6 à Q10 : questions allant au-delà du texte*

Q6 Comment expliquer le niveau élevé du taux de chômage français en longue période ?

Q7 L'accroissement de la flexibilité du marché du travail est-il une solution au chômage français ?

Q8 Le coût du travail en France est-il responsable du taux de chômage ?

Q9 Le chômage est-il plutôt un problème plutôt lié à la demande de travail ou à l'offre de travail ?

Q10 En quoi les questions démographiques peuvent-elles interférer avec la question du chômage ?

b) Proposition de corrigé

■ *Accroche*

La question du chômage est une question économique et politique centrale. L'évolution et le niveau de cet indicateur sont souvent considérés comme des signes majeurs de la bonne santé d'une économie et/ou de l'efficacité de la politique économique menée.

Or, sur ce plan, les résultats français en la matière sont (très) modestes ; de nombreux pays européens présentent des performances nettement meilleures. À titre indicatif, la France, affiche un taux de chômage de 9,5 % à la fin 2016, soit le 7e taux le plus élevé de l'Union européenne.

Ceci conduit à poser la question de l'existence (ou non) de solutions pour lutter efficacement contre le chômage.

■ *Délimitation du sujet*

Le **chômage** est un déséquilibre sur le marché du travail ; il correspond à un excédent de l'offre de travail par rapport à la demande de travail.

Selon l'INSEE, le chômage représente l'ensemble des personnes de 15 ans et plus, privées d'emploi et en recherchant un.

La **persistance** du chômage (en France) conduit à s'interroger sur l'existence de déterminants structurels (et pas seulement conjoncturels).

Le sujet proposé place au cœur la question des **solutions** possibles. Il convient par conséquent de questionner les mesures et/ou politiques économiques de nature à améliorer la situation du marché du travail.

■ *Apport du texte*

Ce texte est un regard « étranger » (en l'occurrence britannique) sur la situation française. Il souligne quelques spécificités du cas français (dualité du marché du travail, existence de rigidités fortes...) et pointe le manque de consensus politique autour des politiques possibles et souhaitables.

■ *Contexte, questionnement sur le sujet*

- Le chômage concerne-t-il tous les Français de la même façon ? Certaines catégories ne sont-elles pas particulièrement touchées (les jeunes, les seniors ? etc.) ?
- Le chômage est-il particulièrement important en France en comparaison des autres pays européens, des États-Unis ?
- Quels sont les facteurs à l'origine du taux de chômage en France ? Ces facteurs sont-ils communs aux pays européens ou spécifiques à la France ? Ces facteurs concernent-ils plutôt la demande ou l'offre de travail ? Sont-ils plutôt d'ordre conjoncturel ou structurel ?
- Quelles politiques ont été menées ? Et avec quel résultat ? Y a-t-il des modèles étrangers dont on peut s'inspirer ?
- La solution est-elle à chercher plutôt du côté des entreprises, des individus (chômeurs) ou de l'État ?

■ *Débat théorique, théories en présence*

- On retrouve à un premier niveau le clivage bien connu néoclassiques/keynésiens.

Pour **les néoclassiques**, il ne devrait pas y avoir théoriquement de chômage durable. L'existence d'un taux de chômage important et structurel est alors la manifestation notamment d'un chômage volontaire et peut être expliquée par de multiples atteintes à la perfection des marchés : existence de salaire minimum, réglementation stricte des licenciements, action des syndicats, interventions étatiques qui interdisent le bon fonctionnement des mécanismes autorégulateurs.

Pour **les keynésiens**, le problème se situe fondamentalement ailleurs (le manque de demande sur les différents marchés de biens et services). Le chômage est d'abord un chômage involontaire.

- On peut également mobiliser d'autres analyses plus pointues : théorie du capital humain, modèle insiders/outsiders, théorie des contrats implicites...

■ *Problématique*

Est-il possible encore de lutter efficacement contre le chômage en France, alors que de très nombreuses politiques différentes ont été déjà mobilisées par le passé sans parvenir à le faire reculer durablement ?

■ *Annonce des parties*

1) Origines et interprétations théoriques du chômage

2) Les solutions envisageables et leur efficacité possible

1) ORIGINES ET INTERPRÉTATIONS THÉORIQUES DU CHÔMAGE

1.1 L'interprétation néoclassique

L'absence de chômage durable a priori pour les néoclassiques

Pour les néoclassiques, à l'origine, il ne devrait pas y avoir de problème de chômage, surtout dans la durée puisque le marché est supposé comporter des mécanismes autorégulateurs conduisant tôt ou tard à une situation d'équilibre.

La reconnaissance d'un chômage involontaire et des effets de l'imperfection des marchés

Pour les néoclassiques, on l'aura compris, le chômage ne peut être dans ces conditions que volontaire : préférence de certains travailleurs pour l'oisiveté ou encore refus d'emplois comportant un salaire réel plus faible. Ce constat est d'autant plus important que les néoclassiques identifient différentes atteintes à la perfection des marchés : existence de salaire minimum, action de syndicats, intervention étatique qui interdisent aux mécanismes autorégulateurs de fonctionner convenablement.

Ce qu'il est important de comprendre, c'est que, face à l'existence d'un chômage durable, les économistes néoclassiques proposent plusieurs solutions (*cf.* partie 2) qui toutes visent d'une façon ou d'une autre à améliorer le fonctionnement du marché de l'emploi.

1.2 L'interprétation keynésienne

La reconnaissance immédiate de la possibilité d'un chômage massif

Les keynésiens n'ont pas de problème avec le chômage. En effet, pour eux, le chômage est un phénomène tout à fait possible et facilement explicable : le chômage résulte très simplement d'une insuffisance de la demande et en particulier de la demande anticipée par les entrepreneurs.

Les keynésiens d'ailleurs récusent l'idée d'une flexibilité à la baisse du salaire (en tant que prix du travail)

Les keynésiens admettent donc parfaitement l'existence d'un chômage involontaire éventuellement massif. En faisant reposer cette situation sur des considérations macroéconomiques, ils ouvrent la voie à des solutions également macroéconomiques.

Transition : Les visions néoclassiques et keynésiennes restent finalement bien éloignées et distinguent plusieurs types de chômage (par exemple, les chômages dits respectivement keynésien et classique), d'où une pléthore de solutions renvoyant à l'une ou l'autre de ces deux visions.

2) LES SOLUTIONS ENVISAGEABLES ET LEUR EFFICACITÉ POSSIBLE

2.1 Les politiques passives et actives du marché du travail

Les politiques passives

Ces politiques sont qualifiées de « passives » au sens où elles ne visent pas pour l'essentiel à créer de nouveaux emplois, mais plutôt, d'une part, à dissuader les individus de se porter sur le marché de l'emploi bref à alimenter la demande d'emploi et, d'autre part, à rendre le chômage socialement plus acceptable.

On passera rapidement sur les politiques passives, peu adaptées et passées de mode, qu'il s'agisse d'avancer l'âge de la retraite ou d'empêcher l'immigration. Seule reste vraiment envisagée par certains une nouvelle réduction du temps de travail.

Un certain nombre d'économistes à l'instar du magazine *Alternatives économiques* n'écartent pas en effet cette solution, qualifiée de « l'une des seules solutions pour faire reculer suffisamment rapidement le chômage » (*cf. Alternatives économiques* n°333, mars 2014). Une telle solution suppose cependant plusieurs conditions (une réduction en parallèle du salaire brut en diminuant la CSG..., compensée ensuite par une hausse de la TVA). Cette diminution du temps de travail pourrait se faire par exemple en encourageant la formule du temps partiel ou encore en développant le système des congés sabbatiques rémunérés, etc.

Les politiques actives

Il y a ensuite la solution de faire appel aux politiques actives variées souvent coûteuses et insuffisantes et à la recherche d'une plus grande flexibilité du marché du travail.

- Ces politiques actives visent à créer directement des emplois.
- Il existe plusieurs types de « politiques actives ». Ces politiques recouvrent toutes sortes de politiques : politiques de création d'emplois subventionnés, politiques visant à diminuer le coût du travail à base notamment d'exemptions fiscales et sociales, actions de développement de la formation pour élever la qualification des travailleurs et, enfin, politiques de réforme du marché de l'emploi.
- Ces politiques sont cependant coûteuses, conduisent à des résultats insuffisants ou s'accompagnent d'effets pervers, même si elles continuent à être largement pratiquées par tout nouveau gouvernement.
- Parmi les politiques actives, la réforme du marché du travail visant à fluidifier le marché du travail reste une perspective forte. D'ores et déjà, la France a choisi de réformer le marché du travail à différentes reprises avec au moins trois grandes lois (en 2008, 2013 et 2016).

Ces lois successives, souvent âprement critiquées, ont flexibilisé déjà significativement le marché du travail sans résultats encore notables. Elles ne sont pas disqualifiées pour autant surtout si l'on se réfère aux bons résultats des pays scandinaves, notamment le Danemark qui a mis en œuvre avec succès le modèle dit de « flexicurité ».

2.2 Le retour possible aux politiques de relance keynésiennes

Les keynésiens partent globalement de l'hypothèse que les problèmes de chômage découlent fondamentalement d'une insuffisance d'activité sur les marchés de biens et services. Et la solution réside dans une stimulation de ces marchés.

- Ces politiques sont tombées en désuétude dans les années 1970 et surtout 1980, mais le monde les a redécouvertes – temporairement – à la suite de la crise des *subprimes* dans le but d'empêcher l'économie mondiale de basculer dans une grande dépression durable du type de celle de 1929.
- *L'appel à des politiques budgétaires moins restrictives.* Si la crise de la dette souveraine a mis un terme très tôt à ces politiques, on peut noter que la persistance des politiques d'austérité, particulièrement dans la zone euro, aggrave les problèmes de chômage. Aussi, nombreux sont les économistes français et européens à appeler à un retour à des politiques plus dynamiques de la dépense publique ; on peut noter d'ailleurs un infléchissement à l'heure actuelle de la politique économique en Europe (*cf.* le développement d'une politique de rachat massif de dettes privées et publiques par la BCE, l'acceptation de politiques budgétaires nationales moins restrictives ou encore le lancement d'un plan européen de financement d'investissements, dit « plan Juncker », de 300 milliards d'euros sur 3 ans).

Conclusion

- Au terme de ce long parcours relatif aux politiques de lutte contre le chômage, aucune solution ne s'impose bien sûr comme une solution miracle et la persistance d'un chômage très élevé depuis plus de 20 ans en est la meilleure illustration. Les raisons de

cet échec relatif ont été mentionnées : mesures suivant les cas inefficaces ou très coûteuses pour les pouvoirs publics ou comportant des « effets secondaires » difficilement soutenables…

- On ne saurait pour autant en conclure à l'inefficacité de toutes ces politiques : on a vu que les politiques actives donnaient certains résultats, que la **réforme du travail** ouvrait pour certains des perspectives éventuellement prometteuses (même si le dispositif actuel apparaît peu équilibré) et qu'enfin **les politiques de relance** pouvaient jouer dans une certaine mesure, le rôle de « bouclier anti-crise ». D'autres pistes sont envisageables ; on pense à la mise en œuvre d'une **nouvelle réduction du temps de travail** mais qui suppose d'importants infléchissements en matière fiscale et sociale ou encore à **l'accélération de la conversion écologique** (qui sous certaines conditions permettrait de relocaliser en France un certain nombre d'emplois).
- L'**efficacité des mesures reste donc partielle, relative** dans le temps comme dans l'espace (certaines mesures marchent dans certains pays et à certaines époques) et souvent, complexe à mettre en œuvre. De plus, chaque pays est aujourd'hui très dépendant de l'état de la conjoncture mondiale, sur laquelle il a peu de moyens d'action !

ANNEXES

CORRIGÉS
INDEX
TABLE DES MATIÈRES

Corrigés

Chapitre 1 • L'existence de différents modèles de capitalisme

Application 1 : THÈMES ET QUESTIONS DE RÉFLEXIONS

■ *Corrigé en français des cinq premières questions*

1. Quelles sont les différentes caractéristiques du capitalisme ?

On peut considérer que le capitalisme, dans sa forme originelle, revêt deux caractéristiques essentielles à savoir, la propriété des moyens de production et l'accumulation du capital. Ces deux caractéristiques sont d'ailleurs étroitement liées puisque l'accumulation n'est permise que s'il y a appropriation du capital. La conséquence est que, dans un premier temps, on voit apparaître deux grandes classes sociales : les capitalistes et les prolétaires.

2. Le capitalisme aujourd'hui retrouve-t-il sa forme originelle ou s'en éloigne-t-il ?

La forme originelle du capitalisme correspond à ce qu'on appelle le capitalisme familial ou patrimonial dans lequel le fondateur, actionnaire majoritaire, se charge également de la gestion. La complexité croissante de la direction d'une entreprise a eu pour conséquence de faire apparaître un nouvel acteur, le manageur, spécialiste en gestion et auquel l'actionnaire déléguait la bonne marche de la société. On parlera alors de capitalisme managérial. Le développement des marchés financiers, au cours des années 1980, a contribué à faire revenir au premier plan l'actionnaire et avec lui une des formes originelles du capitalisme, à savoir le capitalisme patrimonial. En revanche, il est difficile de parler d'un retour du capitalisme familial dans le sens où l'actionnaire est le plus généralement un grand fonds d'investissement sans aucun lien avec la famille du fondateur.

3. Le capitalisme est-il source d'inégalités ?

Par définition le capitalisme est source d'inégalités. Dans un premier temps, l'appropriation privée des moyens de production donne naissance à la distinction entre capitaliste et prolétaire, source de différences et donc d'inégalités. De plus, dans sa forme « libérale » le capitalisme est également à l'origine d'inégalités. En effet, la liberté donnée aux individus de travailler, d'entreprendre, de commercer leur permet d'espérer améliorer leurs conditions qui étaient jusque là figées par leur naissance dans l'Ancien régime. Le capitalisme libéral introduit donc l'idée de mobilité sociale qui génère un plus grand nombre d'inégalités. Tout ceci ne répond pas à la question du caractère « juste » ou « injuste » de ces inégalités.

4. La décroissance remet-elle en cause le capitalisme libéral ?

La décroissance remet en cause le capitalisme libéral à double titre. En premier lieu, la propriété privée des moyens de production est condamnée dans le sens où cette propriété peut s'exercer sur des ressources naturelles que l'exercice de cette propriété peut conduire à détériorer. D'autre part, le capitalisme, dans sa forme libérale, conduit les individus à adopter des comportements néfastes à l'environnement et vides de sens. En final, les habitudes prises dans le cadre du capitalisme libéral doivent être abandonnées ce qui nécessite une phase de « rééducation » de la population.

5. Quelles sont les différentes formes que peut prendre le capitalisme d'État?

Les différentes formes de capitalisme se décomposent en deux grandes familles selon le degré d'intervention de l'État, on passera alors du **capitalisme libéral au capitalisme d'État** et d'autre part, selon le mode de direction des sociétés commerciales, on distinguera alors le capitalisme **familial, patrimonial, managérial ou bien encore salarial.**

Corrigé en anglais des cinq premières questions

1. What are the different characteristics of capitalism?

One can consider that originally capitalism has two main characteristics : **the ownership of the means of production and capital accumulation.** These two features are closely linked since accumulation is only possible when there is ownership of capital. Therefore, initially, **two main social classes** appear : the capitalists and the proletarians.

2. Is today's capitalism getting back to its original form or is it straying from it?

The original form of capitalism is what one would call **family** or **patrimonial** capitalism, in which the founder, who is the main shareholder, is also responsible for management. The growing complexity of management led to the emergence of a new actor, the manager. As he was specialised in management, the shareholder entrusted him with running the firm. We then speak of **managerial capitalism.** With the development of financial markets in the 1980s', the shareholder came back to the forefront, together with patrimonial capitalism. Yet, it is difficult to say that family capitalism is back, since the shareholder is generally a major investment fund without any link to the founder's family.

3. Is capitalism a source of inequalities?

By definition, capitalism is a source of inequalities. Initially, private ownership of the means of production results in the difference between a capitalist and a proletarian, which is a source of inequalities. Further, in its free-market form, capitalism is also a source of inequality. As every individual is free to work, undertake and trade, they may now hope to improve their social condition, which was fixed by birth before the French Revolution. So, free-market capitalism introduces the concept of **social mobility,** which generates yet more inequalities. All this doesn't say whether these inequalities are "fair" or "unfair".

4. Does negative growth question free-market capitalism?

Negative growth does call into question free-market capitalism on two levels. First, private ownership of the means of production is doomed, insofar as **when this ownership applies to natural resources, these can be damaged by the use the owner makes of them**. On the other hand, free-market capitalism leads individuals to behave in environmentally unfriendly and meaningless ways. Finally, individuals must give up the habits they were used to having under free-market capitalism, and this requires a period of « reeducation » of the population.

5. What are the different forms of state capitalism?

The different forms of capitalism are divided into two big families according to the level of state intervention. In the latter case free-market capitalism becomes state capitalism. On the other hand, according to the way business firms are managed, **family, heritage, managerial, or even employee** capitalism can be identified.

Cas 1 : EXTRAIT DE TEXTE EN ANGLAIS

1) Questions de compréhension

■ *Vocabulaire*

Synonymes	Mots du texte	Traduction
Ex : Quoted	**listed**	**coté en bourse**
Skyrocket	surge	exploser
Earn	rack up	gagner
Collect	account for	comptabiliser
Rivalry	competition	concurrence
Foretell	predict	prévoir
Extense	scope	ampleur
Spread over	span	couvrir
Eliminate	stifle	étouffer, éliminer
Ingenious	savvy	compétent
Evaluate	assess	évaluer
Reset	reboot	redémarrer

■ *Texte à compléter*

Nowadays data are replacing *oil* as the essential source of revenue for *superstar companies*. These firms have become extremely *powerful* thanks to the internet and A.I. They are almost in a state of *monopoly*. The use of data gives them a *competitive edge* over their *rivals* which they *take over* or copy when they become dangerous for their business.

The question arises whether they should be *broken up*. Yet old methods of evaluation cannot be *applied* to these giants. Anti-trust regulators must *update* their knowledge of the new economy in order to *regulate* the new titans, so that they don't end up *ruling* the global economy.

2) Questions grammaticales

■ *Les modaux*

a) Capitalism **may** (**can, could**) disappear with the decline of western supremacy.

b) Anti-globalists think that a nicer system **should** be substituted to capitalism.

c) Negative growth means that individuals **must** change their habits.

d) Even though sustainability **may** be difficult to enforce, it **will have to** be taken into account in the future.

e) Ingenious capitalists **must** (**have to**) invent new technologies to replace the old polluting ones.

f) Will green activists **be able to** save the planet?

g) Even if democracy is predominant in the world, not everybody **is allowed to** express their views freely.

Les faux amis

- *Profit / benefit* :

⇒ This job is worth taking, it includes a lot of *benefits.*

⇒ The company made a lot of *profit* this year, it's very encouraging.

- *Customer / client* :

⇒ The lawyer defended his *client* in court

⇒ The grocer doesn't have many *customers* left, they all go to Walmart

- *Deception /disappointment*

⇒ These copies are very similar to the original, the *deception* is difficult to identify.

⇒ Much to my *disappointment,* Mary couldn't come to the party with us.

- *Achieve / complete*

⇒ I have *completed* my homework in no time at all, it was too easy.

⇒ What a great project to *achieve*! You must be proud.

- *Politics/policy*

⇒ The *policy* of the government in favour of undocumented immigrants is strict

⇒ I don't like *politics* or politicians, they're all rotten.

- *Advertising / publicity*

⇒ The *publicity* around this film is enormous, everyone has seen it.

⇒ The *advertising* agency has just launched a campaign to promote a new product.

- *Safety / security*

⇒ They were many *security* guards around the prime minister.

⇒ For your own *safety* you must tighten your seat belt.

- *Complain about/ comply with*

⇒ Don't *complain about* your job, at least it's well paid

⇒ If you don't *comply with* the rules you are dismissed.

3) Questions économiques

Corrigé en français

1. Quelles sont les caractéristiques des entreprises d'internet? Comment ont-elles prospéré au point d'être à la tête de quasi-monopoles?

Les entreprises de l'économie de l'immatériel se développent dans une logique qualifiée de « *the winner takes all* ». Autrement dit, les quelques entreprises présentes sur le marché « raflent la mise », générant ainsi des profits colossaux, les autres concurrents ayant complètement disparu. Les marchés dans lesquels ces entreprises interviennent sont donc automatiquement oligopolistiques, voire quasi-monopolistiques.

Cela s'explique par l'importance considérable des économies d'échelles, le coût moyen de production diminuant au fur et à mesure de la croissance de la taille des firmes. En cas de réussite commerciale, l'effet de levier peut être considérable entre le coût unitaire en diminution avec l'activité et le prix de vente, lui, qui reste constant.

Une autre raison est liée au fait que les firmes de la net économie ne peuvent survivre que si elles connectent au maximum les consommateurs ou les usagers à leurs réseaux (commerciaux, professionnels, sociaux, etc.). La technologie immatérielle du numérique permet de croiser des données commerciales, techniques, démographiques. La richesse de ces données croît avec leurs nombres, ce qui pousse les entreprises du secteur à capter le maximum de consommateurs et d'usagers dans leurs réseaux.

2. Pourquoi les pratiques du droit de la concurrence doivent-elles s'adapter aux spécificités des entreprises de la net économie ?

Le droit de la concurrence est apparu aux États-Unis au début du XXe siècle avec les lois « anti-trust » (Sherman Antitrust Act du 2 juillet 1900 par exemple) visant à lutter contre l'absence de concurrence induite par la concentration industrielle. Par exemple, l'interdiction de toute forme de monopole a abouti au démantèlement de l'une des sociétés pétrolières les plus importantes des États-Unis, la Standard Oil (fondée en 1870 par l'industriel John D. Rockefeller).

Avec les géants d'internet, ce type de régulation de la concurrence semble en partie désuet. En effet, la ressource centrale pour ces entreprises réside notamment dans les innombrables données numériques relatives au comportement du consommateur ou de l'usager(1) qu'elles collectent. L'extension de ces données peut conduire à dresser des barrières à l'entrée de nouveaux concurrents. Ainsi, l'étendue des données numériques détenues par une entreprise serait un critère plus pertinent que sa taille pour identifier le risque d'une entrave concurrentielle.

De plus, afin de protéger les consommateurs et de favoriser la concurrence entre les entreprises, les instances de régulation de la concurrence devraient aussi s'attacher à la façon dont une entreprise s'est procuré les données sur les clients. En la matière, les autorités de régulation devraient exiger des géants comme Google, Amazon ou Facebook plus de transparence sur la collecte et l'usage des informations concernant les usagers d'Internet et les consommateurs.

3. Est-il judicieux de laisser ces firmes grandir et développer une puissance financière équivalente à certains États ?

Les entreprises en monopole ou situation oligopolistique peuvent détenir un pouvoir de marché correspondant à un écart positif entre le prix effectif du marché celui qui serait obtenu en situation concurrentielle. Si le pouvoir de marché se fait au détriment des consommateurs, cela ne signifie pas toujours qu'une entreprise en situation quasi-monopolistique soit néfaste au consommateur. En effet, lorsque les rendements d'échelle sont croissants, le coût unitaire de production diminue avec la taille de l'entreprise. Dans le cas de monopoles naturels, une entreprise sur un marché est plus efficace que plusieurs entreprises en concurrence. Or, ces entreprises sont souvent des entreprises de réseaux : leur faible coût provient d'une participation à un réseau auquel le maximum d'agents participe.

Par ailleurs, l'économie française(2) semble souffrir d'un manque de « champions nationaux », c'est-à-dire d'entreprises françaises suffisamment grandes et puissantes pour

(1) Usager des réseaux sociaux par exemple.

(2) C'est vrai aussi pour l'économie européenne.

soutenir la concurrence face aux firmes globales américaines mais aussi, de plus en plus, aux grandes entreprises chinoises. L'absence de tels champions s'expliquerait notamment par un droit concurrentiel européen qui aurait empêché leur éclosion en craignant de laisser se constituer des monopoles.

Cependant, les États doivent garder un œil attentif sur les risques que font porter aux consommateurs, mais plus généralement aux populations, de telles entreprises. Celles-ci disposent désormais d'une puissance financière telle qu'elles peuvent influer sur des décisions publiques dans le domaine fiscal, dans le domaine des normes environnementales ou sociales, et entraîner une concurrence entre États. Celle-ci pourrait s'avérer nuisible aux services publics, à la protection de l'environnement et au maintien de normes sociales au sein des entreprises.

Corrigé en anglais

1. What are the characteristics of internet firms? How can they have thriven to the point of almost becoming monopolies?

In the intangible economy, firms grow according to the principle of « the winner takes all ». In other words, the few companies on the market "swipe the stake", thus making huge profits, since their rivals have completely disappeared. The markets in which these firms evolve become automatically oligopolistic, not to say almost monopolistic.

This can be explained by the importance of economies of scale, since the average production cost decreases with the growing size of firms. When they are successful, the leverage effect can be substantial, since the unit cost decreases with volume and the selling price remains the same.

Another reason is that e-commerce firms can only survive if they connect as many consumers and users as possible in their network. Intangible digital technology allows them to link business, technical or demographic data. The value of these data increases with their number, which urges firms to capture as many consumers and users as possible in their networks.

2. Why should the rules of law and competition adapt to the specificities of e-commerce firms?

Competition law appeared in the USA at the beginning of the 20th century with « antitrust » laws aiming to fight against the lack of competition due to industrial concentration.

For instance, the Sherman Antitrust Act of 2 July 1900, banned all kinds of monopoly and resulted in the dismantling of one of the biggest oil companies in the US, Standard Oil (founded in 1870 by the industrialist John D. Rockefeller).

With the internet giants, this way of regulating competition seems partly outdated. Indeed, the main resource for these firms is the digital data related to consumer or user behaviour they collect. The extension of these data can constitute entry barriers for new rivals. Thus, the scope of the digital data owned by a firm, whatever its size, seems to be more relevant.

Moreover, in order to protect consumers and to favour competition between firms, the authorities regulating competition should focus on the way a firm obtained such data. Antitrust authorities should demand more transparency from giants such as Google, Amazon or Facebook regarding their collecting and using information on internet users and consumers.

3. Is it wise to let these firms grow and develop a financial power that is similar to that of some states?

Companies which are in a monopolistic or oligopolistic position can hold a market power corresponding to a positive difference between the real price and the competitive market price. If the market power is to the detriment of the consumers, it does not mean that a firm which is in an almost monopolistic situation is harmful to the consumer. Indeed, when scale returns are increasing, the production cost per unit decreases with the size of the firm. When it comes to natural monopolies, a firm on a market is more efficient than several competing firms. Moreover, these firms are very often network companies : their low cost comes from their participation in a network with as many contributors as possible.

Besides, the French economy seems to suffer from a lack of "national champions", that is to say French companies which are big and powerful enough to sustain competition in front of global American firms and more and more in front of big Chinese companies. The lack of such champions can be explained by a European competition law that may have prevented their blossoming for fear it would create monopolies.

However, States must keep an eye on the risks that such firms impose on consumers and more generally on the population. Now, these firms possess such a financial power that they can influence public decisions in terms of taxes and environmental or social standards. They can also provoke competition between states in fixing their profit tax rates which is harmful to public services, to the protection of the environment and to maintaining social standards within companies.

4) Thème de réflexion

Le capitalisme libéral apparaît aujourd'hui comme le modèle victorieux : mondialisation, construction européenne constituent deux exemples de la pensée dominante. De plus, les rapports sociaux sont modifiés avec une place prépondérante occupée par les actionnaires (notamment les investisseurs institutionnels) et le déclin de la classe ouvrière.

Le capitalisme libéral devient universel car il se diffuse à l'échelle de la planète mais aussi parce qu'il constitue un modèle de référence. Peut-on valider ce double caractère d'universalité?

I. *VARIÉTÉ DES CAPITALISMES ET DÉFICIENCE DU LIBÉRALISME*

a) Le mythe du modèle unique

Le capitalisme est loin d'être « parfaitement » libéral. Dans de nombreux pays, l'État est encore présent, État providence, État dirigiste… Il faut toutefois nuancer cette remarque puisque l'État entrepreneur use de plus en plus d'instruments de gestion jusqu'alors réservés au privé (indicateurs de performance, évolution des rémunérations…) au service d'un objectif de plus en plus clairement affiché, le profit.

Le capitalisme libéral se décline également sous différentes formes selon les spécificités nationales. Le capitalisme allemand met en avant la cogestion, le capitalisme japonais repose sur un réseau très dense d'entreprises industrielles, commerciales appuyées par des banques maisons et travaillant en étroite collaboration avec les pouvoirs publics. Ces deux formes de capitalisme restent d'ailleurs relativement hermétiques en matière d'ouverture de capital contrairement à ce qui existe dans les pays anglo-saxons.

b) Le mythe de l'efficacité

L'efficacité économique du capitalisme libéral est souvent remise en cause au regard des crises que l'on a pu observer au cours des années 1990. Ces crises se sont produites dans des pays émergents et sont expliquées par une adoption trop rapide des mécanismes de l'économie libérale à des structures économiques encore en construction.

Les conséquences sociales du capitalisme libéral sont souvent jugées très néfastes. La concurrence internationale rendue possible par un libéralisme mondial serait à l'origine d'une destruction massive d'emplois et profiterait dans le même temps aux plus fortunés.

Les dysfonctionnements générés par le système capitaliste sont cependant à relativiser. En comparaison tout d'abord puisque les autres systèmes économiques ont échoué. De plus, le développement de nombreux pays émergents a été rendu possible par l'ouverture de ces économies aux préceptes libéraux même si l'État a souvent été un soutien non négligeable dans cette phase de décollage.

Il faut donc chercher ailleurs les raisons d'une remise en cause éventuelle du modèle capitaliste.

II. *DE LA PÉRENNITÉ DU MODÈLE*

a) La quête de sens du capitalisme

Le capitalisme libéral semble faire naître des comportements économiques mécaniques. La croissance pour la croissance, la consommation pour la croissance, la croissance pour l'emploi, l'emploi pour la consommation… Le système économique fonctionne alors sans qu'il soit possible de déterminer quelle est sa finalité.

L'invraisemblance du système ne remet pas en cause celui-ci si l'écart de revenus et de conditions entre les différentes classes ne se creuse au profit des classes les plus élevées. La classe moyenne, la classe devenue la plus nombreuse, peut à ce propos jouer un rôle décisif si elle en venait à considérer que le système devient incohérent.

Si le capitalisme libéral perd de sa cohérence, il n'est pas étonnant alors qu'il soit remis en cause.

b) La remise en cause de l'universalité du modèle

L'émergence de l'économie de la connaissance et par là même d'une nouvelle forme de capitalisme laisse envisager deux scénarios possibles, une évolution marquée par des inégalités croissantes entre ceux qui disposent de la connaissance et les salariés les moins qualifiés ou au contraire, une élévation des qualifications et des compétences au service de tâches moins pénibles.

Face à l'absence de sens du système capitaliste, les altermondialistes en appellent à la mise en œuvre de processus de rééducation afin d'être capable de distinguer l'essentiel de l'accessoire. Là où le marché semblait déterminant, il faudrait dorénavant déterminer quelle autorité se chargera de ce type de choix.

Le capitalisme a très souvent été associé au libéralisme et le libéralisme à la démocratie. Le débat se pose donc également en termes idéologiques. L'intégrisme religieux se présente comme une alternative mais dont la dimension économique est pratiquement inexistante. Plus intéressant est l'exemple de la Chine qui semble adopter tous les mécanismes économiques du capitalisme libéral sans en adopter la version politique. Au regard du développement de l'économie chinoise peut-on croire et s'inquiéter à l'émergence d'un nouveau modèle ?

CHAPITRE 2 • CROISSANCE, CHANGEMENT TECHNOLOGIQUE ET EMPLOI

Application 2 : THÈMES ET QUESTIONS DE RÉFLEXIONS

Corrigé en français des cinq premières questions

1. La croissance va-t-elle de pair avec l'amélioration de l'emploi ?

Une amélioration de la croissance va généralement **de pair** avec une amélioration de l'emploi ; les statistiques font en effet apparaître une bonne corrélation entre les deux variables. Mais l'ampleur des mouvements et leur synchronie sont loin d'être parfaits en raison de décalages temporels et de l'intervention d'autres facteurs (l'évolution de la productivité du travail et de la démographie.)

2. En quoi consiste la théorie de la croissance endogène ?

La théorie de la croissance endogène est une théorie économique défendue par un certain nombre d'économistes néoclassiques à partir des années 1980. Cette théorie fait du progrès technique, un ressort important de la croissance et **interne à l'économie** (notion d'endogénéité). Ces économistes identifient différentes composantes du progrès technique (recherche & développement, développement du capital humain, etc.) et justifient l'**intervention économique de l'État** dans ces domaines.

3. Quels sont les effets du progrès technique sur les qualifications ?

Le progrès technique exerce des **effets complexes et contradictoires** sur les qualifications. Sur le long terme, les statistiques font apparaître une tendance à l'augmentation des qualifications demandées par les employeurs ; cela étant, le progrès technique est souvent générateur de déqualifications ; ainsi le taylorisme puis le fordisme on conduit à une généralisation du travail à la chaîne et à une déqualification de nombreux ouvriers.

4. En quoi consistent « les stratégies technologiques » des entreprises ?

Les stratégies technologiques des entreprises ont comme dénominateur commun de reposer sur l'**innovation**. À partir de là, toutes sortes de stratégies sont envisageables : stratégie de leadership ou à l'inverse d'imitateur ; stratégies de spécialisation technologique ou de construction « d'un portefeuille de technologies ; stratégies d'alliances technologiques, etc.

5. En quoi consiste « la comptabilité de la croissance » ?

La comptabilité de la croissance consiste notamment à modéliser le fonctionnement de l'économie en l'assimilant à une super fonction de production avec les habituels facteurs de production respectivement le travail et le capital. L'un des principaux objectifs est de chercher à expliquer « le résidu » de la croissance. Avec le renfort de la théorie économique, la comptabilité de la croissance permet de donner sens aux croissances bien différentes enregistrées d'un pays à un autre, ou d'une époque à une autre.

Corrigé en anglais des cinq premières questions

1. Does employment improve with growth ?

Growth improvement generally goes **hand in hand** with employment improvement ; indeed statistics show a close correlation between the two variables. However, the scale and synchrony of the changes are far from being perfect because of time differences and the interference of other factors (evolution of work productivity and demography).

2. What does the theory of endogenous growth consist in?

The theory of endogenous growth is an economic theory advocated by some neoclassical economists since the 1980s. This theory credits technical progress as an important factor of growth and one which is **inherent to the economy** (notion of endogenous growth). These economists identify different components of technical progress (research and development, development of human capital, etc.) and justify **the State's economic intervention** in these areas.

3. What are the effects of technical progress on skills?

Technical progress has **complex and contradictory effects** on qualifications. In the long term, statistics show a trend towards employers asking for more qualifications; however, technical progress often generates deskilling. Thus Taylorism and Fordism led to a generalisation of assembly line work and the deskilling of many workers.

4. What is meant by corporate technological strategies?

Corporate technological strategies have a common denominator which consists in relying upon **innovation**. From there, all kinds of strategies can be considered : leadership strategies, reverse imitation strategies, technological specialisation strategies or strategies building up a "portfolio of technologies", strategies of technological alliances, etc.

5. What is "growth accounting"?

Growth accounting consists particularly in modelling the working of the economy by likening it to a super production function with the usual factors of production, respectively work and capital. One of the main goals is to try to explain the "residue" of growth. With the help of economic theory, growth accounting makes it possible to understand the very different growth rates recorded in various countries, at various times.

Cas 2 : EXTRAIT DE TEXTE EN ANGLAIS

1) Questions de compréhension

■ *Vocabulaire du texte*

Mots du texte	Choix de traduction
hinge on	reposer sur
share	partager
outcome	résultat
wonder (*noun*)	merveille
uneven	inégal
output	rendement
match	correspondre

☞

☞

Mots du texte	Choix de traduction
sluggish	ralenti
steam-powered	à vapeur
horrendous	horrible
overstate	exagérer
reap	récolter
thrive	prospérer
backlash	contrecoup, retour de baton

■ *Entraînement*

a) Why are Americans pessimistic nowadays? (think of the American dream and Trump's election)

They don't believe any longer that their children will **be better off** than them. The American dream is precisely this, the promise of a better future. This is what Trump promised and the reason why he was elected.

b) Explain the following sentence taken from the text : "there is concern that technology is increasingly taking the form of capital that substitutes for workers"

Robots are a form of capital, because they are machines which are bought by capitalists to replace human beings.

c) What lessons can be drawn from the industrial revolution of the 19th century?

The patterns are the same. Progress does not necessarily benefit workers. In the nineteenth century, in spite of the industrial revolution, workers remained poor and died young.

In the same way, current profits from productivity gains are not shared by workers.

d) What link can be established between populism and technology?

Populism arises from poverty and injustice. Consequently, if the benefits of technology are not shared, populism could continue to thrive in Western countries (*cf* Trump, Brexit and the extreme right).

2) Questions grammaticales

■ *Numbers*

Rappel : Les adjectifs numéraux cardinaux sont invariables lorsqu'ils sont précédés d'un chiffre ou d'un quantifieur.

- Yesterday **thousands of** workers demonstrated.
- In 2050 the world population will reach nine **billion** inhabitants.
- Several **hundred** spectators attended the concert.
- 800 **million** workers lost their jobs.
- A few **dozen** protesters were blocking access to the factory.

Relative pronouns

- I met a lot of people *who* work in trade
- The merger *which/that* was signed between the two companies didn't produce any profit
- These questions are those *which/that* need to be dealt with urgently
- The employee, *whose* boss created a startup, is a friend of mine
- The law *which/that* the government has decided to implement doesn't satisfy the consumers
- *What* worries most Americans is the standard of living of their children in the future
- Technology advances do not come with an increase in wages, *which* produces discontent

Adjectives, nouns and verbs

Adjectifs	Noms	Verbes	Traduction du verbe
Ex : wide	**width**	**widen**	**élargir**
deep	depth	deepen	approfondir
long	length	lengthen	allonger
high	height	heighten	accroître
worse	×	worsen	empirer
red	red	redden	rougir
soft	softness	soften	adoucir
strong	strength	strengthen	renforcer

3) Questions économiques

Corrigé en français

1. Sur quels arguments se fonde l'économiste Robert Gordon pour prédire sur un ralentissement durable de la croissance?

La thèse de l'économiste américain Robert Gordon est une **thèse très pessimiste** puisqu'il considère que les grands pays industrialisés vont connaître une croissance très ralentie au moins sur les 25 prochaines années (thèse dite de « la **stagnation séculaire** ») ! La révolution industrielle en cours basée sur les télécommunications et le numérique ne devrait donc pas, selon lui, déboucher sur des gains de productivité importants.

Il avance à ce propos **plusieurs arguments** : caractère moins décisif des innovations actuelles (par rapport à celles des précédentes révolutions industrielles), moindre impact sur la productivité dans des économies de services, niveau d'éducation stagnant, population vieillissante, niveau important des inégalités, etc.

2. Cette thèse est-elle partagée par l'ensemble des économistes ?

En fait, la thèse de Robert Gordon divise les économistes. Pour s'en tenir aux économistes français, un certain nombre sont également **pessimistes**, tels Daniel Cohen ou Patrick Artus. P. Artus, par exemple, s'inquiète d'un ralentissement durable du progrès technique qu'il impute à différents facteurs : moindre efficacité des dépenses de R&D, importance des services dans les économies contemporaines, insuffisance des qualifications, inventions à portée plus restreinte (que par le passé)…

D'autres économistes sont à l'inverse nettement plus **optimistes**, tels Gilbert Cette ou encore Philippe Aghion. Ils invoquent d'autres arguments : des gains de productivité importants devraient progressivement intervenir (c'est une question de délais), les technologies de l'information et de la communication (TIC) changent non seulement les modes de production mais aussi les modes de production des idées, la demande d'innovation est très forte, les gains de productivité sont en réalité largement sous-estimés, etc.

3. Quelles sont les conséquences prévisibles de l'automatisation et de la digitalisation des processus de production sur les emplois ?

C'est une question très importante et complexe. L'article du *Financial Times* mentionne notamment une étude (de 2013) selon laquelle 47 % des emplois américains présenteraient un risque important d'automatisation (d'ici 10 à 20 ans).

Cette étude est cependant loin de faire l'unanimité ; de nombreux travaux (par exemple de l'OCDE) considèrent que le nombre d'emplois concernés serait en réalité nettement plus faible, ramenant ce chiffre à moins de 10 %.

Ce qui est sûr, c'est que l'automatisation va modifier à la fois la structure et la nature de l'emploi. Parmi les conséquences prévisibles, on peut citer la disparition progressive des postes à faible valeur ajoutée, l'émergence de nouveaux métiers, une complémentarité accrue entre les hommes et les robots, l'importance de faire évoluer les qualifications de nombreux opérateurs.

■ *Corrigé en anglais*

1. What arguments does the economist Robert Gordon put forward to predict a lasting slowdown of growth ?

The American economist Robert Gordon's theory is a **very pessimistic one** since he considers that big industrialised countries will undergo a period of very sluggigh growth at least during the next 25 years (a theory called "**secular stagnation**")! The current industrial revolution based on telecommunications and digitalisation should not, according to him, produce substantial productivity gains.

To illustrate his point of view, he puts forward **several arguments :** the less dramatic changes offered by current innovations (compared to those of former industrial revolutions), the lesser impact on productivity in service economies, the stagnating level of education, the aging population, the high level of inequalities, etc.

2. Is this theory shared by all the economists ?

In fact Robert Gordon's theory divides economists. Concerning French economists, several of them —such as Daniel Cohen or Patrick Artus— are also **pessimistic**. P. Artus, for instance, worries about a lasting slowing of technical progress which he blames on several factors : the lesser efficiency of R&D spending, the importance of services in contemporary economies, the insufficiency of qualifications, the more limited scope of inventions (than in the past)...

Other economists —such as Gilbert Cette or Philippe Aghion— are on the contrary definitely more **optimistic**. They use other arguments : important productivity gains should progressively appear (it's just a matter of time); information and communication technologies (TIC) not only change production processes but also the way ideas emerge; the demand for innovation is very strong; productivity gains are in fact largely under-estimated, etc.

3. What are the predictable consequences of automation and digitalization of production processes on jobs?

It's a very crucial and complex issue. The *Financial Times* article specifically refers to a survey (dated 2013) according to which 47 % of American jobs are seriously at risk of being automatized (within 10 or 20 years).

However this survey is far from being uncontroversial : several studies (for instance from the OECD) consider that the number of jobs involved could be in fact much smaller, bringing the figure down to less than 10 %

What cannot be disputed is that automation will alter both the **structure and the nature of jobs**. Among predictable consequences, we can mention the gradual disappearing of jobs with low added value, the emerging of new jobs, a heightened complementarity between men and robots, the necessary evolution of the skills of numerous operators.

4) Thème de réflexion

Au XXIe siècle, plusieurs économiques américains et européens affichent des analyses pessimistes concernant les perspectives de croissance à moyen terme. C'est le cas de la thèse de l'économiste américain Robert Gordon selon laquelle les grands pays industrialisés sont entrés dans un régime de croissance durablement ralentie. Cette thèse ne fait cependant pas l'unanimité chez les économistes. C'est l'objet ici de notre questionnement : les grands pays industrialisés en général et les pays européens en particulier se dirigent-ils effectivement (ou non) vers « la grande stagnation » ?

Dans cette perspective, on commencera par rendre compte de la thèse de Robert Gordon (partie I) avant d'examiner les arguments de ses contradicteurs (partie II).

I. LA THÈSE DE L'ENTRÉE DANS UN RÉGIME DE CROISSANCE DURABLEMENT RALENTIE

a) Les facteurs clés de la croissance

On peut rappeler tout d'abord que les économistes expliquent la croissance par la mobilisation de différents facteurs de production, essentiellement le travail et le capital, auxquels on a ajouté plus tard le progrès technique en raison d'un important résidu dans les modèles économétriques de la croissance (voir les travaux des statisticiens Carré, Dubois et Malinvaud). Les travaux les plus contemporains intègrent d'autres facteurs encore (la qualité des institutions ou les ressources naturelles).

b) Les enseignements de la « comptabilité de la croissance »

Les progrès des statistiques permettent de saisir finement l'évolution de la croissance et de ses ressorts à travers « la comptabilité de la croissance ».

Des travaux récents (A. Bergeaud, G. Cette et *alii*, 2017) portant sur les grands pays industrialisés sur la période 1890-2015 montrent l'importance capitale de l'évolution de la productivité du travail pour expliquer les changements de rythme de la croissance.

Une analyse spatio-temporelle permet d'identifier différentes phases avec, entre autres, une baisse significative de la croissance à partir du dernier quart du XXe siècle, à l'exception notable d'un sursaut temporaire aux États-Unis dans la décennie 1995-2005 (effets de la 3e révolution industrielle).

c) La thèse de « l'entrée en stagnation » de l'économiste Robert Gordon

Ces statistiques sur le passé lointain et récent donnent tout leur sens aux prédictions très pessimistes d'une stagnation du niveau de vie des pays riches dans les décennies à venir, selon les travaux de Robert Gordon. Il fonde son diagnostic prédictif sur plusieurs hypothèses avec, au cœur de son analyse, l'idée que les innovations caractéristiques de la 3e révolution industrielle auront (eu) des effets modestes et moins durables sur la productivité du travail (et par suite sur la croissance) que celles des révolutions précédentes. Il complète son diagnostic en faisant intervenir six autres facteurs indépendants du processus d'innovation (tels le ralentissement démographique, l'explosion des inégalités, etc.).

Le raisonnement de Robert Gordon s'applique d'abord aux États-Unis, mais il vaut aussi, sinon plus, pour l'Europe. Cette projection pessimiste est partagée par plusieurs économistes français, tels Daniel Cohen ou Patrick Artus.

La thèse de Robert Gordon ne fait cependant pas l'unanimité, ce dont nous allons maintenant rendre compte.

II. UNE THÈSE DISCUTABLE ET À RELATIVISER

a) L'hypothèse d'une « pause transitoire »

Plusieurs économistes, tels Erik Brynjolfsson et Andrew McAfee, ne voient dans le ralentissement actuellement observable de la productivité qu'un phénomène temporaire. Selon eux, on devrait assister ensuite à une reprise très significative de la productivité du travail, d'autant plus forte qu'elle s'appliquerait à l'ensemble de l'économie y compris les services.

Dans cette perspective, différentes technologies et innovations apparaissent particulièrement prometteuses (les robots, le *big data*, les imprimantes 3D, les voitures sans conducteur, etc.).

Ces économistes soulignent la vision dépassée de l'innovation de R. Gordon : elle réside plus aujourd'hui dans l'accroissement de nos capacités cognitives et de l'efficacité de notre « capital intellectuel » permis par les ordinateurs et les autres avancées digitales. La révolution en cours devrait permettre la démultiplication des connaissances et, par voie de conséquence, de l'innovation (loi de Moore). On peut ajouter qu'intervient ici aussi, la variable « temps » : l'application et la diffusion des innovations à l'ensemble de l'économie supposent du temps. Ces innovations nécessitent en parallèle d'importants changements au niveau par exemple des institutions.

b) Un mode de calcul des gains de productivité plus en plus inadapté

Une deuxième critique forte des projections de Robert Gordon provient tout simplement de la difficulté de plus en plus grande de l'appareil statistique à saisir les progrès de la productivité en raison, entre autres, de l'importance croissante tenue par les facteurs immatériels plus qualitatifs que quantitatifs. Plusieurs problèmes peuvent être mentionnés : l'appréhension insuffisante des dimensions qualitatives du travail, la difficulté ou l'impossibilité d'un partage volume-prix dans les services, etc.

c) L'Europe a d'importantes marges de manœuvre

Plusieurs économistes français (comme Gilbert Cette) soulignent l'existence d'importantes marges de manœuvre concernant l'Europe. Plusieurs arguments sont avancés : des « retards » dans le déploiement et la diffusion des nouvelles technologies, un excès d'épargne et corrélativement une insuffisance de la demande, l'existence de régulations contraignantes sur les marchés des biens et du travail défavorables à la croissance de la productivité, etc. Un rattrapage de l'Europe (sur les États-Unis) semble donc possible mais suppose des changements notamment institutionnels et de gouvernance.

CONCLUSION

En conclusion, la thèse de Robert Gordon aboutit à l'idée d'un engagement durable des États-Unis mais aussi de l'Europe dans un régime de croissance faible. Néanmoins, on a vu que de nombreux économistes ont un regard différent, des économistes qui tablent à la fois sur la diffusion et le plein effet à venir des nouvelles technologies.

D'autres encore ne s'inquiètent pas de ce ralentissement (statistique) de la croissance, tel Jean Gadrey pour qui les gains de productivité (dans les services) se font au prix d'une baisse de la qualité et souvent de dégâts écologiques. Pour lui, même sans croissance des gains de productivité tels qu'on les définit, la prospérité est possible.

CHAPITRE 3 • L'ÉCONOMIE DE LA CONNAISSANCE ET DE L'IMMATÉRIEL

Application 3 : THÈMES ET QUESTIONS DE RÉFLEXIONS

Corrigé en français des cinq premières questions

1. Quels savoirs diffuser ?

La réponse à cette question doit être abordée dans une approche dynamique. Il semble, en effet, que nous soyons passés d'un environnement économique où les savoirs étaient **formels, individuels** et plutôt de l'ordre du **savoir-faire** à une économie fondée sur la connaissance dans laquelle on parle plus volontiers **de savoirs tacites**, de **savoir être**, de **savoir faire-faire** et enfin de **savoirs collectifs**. Les problématiques en matière **d'identification et de transmission** n'en sont devenues que plus complexes.

2. Quelle place pour la connaissance dans les mécanismes de croissance ?

Pour répondre à cette question il faut revenir à la théorie de la croissance endogène en privilégiant deux axes. D'une part, la connaissance renvoie aux **besoins de formation** à la fois initiale et continue au regard de l'accélération des changements technologiques. D'autre part, l'économie fondée sur la connaissance donne une place plus importante que par le passé à **la recherche et développement.**

Qu'il s'agisse de formation ou de recherche et développement, le rôle de l'État apparaît primordial.

3. Le savoir est-il source d'inégalités ?

Le savoir est une source d'avantages concurrentiels, pour les entreprises sur les marchés des biens et services mais aussi pour les actifs sur le marché du travail. En conséquence, un savoir inégalement réparti est à l'origine d'inégalités voire d'exclusion. Il ne faut pas oublier, en effet, qu'une grande partie du chômage structurel que connaissent les pays développés et notamment la France s'explique par une **inadéquation en matière de qualification**s de certains demandeurs d'emplois au regard des exigences du marché du travail. Ici aussi, on insistera sur le rôle de l'État afin d'assurer un fonctionnement plus équitable de ce dernier.

4. Quels mécanismes de marché pour la connaissance ?

La connaissance apparaît comme un bien économique particulier, c'est en effet un **bien non exclusif** (difficile d'en limiter la consommation à un individu), c'est un **bien non rival** (pas de perte de valeur dans l'utilisation), c'est enfin un **bien cumulatif** (sa consommation contribue à l'émergence de nouveaux savoirs). La connaissance est ainsi assimilable à un **bien public et source d'externalités**. Il semble difficile de la soumettre à des mécanismes de marché traditionnels. Ici aussi, l'État doit intervenir pour inciter les entreprises à investir dans la connaissance et pour permettre aux acteurs d'acquérir des savoirs par une prise en charge complète ou par des aides au financement.

5. Faut-il toujours transmettre la connaissance ?

La réponse à cette question est différente selon les acteurs concernés. Pour les entreprises, la transmission du savoir est une question stratégique. Elle conditionne l'avenir de la société parce que la diffusion du savoir à l'intérieur de la firme constitue un facteur clé de succès. Cependant, cette transmission ne va pas sans comporter des risques de voir les savoirs captés par le marché (concurrent ou client). Il s'agira alors de raisonner dans une approche coût (coût du risque ou de couverture de celui-ci) / bénéfice (avantages concurrentiels liés à la diffusion). Pour les actifs, notamment salariés, le non partage d'une connaissance maîtrisée peut être synonyme de pouvoir. Dans ce cas, les acteurs n'ont pas d'intérêt à diffuser leur savoir. Il s'agira alors pour les dirigeants d'entreprise de mettre en place à leur tour des stratégies d'incitation. Enfin, au regard des externalités positives liées à la diffusion de la connaissance, l'État a tout intérêt à favoriser la diffusion la plus large de la connaissance tout en offrant aux acteurs privés la possibilité de protéger leur savoir.

■ *Corrigé en anglais des 5 premières questions*

1. What kind of knowledge should circulate ?

This matter has evolved with time. Indeed, we've gone from an economic environment where knowledge was **formal**, **individualistic**, more in the form of **know-how**, to a knowledge-based economy where knowledge is expressed more in terms of **tacit** knowledge, **social skills**, **ability to get somebody to do something** and at last **shared knowledge.** The issues regarding **identification** and **transmission** have become more complex with this evolution.

2. What part does knowledge play in the mechanisms of growth ?

One must refer to the theory of endogenous growth, considering two angles. On the one hand, knowledge corresponds to a need for education and training, following technological changes. On the other hand, the knowledge-based economy focuses more than in the past on **research and development**. Whether it is about training or research and development, the role of the state is essential.

3. Is knowledge a source of inequalities?

Knowledge gives a competitive edge to firms on consumer goods markets and services, but also to the working population on the job market. Therefore, a knowledge that is unequally shared engenders inequalities and exclusion. Indeed, one must not forget that structural unemployment experienced by western countries, especially France, can be accounted for by a skills inadequacy of some job-seekers as regards job-market requirements. Here too, the role of the state is essential in order to ensure that the job-market should operate in a fairer way.

4. What are the market mechanisms of knowledge?

Knowledge is a specific economic good, indeed it is a **non-exclusive** good (it is difficult to limit its consumption to an individual), it is a **non-rival** good (it doesn't lose its value when used), and finally it is a **cumulative** good (its consumption contributes to the emergence of new forms of knowledge). So knowledge can be compared to a public good and a **source of externalities**. It is difficult to submit knowledge to the mechanisms of traditional markets. Here again, the state must intervene to encourage firms to invest in knowledge. It must help individuals to acquire knowledge with full or partial financial aids.

5. Should knowledge always be transmitted?

The answer to this question is different according to whoever is concerned. For firms, knowledge transmission is a strategic issue. It is essential to the future of the company because circulating knowledge inside the firm is a key factor of success. However this transmission is risky; knowledge can be stolen by the market (competitor or client). It will be necessary to evaluate the cost (cost of the risk or risk coverage), the profit (competitive edge linked to circulation). For the working population, especially the employees, when mastered knowledge is not shared, it may be synonymous with power. In this case, individuals had better not spread their knowledge. In turn, company managers will have to set up strategic incentives. Finally, because of positive externalities linked to the circulation of knowledge, the state had better privilege the widest circulation of knowledge while offering private individuals the possibility of protecting their knowledge.

Cas 3 : EXTRAIT DE TEXTE EN ANGLAIS

1) Questions de compréhension

■ *Résumé*

§1: *Pundits fear robots* may replace *workers* and make them *jobless.* It *reminds* the *author* of the hostility to *machines* in the *19th century.*

§2: Thanks to *sophisticated algorithms, computers* can already *perform multiple tasks. Unsurprisingly, human beings* feel *threatened.*

§ 3: *Yet,* it is very *unlikely robots* should *seize power.*

§4: What is *more likely* is that *automation* will *create jobs.* This *phenomenon* has *always* been *observed* with *new technologies.*

§5: The *biggest challenges governments face* is to *help today's workers adapt* and *train future generations.*

§6 & 7: *Education*, *professional training* and *social protection* will *have to* be *updated* and *personalised.*

§8: *Technological progress cannot* be *stopped*, but it is up to *governments* to *accompany citizens* through the *changes.*

2) Questions grammaticales

La proposition infinitive

Teachers encourage their students, they want them to get good grades.

In France, the government expects teachers to follow a national curriculum.

The recent cuts in the number of teachers make them feel unsatisfied.

They would like the government to devote more money to education.

In Finland, the government lets teachers have total freedom in the choice of programmes.

Many parents want their children to succeed.

In Asian countries Governments incite young people to go to university.

My parents prefer me to attend a private school.

Le pronom personnel indéfini à sens général

1. One must never skip school
2. One should never neglect one's education
3. One must know how to introduce oneself when one applies for a job
4. One must always think about one's future
5. It is difficult to make up one's mind

3) Questions économiques

Corrigé en français

1. Quelles menaces l'intelligence artificielle ferait-elle peser sur les personnes ?

L'intelligence artificielle (IA) permet de résoudre des tâches et activités professionnelles extrêmement sophistiquées à la place de personnes. Tout comme à l'époque des Luddites en Angleterre et des Canuts en France, la thèse du chômage technologique est à nouveau mise sur le devant de la scène. De nouvelles machines et technologies se substitueraient avec plus d'efficacité au travail humain rendant celui-ci redondant et sans utilité. Le chômage et la pauvreté s'en trouveraient alors aggravés. Par ailleurs, la perte de contrôle de l'IA qui parviendrait à prendre le pouvoir sur les personnes est parfois redoutée. Cependant, elle est plus un mythe de science-fiction qu'une probable réalité à venir.

2. Quelles sont les opportunités de l'intelligence artificielle ?

L'histoire et le raisonnement doivent nous faire nuancer la thèse du chômage technologique qu'aurait ravivée l'IA. D'abord, l'IA a besoin de salariés qui disposent de compétences complémentaires pour qu'elle fonctionne dans l'organisation. L'IA détruira les emplois auxquels elle se substitue mais en créera d'autres plus complémentaires (dans les systèmes d'information, la maintenance, etc.). De plus, l'accroissement de l'efficacité productive liée à la substitution de l'IA à certains emplois libère de la main-d'œuvre qui pourra être occupée à d'autres tâches (le conseil individualisé, etc.), créant ainsi plus de valeur pour le consommateur. Aussi, les gains de productivité obtenus correspondent à des gains de revenus qui pourront être investis dans de nouvelles activités éventuellement créatrices d'emplois.

3. Quels sont les défis de l'Intelligence artificielle ?

La crainte technologique relative à l'expansion de l'IA s'explique aussi par l'incroyable rapidité des changements de qualifications et d'emplois qu'elle impose aux salariés. Ces derniers et les organismes de formation initiale et continue sont contraints à une incessante flexibilité afin d'actualiser et de modifier en permanence les qualifications nécessaires. Les risques de déclassement des compétences sont particulièrement élevés pour les individus du fait de l'IA. Les mécanismes de protection sociale (assurance-maladie, retraites, assurance-chômage), en matière de financement et d'octroi de prestations, devraient alors être organisés dans une relation directe entre l'assuré et les organismes de prévoyance. Les prestations et financements sociaux s'adapteraient ainsi beaucoup mieux aux parcours individuels des personnes alors qu'actuellement les employeurs sont trop présents dans cette relation.

■ *Corrigé en anglais*

1. What threats does artificial intelligence pose to people?

Artificial intelligence makes it possible to carry out extremely sophisticated tasks and professional activities without the intervention of human beings. Like at the time of the Luddites in England and the Canuts in France, the theory of technological unemployment is again brought forward. New machines and technologies could replace human work while being more efficient, making workers redundant and useless. Then, unemployment and poverty could increase. Besides, the loss of control of AI, which could take control over humans, is sometimes feared. However, it is more a myth than a reality for the future.

2. What opportunities does AI offer?

History and reasoning must make us question the theory of technological unemployment which AI has revived. First, AI needs employees who have complementary skills to make it work in an organisation. AI will destroy the jobs which it replaces, but it will create other complementary jobs (in information systems, maintenance, etc.). Moreover, the increase of productive efficiency produced by the replacement of certain jobs by AI frees the labour force, that then will be able to focus on other tasks (personalised advice for instance), thus creating more added value for the consumer. So, the productivity gains obtained correspond to income gains which may be invested in new activities, thus potentially creating new jobs.

3. What challenges does AI raise?

The technological fear related to the expansion of AI can also be explained by the incredible speed of qualification and job changes imposed to workers. The latter as well as educational organisations (at school or on-the-job) have to be constantly flexible in order to update and adapt the necessary qualifications. The risks of seeing their skills downgraded are particularly high for individuals because of AI. Social protection mechanisms (healthcare, pensions, unemployment benefits), in terms of funding and benefits entitlement, should be reorganised with a bigger emphasis on a personal relationship between the beneficiary and social agencies. This way, allowances and social benefits would be more adapted to the individual career path of people, while now employers are interfering too much in this relation.

4) Thème de réflexion

L'économie de la connaissance succède à l'ère industrielle et pose par conséquent de nouvelles problématiques. L'association connaissance système éducatif semble être une évidence. L'acquisition de connaissances passe pour une grande partie par la formation qui peut être initiale ou continue. L'économie de la connaissance exige une montée en compétence des individus au service de la croissance. Mais si le système de formation doit être abordé en termes quantitatifs, l'analyse de ses performances ne peut se limiter à cette unique dimension. En effet, l'économie de la connaissance pourrait tout à fait être rebaptisée économie des connaissances et la question reste de déterminer la nature des savoirs qu'il faut transmettre. D'une manière plus globale encore la problématique demeure de savoir quelles sont les exigences attendues d'un système de formation performant au service de l'économie de la connaissance.

I. *LE SYSTÈME DE FORMATION EST INDISPENSABLE DANS LE CADRE DE L'ÉCONOMIE DE LA CONNAISSANCE*

a) La connaissance : moteur de la croissance

Pendant longtemps on a pu considérer que le développement économique était le préalable à la mise en place d'un système de formation ouvert au plus grand monde. C'est en effet à la fin du XIXe siècle lors du démarrage de l'ère industrielle que les systèmes éducatifs publics ont vu le jour.

Par la suite, les besoins en connaissance à des fins économiques se sont limités à une certaine élite. Pour les salariés de base les exigences en matière de qualification sont restées relativement faibles. Avec la théorie de la croissance endogène, la connaissance apparaît comme un élément essentiel de la performance économique.

De ce fait, il incombe à l'État de prendre en charge directement une partie de l'éducation et de stimuler par ailleurs les efforts de formation des entreprises.

b) La formation relève de la logique de l'investissement

Si l'on veut s'appuyer sur des travaux théoriques, on pourra citer la théorie du capital humain de G. Becker. Dans une logique de bonne intégration au marché du travail, les agents se doivent d'investir en formation. Ici aussi l'État doit réduire les coûts que génère cet investissement.

Au cours des trente glorieuses, l'État a su faire face à la montée des effectifs avec le phénomène du baby-boom. Aujourd'hui, c'est à un autre problème générationnel qu'il faut faire face avec les départs massifs à la retraite de la génération devenue la génération du papy-boom.

Toutefois, l'adéquation du système de formation à l'économie de la connaissance ne se limite pas à des aspects strictement quantitatifs.

II. *L'INDISPENSABLE RÉFLEXION SUR LA NATURE DES BESOINS EN FORMATION*

a) La nécessaire articulation entre formation initiale et formation continue

On peut revenir sur les deux modèles en matière de formation que sont le modèle allemand et le modèle japonais.

Il semble important de mettre en place des systèmes de formation qui s'appuient sur des pratiques d'apprentissage comme dans le modèle germanique. Une meilleure adéquation des formations proposées aux exigences du marché du travail est ainsi assurée. Les systèmes européens semblent aujourd'hui quelque peu dépassés.

Une autre approche met également l'accent sur la formation initiale, la société japonaise est apparue à cet égard comme une référence. En la matière, les Européens semblent devoir être dépassés par les grandes puissances émergentes que sont la Chine et l'Inde.

b) L'adaptation permanente

Dans une économie de la connaissance, les savoirs qu'il faut maîtriser sont variés et changeants. Leur nature est complexe : savoir être, savoir faire... De nouvelles formes de transmission des savoirs doivent être adoptées (voir à ce propos les travaux de Nonaka).

L'exigence d'adaptation est aujourd'hui beaucoup plus forte ce qui justifie l'idée d'une formation continue tout au long de la vie professionnelle.

Toutefois, l'évolution permanente des savoirs ne peut pas satisfaire de systèmes de formation excessivement formalisés (autour de vastes programmes nationaux) et centralisés. Une plus grande autonomie doit être laissée aux formateurs tant sur le contenu que sur les formes de pédagogie comme le montre l'exemple finlandais.

Chapitre 4 • Réseaux, territoires, pôles de compétitivité

Application 4 : THÈMES ET QUESTIONS DE RÉFLEXION

Corrigé en français des cinq premières questions

1. Quels territoires prendre en compte dans l'analyse économique?

Si Adam Smith s'interrogeait sur l'origine de la Richesse des Nations, les économistes aujourd'hui sont contraints d'élargir le champ géographique de leurs analyses. Si l'on cherche à étudier les mécanismes de marché, la notion même de mondialisation nous pousse à le faire à l'échelle de la planète. Dans un tel cadre, l'action de l'Etat-Nation apparaît comme inefficace. Cette remise en cause est renforcée par l'existence de zones d'intégration régionale, à l'image de l'Union Européenne, de plus en plus nombreuses. Enfin, le concept de Nation est également mis à mal par le développement des régions que les politiques économiques contribuent elle mêmes à stimuler dans une logique de rattrapage ou de développement d'avantages concurrentiels.

2. L'amélioration de la compétitivité passe-t-elle par une intervention de l'État?

Il faut préciser de quelle amélioration de la compétitivité nous parlons. En effet, par le biais de pratiques de **dumping social, fiscal ou monétaire** l'État peut certes améliorer les performances des entreprises exportatrices mais ceci se fera au détriment des consommateurs et/ou des actifs nationaux. À cela, on ajoutera les risques de voir les partenaires commerciaux prend des mesures de rétorsion contre les entreprises nationales exportatrices.

En revanche, s'il s'agit d'accroître la **compétitivité réelle** des entreprises par une appréciation de la qualité de leur offre en adoptant des mesures stimulant la recherche et développement, les bénéfices seront sensibles. De telles politiques sont profitables sur la durée au commerce extérieur du pays. Elles favorisent également par des investissements en formation l'accroissement de la qualification des salariés et permettent d'offrir aux consommateurs nationaux des produits de meilleure qualité.

3. Quelle politique européenne pour les régions ?

Très tôt des politiques européennes ayant pour cible le développement des régions ont été mises en œuvre. Il s'agissait de faciliter le **rattrapage des régions** les plus en retard en matière de développement afin de faciliter la **convergence des différentes zones** de l'Union Européenne et ainsi contribuer à l'harmonisation du grand marché européen. Ces politiques ne s'inscrivent pas dans une approche régionale visant à accroître la compétitivité des régions européennes face à leurs concurrentes étrangères. Elles s'accompagnent de plus de deux effets pervers. Le premier réside dans les externalités négatives provoquées par les investissements dans les infrastructures de transport. Le décloisonnement que ces investissements provoquent n'incite plus les entreprises à venir s'implanter dans la zone considérée, ne contribuant pas ainsi à combler le retard de cette dernière. De plus, en termes d'allocations de ressources, les sommes allouées pour des régions peu dynamiques sont perdues pour des zones plus performantes.

4. Quelles stratégies des firmes dans leur décision de localisation ?

Les stratégies de localisation des firmes ont grandement évolué depuis plus de trente ans. Longtemps, dans une perspective de **flexibilité quantitative et de réduction des coûts,** les multinationales s'implantaient dans des régions où les conditions sociales leur étaient les plus favorables. Si ces pratiques n'ont pas totalement disparu, d'autres approches sont apparues avec comme préoccupation centrale, **la proximité**. Proximité qui favorise les relations entre clients et fournisseurs et qui explique les phénomènes de concentration géographique. Proximité également comme source de confiance et qui facilite la mise en œuvre de politiques de délocalisation de la recherche-développement.

5. Faut-il délocaliser les activités de recherche et développement ?

La délocalisation des activités de recherche et développement peut constituer une **pratique dangereuse** tant les efforts dans ce domaine sont source d'avantages concurrentiels. Si les firmes adoptent de telles politiques, c'est qu'elles espèrent des « **rencontres productives** » entre les différents acteurs de la zone travaillant dans le même domaine. De plus, les entreprises peuvent être attirées par le potentiel que représente la **recherche publique du pays hôte**. C'est un aspect que les politiques structurelles doivent prendre en compte pour accroître l'attractivité du territoire national.

■ *Corrigé en anglais des cinq premières questions*

1. Which « territories » are to be taken into account in economic analysis ?

Even if Adam Smith wondered about the origin of the Wealth of Nations, today, economists have to broaden the geographical scope of their analyses. If we try to study how the market works, globalisation forces us to do so on an international scale. In such a context, the action of the State looks inefficient. This is all the truer as more and more regional trade blocs have been created, such as the European Union. Finally the concept of Nation is questioned by the development of regions which economic policies contribute to stimulate, as a means of upgrading or developing competitive advantages.

2. Can competitiveness be improved through State intervention ?

One must specify which improvement of competitiveness we are talking about. Indeed, through **social, tax, or monetary dumping**, the State can improve the results of exporting firms, but it will be at the consumers' and/or the working population's expense. We can also add the risks of seeing business partners retaliate against domestic exporting companies.

On the other hand, if it is a matter of increasing the **real competitiveness** by improving the quality of the offer through research and development, the benefits will be substantial. Such policies benefit foreign trade in the long term. They also upgrade workers' skills thanks to investments in training and offer domestic consumers better-quality products.

3. What are the best European policies for regions?

Very early on, European policies targeting regional development were implemented. They were meant to facilitate the **improvement of least developed regions** in order to allow **the various areas of the European Union to converge** and thus contribute to the harmonisation of the large European market. These policies are not part of a regional approach to increase the competitiveness of European regions with respect to their foreign competitors. They come with two side effects. The first consists of negative externalities caused by investment in transport infrastructure. The opening up caused by these investments no longer incites companies to set up in the area and thus doesn't help this area to catch up its backwardness. Moreover, when it comes to resource allocation, the amounts given to less dynamic regions become unavailable for more dynamic ones.

4. What are the firms' strategies when they decide to relocate?

Location strategies of firms have evolved vastly in the last thirty years. For a long time, from the standpoint of **quantitative flexibility and cost cutting,** multinationals have set up themselves in areas where the social conditions were most favourable. These practices still exist but other approaches have appeared since firms are preoccupied with **proximity**. This proximity benefits relationships between clients and suppliers and explains the phenomenon of geographical concentration. This proximity is also a source of confidence and it facilitates the relocation of research and development.

5. Should research and development departments be relocated?

Outsourcing research and development can be a **dangerous** practice insofar as efforts made in this field are sources of competitive advantage. If firms adopt such policies, it is because they expect "synergies" between the different players in the area working in the same field. Moreover these firms may be attracted by the potential of **public research in the host country**. This aspect should be taken into account in structural policies to increase the attractiveness of a country.

Cas 4 : EXTRAIT DE TEXTE EN ANGLAIS

1) Questions de compréhension

Mots du texte	Définitions
outpost	a distant station
cluster	pool of companies
allure	attraction
in the sticks,	in the countryside

☞

☞

Mots du texte	Définitions
warehouse	building where goods are stored
oversee	supervise
facilities	premises
remote	far away
in the boonies	in the countryside
high-end	upmarket, top-end
outskirts	suburbs

2) Questions grammaticales

■ *"Make or do"*

Make	Do
A decision A policy An effort A mistake A complaint A fuss	Business Research One's best A job Nothing

■ *Faux-amis*

Anglais	Français
ex : allure	**attirance**
plant	usine
appeal	attirer
chance	hasard
actually	en réalité
hazard	danger
eventually	finalement
resume	reprendre
sensible	raisonnable
rest	se reposer
delay	retard

3) Questions économiques

1. Quelles sont les raisons qui expliquent le choix d'implantation de Valeo ?

Plusieurs raisons expliquent la décision *a priori* paradoxale de Valeo de s'installer dans un bourg isolé, loin de ses clients.

Tout d'abord, l'implantation d'une entreprise dans un territoire particulier est déterminée par l'histoire de cette entreprise et de ce territoire. Valeo racheta l'entreprise Connaught installée à Tuam, spécialisée dans les caméras équipant les véhicules, et décida alors de renforcer sur place son activité déjà performante plutôt que de la déplacer.

Par ailleurs, attirer des salariés disposant de solides compétences scientifiques et techniques dans des « coins isolés » ne semble pas aussi difficile que çà. Certains d'entre eux, notamment en provenance de pays émergents, sont sensibles à la modestie du coût de la vie, en termes d'accès au logement notamment, qu'autorise ce type d'implantation.

Plus largement, beaucoup sont intéressés par qualité de vie que permet ce type de localisation « proche de la nature », du moment que les infrastructures attendues en termes de scolarité pour les enfants, d'accès aux soins généraux, soient présentes.

Ainsi, l'éloignement relatif de Valeo de ses clients et des zones de concentration industrielle semble être largement compensé par ces avantages. Les *clusters* peuvent quant à eux être soumis à des coûts d'encombrement et de congestion liés à la forte densité industrielle et urbaine (hausse du coût du foncier, salariés logés loin de leurs lieux de travail, etc.) qui peuvent amoindrir, voire annuler, les gains qu'ils apportent par ailleurs à leurs participants.

2. Pourquoi la plupart des entreprises font-elles un choix opposé à celui de Valeo ?

Beaucoup d'entreprises industrielles choisissent habituellement de se regrouper sur un territoire commun afin de bénéficier d'économies d'agglomération. Ces économies correspondent à la diminution du coût moyen de production d'entreprises du fait même d'être regroupées géographiquement.

En premier lieu, la densité industrielle sur un territoire est liée à l'importance d'une ressource commune ; par exemple, des entreprises vont s'installer dans une région donnée qui dispose d'une ressource naturelle particulière ou d'un marché du travail actif.

Ensuite, le travail de proximité génère des externalités positives pour l'ensemble des entreprises d'un *cluster*. Ces avantages peuvent provenir d'une coopération sur certains éléments de leurs chaînes de valeur ; par exemple, dans l'électronique, des entreprises peuvent travailler ensemble sur la mise au point d'une norme technologique donnée et ensuite développer leurs propres produits dans une logique concurrentielle : on parle alors de **coopétition**, combinant ainsi la coopération et la compétition. L'ensemble de ces aspects explique que les acteurs des entreprises (salariés, fournisseurs, clients) aient besoin d'une proximité physique pour échanger notamment des connaissances tacites. Par ailleurs, la proximité renforce aussi la réactivité des entreprises.

3. À l'heure de l'économie de l'immatériel, n'est-il pas paradoxal de donner de l'importance aux territoires pour attirer les firmes ?

Les connaissances et les technologies du numérique, caractéristiques de l'économie de l'immatériel, permettent à des activités économiques de se libérer des contraintes de temps et de lieu. Par exemple, des hôpitaux américains ou canadiens transmettent le soir ou la nuit des radiographies à des entreprises situées en Inde (où à ce moment-là c'est la journée) qui seront analysées par des médecins de New Delhi ou de Mumbai ; les spécialistes indiens peuvent sans difficulté envoyer leur compte-rendu à la fin de leur journée, c'est-à-dire au début de celle de leurs homologues nord-américains.

Pourtant, « l'unité de lieu » semble avoir beaucoup d'importance dans la performance d'entreprises de l'économie immatérielle. En effet, la spécialisation croissante des compétences, des processus de production, les logiques de sous-traitances, induisent un besoin croissant de coordination entre entités économiques. Cette coordination est facilitée par une proximité géographique. Aussi, beaucoup de connaissances sont tacites et nécessitent une proximité entre les acteurs économiques afin de développer une confiance mutuelle dans leurs échanges.

Enfin, des entités différentes (entreprises, laboratoires de recherche, organisme de financement, etc.) peuvent coopérer sur des projets innovants qui ont besoin de cette confiance mutuelle entre les acteurs fondée, entre autres, sur la proximité géographique.

Corrigés en anglais

1. What are the reasons which explain the choice of location of Valeo?

Several reasons explain this seemingly paradoxical decision. First, the setting up of a company in a specific territory is determined by the history of this firm and of this territory. Valeo took over Connaught, a firm specialised in movie cameras for vehicles located in Tuam, and decided to strengthen its already successful activity on site rather than move it.

Besides, attracting employees with strong scientific and technical skills to remote places does not seem so difficult. Some of them, especially from emerging countries, are sensitive to the low cost of living, particularly in terms of accommodation.

More generally, many of them are interested in the quality of life which this country location offers as long as health and school infrastructures are there. Thus, the relative distance of Valeo from its customers and industrial concentration areas seems largely compensated by these advantages. Clusters can be submitted to congestion costs linked to the high industrial and urban density (high property costs, employees living far from their workplace...) which may lessen or cancel the benefits that they bring to their participants.

2. Why do most companies make a different choice from that of Valeo?

Many industrial firms usually gather in the same place. Economists have long highlighted the existence of economies of clusters. They correspond to the decrease of the average production cost of a company due to their geographical regrouping.

First the industrial density on a territory is linked to an important common resource. For instance, firms will set up in a given area which has a specific natural resource or an active job market.

Then local work generates positive externalities for all the firms of a cluster. These benefits can come from a cooperation regarding some elements of their value chain. For instance, in electronics, firms can work together on the setting up of a technological standard and then develop their own products in a competing context : one speaks of **coopetition**, thus combining cooperation and competition. All these aspects can explain why firm contributors (employees, providers and customers) should need a physical closeness, especially to exchange their tacit know-how. Besides, closeness reinforces the firms' reactivity.

3. At the time of the intangible economy, is it not paradoxical to focus on territories to attract companies?

Digital knowledge and technologies, specific to the intangible economy, allow economic activities to free themselves from constraints of time and place. For instance, in the evening or at night, American or Canadian hospitals transmit radios to companies located in India where it is daylight. Doctors in New Delhi or Mumbai will examine these radios and send their report at the end of the day in India, which is the beginning of the day in North America.

Yet, « unity of place » seems to have a lot of importance in the performance of digital companies. Indeed the growing specialisation of skills, of production processes, and subcontracting processes imply a growing need for coordination between economic units. This coordination is made easier by geographical closeness. So, much knowledge is tacit and requires proximity between economic contributors in order to develop mutual trust in their exchanges.

Finally, different units (companies, research laboratories, funding organisations, etc.) can cooperate on innovative projects that require mutual trust between contributors based on geographical closeness.

Chapitre 5 • Croissance économique, équilibres sociaux et environnementaux

Application 5 : THÈMES ET QUESTIONS DE RÉFLEXION

Corrigé en français des cinq premières questions

1. Quel(s) agrégat(s) retenir pour mesurer la croissance et le développement économique et social ?

La question des agrégats est une question inscrite au cœur de bien des débats économiques. L'agrégat de référence pour mesurer la croissance reste le PIB, mais dont on connaît bien les nombreuses limites. Aussi pour mesurer le développement dans ses dimensions sociales et/ou environnementales recourt-on à d'autres indicateurs tels que l'indicateur de développement humain (IDH).

2. La thèse de la décroissance est-elle envisageable ? Et à quelles conditions ?

La thèse de la décroissance est l'une des alternatives économiques proposées par certains économistes aux effets négatifs de la croissance au plan environnemental. Cette vision postule des changements souvent radicaux en matière de mode de production et de consommation. Elle suppose cependant la réunion de nombreuses hypothèses très contraignantes : acceptation d'une croissance négative par les habitants des pays riches, acceptation d'un retour à des formes traditionnelles de consommation et de production, etc. C'est la raison pour laquelle cette vision a de nombreux détracteurs qui la jugent profondément irréaliste.

3. Comment expliquer les inégalités de développement ?

Les inégalités de développement peuvent être expliquées de différentes façons selon la théorie du développement à laquelle on se réfère. Pour les libéraux, le sous-développement est une question de retard et donc de temps. Le développement d'un pays suppose de franchir un certain nombre d'étapes successives. D'autres théories beaucoup plus critiques invoquent les effets négatifs de la dépendance économique des pays pauvres par rapport aux pays riches ; le développement des pays riches a conduit au blocage du développement d'autres pays. On retrouve ce débat aujourd'hui au plan de l'analyse des impacts de la mondialisation sur le développement économique : pour certains la mondialisation est une opportunité de développement pour les PED ; pour d'autres cette mondialisation sans protections a des effets très inégalitaires sur le développement économique.

4. La responsabilité sociale et environnementale des entreprises est-elle une pratique rentable pour les entreprises ?

La question de la rentabilité des pratiques de responsabilité sociale et environnementale par les entreprises est une question clé pour les entreprises. Les études statistiques semblent majoritairement indiquer une corrélation positive entre profit et pratique d'une responsabilité sociale. Mais il existe beaucoup de travaux arrivant à des conclusions contraires. Aussi la réponse à cette question reste finalement encore incertaine.

5. Quels sont les principaux outils de la responsabilité sociale et environnementale ?

Les outils de la responsabilité sociale et environnementale sont nombreux et en pleine évolution. On peut citer notamment les codes de conduite, les normes et labels, les rapports sociaux et environnementaux ou encore la notation sociale et environnementale. Ces outils permettent d'une part d'améliorer la pratique des entreprises dans ce domaine et d'autre part de fournir des éléments d'information aux investisseurs intéressés par les entreprises socialement responsables.

■ *Corrigé en anglais des cinq premières questions*

1. What aggregates should be used to measure growth and social and economic development?

The issue of aggregates is central to many economic debates. The benchmark aggregate of growth remains the GDP, whose limits are well-known. So, to measure social and environmental development, one resorts to other indicators such as the human development index (HDI).

2. Can the theory of negative growth be envisioned? And under what conditions?

Some economists propose negative growth as an economic response to the negative effects of growth on the environment. This concept supposes changes that are often radical when it comes to production and consumption. Yet it requires a combination of many constraining parameters : acceptance of negative growth by the population of rich countries, acceptance of a return to traditional forms of production and consumption, etc. This is the reason why this vision is highly controversial and detractors find it deeply unrealistic

3. How can one explain development inequalities?

Development inequalities can be explained in different ways according to the development theory referred to. The liberals tend to present under-development as a matter of delay and so of time. The development of a country requires going through successive stages. Other more critical theories highlight the negative effects of poor countries' dependence on rich countries; the rich countries' development has led to stopping other countries' development. This question is being debated today when the effects of globalisation on economic development are analysed. According to some, globalisation is an opportunity of growth for emerging countries. According to others, this unprotected globalisation promotes inequalities of economic development.

4. Is corporate social and environmental responsibility profitable for companies?

The profitability of social and environmental responsibility is a key issue for companies. Most statistical surveys show a positive link between profit and corporate social responsibility. But several studies conclude to the contrary. So the answer to this question still remains uncertain.

5. What are the main tools of social and environmental responsibility?

The numerous tools of social and environmental responsibility are evolving. We can mention codes of conduct, standards and labels, social and environmental reporting, or else sustainability assessment. These tools enable companies to improve their practices in this area and to supply information to investors interested in socially responsible companies.

Cas 5 : EXTRAIT DE TEXTE EN ANGLAIS

1) Questions de compréhension

■ *Vocabulaire du texte*

espérance de vie	life expectancy
apporter, produire	yield
non résolu	unaddressed
saper	undermine, underpin
durable	sustained
cadre	framework
renforcer	enhance
blocage	bottleneck

■ *Sens du texte*

a) The gains have been substantial

b) Many of the changes have not reached a vast number of people yet

c) The growth dynamic has brought substantial costs…

d) It is about favouring economic growth

2) Questions grammaticales

■ *Structures verbales*

- **Setting up** a real market of pollution rights may prove difficult
- When it comes to **cutting** carbon emissions, economic powers are reluctant to **make** sacrifices.

- We will stop deforestation by **compensating** native populations for the loss of income.
- If America starts **taking** measures, China and India will follow
- Westerners are used to **wasting** energy, they should be more committed to **recycling**.
- Politicians prefer **pleasing** the voters to **tackling** the tough issues

■ *Comparatif et superlatif*

- Because of climate change, temperatures are becoming **higher and higher**.
- In spite of global warming, it's **the coldest** winter we've ever had.
- **The warmer** the temperatures, **the thinner** the ice cap.
- The situation has become much **worse** since the beginning of the century.
- India and China pollute, nearly **as much as** the US.

3) Questions économiques

■ *Corrigé en français*

1. Indiquez quelques bienfaits de la croissance économique enregistrée depuis plus d'un siècle

La croissance passée a permis un nombre considérable de retombées positives; le texte en appui mentionne par exemple l'allongement considérable de l'espérance de vie dans de nombreuses régions du monde ou encore le développement du temps de loisir. Ces retombées ont bénéficié bien sûr aux pays riches, mais également à de nombreux pays en développement qualifiés aujourd'hui de pays émergents.

2. Quels sont les deux défis auxquels doit répondre « la croissance verte » ?

Ce double défi résulte de l'impératif, d'une part, de stimuler la croissance économique et le développement et, d'autre part, de s'assurer que le patrimoine naturel de la Terre continue à fournir les ressources et les services environnementaux dont dépend notre bien-être.

3. Que recouvre la stratégie de croissance verte que l'OCDE entend promouvoir depuis 2011 ?

Cette stratégie de croissance verte comprend un cadre d'orientation pratique, des instruments aptes à encourager la croissance verte, ainsi qu'une méthode de suivi des progrès.

Le cadre d'action vise à mettre en place les dispositifs institutionnels propres à améliorer la gestion des ressources, à encourager l'activité économique et à stimuler l'innovation.

De nombreux instruments peuvent être mobilisés dans cette perspective : taxes et systèmes d'échanges de droits d'émission, subventions visant à encourager des activités moins polluantes, redevances sur les déchets, codes du bâtiment économes en énergie, etc.

■ *Corrigés en anglais*

1. Show some benefits economic growth has provided in the last century

Past growth has brought about a substantial number of positive effects; for instance, the article refers to the important prolonging of life expectancy in many regions of the world or the expanding of leisure time. These fallouts have of course benefited rich countries but also many developing ones, now called emerging countries.

2. What are the two challenges that «green growth must face?

This twofold challenge comes from the necessity :

- to stimulate economic growth and development;
- but also to ensure the natural patrimony of the Earth keeps providing resources and the environmental services our well-being depends on.

3. What is included in the «green growth» strategy that the OECD has wanted to promote since 2011?

This «green growth» strategy includes a practical orientation framework, some tools aimed to boost green growth, as well as a method to follow up on progress.

The action framework aims to put in place institutional devices suited to improve the management of resources, to encourage economic activity and stimulate innovation.

Numerous tools can be called upon in this perspective : taxes, emissions rights exchange systems, subsidies aimed at encouraging less polluting activities, taxes on waste, regulations for energy-saving buildings, etc.

4) Thème de réflexion

La question de la croissance fait partie des questions clés de la science économique. Le constat de multiples atteintes à l'environnement avec, en arrière-plan, le changement climatique conduit les grandes institutions à tirer la sonnette d'alarme et à proposer des solutions et alternatives dont celle de «la croissance verte». C'est justement l'objet de cet extrait du rapport de l'OCDE consacré à l'exposé d'une stratégie pour la croissance verte.

On se propose ici de rendre compte de la pertinence et de la faisabilité de cette solution en rappelant tout d'abord les problèmes posés par le mode de croissance actuel avant d'aborder l'intérêt mais aussi les limites de la croissance verte.

I. PROBLÈMES POSÉS PAR LE MODE DE CROISSANCE ACTUEL

a) Les alertes liées aux rapports sur la croissance et le changement climatique

- Des rapports successifs ont révélé les dangers et l'insoutenabilité à long terme du mode de croissance actuel (à commencer par le rapport du Club de Rome de 1972).
- Depuis cette date, les rapports sur l'état de l'environnement et sur le changement climatique se sont multipliés et ont approfondi la connaissance que nous avons des effets nocifs de la croissance sur les écosystèmes.

b) Un inventaire rapide des problèmes

- Les problèmes posés par la croissance sont de plusieurs ordres : épuisement des matières premières, pollution massive, réchauffement climatique, etc. Ils prennent d'autant plus d'importance que de plus en plus de pays concourent à la croissance mondiale et préemptent les ressources naturelles (*cf.* la montée en puissance des pays émergents et notamment de la Chine).
- Ces problèmes sont à l'origine de coûts croissants de remise en état du patrimoine naturel, de goulets d'étranglements liés aux ressources, d'une hausse considérable des prix de nombreuses matières premières...

- La thèse de la parfaite substituabilité des facteurs de production est insuffisante (le maintien de l'état même du facteur humain est posé). Différentes études ont montré l'importance du nombre de décès prématurés liés à la pollution…

Le mode de croissance actuel paraît difficilement tenable ; si rien n'est fait, c'est la croissance elle-même qui est menacée. Il importe donc de se tourner vers les solutions envisageables, en particulier, celle de la croissance verte.

II. LA CROISSANCE VERTE, UNE SOLUTION NÉCESSAIRE ET COMPLEXE À METTRE EN ŒUVRE

a) L'intérêt de verdir la croissance

- En 1987, la commission Brundtland lance le mot d'ordre d'un développement durable (*sustainable development*), soit un développement qui répond aux besoins présents sans compromettre la capacité des générations futures à satisfaire les leurs. Le développement des activités humaines ne peut être abandonné à de seules considérations économiques ; il faut aussi tenir compte d'exigences sociales, sociétales et environnementales. Les biens environnementaux doivent être désormais protégés compte tenu de leur caractère épuisable.
- La croissance verte est une façon de continuer à faire de la croissance (et ainsi de faire face à l'accroissement de la population et de la demande d'emploi correspondante) tout en réorientant l'appareil de production pour le rendre compatible avec les données environnementales (idée bien soulignée dans le texte). Il s'agit bien de croissance car elle est à l'origine de nouvelles activités, de nouveaux produits, et même de nouveaux marchés.

La croissance verte se décline de multiples façons avec les concepts de production industrielle durable, de consommation durable, d'agriculture durable, de transport durable (ou plus verts), etc.

b) Une mise en œuvre complexe

Chacune de ces réorientations suppose l'engagement massif des entreprises à base de R&D, d'innovations, de nouveaux processus et de nouveaux produits (on a pu par exemple constater que les progrès dans les processus de production moins gourmands en énergie ont permis progressivement de découpler croissance et consommations énergétiques). Des raisonnements similaires peuvent être tenus à propos de technologies propres, de la production d'aliments certifiés biologiques, etc.

- Cette orientation requiert également l'intervention massive des pouvoirs publics grâce à une panoplie d'instruments (interdictions, taxes, droits à polluer, etc.), de dispositifs fiscaux et en matière de concurrence afin de limiter les atteintes à l'environnement et d'internaliser les externalités.
- Cependant, le verdissement de la croissance ne va pas sans difficulté ; il se fait lentement, rencontre d'évidentes résistances, comporte encore trop souvent des effets cosmétiques. Enfin, pour certains économistes et sociologues partisans de la décroissance, cette orientation est insuffisante sinon dangereuse car elle ne permet pas de rompre avec l'idéologie du « toujours plus » et de ses conséquences (l'épuisement de la planète).

Un article de 2016 intitulé « les limites de la croissance verte » paru dans le journal *Les Échos* présente ainsi les difficultés de cette politique dans un secteur phare, celui de l'automobile, soulignant que les nouveaux moteurs moins consommateurs de carburant alimentent « des véhicules plus volumineux, plus puissants et plus lourds », que les firmes automobiles ne jouent pas nécessairement le jeu (voir le scandale Volkswagen) ou encore que les biocarburants engendrent « un véritable désastre écologique et social au sein des économies en développement ».

CONCLUSION

Nous nous étions demandé dans quelle mesure il était bien opportun de promouvoir cette nouvelle forme de croissance qu'est la croissance verte.

Et nous avons vu que les raisons motivant la réorientation des économies vers une croissance verte sont nombreuses et impératives : nécessité de limiter les atteintes à l'environnement et à la santé de plus en plus préoccupantes (de multiples décès prématurés sont liés à la pollution), besoin aussi de faire face à l'épuisement rapide des ressources naturelles...

C'est la seule façon – selon le texte – de « réaliser le potentiel de croissance » que constituent l'accroissement de la population et l'accès des populations des pays émergents à nos standards de niveau de vie.

Nous avons vu également que la marche vers l'économie verte a commencé. Des investissements massifs sont prévus pour accompagner la transition énergétique ; de plus en plus d'entreprises développent l'éco-conception, la gestion et la réutilisation des déchets.

Différents pays prennent des initiatives en ce sens ; c'est le cas notamment de la France avec la loi de 2015 « relative à la transition énergétique pour la croissance verte », dont les objectifs centraux sont de réduire les émissions de gaz à effet de serre et de doter les agents économiques d'outils pour accélérer la croissance verte.

Nous avons vu enfin que cette nouvelle orientation ne va pas sans problème : difficulté de mise en œuvre, désaccords entre les acteurs au plan national ou international, irréversibilité de certaines atteintes à l'environnement, etc.

CHAPITRE 6 • MARCHÉ ET ÉCONOMIE NON MARCHANDE

Application 6 : THÈMES ET QUESTIONS DE RÉFLEXION

■ *Corrigé en français des cinq premières questions*

1. Économie marchande et économie non marchande : substitution ou complémentarité ?

A priori, l'économie non marchande prend en charge la production de biens et services délaissée par l'économie marchande. C'est parce que certaines productions ne sauraient être rentables qu'elles sont ainsi abandonnées par le marché. Toutefois, la production non marchande, par le biais des mutuelles, associations et autres sociétés coopératives ouvrières de production, se pose en concurrent de l'économie marchande. Guidée par des valeurs autres que la recherche du seul profit, l'économie non marchande privée propose une offre de biens et services attractives pour les ménages en lieu et place de l'offre traditionnelle du marché.

2. Le capital risque est-il susceptible de s'intéresser aux organisations de l'économie sociale ?

Le capital risque consiste à financer des sociétés qui investissent dans des projets risqués en prenant part dans le capital de ces sociétés. Le rendement du placement ainsi réalisé dépend de la création de valeur de ces sociétés au moment de la revente des titres acquis. Si les organisations de l'économie sociale connaissent des rentabilités économiques et financières semblables à leurs homologues du secteur privé, pour des niveaux de risques également voisins, il n'en reste pas moins que la liquidité des titres acquis est bien plus faible, en raison de l'absence d'un marché organisé de revente de ces titres. Seuls des fonds de placement éthiques seraient alors susceptibles de s'intéresser à de tels titres émis par des organisations de l'économie sociale.

3. Peut-on considérer que les organisations de l'économie sociale font concurrence aux entreprises du secteur marchand ?

Parce qu'elles se retrouvent sur les mêmes marchés, les organisations de l'économie sociale concurrencent clairement les entreprises du secteur marchand : c'est le cas par exemple, des banques mutualistes et des mutuelles d'assurance. Toutefois, compte tenu du poids encore faible du secteur de l'économie sociale dans la production annuelle de richesse, on peut relativiser cette concurrence. On peut également considérer que les SEL, loin de constituer une concurrence menaçante pour les entreprises du secteur marchand, représentent une offre complémentaire pour des ménages à revenus modestes.

4. Le consommateur est-il souverain ?

On peut supposer que le consommateur est rationnel et recherche en toutes circonstances la maximisation de son utilité sous contrainte de son budget, indépendamment de tout autre agent. Mais que vaut une souveraineté qui se limite au consommateur lui-même ? Il n'oriente pas vraiment la production des entreprises parce qu'il est lui-même « manipulé » par les productions proposées par elles sur le marché (J-K Galbraith, 1967). En outre, une grande partie de ce qu'il consomme est décidée collectivement par des procédures de vote : c'est le cas des biens publics, dont la production s'impose au consommateur pris isolément. Enfin, notre consommateur est largement influencé par les décisions de consommation des autres agents, lesquels guident consciemment ou non son comportement.

5. Le marché est-il un mode d'allocation optimale des biens ?

La réponse à cette question dépend de ce qu'on entend par « optimal ». Au sens de Pareto (1907), l'optimalité correspond à une situation dans laquelle on ne peut améliorer le sort d'un agent sans malheureusement être obligé de détériorer le bien-être d'un autre. Le marché alloue ainsi les biens à ceux qui disposent des prix de réserve les plus élevés, et apparaît alors optimal au sens de Pareto. Cela ne signifie pas pour autant que cet optimum de marché est juste socialement.

■ *Corrigé en anglais des cinq premières questions*

1. Market economy and non-market economy : substitution or complement?

A priori, the non-market economy takes care of the production of goods and services which has been abandoned by the market economy. This is because some products cannot be profitable and they are abandoned by the market. Nevertheless, through mutual societies, non-profit organisations and workers' cooperatives, non-market production competes with the market economy. Because its underlying values are not only making profit, the non-market private economy offers goods and services which are very attractive for households and which replace the traditional offerings.

2. Is venture capital likely to be interested in the way social economy is organised?

Venture capital finances companies that invest in risky ventures by participating in these companies' capital. The return of this investment thus made depends on these companies' added value when the shares are sold. If the economic and financial profitability of social organisations is similar to that of their counterparts in the private sector – for the same amount of risk – the liquidity of the shares is much lower, given the absence of an organised market to sell those shares. Only ethical investment funds would be interested in such shares issued by social organisations.

3. Can it be said that social economy organisations compete with companies in the private sector?

Because they are on the same market, social economy organisations clearly compete with those of the market sector : it is the case of mutual banks and mutual insurance companies. However, given the relative weakness of the social economy sector in annual production of wealth, this competition can be downplayed. Local exchange trading systems can also be considered a complementary offer for low-income households, and not a threat to the companies of the market sector

4. Is the consumer king?

Presumably the consumer is rational and always looks to maximise his utility within the limits of his budget, regardless of any other agent. But is it worth being "king" if your power is limited to yourself? He doesn't really influence the companies' production since he is "manipulated" by the products offered on the market (J-K Galbraith 1967). Moreover the major part of what he consumes is collectively determined by voting procedures : that's the case with public goods, for instance, where production is imposed on individual consumers. To conclude, our consumer is highly influenced by the consumption decisions of other agents, who, consciously or not, influence his behaviour.

5. Is the market the optimal way to allocate goods?

The answer to this question depends on what is meant by optimal. In the context of Pareto (1907), optimality is a situation in which we cannot improve the lot of one person without having to damage the well-being of another. Thus the market allocates goods to those who have the highest reserve prices, so it appears to be Pareto optimal. That does not mean that this optimal situation for the market is socially fair.

Cas 6 : EXTRAIT DE TEXTE EN ANGLAIS

1) Questions de compréhension

a) John Lewis partnership is a co-op

b) JLP is owned by its workers

c) At JLP, staff is pampered

d) JLP's boss receives a decent compensation

e) JLP makes business in the same conditions as any other retailer

f) JLP staff will receive a lower bonus in 2017

g) For JLP staff, the retirement age has been postponed

h) At JLP, CEO pay is adjusted to the workers 'pay

2) Questions grammaticales

■ *Les quantitatifs*

a) The Government thinks public services cost too **much**.

b) **Little** attention is paid to customer satisfaction by private companies.

c) In health, for instance, only **few** prevention awareness campaigns are organised.

d) Private companies providing hospital cleaning employ too **few** cleaners. This way, they save **a little** money.

e) When hospitals don't have **many** patients, they have to close.

f) **A few** people in England, especially unionists, protest against privatisation.

■ *« enough » ou « too »*

a) If public services are not competitive **enough**, they will be replaced by private companies.

b) Actually, public schools will close if they don't register **enough** students.

c) Hospitals will close if they don't have **enough** patients.

d) When hospital cleaning is given over to the private sector, there are **too** few cleaners.

e) When railway services are managed by the private sector, they don't invest **enough**; consequently there are **too** many accidents.

f) Governments tend to consider public services **too** expensive.

3) Questions économiques

■ *Corrigé en français*

1. Rappelez les spécificités de l'entreprise John Lewis Partnership

John Lewis Partnership est une entreprise anglaise de la grande distribution dont le capital est détenu à 100 % par les salariés. Elle correspond au modèle des sociétés de l'économie sociale et solidaire dans lesquelles la voix des salariés compte pour ce qui concerne les prises de décisions et l'orientation stratégique.

Le management fonctionne donc selon le principe démocratique, ce qui agit positivement sur la motivation des salariés et permet de faire accepter des décisions parfois difficiles en matière de rémunération et d'emploi.

2. Quels sont les avantages dont bénéficient les salariés actionnaires ?

Les salariés actionnaires sont intéressés aux résultats de l'entreprise ; en plus de leur salaire, ils perçoivent une part des bénéfices réalisés.

L'échelle des rémunérations est plus courte que dans les autres entreprises, ce qui réduit les possibilités de « frustration relative ».

Les salariés actionnaires bénéficient également d'avantages en nature : la possibilité de contracter une assurance-vie par l'intermédiaire de la société, un plan d'épargne retraite très avantageux, l'accès aux hôtels de la société à des prix attractifs.

3. En quoi ce modèle d'entreprise inspire-t-il le Parlement britannique?

Le Parlement britannique souhaite s'inspirer de ce modèle pour limiter les excès de rémunération des PDG d'entreprises privées. En effet, les écarts de rémunération ont tendance à s'aggraver, quand bien même les sociétés enregistrent des performances médiocres, voire des pertes, ce qui paraît choquant du point de vue de la justice sociale. En rendant obligatoire la publication, par les entreprises, du rapport entre la rémunération du chef d'entreprise et celle du salarié moyen, le Parlement britannique souhaite limiter cette tendance.

Corrigé en anglais

1. List the specifities of John Lewis Partnership

John Lewis Partnership is an English retailer whose 100 % of the capital is held by its staff. It corresponds to the model of companies in the social and solidarity economy, in which employees have a say regarding decision making and strategic orientations. The management operates according to the democratic principle, which has a positive effect on employees' motivation. This allows difficult decisions to be taken in such matters as jobs and salaries.

2. What are the benefits for employees who are also shareholders?

The employees-shareholders are given bonuses which are tied to the results of the company : in addition to their salary, they receive a share of the profits.

The wage scale is shorter than in other companies, which reduces possible "relative frustration".

The "employees-shareholders" also benefit from perks : the possibility of subscribing to a life-insurance through the company, a very advantageous pension scheme, access to the company hotels at very good rates.

3. To what extent does this firm model inspire the British Parliament?

The British Parliament wishes to refer to this model to limit compensation excesses of private companies' CEOs. Indeed the wage gap tends to widen, even when firms make mediocre profits, if not losses, which may appear shocking in terms of social justice. By making it compulsory for companies to publish the ratio between the CEO's compensation and that of the average employee, the British Parliament wants to limit this trend.

4) Thème de réflexion

Selon une étude réalisée par la Fédération européenne de l'actionnariat salarié (FEAS), la part détenue par les salariés dans les grandes entreprises n'a jamais été aussi élevée, à 3,20 % en 2016. Leur part dépasse 6 % du capital dans 20 % des 2 335 entreprises significatives étudiées, et elle atteint même 20 % dans 11 % des cas.

L'actionnariat salarié se caractérise par l'entrée des salariés dans le capital social des sociétés de capitaux. Les salariés peuvent posséder une partie, voire la totalité du capital social comme cela est le cas de la société John Lewis Partnership en Angleterre, ce qui est finalement assez rare. Dans le cadre des SCOP, qui sont des sociétés de personnes, le capital est détenu par les membres selon le principe une personne = une voix. Les membres sont détenteurs de « parts sociales » ; ils sont appelés « sociétaires » et non « actionnaires ». Aussi, l'actionnariat salarié intéresse-t-il davantage les sociétés de l'économie marchande privée, moins l'économie sociale et solidaire. On peut cependant penser que son développement s'inspire du modèle des SCOP, tout du moins pour ce qui concerne les objectifs recherchés en matière de participation des salariés à la vie de l'entreprise.

Quels sont alors les avantages et inconvénients de l'actionnariat salarié ?

Pour ce qui concerne l'entreprise :

- il permet de fidéliser et motiver les salariés en les associant aux performances de l'entreprise, ce qui rejaillit sur les gains de productivité et la compétitivité de celle-ci ;
- mais il peut entraîner une dilution du capital ;
- également, il peut être à l'origine d'une perte de confidentialité des informations stratégiques.

Pour ce qui concerne les salariés :

- ils bénéficient d'informations sur la vie de l'entreprise ;
- ils participent à la prise de décision et à l'orientation stratégique de celle-ci ;
- cela renforce le sentiment d'appartenance à l'entreprise (Abraham Maslow, 1954) ;
- ils risquent de réaliser des moins-values sur les titres détenus ;
- en cas de faillite de l'entreprise, ils perdent non seulement leur emploi, mais également le patrimoine accumulé en vu de leur retraite.

Chapitre 7 • Protection sociale et solidarité

Application 7 : THÈMES ET QUESTIONS DE RÉFLEXION

■ *Corrigé en français des cinq premières questions*

1. Quelles sont les différentes conceptions possibles de l'État providence ?

À un premier niveau, on distingue et on oppose traditionnellement deux formes d'État providence avec d'une part un système d'origine germanique (le modèle bismarckien) et un système d'origine britannique (le modèle beveridgien). Le modèle bismarckien est de type assurantiel avec des cotisations obligatoires concernant les salariés et fonctionnant suivant une logique de cogestion ; le modèle beveridgien privilégie, lui, l'assistance, est financé par la fiscalité et s'adresse à l'ensemble des citoyens.

Une autre typologie plus élaborée d'État providence (travaux de Gøsta Esping-Andersen) distingue trois régimes différents : un premier libéral (anglo-saxon), un second corporatiste (de tradition germanique) et un troisième social démocrate (caractéristique des pays scandinaves).

2. Quels sont les avantages et inconvénients respectifs d'un système par répartition et d'un système de capitalisation ?

Chacun des deux systèmes comporte des avantages et des inconvénients : le système par répartition manifeste une solidarité entre les individus (solidarité intergénérationnelle et même interprofessionnelle) et les protège contre un certain nombre de risques dont celui des aléas des marchés financiers ou d'une préférence pour le présent des salariés (les conduisant à ne pas assez épargner pour leur propre retraite). À l'inverse, les défenseurs de la capitalisation mettent en avant la capacité de ce second système à affranchir le financement des retraites, des contraintes démographiques et à offrir un rendement supérieur pour un même montant de cotisations. Ces arguments peuvent être cependant contestés.

3. Quelles sont les origines des difficultés de la protection sociale en France ?

Les origines des difficultés de la protection sociale en France sont à un premier niveau d'ordre financier avec l'existence de recettes trop faibles pour faire face à des dépenses sociales structurellement croissantes. À ce niveau, interviennent différents facteurs : la situation économique (croissance insuffisante), des considérations démographiques (allongement de la vie et accroissement du nombre d'inactifs à la charge des actifs), etc. Mais il ne faut pas oublier à un second niveau la crise des valeurs de solidarité repérée déjà au tout début des années 1980 par l'historien français Pierre Rosanvallon.

4. Pourquoi peut-on parler aujourd'hui d'une dualisation du système français de protection sociale ?

On parle quelquefois de « dualisation de la protection sociale » car la protection sociale fonctionne globalement suivant une logique d'assurance bâtie sur un système de cotisations sociales mais avec en complément des dispositifs relevant de l'assistance pour prendre en compte tous les individus qui ne peuvent pas bénéficier du premier système. Dans ce dernier cas, l'État et la fiscalité prennent le relai de la sécurité sociale et du financement par cotisations sociales.

5. Quelles sont les différentes positions théoriques en matière de protection sociale ?

Les points de vue théoriques en matière de protection sociale sont très disparates quant aux formes et à l'importance que doit revêtir la protection sociale. Les uns (keynésiens, socialistes, etc.) défendent le principe d'une protection sociale (collective) au nom des théories de la justice sociale, des limites des dispositifs privés et de l'utilité économique des dispositifs sociaux. D'autres, souvent d'orientation libérale défendent un point de vue différent en fournissant des justifications aux inégalités sociales et en faisant confiance aux mécanismes privés. Bien entendu, il existe toutes sortes de points de vue médians.

■ *Corrigé en anglais des cinq premières questions*

1. What are the different possible models of the Welfare State ?

On one level, one distinguishes and contrasts two traditional forms of welfare state with one system having Germanic origin (the Bismarck model) and another system with British origin(the Beveridge model). The Bismarck model is insurance-based with compulsory contributions for employees and operates following a co-management model; the Beveridge model focuses on aid, is financed by taxation and addresses the needs of all citizens.

Another more sophisticated type of welfare state (see work of Gøsta Esping-Andersen) identifies three different regimes : one liberal (Anglo-Saxon), a second that is corporatist (Germanic tradition) and a third that is Social Democrat (characteristic of Scandinavian countries).

2. What are the advantages and disadvantages of the pay-as-you-go and the funded systems ?

Each system has advantages and disadvantages : the pay-as-you-go system demonstrates solidarity between individuals (between generations and even between professions) and protects them from a number of risks including financial market uncertainties or workers' preference for immediate spending (leading them not to save enough for their retirement). Conversely, the proponents of the funded pension scheme point out that the second system helps the financing of retirement eliminate demographic constraints, and offers better return for the same amount of contribution. These arguments, however, can be questioned.

3. What do difficulties of the French social welfare system come from?

The origins of the difficulties of social protection in France first result from financial needs with receipts too weak to cope with increasing social spending. Different factors account for this : economic status (insufficient growth), demographic considerations (longer life and increased ratio of non-working population supported by the working population), etc. Yet we mustn't forget the crisis of the values of solidarity already observed since the beginning of the eighties by the French historian Pierre Rosanvallon.

4. Why can we talk about the duality of the French welfare system today?

We sometimes speak of a « dualism of social protection" because it functions according to a model of insurance based on social contributions but with a complementary mechanism of welfare to include all the people who cannot benefit from the first system. In this last case, the state and taxation take over from social security and the financing by social contributions.

5. What are the different theoretical positions regarding social welfare?

The theoretical perspectives on social protection are very different in terms of form and the importance of coverage with social protection. Some (Keynesian, socialist, etc.) defend the principle of social protection (collective) on behalf of the theories of social justice, the limits of private mechanisms and the economic utility of social systems. Others, often to defend a liberal point of view, support a different point of view by providing justifications for social inequality and trusting private systems. Of course, there are all sorts of points of view in between.

Cas 7 : EXTRAIT DE TEXTE EN ANGLAIS

1) Questions de compréhension

■ *Résumé*

1	In Western countries people are getting older and older, social programs cost more and more.
2	Governments have to find means to raise new financial resources.
3	The taxpayer has to contribute more and the private sector is called upon to finance pensions.
4	With state-funded pensions, each generation pays for the previous one.
5	The problem is that birth rates are low and people live longer.
6	There are fewer and fewer workers who pay for retirees.
7	The solution is a mix of people staying longer at work, saving more for their pensions or having smaller ones.
8	It is also possible to tax shareholders' dividends.
9	With globalisation, companies and funds are mobile.
10	Everywhere private pensions are compensating for diminishing state pensions.

Vocabulaire

Meilleur(s) équivalent(s) :

1. the action taken to **cope with** these pressures (line 2) :

☐ the action taken to **increase** these pressures

☑ the measures taken to **deal with** these constraints

☑ the measures taken to **face** these constraints

2. the private sector carrying a large part of the **burden** (line 8) **:**

☑ the private sector bearing a large part of the **costs**

☐ the private sector carrying a large part of the **profits**

☐ the private sector bearing a large part of the **benefits**

3. **compulsory** saving (line 10) :

☑ **mandatory** saving

☐ **optional** saving

☐ **compulsive** saving

4. they have to **put up with** very low incomes (line 21) :

☐ they have to **refuse** very low incomes

☑ they have to **accept** very low incomes

☑ they have to **be satisfied with** very low incomes

5. criticisms about **corporate governance** (line 42) :

☑ criticisms about **institutional management**

☐ criticisms about **body building**

☐ criticisms about **private strategy**

6. some way of **bashing** the company sector (line 45) :

☐ some way of **encouraging** the company sector

☑ some way of **hitting** the company sector

☐ some way of **benefitting** the company sector

2) Questions grammaticales

Mots de liaison

1. In Western countries people are getting older and older, **so** social programs cost more and more.

2. **Therefore,** governments have to find means to raise new financial resources.

3. **Hence,** the taxpayer has to contribute more, **and** the private sector is called upon to finance pensions.

4. **Indeed**, with state-funded pensions, each generation pays for the previous one.

5. **But** the problem is that birth rates are low, **and** people live longer.

6. **As a consequence**, there are fewer and fewer workers who pay for retirees.

7. The solution is a mix of people staying longer at work, saving more for their pensions and having smaller ones.

8. **Besides**, it is also possible to tax shareholders' dividends.

9. **Yet**, with globalisation, companies and funds are mobile.

10. **To conclude**, everywhere, private pensions are compensating for diminishing state pensions

■ *"Phrasal verbs"*

1) "I'd like to speak to Peter" "**Hold on**, he is already on the phone"

2) When asked about the error in the calculation, the accountant **pointed out** that it was not her fault.

3) Jean was asked to **look after** the guests until the conference started.

He promised to **look into** the problem before the end of the week.

5) They were unable to finish their task and decided to **carry on** the following week.

6) We had to **check on** the builders' progress once a week while the project was under way.

They realised that they would be in serious financial difficulties if they didn't **cut down** employees' costs.

He was determined not to **give up** trying even though he knew it was going to be difficult to succeed.

3) Questions économiques

■ *Corrigé en français*

1. Comment sont financées les pensions de retraite au Royaume-Uni ?

Les pensions de retraite au Royaume-Uni sont financées comme partout par une combinaison de dispositifs faisant appel à des dispositifs collectifs publics et des dispositifs privés. Cela étant la part des dispositifs privés (et par capitalisation) est particulièrement importante. D'une façon générale, les Britanniques ont été encouragés depuis des décennies à souscrire des plans de retraite individuels (*Personal Pension Scheme*).

2. Quelles sont les différentes solutions couramment envisagées pour faire face au problème de déficit des systèmes collectifs de financement des retraites, selon la commission Turner ?

La commission Turner[1] a mentionné les différents types de solutions couramment envisagées pour consolider les systèmes de retraite collectifs mis à mal par l'évolution de la démographie : allongement de la durée d'activité, accroissement de l'épargne individuelle, acceptation de pensions de retraites plus faibles ou encore combinaison de ces différentes solutions.

3. La France a-t-elle fait les mêmes choix en matière de financement des retraites que le Royaume-Uni ?

La France n'a pas fait les mêmes choix que le Royaume-Uni. Les gouvernements britanniques depuis les années 1980 ont fait en sorte de développer les systèmes de financement privés au point que des millions de Britanniques ont abandonné le système public de retraite

(1) *À titre indicatif, la commission Turner a publié plusieurs rapports successifs : un premier rapport publié le 12 décembre 2004 : « Pensions : Challenges and Choices » ; un deuxième rapport publié le 30 novembre 2005 : « A New Pension Settlement for the Twenty-First Century » ; enfin un troisième rapport publié le 4 avril 2006 : « The Final Report of the Pensions Commission ».*

et que le Royaume-Uni est qualifié quelquefois de « Royaume des fonds de pension ». À l'inverse les grandes réformes du système de retraite en France (de 1993 à 2014) ont visé pour l'essentiel à consolider le système par répartition en agissant sur les paramètres de ce système (augmentation du nombre d'annuités requises pour bénéficier d'une retraite à taux plein, etc.).

■ *Corrigé en anglais*

1. How are pensions funded in the United Kingdom?

Retirement pensions in the UK are funded like everywhere through a variety of schemes relying on state-provided plans and private ones. Given this, the share of private schemes (funded pension plans) is particularly significant. Generally, the British have for decades encouraged subscription to personal pension plans (*Personal Pension Scheme*).

2. What different solutions are currently considered to cope with the deficit problem of collective systems for financing retirement, according to the Turner commission?

The Turner commission mentioned various different types of solutions which are currently envisioned to consolidate the collective pension systems which have been undermined by demographic changes : longer duration of activity, increased individual savings, acceptance of weaker retirement pensions or some combination of all three.

3. Has France made the same choices as the United Kingdom regarding pension funding?

France has not made the same choices as the UK. Since the 1980s, British governments have developed private funding systems, so much so that millions of Britons have abandoned the state retirement system and the UK is sometimes called the" kingdom of pension funds." On the contrary, the major reforms of the French pension system (1993 and 2003) essentially aimed to strengthen the contributory pension system by altering the parameters of the system (increase of number of years required to qualify for a full pension, etc.).

4) Thème de réflexion

Ce texte d'Hamish McRae, rédacteur adjoint pour les questions économiques au quotidien anglais *The Independent*, porte sur l'un des grands sujets qui agitent les pays développés depuis des années : les orientations à prendre pour assurer la viabilité du système de retraites. Pour éclairer cette question, on se propose de rendre compte pour commencer des difficultés que connaissent partout les systèmes de retraite avant d'envisager les alternatives pour assurer la pérennisation de ces systèmes.

■ *Des systèmes de retraite différents aux prises avec les mêmes difficultés*

a) Des difficultés communes aux grands pays développés

Les difficultés financières à **équilibrer les comptes des retraites** sont bel et bien communes à la plupart des grands pays développés.

Elles trouvent fondamentalement leur origine dans **la démographie**. Hamish McRae évoque ainsi les pressions financières engendrées par le vieillissement progressif des sociétés occidentales et la déformation généralisée du rapport nombre d'actifs/nombre d'inactifs en soulignant que, d'ici une génération, il n'y aura que deux travailleurs pour chaque retraité dans la plus grande partie de l'Europe et seulement un dans quelques pays comme l'Italie avec partout un **déficit des comptes de la retraite**.

b) Une pluralité de facteurs à l'origine des difficultés de la protection sociale

En allant au-delà des informations contenues dans cet article, il convient de souligner que **plusieurs facteurs** concourent à tendre la situation dans ce domaine et à la rendre en même temps complexe à évaluer.

Les **dépenses** de retraites sont poussées vers le haut par l'allongement de la durée de vie (qui accroît le nombre d'inactifs et la durée moyenne d'inactivité à financer).

Les **recettes,** elles, n'augmentent pas à un rythme suffisant en raison des effets retardés de la baisse de la fécondité observée depuis plusieurs décennies (ce qui réduit le nombre d'actifs) mais aussi de la réduction du nombre de cotisants liée à la conjoncture économique et aux effets de la politique d'entreprise (*cf.* l'important chômage et les nombreuses personnes mises en préretraite).

Le **raccourcissement de la durée d'activité** pendant les Trente Glorieuses et même quelquefois dans les années qui ont suivi (on pense à la France) pèse aussi sur la situation puisque ce progrès social a induit simultanément une charge financière encore plus grande à la charge des actifs.

L'évolution incertaine de la fécondité, l'importance de la politique migratoire, les taux de croissance à venir constituent cependant autant d'**incertitudes** quant à l'état exact des comptes futurs en matière de financement des retraites.

c) La cohabitation de systèmes de retraites différents

Phénomène intéressant à noter, ces difficultés touchent les pays développés dans leur ensemble et ce malgré **les caractéristiques spécifiques de chaque système national de retraite**.

Hamish McRae rappelle ainsi que les pays développés ont choisi un **équilibre différent :** système géré collectivement par prélèvement sur les actifs (sous forme de cotisations sociales ou d'impôts) ou constitution de retraites personnelles par les actifs eux-mêmes. Il y a d'un côté **un système étatique ou collectif** (dont par exemple le système français par répartition) et de l'autre, des solutions relevant de décisions individuelles et d'une gestion par **le secteur privé** (système par capitalisation).

Hamish McRae oppose de ce point de vue quelques pays ayant fait une large part au système de la capitalisation (États-Unis, Royaume-Uni, Pays-Bas et Suisse) et ceux qui s'en sont remis essentiellement à un système de prélèvement collectif (la plupart des pays européens).

Il faut observer que l'ensemble des pays est bien concerné par ce problème de financement, car tous fonctionnent selon un **système mixte** (Hamish McRae) et donc avec une dose de financement collectif fragilisé par les effets de la démographie. En outre, les systèmes privés par capitalisation n'échappent pas eux-mêmes aux difficultés car l'allongement de la durée de vie suppose également le prélèvement de ressources additionnelles pour maintenir le niveau de la retraite.

■ *Plusieurs solutions possibles au problème de financement des retraites*

La question du financement du déficit croissant des systèmes de retraite peut donner lieu à différents types de solutions rappelés par la Commission Turner (travailler plus longtemps, ou épargner plus, ou bénéficier de retraites plus réduites). On distingue notamment la solution de la consolidation du système par répartition et celle de l'appel au développement des solutions par capitalisation. Mais, derrière ces solutions, on retrouve en définitive des choix politiques.

a) La réforme du système par répartition

Tous les systèmes de retraite en Europe ou aux États-Unis comportent une certaine dose de **système par répartition** que la démographie met à mal.

D'un pays à l'autre, on retrouve partout le même genre de solutions retenues **pour consolider un tel système** : soit les pays ont relevé l'âge légal de départ à la retraite, soit ils ont relevé les taux de cotisation, soit encore ils ont abaissé le taux de remplacement c'est-à-dire le ratio entre la pension de retraite et le dernier salaire d'activité.

La France, pays où l'État joue traditionnellement un rôle clé et où l'on a fait depuis la seconde guerre mondiale le choix d'une protection sociale importante et collective, illustre parfaitement cette orientation. Les systèmes de financement de retraite privés jouent un rôle toujours marginal; quant aux réformes, elles ont pour l'essentiel visé à maintenir le système par répartition en allongeant la durée de cotisation nécessaire pour bénéficier d'une retraite à taux plein et en modifiant les règles de calcul des pensions (dans un sens défavorable notamment pour les salariés du secteur privé).

Ces solutions s'avèrent cependant souvent insuffisantes y compris dans le cas de la France ce qui conduit régulièrement à de nouvelles réformes de ce système. On notera au passage que les débats en France concernant cette question s'inscrivent toujours dans la perspective de consolider ce système par répartition. Mais il existe une autre solution envisageable avec la mise en place de la capitalisation.

b) La solution de la capitalisation

En effet dans de nombreux pays (Royaume-Uni, États-Unis, Pays-Bas, Japon, etc.), les responsables politiques ont fait un autre choix ou plus exactement un choix complémentaire : celui de développer des systèmes d'épargne privés reposant sur la capitalisation.

Ce choix part de l'idée que la solution du système par répartition n'est plus suffisante pour assurer la pérennité du système de retraite. Les raisons en tiennent d'abord à l'affaiblissement des leviers d'un système par répartition : une forte population active, un nombre de retraités limités et une croissance forte. Mais à ces données économiques et démographiques, il convient d'ajouter le recul de certaines valeurs collectives et de solidarité.

L'**exemple britannique** est emblématique de ce point de vue avec l'encouragement permanent des systèmes de retraite privés depuis l'arrivée au pouvoir de M. Thatcher en 1979 en sachant que les gouvernements travaillistes ultérieurs se sont inscrits dans la même perspective (mais en cherchant à mieux sécuriser ces dispositifs par capitalisation).

Les résultats sont cependant **globalement très décevants**; en effet leur épargne est loin d'avoir atteint le niveau nécessaire pour qu'ils puissent bénéficier à terme d'une retraite convenable (L. Fourrier, 2006[(1)]). Ainsi selon une enquête d'Eurostat, le revenu moyen des personnes âgées (par rapport au reste de la population) au Royaume-Uni est sensiblement plus bas que la moyenne européenne. Ceci permet de comprendre la particularité et la gravité des débats au Royaume-Uni concernant cette question des retraites.

c) Des choix politiques

Le choix des orientations retenues dans chaque pays comporte bien sûr des dimensions techniques et en ce sens les modèles économétriques sont largement utilisés pour simuler

(1) Voir Les modèles de « l'Etat providence – réussite et limites du modèle social britannique », Le modèle social français, *Cahiers Français*, n°330, 2006.

et tester des hypothèses, d'autant qu'il n'y a pas de solution miracle ni de baguette magique (*there is no magic wand.*)

Les mesures envisagées et/ou retenues font intervenir au fond des considérations de philosophie économique et des choix sociaux essentiels : place de l'État, appel (ou non) aux mécanismes de marché, recherche d'une égalité (ou non) de traitement des salariés et des citoyens face au grand âge et au financement de la période d'inactivité...

Pour en revenir au texte proposé, Hamish McRae met l'accent sur le caractère engagé et l'orientation très critique contre le système capitaliste britannique d'un Robin Blackburn et soutient lui-même implicitement le système privé britannique de retraites en soulignant les défaillances de gestion de l'État.

Cet article tiré de *The Independent* est fort intéressant car il montre une fois de plus que les pays développés en général et les pays européens en particulier connaissent les mêmes défis en matière économique et sociale, y compris en matière de financement des retraites. Ainsi, comme l'écrit Laurent Fourier, « il n'est pas plus facile en Grande-Bretagne qu'ailleurs de réformer les retraites. Tony Blair en a fait l'expérience le 18 octobre 2005 lorsque son gouvernement a dû céder face à la forte pression des syndicats qui promettaient une grève d'une ampleur comparable à la grève générale de 1926 ».

Les contextes diffèrent sensiblement des deux côtés de la Manche, puisque le Royaume-Uni s'inscrit dans un système de financement largement privé alors que la France conserve un système collectif pour l'essentiel. Les capitalismes nationaux conservent ainsi leur part de singularité dans la mondialisation.

Ajoutons pour terminer que la situation de la branche vieillesse connaît une amélioration sensible en France depuis 2011 puisque, en 2016, la branche retraite est revenue pour la première fois dans le vert avec un excèdent de 900 millions d'euros. Cela ne signifie pas que la France en ait terminé avec les problèmes de financement des retraites puisque le déficit du fonds solidarité vieillesse (FSV), qui sert à payer les cotisations retraites des chômeurs, reste à un niveau élevé (3,6 milliards en 2016) et que l'équilibre même de la branche vieillesse est considéré comme précaire.

Index

Table des matières

76908 - (I) - OSB 80° - P354 - NCO - SPU

Dépôt légal : octobre 2017

Imprimé en Espagne par Macrolibros